本书获得2018年度国家社会科学基金青年项目"公共数字文化服务供给不充分问题及对策研究（18CTQ003）"的资助与支持

公共数字文化服务供给研究

以不平衡不充分为视角

完颜邓邓 ◎ 著

知识产权出版社
全国百佳图书出版单位
—北京—

图书在版编目（CIP）数据

公共数字文化服务供给研究：以不平衡不充分为视角/完颜邓邓著.—北京：知识产权出版社，2023.8

ISBN 978-7-5130-8874-9

Ⅰ.①公… Ⅱ.①完… Ⅲ.①公共管理—文化工作—供给—研究—中国 Ⅳ.① G123

中国国家版本馆 CIP 数据核字（2023）第 157990 号

内容提要

本书从区域均等、农村服务供给、特殊群体服务供给、公众消费需求与利用调查、公众满意度调查等方面，对公共数字文化服务供给的不平衡不充分现状展开系统的调查分析，明晰存在的不平衡不充分问题及成因。在结合我国实际与借鉴国外经验的基础上，本书从区域供给要素配置优化、城乡一体化发展、特殊群体服务供给优化、服务供给质量提升、社会参与、制度保障等方面提出系统而又切实可行的解决对策，为公共数字文化服务的供给主体解决不平衡不充分问题提供可操作的建议与方案。本书对于进一步明确供给主体的职责，推动社会力量参与，提升公共数字文化服务供给能力和效率，实现均衡、协调、充分发展具有实践指导意义和决策参考价值。

本书适合公共事业管理者、文化政策领域学者阅读。

责任编辑：李 婧　　　　　　　　责任印制：孙婷婷

公共数字文化服务供给研究——以不平衡不充分为视角
GONGGONG SHUZI WENHUA FUWU GONGJI YANJIU
——YI BUPINGHENG BUCHONGFEN WEI SHIJIAO

完颜邓邓 著

出版发行：知识产权出版社 有限责任公司	网　址：http://www.ipph.cn
电　话：010-82004826	http://www.laichushu.com
社　址：北京市海淀区气象路50号院	邮　编：100081
责编电话：010-82000860转8594	责编邮箱：laichushu@cnipr.com
发行电话：010-82000860转8101	发行传真：010-82000893
印　刷：北京中献拓方科技发展有限公司	经　销：新华书店、各大网上书店及相关专业书店
开　本：720mm×1000mm 1/16	印　张：27.5
版　次：2023年8月第1版	印　次：2023年8月第1次印刷
字　数：400千字	定　价：138.00元

ISBN 978-7-5130-8874-9

出版权专有　侵权必究
如有印装质量问题，本社负责调换。

前　言

公共数字文化服务作为现代公共文化服务体系的重要组成部分，是利用信息技术提高公共文化服务效能、更好地保障公民文化权益的重要途径。随着全国文化信息资源共享工程、数字图书馆推广工程、公共电子阅览室建设计划等项目的持续推进，公共数字文化服务供给能力进一步增强，但仍存在诸多突出矛盾和问题，如数字文化服务网络尚不完善；与需求缺乏有效对接，服务效能不高；社会参与机制不健全，公共数字文化建设活力不足等。

党的十九大报告指出："我国社会主要矛盾已经转化为人民日益增长的美好生活需要和不平衡不充分的发展之间的矛盾。"我国社会主要矛盾发生变化是关系全局的历史性变化，反映了我国社会发展的客观实际，体现了新时代党和国家面临的新任务和新挑战，涉及经济、政治、文化、社会、生态等各个领域。公共数字文化服务网络不完善、供需不对接等问题正是社会主要矛盾在公共数字文化服务领域的体现，即公共数字文化服务供给尚无法满足人们更加丰富、更高质量、更为公平的文化需求。人民日益升级的数字文化需求与不平衡不充分的供给之间的矛盾已经成为当前亟须解决的问题。笔者立足于我国社会主要矛盾的变化，定位于公共数字文化服务这一主题，提出了"公共数字文化服务供给的不平衡不充分问题及对策研究"这一课题。非常荣幸的是，该课题获得了2018年国家社科基金的立项支持。

课题研究综合运用网络调查、问卷调查、实地访谈、田野调查、泰尔指数、比较研究、案例分析等方法，围绕区域公共数字文化服务均等化、农村公共数字文化服务供给、特殊群体公共数字文化服务供给、公众对公共数字文化服务的需求、利用及满意度等方面进行了较为深入的调研分析，掌握了公共数字文化服务供给不平衡不充分的表现形式与突出问题及其成因，明确了解决不平衡不充分问题的着力点，进而重点从区域供给要素优化、城乡服务一体化建设、特殊群体服务供给优化、服务供给质量提升、社会参与、技术应用、制度保障方面，提出解决公共数字文化服务供给不平衡不充分问题的对策。

课题研究成果的理论价值在于综合运用了图书情报学、档案学、文化学、公共管理学等学科的理论与方法，全面、系统地探讨了公共数字文化服务供给的不平衡不充分问题及对策，突破了以往研究将公共文化服务供给的研究焦点放在实体服务的局限性，丰富和完善了公共数字文化服务的理论体系。成果的应用价值在于对公共数字文化服务供给不平衡不充分问题进行了调查分析，在结合我国实际与借鉴国外经验的基础上，提出了切实可行的解决对策；进一步明确供给主体的职责，推动社会力量参与，提升公共数字文化服务供给能力、质量和效率，促进服务均衡充分地供给。

本书得以完成并出版，要感谢国家社科基金委员会批准的青年项目，使我得以全面深入地开展此项研究；感谢我的导师肖希明教授一如既往的关心和指导；感谢师姐戴艳清教授和王子健、陶成煦、尹娇、宋婷、卞婧婧、尚瞳、戴柏清、戴蒋灿等各位学生对课题研究的参与；感谢责任编辑李婧女士的辛苦付出。部分公共数字文化服务实践部门的领导、馆员接受了我们的访谈调研，不少公众参与了问卷调查与访谈，在此一并表示感谢！

限于专业视野与学术水平，本书难免存在疏漏与不足，恳请各位专家、读者批评指正。

完颜邓邓

2023 年 3 月 30 日于湘潭大学

目 录

第一章	绪 论	1
	第一节 相关概念	1
	第二节 研究背景与意义	8
	第三节 国内外研究现状	11
	第四节 研究思路和内容	25
	第五节 研究方法	30

第二章	解决公共数字文化服务供给不平衡性不充分问题的理论依据与现实意义	33
	第一节 解决公共数字文化服务不平衡性不充分供给问题的理论依据	33
	第二节 解决公共数字文化服务供给不平衡性不充分问题的现实意义	50

第三章	公共数字文化服务供给不平衡不充分的现状调查	55
	第一节 公共数字文化服务供给区域均等调查	55
	第二节 农村公共数字文化服务供给现状调查	62
	第三节 特殊群体公共数字文化服务供给现状调查	68

	第四节	数字文化消费与需求调查	91
	第五节	公共数字文化服务需求与评价调查——以湖南为例	105
	第六节	供需适配性理论视域下公共数字文化服务满意度调查	119
	第七节	调查结论	135

第四章 区域公共数字文化服务供给要素配置效率提升 139

	第一节	公共数字文化服务供给要素分析	140
	第二节	区域公共数字文化服务供给要素配置效率评价	144
	第三节	区域公共数字文化服务供给要素配置效率提升策略	171

第五章 城乡公共数字文化服务一体化建设 179

	第一节	城乡公共数字文化服务一体化发展进程——基于政策的分析	180
	第二节	城乡公共数字文化服务一体化建设的实践现状	188
	第三节	城乡公共数字文化服务一体化建设中存在的关键问题	201
	第四节	城乡公共数字文化服务一体化建设的推进策略	207

第六章 特殊群体公共数字文化服务供给优化 213

	第一节	我国特殊群体公共数字文化服务供给的不足	213
	第二节	国外特殊群体公共数字文化服务供给实践调查	219
	第三节	对优化我国特殊群体公共数字文化服务供给的建议	232

第七章 公共数字文化服务供给质量提升 239

| | 第一节 | 公共数字文化服务供给质量影响因素识别 | 239 |

第二节 公共数字文化服务供给质量影响因素理论模型构建与验证 …………… 254

第三节 公共数字文化服务供给质量提升策略 ……………………………… 269

第八章 公共数字文化服务供给中的社会参与 ……………………………… 275

第一节 我国公共数字文化服务供给中社会参与的现状 …………………… 275

第二节 欧美社会力量参与公共数字文化服务供给的经验 ………………… 287

第三节 对我国社会力量参与公共数字文化服务供给的启示 ……………… 302

第九章 公共数字文化服务供给中的技术应用 ……………………………… 309

第一节 基于云技术的公共数字文化服务供给协调机制 …………………… 309

第二节 基于大数据技术的公共数字文化服务供给模式创新 ……………… 320

第三节 5G驱动的公共数字文化服务智慧化转型 ………………………… 333

第十章 公共数字文化服务平衡性充分性供给的制度保障 ………………… 347

第一节 相关制度建设及其对公共数字文化服务平衡性充分性供给的保障作用 …………………………………………………………………… 347

第二节 现行制度的特点 ……………………………………………………… 360

第三节 公共数字文化服务平衡性充分性供给制度存在的主要问题 ……… 362

第四节 建立与完善公共数字文化服务平衡性充分性供给制度的策略 …………………………………………………………………… 369

参考文献 ……………………………………………………………… 376

附　录 ………………………………………………………………… 407

  附录1　农村公共数字文化服务供给现状访谈提纲 ……………… 407
  附录2　湖南省公共数字文化服务需求与评价调查问卷 ………… 409
  附录3　数字文化消费与需求调查问卷 …………………………… 414
  附录4　公共数字文化服务供需适配性调查问卷 ………………… 419
  附录5　公共数字文化服务供给质量影响因素访谈提纲 ………… 424
  附录6　公共数字文化服务供给质量影响因素调查问卷 ………… 426

第一章 绪 论

第一节 相关概念

一、公共文化服务

2006年,《国家"十一五"时期文化发展规划纲要》首次提出了"公共文化服务"的概念,规范、统一了以往"公益性文化事业""公益性文化服务"的称谓。公共文化服务是在改革开放不断深入的过程中,伴随着政府职能的转变、建设服务型政府而提出,作为公共服务的组成部分,它主要强调人民政府的社会责任、义务和历史使命所在。❶ 公共文化服务职能是政府公共服务职能的组成部分,在服务型政府建设过程中,党中央、国务院高度重视公共文化服务,出台一系列文化政策,建设全国文化信息资源共享工程、数字图书馆推广工程、农家书屋工程等多项国家级文化惠民项目,推进公共图书馆、美术馆等公共文化机构免费开放,我国公共文化服务发展水平不断提高。

公共文化服务随之成为学界的研究热点,诸多学者对公共文化服务开展了研究,并对其内涵给予界定。柯平认为公共文化服务通俗地讲就是政府出钱,相关的公共文化服务机构免费或低费用提供,广大群众免费或低费用享用的文化服务;具体地讲,提供公共文化服务的主要机构有公共图书馆、博物馆、档案馆、科技馆、美术馆、文化馆、群众艺术馆、影剧院(经营性的但不以营利为目的影剧院)等;所包含的主要内容有读书、看报、看电影、看电视、看

---

❶ 柯平.公共图书馆的文化功能——在社会公共文化服务体系中的作用[M].上海:上海交通大学出版社,2010:49.

戏、公共文化鉴赏、文化素质培训、群众性的文化活动等基本文化诉求。❶ 曹爱军和杨平认为公共文化服务的主要意义是为了满足社会公众日益增长的精神文化需求，引导社会公众形成积极健康向上的价值观，塑造良好的社会氛围，向社会全体公民提供公共文化产品及服务的一系列举措及与其相关的法律政策和运转体系的总称。公共文化服务的内容涵盖了广播电视、电影、出版、互联网、报刊、图书馆、博物馆、档案馆和哲学社会科学研究等诸多文化领域。❷ 毛少莹认为公共文化服务是指由公共部门或准公共部门共同生产或提供的，以满足社会成员的基本文化需要为目的，着眼于提高全体公众的文化素质和文化生活水平，既给公众提供基本的精神文化享受，又维持社会生存发展所必需的文化环境与条件的公共文化产品和服务的总称，具体包括公共图书馆服务、公共博物馆服务、文化馆服务、社区文化服务、各类公共文化信息平台建设、赞助扶持文化艺术的政策措施等。❸

同时，公共文化服务成为众多文化政策、法律调整的对象，使其主体、要求、范围、目标等逐步得以明确。例如，2012年5月，文化部印发《"十二五"时期文化改革发展规划》，提出按照公益性、基本性、均等性、便利性的要求，以公共财政为支撑，以公益性文化单位为骨干，以全体人民为服务对象，以保障人民群众看电视、听广播、读书看报、进行公共文化鉴赏、参与公共文化活动等基本文化权益为主要内容，完善覆盖城乡、结构合理、功能健全、实用高效的公共文化服务体系。2016年12月25日，第十二届全国人大常委会第二十五次会议通过的《公共文化服务保障法》明确提出：公共文化服务是指由政府主导、社会力量参与，以满足公民基本文化需求为主要目的而提供的公共文化设施、文化产品、文化活动以及其他相关服务。在公共文化服务提供的内容与范围方面，2015年1月，文化部发布的《国家基本公共文化服务指导标准（2015—2020年）》，列举了3大类项目共14内容，其中基本服

---

❶ 柯平. 公共图书馆的文化功能——在社会公共文化服务体系中的作用[M]. 上海：上海交通大学出版社，2010：51.
❷ 曹爱军，杨平. 公共文化服务的理论与实践[M]. 北京：科学出版社，2011：23.
❸ 毛少莹. 公共文化服务概论[M]. 北京：北京师范大学出版社，2014：38.

务项目包括读书看报、收听广播、观看电视、观赏电影、送地方戏、设施开放、文体活动；硬件设施项目包括文化设施、广电设施、体育设施、流动设施、辅助设施；人员配备项目包括人员编制、业务培训。2017年1月，国务院印发《"十三五"推进基本公共服务均等化规划》，列出基本公共文化体育领域的项目共10项，其中基本公共文化领域的服务项目具体包括：公共文化设施免费开放、送地方戏、收听广播、观看电视、观赏电影、读书看报、少数民族文化服务、参观文化遗产。

从以上表述可以看出，对公共文化服务认识较为统一。从供给主体上看，由政府主导，公共图书馆、博物馆、美术馆、文化馆（站）、群众艺术馆等公共文化机构为骨干，同时吸纳社会力量参与，将其他社会主体作为必要补充；从内容上看，包括公共文化设施、公共文化产品、公共文化活动及其他相关服务；从服务范围上看，包括读书看报、收听广播、观看电视、观赏电影、观赏戏剧、参加展览与培训等文化活动；从服务对象上看，是全体社会公众，强调广覆盖与平等性；从目标上看，是满足公众的文化需求，保障其基本文化权益；从要求与特征上看，是公益性、基本性、均等性、便利性。

二、公共数字文化服务

2011年11月，文化部、财政部联合印发的《关于进一步加强公共数字文化建设的指导意见》提出了"公共数字文化服务"的概念，将公共数字文化服务视为公共文化服务的组成部分与公共文化服务体系建设的内容。此后，文化行政管理部门针对公共数字文化建设制定了多部专项政策，其他政策文件中对此亦有涉及，明确了公共数字文化服务的特点、目标、建设重点等，其中有关"公共数字文化服务"的表述见表1-1。

表 1-1　部分政策文件中有关"公共数字文化服务"的表述

文件名称	发布时间	发布部门	有关"公共数字文化服务"的表述
《关于进一步加强公共数字文化建设的指导意见》	2011年	文化部 财政部	公共数字文化建设包括数字化平台、数字化资源、数字化服务等基本内容，以制度体系、网络体系、资源体系、管理体系和服务体系建设为着力点，构建海量分级分布式公共数字文化资源库群，建成内容丰富、技术先进、覆盖城乡、传播快捷的公共数字文化服务体系，为广大群众提供丰富便捷的数字文化服务，切实保障信息技术环境下公共文化服务的公益性、基本性、均等性、便利性。公共数字文化服务具有辐射面广、传播速度快、资源广泛共享等特点……
《"十三五"时期公共数字文化建设规划》	2017年	文化部	按照公益性、基本性、均等性和便利性要求，以现代信息技术为支撑，以重点公共数字文化惠民工程为抓手，以资源建设和服务推广为重点，进一步完善公共数字文化服务网络，丰富服务资源，提升服务效能……
《公共数字文化工程融合创新发展实施方案》	2019年	文化和旅游部	加强云计算、大数据、人工智能等现代科技应用，创新公共数字文化服务业态，促进工程转型升级和服务效能提升。重点任务：统筹工程建设管理、整合工程平台与服务界面、统筹工程资源建设和服务推广、引导社会力量参与工程建设。
《"十四五"公共文化服务体系建设规划》	2021年	文化和旅游部	加强数字文化内容资源和管理服务大数据资源建设、加快公共文化网络平台建设、拓展公共文化服务智慧应用场景。

尽管相关政策没有给出公共数字文化服务的概念，但可以看出对技术应用、数字化资源、服务平台与服务网络的强调，提出了公共数字文化服务的目标与特征，目标为公众提供方便、快捷的文化服务，保障数字环境下公众的文化权益，特征即辐射面广、传播速度快、资源广泛共享等。

由于公共数字文化服务是公共文化服务的组成部分，是数字形态的公共文化服务。因此，可参照公共文化服务的含义，并结合数字化的特点，来理解公共数字文化服务。本书将公共数字文化服务界定为"由政府主导、社会参与，以现代信息技术为支撑，以网络化传播为手段，为满足公众的数字文化需求，而提供的数字文化基础设施、数字文化设备、数字文化平台、数字文化产品、数字文化活动及其他相关服务。"政府及其管理的公共文化机构是公共数字文化服务的主要供给主体，企业、社会组织等社会多元主体为补充；内容包括数字文化基础设施、数字文化设备、数字文化平台、数字文化产品、数字文化活动及其他相关服务；服务范围包括阅读电子书刊报、收听数字广播、收看数字电视、观赏数字电影、参与各类线上文化活动等；服务对象是数字环境下的全体社会公众；目标是满足公众的数字文化需求，保障数字时代公众的基本文化权益；特点是辐射面广、传播速度快、资源广泛共享。

三、供给

马克思在《资本论》中指出："供给就是市场上的产品，或者是能够提供给市场的产品。"[1] 在马克思看来，生产的方式决定了供给的方式和供给的结构，这个结构又直接规定着需求的结构。[2] 马克思认为供给量还与社会劳动量密切相关，投入的社会劳动量愈大，供给量也愈大，反之则愈小；从供给结构看，结构失调，必然在量上体现为生产过剩或供给不足，表现为"表面上进入消费，事实上仍然停留在市场上"[3]。此外马克思还肯定了供给与需求对于调节市场价格所起的作用。

古典经济学派的代表之一、法国经济学家让·巴蒂斯特·萨伊在其所著的《政治经济学概论》中给供给下了定义："供给是指由任何一种货物的所有者在一个单位时间内，愿意将自己的货物换取等值品或愿意以市价出售的所有货物

---

[1] 马克思.资本论：第3卷[M].北京：人民出版社，1975：218.
[2] 林自新.马克思的供求理论与新古典供求理论之比较[J].生产力研究，2004(11)：11-12，22.
[3] 刘金新.《资本论》中的供给理论与中国现实[J].经济视角，2016(3)：1-8.

组成，而不仅仅由同一时间单位内在市场上的实际售出物品组成。"❶萨伊强调供给的重要性，做出供给会自动创造它自己的需求的论断，即后世所称的"萨伊定律"。萨伊还认为供给受价格影响，价格可以平衡供需。20世纪70年代于美国兴起的供给学派认为，供给方面（supply side）简单地说就是商品与劳务的供给。但完整的供给方面的内涵界定不仅仅指商品与劳务的供给数量，而且还包括要素供给及供给效率。要素供给包括重要的物质资源投入、劳动投入以及资本投入等。❷我国著名经济学家高鸿业在其所著的《微观经济学》一书中指出："一种商品的供给是指生产者在一定时期内在各种可能的价格下愿意而且能够提供出售的该种商品的数量。"❸"一种商品的供给数量受到取决于多种因素的影响，其中主要的因素有：该商品的价格、生产的成本、生产的技术水平、相关商品的价格和生产者对未来的预期。"❹

结合以上观点，可以对供给做这样的理解：狭义的供给是指供给者所提供给需求者的产品；广义的供给不仅包括产品，还包括要素供给、供给效率等；生产方式决定供给方式和供给结构；供给与投入呈正相关关系；供给与需求密切相关，供给决定需求，需求反过来影响供给；供给受到产品价格、生产成本、生产技术等多种因素的影响。

四、不平衡不充分

党的十九大报告指出："我国社会的主要矛盾已经从人民日益增长的物质文化需要同落后的社会生产之间的矛盾，转变为人民日益增长的美好生活需要和不平衡不充分的发展之间的矛盾。"党的二十大报告再次明确我国社会矛盾是人民日益增长的美好生活需要和不平衡不充分的发展之间的矛盾，并紧紧围

---

❶ 让·巴蒂斯特·萨伊.政治经济学概论［M］.赵康英，符蕊，唐日松，译.北京：华夏出版社，2017：325.
❷ 尹伯成，华桂宏.供给学派［M］.武汉：武汉大学出版社，1996：20.
❸ 高鸿业.西方经济学（微观部分）第四版［M］.北京：中国人民大学出版社，2007：24.
❹ 高鸿业.西方经济学（微观部分）第四版［M］.北京：中国人民大学出版社，2007：24.

绕这个社会矛盾部署各项工作。我国社会主要矛盾发生了新变化，不平衡不充分成为新时代我国发展面临的主要问题。

不平衡不充分是相对于平衡与充分而言的。平衡在最一般的意义上可以理解为，依据事物的本性，作为系统的该事物内部诸要素处于恰当的比例、结构之中，从而使系统的运行处于一种相对稳定的状态；而当用平衡指涉人类事物时，又自觉不自觉地包含了对于社会主体之间平等、公平的价值偏好。充分在最一般的意义上可以理解成作为对象、客体的一定范围内的资源与利益，对于相应的有需求属性的存在物的需求、动机、目的而言，并不匮乏甚至更为充裕的状态。平衡与充分的对立面即为不平衡不充分。❶

由于不平衡不充分是对于发展而言的，有必要将其放置于发展的语境中来理解。不平衡不充分是发展的两个方面，不平衡的重点在于发展的结构问题，即发展在不同的地域、领域表现不平衡、发展的成果分布不平衡；不充分的重点在于发展的量与质的问题，即发展总量不足，发展的水平、质量与效益不高。虽然不平衡、不充分的内涵不同，但两者不是完全独立和割裂的，而是密切联系、相互交织、互为因果的。发展不平衡是产生在发展不充分的基础上的，正是发展不充分才导致了发展不平衡，而发展不平衡反过来又加剧了发展不充分。发展不平衡不充分，不仅表现在经济发展水平、物质生活方面，而且表现在我们经济社会生活的各个方面，表现在中国特色社会主义事业"五位一体"的全部内容中。❷已有研究成果将不平衡不充分的发展总结为区域不平衡、城乡不平衡、群体不平衡、领域不平衡、产业不平衡、行业不平衡、供需不平衡、社会生产力发展尚不充分、推进改革不充分、创新驱动不充分、有效供给不充分等方面。

---

❶ 张传文.当代中国不平衡不充分发展的时代特点与演化趋势［J］.安徽农业大学学报（社会科学版），2018，27（3）：42-47.

❷ 邓纯东.我国发展不平衡不充分体现在哪些方面［EB/OL］.（2019-7-29）［2022-4-2］.http://www.rmlt.com.cn/2019/0729/553017.shtml.

第二节　研究背景与意义

一、研究背景

进入21世纪以来，伴随着服务型政府建设，作为公共服务组成部分的公共文化服务受到了前所未有的重视，进入了快速发展阶段。2002年，党的十六大报告提出："国家支持和保障文化公益事业，并鼓励它们增强自身发展活力。坚持和完善支持文化公益事业发展的政策措施……加强文化基础设施建设，发展各类群众文化。"2006年，中央发布《"十一五"时期文化发展规划纲要》，其中专辟一章论述"公共文化服务"的相关问题，提出完善公共文化设施网络布局、创新公共文化服务方式、健全公共文化服务组织体制和运行机制、切实维护低收入和特殊群体的基本文化权益、推进农村文化建设重点工程、加大文化资源向农村倾斜、建立农村文化建设的长效机制。2007年，中共中央办公厅、国务院办公厅联合下发《关于加强公共文化服务体系建设的若干意见》，就如何建立健全覆盖全社会的公共文化服务体系做出具体部署。此后，有关公共文化服务的政策密集出台，实践亦随之推进。2008年起，全国博物馆、纪念馆免费开放；2011年起，全国公共图书馆、美术馆、文化馆（站）免费开放。同时，将基本公共文化服务均等化纳入国民经济和社会发展总体规划及城乡规划，推动革命老区、民族地区、边疆地区、贫困地区公共文化建设实现跨越式发展，将老年人、未成年人、残疾人、农民工、农村留守妇女儿童、生活困难群众作为公共文化服务的重点对象。时至今日，覆盖城乡、结构合理、功能健全、实用高效的公共文化服务体系基本建成。

公共数字文化服务是公共文化服务的数字化形态，是现代公共文化服务体系的重要组成部分。随着网民规模增加及互联网普及率的提升，公众能够方便地通过网络获取文化资源与服务，对数字文化服务的需求日益增长。对公共文化资源进行数字化转换并建立网络传播系统，提供公共数字文化服务，是适应时代发展要求与公众需求变化的必然选择。

2002年，文化部、财政部共同组织实施"全国文化信息资源共享工程"（以下简称"文化共享工程"），共建共享中华优秀文化信息资源。2006年，"农村电影放映2131工程"升级为"农村数字电影放映工程"，国家广播电影电视总局每年选定不低于60部的专供农村放映的故事片和不低于30部的科教片，每村每月放映一场公益电影。2010年，启动"公共电子阅览室建设计划"，经过逐步推进，至今基本形成覆盖城乡的服务网络，特别是社区、乡镇、村等基层公共电子阅览室的建设为广大基层群众营造了便捷的上网环境。❶2011年，推出"数字图书馆推广工程"，依托国家数字图书馆的资源，搭建数字图书馆虚拟网，实现国家、省、市公共图书馆三级网络体系的纵向贯通。2012年实现农家书屋全国行政村全覆盖的目标后，为实现农家书屋的可持续发展，推动农家书屋的数字化转型，利用三网、卫星及时更新、补充与传播资源。为加快公共数字文化建设、提升公共数字文化服务供给能力和服务水平，文化行政管理部门针对公共数字文化建设发布了多部专项政策。2011年12月，文化部、财政部联合印发《关于进一步加强公共数字文化建设的指导意见》，对于如何实施重点公共数字文化惠民工程、提高公共数字文化供给能力、创新公共数字文化服务机制等方面提出具体要求。2017年8月，文化部印发《"十三五"时期公共数字文化建设规划》，明确了"十三五"时期公共数字文化建设的六项重点任务，包括：构建互联互通的公共数字文化服务网络；打造公共数字文化资源库群，加强资源保障；创新服务方式，提升服务效能；统筹推进重点公共数字文化工程建设；鼓励和支持社会力量参与公共数字文化建设；加强公共数字文化建设管理。2019年4月，文化和旅游部印发《公共数字文化工程融合创新发展实施方案》，提出统筹工程建设管理、整合工程平台与服务界面、统筹工程资源建设和服务推广、引导社会力量参与工程建设4项重点任务。2022年5月，中共中央办公厅、国

---

❶ 肖希明，完颜邓邓．以数字化促进基本公共文化服务均等化的实践研究［J］．图书馆工作与研究，2016（8）：5-10．

务院办公厅印发《关于推进实施国家文化数字化战略的意见》，对于实施国家文化数字化战略作出全面部署。同年10月，国家文化数字化战略写进党的二十大报告中，标志着实施国家文化数字化战略成为全党共识、全党任务。

随着政策实施及多项公共数字文化工程的持续推进，我国公共数字文化建设取得了显著成绩，公共数字文化服务供给能力进一步增强。但也应该看到，我国公共数字文化服务供给仍存在诸多突出矛盾和问题，包括：公众了解程度不高，网站检索不易用，资源吸引力不高，供给与需求不匹配，服务利用率低，公众满意度一般；❶服务平台系统稳定程度较差，交互和视觉设计方面有待提高，缺乏平台维护的标准规范，长期维护不佳；❷政策壁垒导致供给要素无法自由流动，区域性供给不足与资源供需错配并存，供给要素市场化配置程度低，缺乏科学独立的绩效考核与激励机制；❸社会参与度不高，存在法律政策不完善、政府干预过多、公共文化机构合作意愿不强、社会资本自身发展受限、参与积极性不高等问题。❹

党的十九大报告、党的二十大报告均指出，我国社会主要矛盾已经转化为人民日益增长的美好生活需要和不平衡不充分的发展之间的矛盾。我国社会主要矛盾发生变化是关系全局的历史性变化，反映了我国社会发展的客观实际，体现了新时代党和国家面临的新任务和新挑战，涉及经济、政治、文化、社会、生态等各个领域。公共数字文化服务网络不完善、供需不对接等问题正是社会主要矛盾在公共数字文化服务领域的体现，即公共数字文化服务供给尚无法满足人们更加丰富、更高质量、更为公平的文化需求。人民日益升级的数字文化需求与不平衡不充分的供给之间的矛盾已经成为当前亟须解决的重要问题。"公共数字文化服务供给的不平衡不充分问题及对策研究"正是基于此提出的研究课题。

---

❶ 韦景竹，陈虹吕，唐川，曾生亮，钟鼎.公共数字文化服务需求调查[J].图书馆论坛，2015，35（11）：41-46.

❷ 华方圆，陈思任，佘安琪.国内公共数字文化服务平台建设现状调查分析[J].图书馆研究，2018，48（1）：37-45.

❸ 戴艳清，戴柏清.创新融合发展背景下公共数字文化工程供给要素配置优化[J].图书馆学研究，2020（1）：76-82.

❹ 戴艳清，南胜林，完颜邓邓.PPP模式在公共数字文化服务中的应用——基于参与主体职能视角[J].图书馆论坛，2020，40（7）：94-102.

二、研究意义

公共数字文化服务供给不平衡不充分是实践中产生的问题,解决该问题是一项实践性较强的工作,需要理论的指导。然而,现有研究成果比较分散,缺乏对公共数字文化服务供给不平衡不充分的系统研究,对实践活动的理论指导意义不足。本书以文化权益理论、新公共服务理论、治理理论、供需适配性理论、资源配置效率理论等理论为基础,全面、系统地探讨公共数字文化服务供给的不平衡不充分问题及对策,解析公共数字文化服务供给不平衡不充分的内容构成,明确解决问题的方向与着力点,弥补当前国内外该领域理论研究的不足,并拓展及深化公共数字文化服务体系的理论研究。

本书从区域均等、农村服务供给、特殊群体服务供给、公众消费需求与利用调查、公众满意度调查等方面,对公共数字文化服务供给的不平衡不充分现状展开系统的调查分析,明晰存在的不平衡不充分问题及成因,在结合我国实际与借鉴国外经验的基础上,从区域供给要素配置优化、城乡一体化发展、特殊群体服务供给优化、服务供给质量提升、社会参与、制度保障等方面提出系统而又切实可行的解决对策,为公共数字文化服务的供给主体解决不平衡不充分问题提供可操作的建议与方案。对于进一步明确供给主体的职责,推动社会力量参与,提升公共数字文化服务供给能力和效率,实现均衡、协调、充分发展具有实践指导意义与决策参考价值。

第三节 国内外研究现状

一、国外研究现状

"公共数字文化服务"是中国的特有术语,在以英语为母语或官方语言的国家称为"digital cultural"(数字文化)、"digital heritage"(数字遗产)、"digital cultural heritage"（数字文化遗产）。在理论研究方面，国外对数字文化遗产服务需求与供给、偏远地区和特殊群体的数字文化遗产服务、数字文化遗产服务中的公众参与和技术应用等问题给予了关注，介绍或提出了有效的供给方式与供给策略，对我国公共数字文化服务供给不平衡不充分问题的解决具有借鉴作用。

（一）数字文化遗产需求及供给策略研究

数字技术的发展推动了文化遗产数字化工作的开展。国外的文化遗产数字化实践开始较早，引发了国外学界对数字文化遗产需求与供给的研究。多尔纳（Dorner）通过对新西兰数字文化遗产资源的需求调查，发现公众在资源的丰富性、易用性、更新率等方面的要求及利用中存在的种种障碍，为新西兰公共文化机构改进服务提供参考。❶ 格斯特林（Gstrein）和米尔伯格（Mühlberger）介绍了欧洲图书馆在对部分文化遗产数字化时，根据对研究人员、读者的需求调查，对纸质历史书籍进行数字化转化，未来会提供更多的按需服务。❷ 米勒（Miller）介绍为满足老师和学生在远程教育中对数字视频的需求，新泽西州建设了数字视频网站和存储库（New Jersey Digital Highway，NJDH），旨在为新泽西州的所有教育和文化遗产机构提供可持续、灵活和可扩展的数字视频管理和交付基础设施。❸ 瓦伦蒂娜（Valentina）等调查了欧洲7个国家的文化消费需求与供给现状，发现公众的数字文化需求正日益增长，公共文化机构面临的挑战是如何变革供给模式、生产有创新性公共数字文化产品，以满足公众需求。❹ 莎伦（Sharron）和亚伯拉

---

❶ DORNER D G, LIEW C L, YEO Y P. A textured sculpture The information needs of users of digitised New Zealand cultural heritage resources［J］. Online Information Review, 2007, 31（2）：166-184.

❷ GSTREIN S, MÜHLBERGER G. Producing eBooks on demand-A European Library Network［A］Price K, Havergal V. E-books In Libraries：A Practical Guide［C/OL］.Luden：Facet Publishing, 2011：37-52.

❸ MILLER S L.Innovating to meet the demand for streaming video［J］.2013, 4（1）：29-43.

❹ VALENTINA V, MARIUS-RĂZVAN S, IOANA-ALEXANDRA L, et al. Innovative valuing of the cultural heritage assets. Economic implication on local employability, small entrepreneurship development and social inclusion［J］. Procedia – Social and Behavioral Sciences, 2015，188：16-26.

罕（Abraham）调查了公众对社交媒体与虚拟现实技术的需求与利用，指出文化遗产机构应该在其网站应用社交媒体与虚拟现实技术，为公众提供线上线下相结合的服务。[1]从上述研究可以看出，无论是数字文化遗产资源、数字文化产品，还是其服务方式，以需求为导向的供给是学者们的共识。

（二）偏远、农村地区数字文化服务研究

国外实践往往将满足偏远、农村地区居民的数字文化遗产需求寓于当地的文化遗产数字化转换及保护之中。故国外围绕如何利用数字技术保护、保存及开发偏远、农村地区的文化遗产进行了较多研究，取得了较为丰富的成果，然而专门针对如何为偏远地区与农村地区的居民提供数字文化服务方面的关注偏少。埃里克森（Erickson）介绍了比尔和美琳达·盖茨基金会为加拿大低收入地区的公共图书馆提供资助，用于购买电脑设备、建设电脑培训实验室等，服务于偏远地区、低收入地区的居民，使其免费使用电脑获取数字资源。[2]高希（Ghosh）介绍了印度农村的Gyandoot和PRAGATI项目通过为农村居民建立当地的信息中心，开展数字文化信息服务，以提升农村居民的生活质量。[3]拉提（Rathi）等研究了加拿大北部农村、偏远地区文化遗产基础设施项目——Digital Library North（DLN）的设计和实施，该项目可使当地居民使用各种类型的电子设备访问网络，获取文化资源。[4]

---

[1] SHARRONA, ABRAHAM J. The role of curiosity in making up digital content promoting cultural heritage [J]. Procedia - Social and Behavioral Sciences, 2015, 184: 259-265.

[2] ERICKSON C A. Providing digital opportunities through public libraries: the Canadian example [J]. New Library World, 2002, 103 (4/5): 141-149.

[3] GHOSH M. The public library system in India: challenges and opportunities[J]. Library Review, 2005, 54 (3): 180-191.

[4] RATHI D, SHIRI A, COCKNEY C. Environmental scan: A methodological frameworkto initiate digital library development for communities in Canada's North[J].Aslib Journal of InformationManagement, 2017, 69 (1): 76-94.

（三）残疾人数字文化遗产服务研究

早在1998年，约尔根森（Jørgensen）就关注了盲人、视障人士对视听文化遗产的网络访问，探讨"丹麦音频历史"（Danish Audio History）项目的相关实践，该项目提供音频格式的数字化声音文件，历史录音包括政治演讲、方言、文学作品和音乐，优先确保盲人和视障人士可以方便地访问录音。[1]

进入21世纪以来，国外文化遗产数字化进程加快，对特殊群体平等服务的关注亦随之增加，相关研究集中于对公共文化机构为特殊群体提供数字文化遗产服务实践做法的介绍。例如，哈帕莱宁（Haapalainen）和马纳帕（Mäenpää）介绍了芬兰国家美术馆艺术博物馆发展部和赫尔辛基艺术与设计大学媒体实验室合作的MUMMI项目（Multi Modal Museum Interfaces，多模态博物馆界面），该项目旨在改善不同受众获取文化遗产信息的渠道，推广无障碍设计，项目合作伙伴包括芬兰聋人协会、芬兰视障者联合会。[2]费利斯（Felice）等介绍了一个可用于改善视力受损者获取文化遗产机会的多模式系统——OMERO，该系统不仅提供了对虚拟数据的触觉和听觉访问，还提供了设计和创建更强大的文化遗产认知路径的工具，能极大地提高视力受损者的理解和欣赏能力。[3]德里加（Drigas）等研究了展示希腊和塞浦路斯博物馆和美术馆展品的电子文化门户网站为听障人士和重听人提供的平等服务，包括使用Flash技术、制作手语视频、以书面和手语两种语言展示信息。[4]马库斯（Marcus）介绍了为保护残疾人的文化权利，促进残疾人获取数字文化资源

---

[1] Fønss-JørgensenE. Network access to the audiovisual cultural heritage-possibilities and problems [J]. Interlending & Document Supply, 1998, 26 (4): 171–174.

[2] HAAPALAINEN R, MÄENPÄÄ M. Multimodal interfaces for museum audiences: A collaborative study project of finnish national gallery and UIAH media lab [C]. A presentation held in ICHIM03 Seventh International Cultural Heritage Informatics Meeting, 2003.

[3] FELICE F D, RENNA F, ATTOLICO C, et al. Omero: a multimodal system that improves access to Cultural Heritage by visually impaired people [J]. Archeologia E Calcolatori, 2007, Supplemento 1: 243–253.

[4] DRIGAS A, KOUKIANAKIS L, GLENTZES J. An e-culture-e-museums environment for common citizens and disabled individuals [J]. Digital Culture and Electronic Tourism, 2009, 1 (4): 267–279.

而在博物馆、艺术馆、档案馆、图书馆、文物古迹和任何收藏项目领域设立的JODI奖,以及美国惠特尼艺术博物馆建设的聋人视频博客项目及其网站采取有利于聋哑人访问文化资源的包容性设计细节。[1]罗塞蒂(Rossetti)等开发了低成本的交互式3D触觉模型,能够改善视力障碍者对文化遗址建筑细节的访问。[2]综上所述,国外对残疾人数字文化遗产服务的研究集中于视障、听障这两类人群,其他类型的残疾群体尚未进入研究范围,很大程度上受到相关实践的影响。

（四）数字文化遗产服务中的公众参与研究

按社会参与的主体划分,可分为公众个人参与,企业等营利性组织参与,社会组织、社区组织等非营利性组织参与。国外学界注重对公众个体参与的研究,大致可归纳为总结公众参与的实践经验和提出公众参与的对策两个方面。

公众参与的实践经验方面,阿戈斯蒂(Agosti)等介绍了CULTURA项目通过开发个性化信息检索系统、允许用户生成内容等措施,提高公众对数字文化遗产藏品的参与度,从根本上改变了公众对数字文化遗产的体验和贡献方式;[3]萨博(Szabo)等以数字人文活动"可视化威尼斯"和白云石景观虚拟博物馆为例,研究了文化遗产数字化实践中用户、专业人员的协作和参与;[4]钦(Ching)介绍了香港城市大学图书馆主导的一个参与式学习项目,该项目中图书馆员与学生、教师、学者合作,利用文物、档案馆藏及相关数字文化资源,为学生提供学习特定文化遗产主题知识、参与知识创造和文化遗产保护工作的

---

[1] WEISEN M. Digital access to culture [J]. Journal of Assistive Technologies, 2012, 6(2): 163–166.
[2] ROSSETTI V, FURFARI F, LEPORINI B, et al. Enabling access to cultural heritage for the visually impaired: an Interactive 3D model of a cultural site [J]. Procedia Computer Science, 2018, 130: 383–391.
[3] AGOSTI M, FERRO N, ORIO N, et al. CULTURA outcomes for improving the user's engagement with cultural heritage collections [J]. Procedia Computer Science, 2014, 38: 34–39.
[4] SZABO V, LACEDELLI S Z, POMPANIN G. From landscape to cities: A participatory Approach to the creation of digital cultural heritage [J]. The International Information & Library Review, 2017, 49 (2): 115–123.

机会，丰富学生的学习体验。❶ 佛朗哥（Franco）介绍了数字"Ksar Said 档案"（Documentation of Ksar Said）项目将探究式学习方法与虚拟现实相结合，让学生参与文化遗产学习，与文化遗产机构一起共同创建学习活动。❷

公众参与的对策方面，艾登（Aydin）提出了一种在混合沉浸式虚拟现实环境中公众参与数字文化遗产内容制作的新方式，能够提高公众参与的主动性与创造性；❸ 库科普洛斯（Koukopoulos）评估了一个用户参与贡献内容的文化遗产数字平台，结果表明为用户维持一个有吸引力、友好的环境，对文化遗产参与式数字平台的普及起着关键作用；❹ 阿戈斯蒂（Agosti）等提出了一种促进用户参与数字文化遗产馆藏的新方式——叙事（narratives），通过让用户为馆藏添加注释，能够密切机构与用户、用户与用户之间的联系与互动，增强用户体验；❺ 普索马达基（Psomadaki）等探讨了公众参与城市数字文化遗产记录、传播、管理的策略，并提出了一种公众和文化组织协作的模式。❻ 国外学者从微观层面对当前公众参与数字文化遗产服务的实践经验进行了总结，从多角度探讨了促进公众参与的方法，可以为下一步的实践工作提供参考。

（五）数字文化遗产服务中的新技术应用研究

数字技术的发展与应用为文化遗产的保护、展示、传播带来了新的契机，

---

❶ CHING S H.Turning a service learning experience into a model of student engagement：The Lighthouse Heritage Research Connections（LHRC）project in Hong Kong［J］.The Journal of Academic Librarianship，2018，44（2）：196-206.

❷ FRANCO P, WINTERBOTTOM M, GALEAZZI F, et al. Ksar said：Building tunisian young people's critical engagement with their heritage［J］. Sustainability, 2019, 11：1373.

❸ AYDIN S. Decoding Kashgar：A digital design Approach to steer and diversify creative engagement in digital heritage［D］. wellington：victoria university of wellington, 2018.

❹ KOUKOPOULOS Z, KOUKOPOULOS D. Evaluating the usability and the personal and social acceptance of a participatory digital platform for cultural heritage［J］. Heritage, 2018, 2（1）：1-26.

❺ AGOSTI M, ORIO N, PONCHIA C. Promoting user engagement with digital cultural heritage collections［J］. International Journal on Digital Libraries, 2018, 19（4）：353-366.

❻ PSOMADAKI O I, DIMOULAS C A, KALLIRIS G M, et al. Digital storytelling and audience engagement in cultural heritage management：A collaborative model based on the Digital City of Thessaloniki［J］. Journal of Cultural Heritage, 2019, 36：12-22.

亦能够激发公众的兴趣，提升公众的参观体验，促进公众对文化遗产的新形式参与，实现文化遗产的价值增值。国外学界对文化遗产中的新技术应用实践的相关研究较多，涉及 3D 扫描、大数据、VR（虚拟现实）、AR（增强现实）、AI（人工智能）、GIS（地理信息系统）等。

　　早在 2001 年，皮耶拉奇尼（Pieraccini）等就关注到了遗产艺术品 3D 数字化的动机、问题和技术规范，其研究结果表明 3D 数字化技术已得到充分发展，可广泛应用于文化遗产领域。❶2003 年，《人工智能应用》（Applied Artificial Intelligence）刊载了一组专题论文，探讨 AI 在文化遗产和数字图书馆领域的应用。❷帕夫利季斯（Pavlidis）等探讨了文化遗产 3D 数字化的方法和步骤。❸布斯蒂洛（Bustillo）等基于 3D 建模、VR 等技术，设计出一个面向高中生、本科生文化遗产教学的半沉浸式平台。❹泰特（Tait）等结合苏格兰东北部埃尔金小镇的实践，研究了利用 3D 数据采集技术对建筑遗产进行高清晰度激光扫描，实现建筑遗产的三维可视化。❺雅各布森（Jakobsen）等介绍了一个以用户为中心的 AR 应用程序的持续开发和评估，对参与者的调查显示该应用显著提高了儿童用户的体验。卡斯蒂廖内（Castiglione）等设计了一个应用大数据技术的文化遗产信息系统，能够从分布式和异构数据源收集信息，根据用户的偏好和上下文向用户提供个性化数据。❻济州（Dhonju）等研究设计了一个名为"共享我们

---

❶ PIERACCINI M, GUIDI G, ATZENI C.3D digitizing of cultural heritage［J］. Journal of cultural heritage, 2001（2）：63—70.

❷ ABBATTISTA F, BORDONI L, SEMERARO G.Artificial intelligence for cultural heritage and digital libraries［J］. Applied Artificial Intelligence, 2003, 17：681-686.

❸ PAVLIDIS G, KOUTSOUDIS A, ARNAOUTOGLOU F, et al. Methods for 3D digitization of cultural heritage［J］. Journal of Cultural Heritage, 2007, 8（1）：93-98.

❹ BUSTILLO A, ALAGUERO M, MIGUEL I, et al. A flexible platform for the creation of 3D semi-immersive environments to teach cultural heritage［J］. Digital Applications in Archaeology and Cultural Heritage, 2015（2）：248-259.

❺ TAIT E, LAING R, GRINNALL A, et al. (Re) presenting heritage：Laser scanning and 3D visualisations for cultural resilience and community engagement［J］. Journal of Information Science, 2016, 42（3）：420-433.

❻ CASTIGLIONE A, COLACE F, MOSCATO V, et al. CHIS：A big data infrastructure to manage digital cultural items［J］. Future Generation Computer Systems, 2017, 86：1134-1145.

的文化遗产"（Share Our Cultural Heritage，SOCH）的在线地理众包系统，该系统应用了移动和网络GIS技术，如地理众包、网络地图、摄影测量建模和在线可视化技术，可实现大规模的遗产记录和共享，并提供端到端的用户体验。❶ 由上述研究可知，数字文化遗产服务中的新技术应用是国外当前的研究重点之一，其对数字文化遗产服务的推动作用受到学界广泛认可，并对其进行了全面、深入的探索，这对于实践中应用新技术，精准、高效地提供数字文化遗产服务具有启发与借鉴价值。

二、国内研究现状

随着公共文化服务体系建设上升为国家战略及公共数字文化工程的推进，学界对公共数字文化服务给予了高度关注，研究成果逐渐增多，与不平衡不充分供给相关的研究大致可以归纳为以下六个方面。

（一）公共数字文化建设问题与对策研究

由于文化共享工程、数字图书馆推广工程、公共电子阅览室建设计划三大公共数字文化工程是我国推进公共数字文化建设、加强公共数字文化服务供给的重点抓手和重要实践，早期相关研究多围绕三大公共数字文化工程的建设现状及对策展开。王芬林著的《数字图书馆实践思考——文化共享工程的发展与创新之路》系统介绍了文化共享工程数字资源整合模式、数字资源加工发布、数字资源共建共享，以及服务于农民工、部队官兵、汶川灾后恢复重建、新疆与西藏地区等方面的实践。❷ 张彦博等著的《文化共享工程建设与服务》分析了文化共享工程建设与公共数字文化服务体系的关系，介绍了文化共享工程的组织支撑体系、资金

---

❶ DHONJU H K, XIAO W, MILLS J P, SARHOSIS V.Share Our Cultural Heritage (SOCH): Worldwide 3D heritage reconstruction and visualization via web and mobile GIS [J]. Isprs International Journal of Geo Information, 2018, 7 (9): 360.

❷ 王芬林.数字图书馆实践思考——文化共享工程的发展与创新之路 [M].北京: 国家图书馆出版社, 2012.

保障制度、技术应用、资源建设、资源利用和服务活动等方面的现状。❶魏大威等分析了各省市数字图书馆发展不均衡、新技术新媒体应用不够充分等问题,从推动地方数字图书馆建设、加强数字图书馆业务全流程管理、构建全方位的数字图书馆网络服务体系等方面提出了深化数字图书馆推广工程的工作思路。❷陈胜利指出文化共享工程资源建设工作虽取得了丰硕成果,但在内容体系、工作机制、项目管理等方面仍存在诸多问题,下一步工作方向应以需求为导向、坚持重在建设的思想、牢固树立文化安全意识,同时努力促进文化"走出去"。❸

随着公共数字文化工程建设的不断深入,学界开始细化研究视角。王颖洁和杨玉麟❹、戴艳清❺、苏超❻调查分析了文化共享工程省级分中心网站,发现存在网站建设不规范、网站维护工作差、网站可发现性与易用性均存在不足、资源分类与栏目设置不合理、资源更新不及时等问题,并提出解决对策。黄浩❼介绍了湖南公共电子阅览室建设针对利用率普遍不高、设备老化、环境不堪、信息内容有所限制、管理混乱、服务方式单一等问题,在技术模式、环境模式、服务模式、管理模式等方面的新探索。银晶❽研究发现公共电子阅览室建设存在经费投入不足、选址需调整、相关政策法规缺失制约整体的发展等问题,认为将来应加强技术应用、结合当地人文特色开展服务、联动开展活动。

---

❶ 张彦博,刘惠平,刘刚等.文化共享工程建设与服务[M].北京:北京师范大学出版社,2013.
❷ 魏大威,刘金哲,薛尧予.以数字图书馆推广工程为抓手,构建覆盖全国的数字图书馆服务体系[J].国家图书馆学刊,2012,21(5):14-19.
❸ 陈胜利.公共数字文化资源建设的宏大实践——全国文化信息资源共享工程资源建设的现状与发展[J].图书馆杂志,2015,34(11):4-12.
❹ 王颖洁,杨玉麟.中西部地区文化共享工程省级分中心网站建设现状调查研究[J].图书馆学研究,2014(4):74-80.
❺ 戴艳清.全国文化共享工程省级分中心网站建设现状的调查分析[J].图书馆理论与实践,2014(9):25-29.
❻ 苏超.文化共享工程网站与可访问文化信息资源质量的现状分析[J].图书馆学研究,2015(20):79-90.
❼ 黄浩.公共电子阅览室的建设问题及对策——以湖南省公共电子阅览室建设为例[J].图书馆,2017(3):44-47.
❽ 银晶.国内公共电子阅览室建设与思考[J].图书馆理论与实践,2017(5):75-79.

（二）公共数字文化服务利用调查及供需矛盾研究

公共数字文化服务供给要做到以需求为导向，实现供需平衡，就必须掌握公众需求与利用情况，把握供需矛盾。有学者对公共数字文化服务利用调查及供需矛盾进行了研究。肖希明、郑燃调查了公众对图书馆、博物馆数字服务的利用及满足程度，结果显示服务利用率不高，服务不能满足公众需求，利用中还存在不能实现跨库检索、检索繁琐复杂、缺少检索知识等障碍。❶ 韦景竹等调查了广东、福建民众对公共数字文化服务的认知、需求、使用、满意度等，结果显示民众对公共数字文化服务了解程度不够高、使用度较低、服务还不能完全满足民众需求、满意度一般。❷ 汝萌、李岱通过调查发现公共数字文化服务利用率不高、现有服务的内容和方式无法满足公众需求，以及数字资源建设针对性不强、易用性不高等问题。❸ 总之，已有研究结果显示公共数字文化服务存在多方面的问题，尚不能满足公众需求，利用率不高，存在较严重的供需矛盾。

（三）欠发达地区公共数字文化服务研究

杨玉麟等著的《文化信息资源共享工程：中西部地区实施效果及问题研究》系统研究了中西部文化信息资源共享工程的实施情况，总结中西部地区文化信息资源共享工程服务的创新经验，并评价实施效果，针对存在的问题，提出中西部地区文化信息资源共享工程发展长效机制的对策。❹ 直接研究欠发达地区公共数字文化服务供给的论文并不多，只在对公共文化服务的研究中略有提及，但是仍可从中看出学界对欠发达地区建设与发展公共数字文化服务重要性的认识。例如，李国新指出推动公共文化服务均衡发展的首要任务是补齐贫

---

❶ 肖希明，郑燃.公共数字文化服务需求的调查分析——以图书馆博物馆为例[J].图书馆，2013（6）：41-43.

❷ 韦景竹，陈虹吕，唐川，等.公共数字文化服务需求调查[J].图书馆论坛，2015（11）：41-46.

❸ 汝萌，李岱.我国公共数字文化服务使用情况调查研究[J].图书馆建设，2017（2）：84-89.

❹ 杨玉麟等.文化信息源共享工程：中西部地区实施效果及问题研究[M].西安：西安交通大学出版社，2016.

困地区的短板，而数字文化服务是解决贫困地区公共文化服务不足的重要手段。❶王毅、柯平等❷和柯平、彭亮❸指出国家级贫困县、欠发达地区民族乡镇应注重公共数字文化服务建设。李宏阐述"十三五"时期将着重加强公共数字文化服务体系在基层，尤其是在老、少、边、贫地区的运用与服务。❹

（四）边疆公共数字文化服务研究

于2012年启动的"边疆万里数字文化长廊"是文化共享工程的子项目，亦是国家公共文化数字支撑平台应用服务系统的组成部分，其目标是提升边疆地区公共文化服务的覆盖辐射能力与服务效能。当前对于"边疆万里数字文化长廊"的研究已取得一定进展。范雪阐述了"边疆万里数字文化长廊"在各地区的建设方式及服务手段，提出"十三五"时期应提升服务能力、加强统一管理、重视资源整合、继续社会化合作方面，持续探索建设思路，扩大服务范围。❺陈移兵分析了"边疆万里数字文化长廊"建设的有效模式，认为下一步需要充分发挥国家公共文化数字支撑平台的基础支撑作用，加强军民融合共建，在贫困地区、藏区、周边睦邻国家等重点区域加快拓展延伸。❻

"边疆万里数字文化长廊"的建设范围既包括陆疆地区，也包括海疆地区。南开大学徐建华教授主持的文化部全国公共文化发展中心委托项目"'边疆万里数字文化长廊'海疆建设研究"，从多方面研究了海疆公共数字文化服务。王茜、徐建华、陈嘉茜分析国家海洋战略与现代公共文化服务体系的关系，提出

---

❶ 李国新.强化公共文化服务政府责任的思考[J].图书馆杂志，2016（4）：4-8.

❷ 王毅，柯平，孙慧云，等.国家级贫困县基本公共文化服务均等化发展策略研究——基于图书馆和文化馆评估结果的分析[J].国家图书馆学刊，2017，26（5）：19-31.

❸ 柯平，彭亮.欠发达地区民族乡镇公共文化服务探索——以贵阳市乌当区新堡布依族乡为例[J].图书馆论坛，2018，38（5）：12-18.

❹ 李宏.公共数字文化体系建设与服务[J].图书馆研究与工作，2017（1）：5-11.

❺ 范雪.边疆万里数字文化长廊的建设与发展研究[J].现代情报，2016，36（5）：128-132.

❻ 陈移兵."边疆万里数字文化长廊"建设模式探析[J].图书馆学研究，2017（17）：20-23.

"海疆万里数字文化长廊"的定位和目标。❶ 徐益波、王淑红、宫昌俊根据"海疆万里数字文化长廊"的服务对象即海陆空军、海警、武警边防官兵,以及海疆地区居民两类群体的特点和需求差异,分别设计了服务内容与方式。❷ 冯庆东、付敏君、王茉瑶从服务海疆地区居民、服务海疆地区武警与部队两个方面分析威海市图书馆海疆公共文化服务内容和方式,总结该馆海疆公共文化服务经验,包括提供移动数字阅读服务、按个性化需求配送文化信息资源等。❸

（五）基层、农村公共数字文化服务研究

基层、农村公共数字文化服务是公共数字文化服务均等化的一个重要方面。陈移兵总结了农村地区公共数字文化建设取得的成就,同时指出存在数字资源及相应的支撑系统建设薄弱、信息化基础设施不全、数字资源推送方式单一等问题,需要加大对西部地区农村的财政投入、加强宣传和对农民的数字素养培训。❹ 刘平、罗云川基于对农村地区公共数字文化资源传播路径的分析,设计了农村地区公共数字文化资源服务模式,包括广播模式、点播模式、网络交互模式、现场体验模式四种。❺

公共电子阅览室、数字农家书屋是公共数字文化服务的组成部分,是公众获取公共数字文化服务的设施、场所。基层公共电子阅览室、数字农家书屋的建设与服务现状受到一定关注。李少慈调查朝阳区乡镇公共电子阅览室发现空置现象比较普遍、基本没有专职管理人员、信息资源缺乏针对性,提出应强化管理人员的服务意识与责任意识、改进服务方式、将公共电子阅览室打造成

---

❶ 王茜,徐建华,陈嘉茜.国家海洋战略视角下的"海疆万里数字文化长廊"建设理论研究[J].图书馆论坛,2016,36(1):11-14.

❷ 徐益波,王淑红,宫昌俊."海疆万里数字文化长廊"的服务对象、内容与方式[J].图书馆论坛,2016(1):15-18.

❸ 冯庆东,付敏君,王茉瑶.威海市图书馆海疆公共文化服务探索[J].图书馆论坛,2016(1):22-25.

❹ 陈移兵.农村地区公共数字文化发展现状与发展建议[J].文化月刊,2015(26):122-125.

❺ 刘平,罗云川.让数字文化传播在农村落地生根[J].人民论坛,2016(32):130-131.

综合文化教育平台。❶贺一博❷、梁爱琴❸、陶慧❹分析了数字农家书屋相比传统农家书屋的优势，根据存在的问题与实际需求，构建了数字农家书屋的管理模式、内容建设模式。虽然选取基层、农村的公共电子阅览室、数字农家书屋进行研究是对基层、农村公共数字文化服务具体、深入探究的体现，但是现有研究多从供给端分析问题，未有需求端、供需结合的研究，未能对如何根据村民、基层居民的需求、心理、习惯等提供服务，增进其对公共数字文化服务的利用做深入论述，亦未提出有效的城乡均等对策，因而存在局限性。

（六）特殊群体公共数字文化服务研究

人群均等是公共文化服务均等化的另一个重要方面。实践中，公共数字文化工程已针对特殊群体的需求建成了大量适用资源，全国各级各类公共文化机构面向特殊群体开展了形式多样的服务活动，引发了学界对特殊群体公共数字文化服务的研究。

张炜、李春明介绍了中国盲人数字图书馆网站的建设背景、服务对象、服务方式、资源建设、网站的无障碍技术应用。❺李春明等介绍了中国残疾人数字图书馆的建设背景，提出建设设想，从跨行业合作共建、开放式服务平台的开发、内容建设、实现方式、版权维护方面探讨了建设方式。❻高恩泽等分析中国盲人数字图书馆网站特点，服务成效及存在问题，与政府、业界及社会团体的合作情况，从用户需求、政策支持、网站优化、交流合作等方面提出未来发展建议。❼

---

❶ 李少慈.乡镇电子阅览室建设调查与思考［J］.图书馆学刊，2015（2）：36-38.
❷ 贺一博.陕西数字农家书屋建设、管理与经营研究［D］.西安：陕西师范大学，2013.
❸ 梁爱琴.陕西数字农家书屋的内容建设创新研究［D］.西安：陕西师范大学，2013.
❹ 陶慧.农家书屋数字化模式转型研［D］.武汉：华中师范大学，2015.
❺ 张炜，李春明.积极推进信息无障碍建设人人共享公共文化服务——中国盲人数字图书馆网站介绍［J］.图书馆建设，2009（9）：65-67.
❻ 李春明，陈力，张炜.中国残疾人数字图书馆建设展望［J］.图书馆建设，2010（11）：16-18.
❼ 高恩泽，毛雅君，李健.携手共建信息无障碍平台共同推进图书馆文化助残——中国盲人数字图书馆服务情况及展望［J］.新世纪图书馆，2016（6）：57-60.

王芬林调查了全国各地分支中心和基层服务点服务农民工的现状，总结服务工作统一规划部署、数字资源建设力度、吸引农民工主动享受服务等方面的不足，提出：应加强与其他部委/国家重大工程项目间的合作，组织召开共享工程服务农民工先进经验交流，将公益性电子阅览室建在农民工居住区，加大数字资源整合力度，策划方案先行试点。❶

王丽娜以乡村老人群体的文化信息需求为视点，对福建省不同区域的乡村老年人进行了田野调查，发现老年群体需求的共性与差异，分析文化共享工程对乡村老年群体文化需求的满足情况，提出老年群体实现自我服务是保持共享工程可持续性发展的有效方法之一。❷国佳认为公共数字文化服务老年群体有利于促进人口老龄化问题和谐解决，有助于提高老年人生活品质，丰富其文化生活，提出：应树立服务意识，根据老年人自身特点创造舒适的阅读条件，提供老年人需要的书籍。❸

从上述研究可以看出，现有相关研究集中于视障人群、农民工、少数民族、老年人四个群体，对于言语残疾、多重残疾、低收入人群、服刑人员等其他类型的特殊群体尚未被关注。对视障人群、农民工、老年人的研究，侧重于调查分析文化共享工程、公共电子阅览室为其服务的实践现状。对少数民族的研究则既调查分析其需求偏好及服务对策，又将之与文化认同相关联，探讨其文化需求利用情况与文化认同的关系。

三、国内外研究述评

综上，国内外该领域的相关研究成果较为丰富，具有相似的研究主题，但在研究视角、研究内容上也存在区别。国外对于数字文化遗产服务的需求调查与供

---

❶ 王芬林.全国文化信息资源共享工程服务农民工现状分析及加大服务力度的对策[J].图书馆，2012（5）：117-118.

❷ 王丽娜.试论共享工程的田野作业——以乡村老年群体的文化信息需求为视点[J].图书馆学研究，2010（1）：47-50.

❸ 国佳.基于老年群体需要的公共数字文化服务研究[J].文化学刊，2015（10）：162-163.

给策略、数字文化遗产服务中的公众参与和技术应用做了较多探讨，然而对于农村、偏远地区关注却不多，对于特殊群体的研究只是集中于视障、听障人群两类。国内对于三大公共数字文化工程的建设情况及其服务的研究较多，研究视角较为宏观，同时对于欠发达地区、农村地区、特殊群体公共数字文化服务现状给予了一定关注，但是鲜有对公共数字文化服务中新技术应用及社会参与的研究。国内外学者的研究侧重点虽有差别，但均是以实践为导向，在调查实践的基础上进行研究，重点在于总结实践经验、分析存在的问题并探寻解决方案，旨在为数字文化服务实践提供指引和借鉴，具有较强的实践性和应用性。

国内外相关研究有助于了解当下公共数字文化服务供给现状，能够为供给主体提供经验借鉴或改进启示，也为本书的研究提供了良好基础。但也存在以下局限性：一是缺乏对公共数字文化服务供给不均衡不充分问题及对策的系统论述，国内研究对于解决公共数字文化服务供给不均衡不充分问题的关键如供给质量、社会参与、技术应用均未涉及，虽然对均等供给的研究已有一些，但大多集中于微观层面针对某一特定群体或地区的个案研究，较为零散，缺乏宏观统筹研究，整体上未能构建一个完整的研究框架；二是现有研究大多数没有从需求出发探讨公共数字文化服务的供给问题，对供需调查、供给问题的实证研究不够深入，且较少涉及对不均衡不充分问题的调查分析，亦未能提出系统的、有效的对策主张。

由上可知，国内外研究虽取得了一定成果，但总体研究的系统性与深度不够，与公共数字文化服务供给不平衡不充分密切相关的研究成果薄弱。因此，对公共数字文化服务供给的不平衡不充分问题开展系统、深入的研究，提出既科学合理又切实可行的思路和方案，推动公共数字文化服务平衡性充分性供给，正是本书研究的意义所在。

第四节 研究思路和内容

本书沿着"提出问题→分析问题→解决问题"的逻辑思路展开。通过理论

研究，探寻不平衡性不充分视角下公共数字文化服务供给的理论依据，明确现实意义；通过对公众、公共数字文化服务供给主体的调研，以了解公众需求变化、服务供给现状，把握供需矛盾；对供给不平衡不充分的表现形式与突出问题，以及导致供给不平衡不充分问题的成因进行深入分析，找准问题症结；基于对国内情况的把握，并借鉴国外有益经验，重点从区域供给要素配置优化、城乡服务一体化建设、特殊群体服务供给优化、服务供给质量提升、社会参与、制度保障等方面，提出解决公共数字文化服务供给不平衡不充分问题的对策。具体内容拟从以下九个方面展开。

一、公共数字文化服务供给不平衡不充分的理论基础

一是确立不平衡不充分视角下公共数字文化服务供给的理论基点，即文化权益理论、新公共服务理论、公平正义理论、治理理论、供求理论、资源配置效率理论等；二是探讨解决公共数字文化服务不平衡性不充分供给问题的现实意义，即提升公共数字文化服务供给的整体水平、实现公共数字文化服务平等获取、保障数字时代公众的文化权益、缓解新时代我国社会主要矛盾。

二、公共数字文化服务供给不平衡不充分的现状调查

通过实地考察与访谈、网络调查、文献调查等方式，调查分析我国公共数字文化服务供给在数量、质量、方式等方面的总体状况及其在区域、城乡、群体间的分布情况；采用问卷调查、实地访谈等方法调查公众需求，包括需求内容、需求结构及对当前服务供给的数量、种类、质量等的满意度，分析公众需求的多样性、差异性、高质量等方面的新要求，掌握公众需求的新变化；从需求与供给双重视角，深刻检视公共数字文化服务供给存在的不平衡不充分问题，准确把握供给不平衡不充分的表现形式，并深入剖析导致供给不平衡不充分问题的各种因素及作用机理。

三、区域公共数字文化服务供给要素配置优化

将公共数字文化服务供给要素划分为：政策扶持要素、财政投入要素、资源供给要素、设施设备要素、服务平台要素。在此基础上，构建公共数字文化服务供给效率评价体系，基于对传统 DEA-B2C 方法的改进，利用超效率模型对我国区域公共数字文化服务供给要素配置效率进行评价。根据评价结果，提出区域公共数字文化服务供给要素配置效率的提升策略，为推动区域公共数字文化服务平衡充分供给提供参考。

四、城乡公共数字文化服务一体化建设

从政策角度，将我国城乡公共数字文化服务一体化发展进程分为城乡分离阶段（1949—2005 年）、城乡均等化阶段（2006—2019 年）、走向城乡一体化阶段（2020 年至今）。从整体上分析城乡公共数字文化服务一体化建设概况的同时，对首批入选国家公共文化服务体系示范区的苏州市进行实地调研，以此发现城乡公共数字文化服务一体化建设中存在的关键问题，并提出城乡公共数字文化服务一体化建设的推进策略，以期助力城乡公共数字文化服务供给不平衡问题的解决。

五、特殊群体公共数字文化服务供给优化

根据前期调查，分析得出特殊群体公共数字文化服务供给存在的不足，包括服务制度亟须健全、网站的可访问性差、服务设施分布失衡、服务资源建设落后、服务活动开展不足。继而调查欧盟、美国、英国、加拿大、日本、新加坡等国家和地区的特殊群体公共数字文化服务供给现状与经验。在结合我国实际并借鉴国外经验的基础上，提出我国特殊群体公共数字文化服务供给优化策略，以期助力不同群体之间公共数字文化服务供给不平衡问题的解决。

六、公共数字文化服务供给质量提升

运用访谈与扎根理论方法，识别出环境、平台、资源、活动、服务人员、反馈、用户 7 个因素之间联系密切，以此提出各变量之间的假设关系并构建公共数字文化服务供给质量影响因素的链式中介模型与测度指标。通过实证检验，厘清各影响因素与供给质量间的影响程度与作用路径，为改进公共数字文化服务供给质量提供理论支持。

七、公共数字文化服务供给中的社会参与

总结我国公共数字文化服务供给中社会参与的成效，发现仍存在参与制度不健全、文化类社会组织参与能力不足、公众参与意识和参与积极性不强、参与渠道有待畅通、参与程度尚不深入等问题。从制度、方式、范围、渠道 4 方面，调查总结欧美社会力量参与公共数字文化服务供给的经验，启示我国如何做。

八、公共数字文化服务供给中的技术应用

一是研究云技术在公共数字文化服务供给协调机制中的应用，以"国家公共文化云"为例分析相关实践，针对基于云技术的公共数字文化服务供给协调新机制存在的不足，提出完善建议；二是探讨大数据技术对公共数字文化服务模式创新的驱动作用，构建基于大数据技术的公共数字文化服务供给模式，并提出模式运行建议；三是探讨 5G 对公共数字文化服务智慧化转型的驱动作用，提出 5G 驱动的公共数字文化服务智慧化转型的实践路径。

九、公共数字文化服务平衡性充分性供给的制度保障

分析现有相关法律法规、政策、标准及其对公共数字文化服务平衡性充分性供给的保障作用，总结其特点并指出在财政投入制度、城乡一体化制度、特殊群体服务供给制度、社会力量参与制度、服务质量监管制度等方面的不足，进而有针对性地提出完善制度的措施。

本书研究框架如图 1-1 所示。

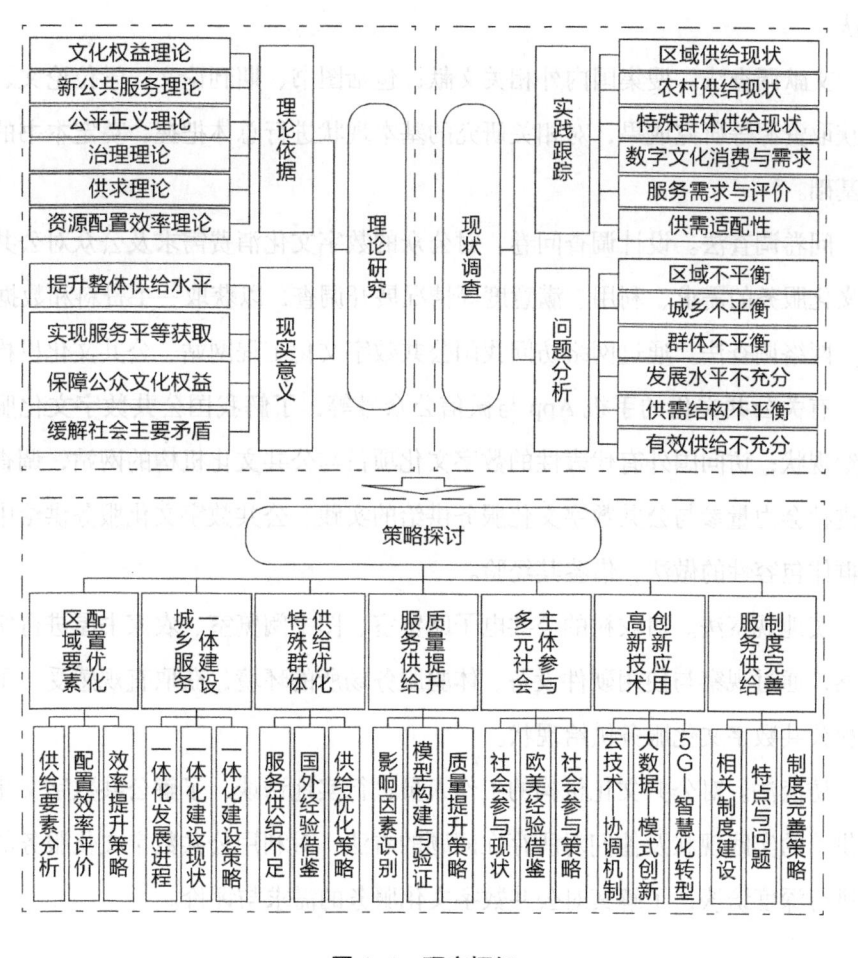

图 1-1 研究框架

第五节 研究方法

一、调查研究法

本书研究法包括文献调查法、问卷调查法、网络调查法、实地观察法、访谈法。

文献调查法。搜集国内外相关文献，包括图书、期刊论文、学位论文、开放获取资源等研究成果，对相关研究的基本现状进行总体把握，奠定本书的文献基础。

问卷调查法。设计调查问卷，对公众的数字文化消费需求及公众对公共数字文化服务的需求、利用、满意度等情况展开调查，以获取一手资料和数据。

网络调查法。通过网络访问我国公共数字文化工程网站、公共文化机构网站、有关公共文化的手机 App 与微信公众号等，了解我国公共数字文化服务供给现状；访问国外有代表性的数字文化项目与公共文化机构的网站，调查其促进社会力量参与公共数字文化服务供给的实践、公共数字文化服务供给中特殊群体包容性的做法，借鉴其经验。

实地观察法。对农村的公共电子阅览室、图书阅览室、农家书屋进行实地观察，通过观察与使用硬件设备、体验服务场所的环境，获取直观感受，了解农村公共数字文化服务供给现状。

访谈法。对公共文化机构的工作人员进行实地访谈，了解公共数字文化服务供给的实践现状及他们对所存在问题的看法；对利用公共数字文化服务的公众进行深度访谈，了解其对公共数字文化服务的需求与评价。

二、扎根理论法

对公共数字文化服务的用户进行访谈调研，对访谈资料进行扎根理论分析，归纳出公共数字文化服务供给质量的影响因素，并构建公共数字文化服务供给质量影响因素的理论模型。

三、比较分析法

对不同区域、城市和农村、不同群体的公共数字文化服务供给状况进行比较分析，找出差距；将公共数字文化服务供给与公众利用、评价进行比较，通过利用率与公众评价发现供给存在的问题；对国内外社会参与公共数字文化服务供给、公共数字文化服务供给中特殊群体包容性的实践进行比较分析，剖析国内主要问题，总结国外有益经验。

四、案例研究法

选取国外社会力量参与公共数字文化服务供给、公共数字文化服务供给中特殊群体包容性的典型实践，进行个案分析与经验考察；以苏州市公共数字文化服务城乡一体化建设的实践为案例，对其实践举措进行分析，剖析主要问题，并总结经验。

五、泰尔指数法

收集官方发布的年鉴数据对各省份的公共数字文化服务发展水平进行泰尔指数值测算，利用泰尔指数值测量公共数字文化服务区域均等化状况，分析区域差距。

六、内容分析法

选取与公共数字文化服务供给相关的法律、法规、政策、标准等制度文件，对其内容进行分析，总结现行制度的特点与不足，提出建立与完善公共数字文化服务平衡性充分性供给制度的策略。

七、数据包络分析法（DEA）

运用 DEA 方法，对我国公共数字文化服务供给要素的各项指标进行测算，完成区域公共数字文化服务供给要素配置效率的分析与评价。

第二章 解决公共数字文化服务供给不平衡性不充分问题的理论依据与现实意义

公共数字文化服务供给不平衡不充分问题是我国数字文化建设面临的现实困境，需要在实践中解决，但也需要系统的理论进行指导。本章从公共数字文化服务供给不平衡性不充分问题的内涵及解决该问题的目标出发，为其寻找理论支撑，发现文化权益理论、新公共服务理论、公平正义理论、治理理论、供求理论、资源配置效率理论与其具有较高的契合性，对其具有指导作用。同时，从提升公共数字文化服务供给的整体水平、实现公共数字文化服务平等获取、保障数字时代公众的基本文化权益、助力缓解新时代我国社会主要矛盾四个方面分析解决公共数字文化服务供给不平衡性不充分问题的现实意义。

第一节 解决公共数字文化服务不平衡性不充分供给问题的理论依据

一、文化权益理论

（一）文化权益理论的核心思想

文化权益是整体权益系统的组成之一，文化需求是人的十分正当而重要的需求。[1]文化权利与文化权益的法律意义趋同，均是以"公民在社会文化生活

---

[1] 方世南. 文化权益与人的自由而全面发展——理解马克思人的自由而全面发展理论的一个新视角[J]. 马克思主义论苑, 2012（3）: 9–12.

中享有神圣不可侵犯的自由和利益"❶为导向。1966年联合国通过《经济、社会和文化权利国际公约》规定文化权利包括"人人有权参加文化生活、享受文化成果、进行文化创造、文化创造的成果受保护"等内容。1997年我国政府签署了《经济、社会和文化权利国际公约》，2001年我国第九届人大常委会批准了该公约，使之在法律意义上开始正式生效。基本文化权益是我国宪法和法律赋予我国公民的文化权益，广泛包括文化创造权、文化享有权、文化传播权、文化管理权、文化选择权等内容。❷

马克思恩格斯关于文化权益的思想萌芽于19世纪中叶，以建设无产阶级及广大人民的社会意识与精神文化为目的，而后列宁主义、毛泽东思想、邓小平理论等对文化权益理论进行了继承和发展。发展至今，文化权益理论的核心思想包括以下几点。

1. 文化属于全体社会成员

全体社会成员的生活和实践是一切精神财富形成和发展的源泉，文化是全体社会成员共同创造的，亦由全体社会成员共享，任何人都拥有享受文化成果、参与文化活动的权利。文化成果应惠及社会中的每一个人。

2. 保障文化权益要扎根实践

马克思恩格斯文化权益思想旨在消除资本主义中实际存在的文化教育权利被剥夺等现实，实现全体社会成员共享文化等财富。毛泽东同志在中国革命战争的经验中认识到，文化建设不能脱离群众。文化权益保障工作应深入人民的生活和工作实际，与群众的真实需求相契合。

3. 教育对保障文化权益的重要性

教育是人民获得科学文化知识的基本途径，受教育权是保障人民文化权益的重要手段。教育的目的与保障文化权益一致，均在于促进人的全面发展、提升人的文化素质。保障人民的文化权益应从知识教育和思想教育两方面出发，

---

❶ 吴理财，洪明星，刘建.基本文化权益保障：内涵、经验与建议[J].桂海论丛，2015，31（2）：15-20.

❷ 张筱强，陈宇飞.人民的基本文化权益及其保障[J].中国党政干部论坛，2008（3）：40-42，63.

通过开展各类教育培训活动与实践活动来提高人们的文化获取与使用能力、思想道德与精神文明水平。

4. 社会生产力决定文化权益的保障程度

文化权益的形成与发展在根本上由社会经济基础和经济条件决定、受社会生产力和生产关系制约。较低的社会生产力水平往往意味着贫瘠的社会物质条件、精神文化将被少数人垄断，多数人将失去受教育的权利与文化表达的机会，此时文化权益难以得到保障。随着社会生产力水平的提升，社会经济条件与人民的生活质量得以改善，文化权益能够被更多人享有，文化权益保障的内容与形式得以丰富。

（二）文化权益理论对解决公共数字文化服务供给不平衡不充分问题的指导作用

公共数字文化服务的实质是满足数字时代公众的基本数字文化需求，保障公众的基本文化权益。文化权益理论强调全体人民均是基本文化权益的受益者，倡导文化为人民服务，认为提高全民族的科学文化水平将丰富人们的文化生活，这为解决公共数字文化服务供给不平衡不充分问题提供了理论指导。

（1）基于文化权益理论的思想，公共数字文化服务供给主体应遵循全体社会成员平等享受公共数字文化服务的原则，推动社会各界共建共享公共数字文化服务，促进服务供给均等化，将资金、资源向中西部地区倾斜，完善农村公共数字文化设施建设，为特殊群体提供针对性的数字文化产品与服务，从而缓解公共数字文化服务供给不平衡的问题。

（2）文化权益理论支持公共数字文化服务供给密切联系群众，与社会实践相结合。服务供给主体应通过多种方式广泛征集公众需求与反馈信息，将公共数字文化服务供给与人们实际文化需求相契合，不断推出贴近群众生活、人民喜闻乐见的优质文化内容，完善公共数字文化服务平台功能，创新个性化、智能化服务方式，进而缓解公共数字文化服务有效供给不充分的问题。

（3）教育使人们的文化权益得到保障，也使公共数字文化服务更平衡、充

分地供给。充足的学校教育与社会教育有助于提升人们的科学文化水平，强化人们平等享有文化权益的意识，从而使之主动获取文化服务、表达文化需求，推动公共数字文化服务充分供给。同时，通过教育手段向中西部、农村地区及特殊群体提供特定的文化培训内容与活动，有助于提高人们的文化素养，进而破解公共数字文化服务供给不平衡的困境。

（4）公共数字文化服务是满足人们基本数字文化需求的公益性服务，当社会生产力发展不足、社会经济水平难以满足人们日益增长的物质需求时，文化需求、文化权益、文化服务的发展都将受到限制。因此，解决公共数字文化服务不平衡不充分问题需要持续发展社会生产力，不断夯实社会经济基础，为公共数字文化服务的发展创造根本条件，以提高其整体供给水平。

二、新公共服务理论

（一）新公共服务理论的核心思想

20世纪90年代，在政治民主化、公共权力分化的背景下，新公共管理理论在实践中遇到挑战，在此过程中以美国管理学家罗伯特·登哈特、珍妮特·登哈特为代表的学者对新公共管理理论进行反思和纠正，并逐步形成了新公共服务理论。新公共服务理论以民主治理为基础，其核心思想在于以下几个方面。

1. 重视公民权利

新公共服务理论认为公共治理需以公民为中心，政府应关注公民的利益需求，提供保障公民权利的公共服务并持续提升服务质量。同时，应鼓励公民表达自身利益需求，主动参与公共服务，对政府行为行使监督权，进而推进公共服务有效落实。

2. 将公共利益置于首位

公共服务的目的是实现与维护公共利益，引导公民树立集体意识与共享意识，创造出利益共享的社会环境。在开展公共服务、追求公共利益的过程中，政府应保证程序与方法公平正义，组织公民相互理解、有效沟通；公民应积极参与符合公共利益的活动，信任政府的领导，促成社会效益最大化。

3. 强调服务理念

新公共服务理论认为政府的角色是"服务者"，而非"掌舵者"，政府应帮助公民表达需求并将之满足。同时，政府不仅进行公共服务的直接提供，也在私营部门、非营利机构、公民等公共服务参与者中充当协调、裁决、谈判等职责。

4. 承担责任的复合性

新公共服务理论认为政府责任可分为法律责任、政治责任、道德责任❶，因而政府需要从多元化视角关注社会各个方面。为了对公民负责，保证政府公平公正履行各项责任，应依据相关法律法规、服务标准对政府的工作内容与流程进行规范，并由公民评估政府是否尽责。

5. 革新管理模式

新公共服务理论摒弃了过去依靠管理技术改革政府行政的管理模式，而革新为一种更开放、包容、可持续的管理模式。在其倡导的管理模式中，政府与公民之间不再是被动提供服务与被动接受服务的关系，政府将更积极地采纳公民对服务的意见，公民将更大程度上参与行政决策过程，进而政府工作能够更契合公民需求与社会发展的需要。❷

（二）新公共服务理论对解决公共数字文化服务供给不平衡不充分问题的意义

作为公共服务的重要组成部分，公共数字文化服务将新公共服务理论应用于自身，并将其作为解决公共数字文化服务供给不平衡不充分问题的指导理论

---

❶ 辛静.新公共服务理论评析[D].长春：吉林大学，2008：61.

❷ 珍妮特·V.登哈特，罗伯特·B.登哈特.新公共服务：服务而不是掌舵[M].丁煌，译.北京：中国人民大学出版社，2004：110-111.

具有如下意义。

（1）新公共服务理论强调公民参与政府行使职能的全过程，所以应促进公众参与公共数字文化服务供给的全过程，鼓励公众参与服务内容生产反馈意见，参与志愿服务、议事决策、绩效评价等。政府则要尊重并满足公众对公共数字文化服务的期待，扩展公众参与服务的渠道，在公共数字文化服务供给中引入更多社会力量，以此促进更平衡、更充分的服务供给。

（2）实现公共利益最大化，需要使全体公众享有更加充实、更为丰富、更高质量的精神文化生活。在中西部地区和农村地区，特殊群体的服务供给不足及总体服务供给效率不高的情况下，政府应加强对服务供给薄弱地区的重视与支持，通过财政资金倾斜与政策扶持等方式保障社会公平。同时，应引入多元化供给主体，提升服务供给数量与质量，引导公众利用服务并反馈意见以改进服务供给，从而实现公共利益最大化。

（3）政府是公共数字文化服务的供给者，而且当服务设备提供商、技术供应商等营利机构相互竞争以参与公共数字文化服务供给时，政府在其中也担任着协调、决策、谈判的角色。因此，政府要秉持以人为本的服务理念，了解公众提出的诉求，在与各类机构进行协调谈判时，为公众争取到最优质的资源。同时，政府应有人文关怀精神，为残障人士等特殊群体提供针对性的无障碍服务。

（4）政府承担着提供公共数字文化服务的责任，需要在法律、政治、道德等层面规划公共数字文化服务的供给内容与发展方向，提高公众利用服务的满意度。同时需要制订法律、政策、标准等规范服务供给主体的职责，量化评估公共数字文化服务效益与公众满意度，促进政府更好地履行职责，解决服务供给不平衡不充分问题。

（5）在新公共服务理论倡导的管理模式下，政府将更多的权力分放给社会，鼓励社会机构与公众参与公共服务决策过程。公共数字文化项目、公共文化机构应开展法人治理结构改革，建立并完善理事会制度，引入多元主体参与公共数字文化服务供给的决策、管理、监督全过程，增进其公开透明度，提高服务供给水平。

三、公平正义理论

（一）公平正义理论的核心思想

公平正义，是指社会政治利益、经济利益和其他利益在社会全体成员之间合理平等分配[1]，是人类不懈追求的社会理想状态。公平正义思想在人类社会发展史中具有重要地位，其中马克思与罗尔斯的公平正义思想的影响最大。

马克思公平正义理论的核心思想如下：①经济基础对社会公正具有决定作用，社会公正随经济基础的变化而变化。评价某一阶段的社会公平公正程度需以生产力水平为基础，随着生产力不断提高，人民对社会公平的追求也将向更高阶发展。②公平正义是相对的，不存在绝对的公平正义；公平正义是具体的，在不同领域中的含义不同，不能简单地用抽象的概念给予界定；公平正义是历史的，在不同的历史条件下，人们对公平正义的认识和判断标准不同。③社会公平正义的最终目标是实现人的全面自由发展。马克思的公平正义理论始终从人的生存发展现实出发，关注人的尊严、自由、平等与权利，注重协调社会各方利益。马克思认为，人的生命价值不仅是生产发展，更是通过有价值的劳动而实现物质与精神上的更高价值。④公平是评价主体从法权或道德的角度对现实分配关系的评价。公平的实施离不开正义的法律与规则的约束，正义的社会制度以社会公共利益为追求，以全体公民的需求为导向，将人们达成广泛共识的公平内容加以保障。

罗尔斯将其公平正义理论归纳为两个原则：第一个原则是每一个人都拥有和其他所有人的同样的自由体系相容的、最广泛平等的基本自由体系的平等权利，即全体公民都平等享有基本的权利与义务；第二个原则包括公平的机会平等原则与差别原则。[2] 公平的机会平等原则要求从程序上保证每个人都具有平等参与社会管理的机会，进而再依靠差别原则来限制社会地位和财富收入的不

---

[1] 俞可平.国家底线：公平正义与依法治国[M].北京：中央编译出版社，2014：1.

[2] 约翰·罗尔斯.正义论[M].何怀宏，译.北京：中国社会科学出版社，2006：7-8.

平等，使社会较少受惠者获得最大利益。罗尔斯主张在机会平等的前提下，从最少受惠者的利益出发，调节和处理社会经济利益分配，且不能将性别、种族、社会等级作为分配财富的根据。❶❷ 同时，罗尔斯的公平正义理论还主张建立一种制度框架来调和经济力量，以防止其过度集中。❸

（二）公平正义理论对解决公共数字文化服务供给不平衡不充分问题的意义

公共数字文化服务供给不平衡即是无法保障人们公平地获取公共数字文化服务，将公平正义理论应用于其中，可以为采取有效措施提供理论指导。

（1）生产力决定资源分配的公平性，也决定着公共数字文化服务供给是否平衡充分。提升社会生产力总体水平，增加公共数字文化服务供给总量，将有利于丰富中西部、农村地区，以及特殊群体的服务资源，提高数字文化设施设备的覆盖范围，从而推动供给平衡。同时，随着生产力发展，公共数字文化服务供给质量不断提升，人们将享受到更优质的服务，各类群体的差异化需求将得到满足，进而服务供给将更充分。

（2）评价公共数字文化服务供给公平与否的标准是相对的。我们需要认识到，中西部、农村地区，以及特殊群体在公共数字文化服务获取与使用上的绝对平等是不符合现实的，应该针对当地的服务基础与具体需求来供给相对充足的数字文化服务，从而实现服务供给的相对公平。另外，人们在不同时期对公共数字文化服务平衡充分供给的认知与诉求是动态变化的，因而需顺应时代发展，重视新兴技术工具、前沿管理方法等的应用，以满足人们的数字文化需求。

（3）马克思的公平正义观将人的自由全面发展视作最高价值追求，罗尔斯

---

❶ 李景平，王永香. 马克思与罗尔斯公平正义观的比较研究[J]. 理论学刊，2012，224（10）：53-57.

❷ 何建华. 马克思与罗尔斯的公平正义观：比较及启示[J]. 伦理学研究，2011，55（5）：30-35.

❸ 约翰·罗尔斯. 作为公平的正义[M]. 姚大志，译. 上海：上海三联书店，2002：14-15.

在《正义论》中强调全体公民都平等享有基本的权利,而公共数字文化服务供给的目的则是使公众平等自由地享受数字文化,使数字文化成果惠及每一个人。因此,公共数字文化服务供给要以公众为中心,为中西部、农村地区创造平等利用服务的机会,帮助特殊群体提高利用服务的能力以及适应社会的能力。

(4)社会公平正义必须依附于制度,解决公共数字文化服务供给不平衡不充分问题也必须依靠制度。政府应规定公民的基本文化权益内容,保证人们获取文化服务的权利公平、机会公平、过程公平,建立并完善包括财政投入制度、特殊群体服务供给制度、社会多元主体参与制度、服务质量监管制度等在内的一系列相关制度,从而确保公共数字文化服务平衡性充分性供给。

(5)罗尔斯通过提出"机会均等"原则和"差异"原则消除由于社会出身和自然禀赋造成的不平等❶,强调通过政府的分配使社会较少受惠者获得最大利益,这与促进公共数字文化服务平衡性充分性供给的理念相似。虽然全体社会成员平等享有获取利用公共数字文化服务的权利,但由于特殊群体获取利用服务的能力较低,妨碍公共数字文化服务平衡性供给,因此要将其作为服务重点,提供能够满足其需求的公共数字资源与服务产品,为其设计专门的无障碍服务,从而促进其对公共数字文化服务的利用,推动公共数字文化服务供给更加平衡。

四、治理理论

(一)治理理论的核心思想

20世纪90年代,随着社会自治组织活跃于社会各个领域,政府与社会的关系受到了重新审视,在此背景下,理论界对用何种管理方式可以实现公共利益最大化的问题进行了热烈讨论,并逐渐形成了治理理论。治理理论的核心思

---

❶ 徐大建.西方公平正义思想的演变及启示[J].上海财经大学学报,2012,14(3):3-10.

想有以下几个方面。

1. 治理去中心化

治理理论强调调整政府与社会的关系，社会治理不再是以政府为主体的"单中心治理"模式，政府的权力被解构。社会治理权向地方政府分权，不由中央政府全权掌握，地方政府有更大的自主管理权。❶同时，治理权向社会分权，社会自治组织甚至是跨国家的组织也拥有一定的治理权力。

2. 治理主体多元化

除了政府，更多的社会力量加入社会治理中，只要其行使的权力被公众所认可，就可能在各个领域、各个层级成为新的治理主体。各类社会组织、企业、公民等都能够成为社会治理主体，通过发挥自身优势和作用，结成合作伙伴关系，共同参与公共事务的管理、监督等，在政府的协调下达到各主体间的利益平衡，从而使社会治理效益最大化。

3. 治理主体间形成相互依赖的网络

随着治理去中心化、主体多元化，政府不再是唯一的治理载体，因而需要构建一个以问题和管理为导向的社会治理网络，应对日益复杂的公共事务。在治理网络中，各主体通过协商、谈判、交换资源等集体行为形成平等、信任、互惠的交流环境及相对系统的交易规则来面对各类公共问题，达到共同治理和公共利益最大化的目标。由于合作治理向体系化趋势发展，各治理主体间权力相互依赖，因而治理的公私界限也逐渐模糊。

4. 治理工具多样化

政府在社会治理中起引导作用，对其他参与主体进行政策指导，但同时也需要运用新的管理方法、新的技术来提高社会治理效率。❷不仅是政治学领域，社会治理应将多学科、多领域的方法和工具加以利用，以应对复杂的社会治理环境。

---

❶ 俞可平.治理与善治引论[J].马克思主义与现实，1995（5）：58-62.
❷ 张国庆，赵亚翔.管理结构失衡与制度安排缺失——中国治理"假冒伪劣"问题的制度范式思考[J].学术研究，2013（5）：52-56.

5. 民众角色转化

治理的过程即还政于民，社会治理离不开政府，更离不开民众，和谐良性的社会治理需要公民积极参与合作。在治理理论中，中心任务转变为培育与提升民众自主管理的能力，此时民众已不仅仅是被管理的角色，更是社会事务的决策者、执行者和反馈者。

（二）治理理论对解决公共数字文化服务供给不平衡不充分问题的意义

公共数字文化服务供给不平衡不充分问题是社会治理的重点和难点，治理伦理的思想对解决该问题具有重要指导意义。

（1）治理理论倡导公共数字文化服务供给权力向社会分放。政府将自身无法供给或无须亲自执行的权力分放给社会，通过合理的分权治理让地方政府、基层公共文化机构、各类社会组织等共同担负起供给公共数字文化服务的责任，在避免权力垄断的同时利用供给主体间的良性竞争与协作提高服务供给数量与质量，推动公共数字文化服务平衡性充分性供给。

（2）治理理论鼓励多元主体参与公共数字文化服务供给。在政府主导下引入社会力量，调动社会多元主体的参与积极性，发挥各类主体的优势，通过相互合作与资源补充，拓宽公共数字文化服务供给的资金来源渠道，丰富服务供给的种类，提高服务质量，扩大服务覆盖面，从而有效缓解公共数字文化服务供给不平衡不充分问题。

（3）治理理论支持构建平等互惠的社会治理网络，这为公共数字文化服务供给中建立政府、公共文化机构、企业、社会组织、公众之间平等、互惠、信任的合作关系指明了方向。在该合作关系中，政府是主导者，为各主体提供沟通与合作的平台，协调服务供给过程中的矛盾与冲突。公共文化机构、企业、社会组织、公众等在一定的规则约束下，发挥各自优势推动公共数字文化服务平衡充分供给。

（4）根据治理理论，社会治理需应用多样化工具和方法，而解决公共数字文化服务供给不平衡不充分问题也同样适用。首先应用制度工具，制定公共数

字文化服务供给标准，建立可量化、可考评的服务考核框架，完善工作人员管理、培训、奖惩制度等。其次应用技术工具，依托互联网、物联网，构建公共数字文化服务平台，借助数据挖掘、人工智能等技术精准对接公众需求。

（5）根据治理理论，公众在公共数字文化服务供给中的角色也不只是接受者，更是决策者、反馈者和执行者。为了更充分地享受公共数字文化服务，公众主动反馈自身文化需求，利用政府提供的公开征求意见、投票等机会及公共文化机构、公共数字文化项目的理事会制度参与决策、管理。而公众作为服务执行者则通常体现在参与志愿服务与服务内容生产方面。例如，热爱文化事业、具备文艺技能的公众以志愿者身份参与公共数字文化资源建设、数字文化活动开展；一些文化能人、民间艺人向公众免费提供才艺表演、非遗技艺展示、演出节目等。

五、供求理论

（一）供求理论的核心观点

供求理论，即研究供给与需求关系的理论，是微观经济学的基本理论之一。在供求关系理论的研究中，以亚当·斯密为代表的古典经济学、以萨伊为代表的庸俗经济学和以马歇尔为代表的新古典经济学都认为需求是供给的函数，政府应以刺激生产为目的。而凯恩斯的有效需求决定论在罗斯福新政中建立，主张供给是需求的函数，社会就业量与产出量取决于社会有效需求。[1] 马克思在《资本论》中批判了资产阶级经济学所谓的供求价值论，深入分析了供给、需求、供求关系及其作用。供求理论经历了长期的发展，形成了以下核心观点。

---

[1] 贾玉革.从供求理论的发展脉络看现阶段我国宏观经济政策的战略选择[J].当代财经，2002(10)：12-14，18.

第二章 解决公共数字文化服务供给不平衡性不充分问题的理论依据与现实意义

1. 关于供给与需求的相互关系

在供求关系的理论研究中,萨伊认为"供给能够自动创造需求",供给衍生需求,供给创造同等需求❶,由于市场具有自我调节作用,社会总供给与总需求会自动调整达到平衡,所以政府应对经济放任不管。凯恩斯则认为需求决定供给,政府应通过刺激消费、增加投资来复兴经济。马克思否认了他们的观点,指出供给和需求虽然都由生产决定但两者没有必然的联系,供给与需求之间的关系是生产与消费之间关系在市场上的反映,由于买与卖两者相互分离,生产与消费难以总是对应,因而供给与需求也并非总能平衡,所以说供求平衡是相对的,供求不平衡是绝对的。❷

2. 关于有效需求与有效供给的关系

凯恩斯在借鉴亚当·斯密有效需求的基础上提出的有效需求理论,把需求分为有效需求和绝对需求,认为市场上的需求才属于有效需求❸,有效需求由投资需求和消费需求构成,能够决定供给。马克思从资本主义生产关系出发揭示了有效需求和有效供给发生非均衡性周期变化的原因和机制❹,认为虽然人的需求具有无限性,但只有能产生货币购买力的需求才是"有效需求"❺,符合消费者购买意愿的供给才是"有效供给",有效需求不足会危害经济市场。

3. 关于市场价值、市场价格、市场竞争与市场供求间的关系

马克思的供求理论认为社会生产力水平决定社会必要劳动时间进而决定产品市场价值,产品市场价值的变动影响生产费用进而改变产品的市场供求,引发市场价格变动,因而市场价值能够说明供求变化。同时,马克思指出市场价

---

❶ 让·巴蒂斯特·萨伊.政治经济学概论[M].赵康英,符蕊,唐日松,译.北京:华夏出版社,2017:142-144.
❷ 温孝卿.马克思供求理论研究[J].商业研究,2002(6):1-6.
❸ 胡培兆.有效供给论[M].北京:经济科学出版社,2004:71.
❹ 杨文进.论"有效需求"在马克思理论体系中的地位[J].商业经济与管理,2004(4):9-13,18.
❺ 林自新.马克思的供求理论与新古典供求理论之比较[J].生产力研究,2004(11):11-12,22.

格的变动是以市场竞争为中介的运动❶，这种运动不断调节与打乱资源的分配，使资源始终流向具有优势的竞争者，从而实现资源最佳配置。

（二）供求理论对解决公共数字文化服务供给不平衡不充分问题的意义

由供求理论可知，供给和需求二者之间是辩证统一的。目前，与公众快速增长并日益升级的数字文化需求相比，各服务主体的供给显得相对滞后，对此供求理论可为解决公共数字文化服务供给不平衡不充分问题提供明确方向。

（1）在市场经济中，供给与需求的相对平衡可以通过价格机制的自我调节实现，但公共数字文化服务与经济领域中的商品不同，它不具备排他性与竞争性，所以无法依靠自我调节达到供需平衡的状态。根据马克思的供求理论，公众的数字文化需求与公共数字文化服务供给的相对平衡应借助政府的调控，加强供给方与需求方的联系，充分把握公众需求，扩大服务欠缺地区的供给，及时随需求变化调整文化资源分配，使供给的服务内容、形式与公众需求达成平衡。

（2）解决公共数字文化服务供给不平衡不充分问题关键在于扩大有效需求、增加有效供给，推动供给的服务被实实在在地需要与使用。为此，一方面要扩大有效需求，包括获取需求和投资需求。例如，可通过加强文化服务宣传与文化活动推广，设计激励参与的礼品奖项等方式激发公众获取服务的需求；营造良好的社会参与环境，激励更多科技、旅游、建筑等领域的企业对公共数字文化服务供给产生投资需求。另一方面要扩大有效供给，可通过降低公众获取服务的时间成本、距离成本，建设一站式服务平台，以及深入了解公众的数字文化需求，为其精准匹配个性化服务等方式，使公众获取公共数字文化服务便利可及。

（3）马克思的供求理论认为供求变化体现在市场价值上且产品价值的变动会改变市场供求。由于公众的数字文化需求日益增长，总体而言公共数字文化

---

❶ 马克思, 恩格斯. 马克思恩格斯全集（第46卷上）[M]. 中共中央马克思列宁恩格斯斯大林作译局, 编. 北京：人民出版社, 1997：350.

服务需大于供，因而需要不断提高服务供给数量与质量，使公众感到利用服务所花费的时间及其他成本是值得的，从而提升公共数字文化服务的社会价值。同时，马克思强调正当的市场竞争有利于实现资源最佳配置，所以在公共数字文化服务供给中，应加强对公共数字文化项目、公共文化机构等供给主体的考核评价，予绩效突出的机构以激励，并将资源更多地投入高效益的项目中，而且还需加强机构间的沟通合作，为服务供给不充分、资源较少的弱竞争机构提供有针对性的帮扶，从而达到文化资源最优配置。

六、资源配置效率理论

（一）资源配置效率理论的内涵

资源需要进行合理配置的根本是由其固有的稀缺性及有限性所决定的。进行合理分配的最主要目的是达到资源利用效率最优化的经济效果，以便用最少的资源耗费，生产出最适用的商品、劳务或服务，从而获取最佳的效益。因此，社会各类资源配置合理与否，对一个国家经济、文化、政治发展的水平层次有着极其重要的影响。

西方学者通常从经济学角度来对资源配置效率的内涵进行阐释，认为从理论上来讲，完整的资源配置效率评估应由融资与投资共同组成，融资是指资本市场将资本流转并投入到收益率更高的组织，而投资则是指组织内部将从资本市场上募集到的资本重新分配给到回报率更高的生产机构或项目。[1]

资源配置效率是否达到最佳水平通常使用"帕累托最优"来衡量。帕累托最优是指社会资源配置达到了一种理想状态，在这种状态下任何社会成员的自身利益增加必然会牺牲至少一位其他社会成员的利益。也就是说，当社会资源一定，已经没有其他资源配置方案能够使一部分社会成员的利益增加而不会

---

[1] STEIN J C. Agency, information and corporate investment [J]. Handbook of Economics of Finance, 2003（1）: 111-165.

损害其他社会成员的利益时，就达到了帕累托最优的状态。由于要达到帕累托最优的条件非常严苛，经济市场中极难实现，因此卡尔多、希克斯等人提出了补偿原理来对帕累托最优进行修正。补偿原理是指在社会资源重新配置的过程中，如果获利者增加的利益足以补偿受损者失去的利益甚至有盈余，那么这种资源配置就是有效率的。

不仅是作用于资本市场内部，资源配置效率理论对于社会的经济、文化等其他事业的发展同样发挥着至关重要的作用。[1] 如果社会对资源的安排和搭配整体相对合理，就能以较少的资源损耗为社会各个方面带来巨大的经济效益；若资源配置状况存在问题，就容易出现难以遏制的社会性资源浪费。随着社会经济水平、文化需求的快速扩张，公众对资源的需求总量不断增加，但资源另一本质特点便是有限性，尤其对类似公共文化机构的非营利性组织，其在市场经济体制下对于有限资源的竞争力天然存在不足。

按照上述理论阐释思路，可以将资源配置效率的视角分为宏观与微观两个层面：宏观层面是从整个国家或市场整体出发进行资源配置，不同地区、不同产品种类、不同服务内容等方面均被纳入资源配置的整体考量；而微观层面则是局限于某一特定地区或行业内的资源配置入手，配置的重心也更着眼于该特定范围内各个项目或分支间的投入分配情况。前者是站在全局高度出发，需要对国家或市场整体负责，通过合理的资源配置推动整体的发展；而后者则专注于局部发展程度，较少考虑内部资源配置情况对外部其他区域或整体所产生的影响。

（二）资源配置效率理论对解决公共数字文化服务供给不平衡不充分问题的意义

一方面，开展公共数字文化服务所需的各类资源具有稀缺性，对有限的资源进行优化配置的难度较大。另一方面，目前社会参与公共数字文化服务的程

---

[1] 李琰.媒体报道视角下审计质量与资源配置效率的关系研究[D].北京：北京交通大学，2017：8.

度较低、效率较差，加剧了政府作为服务主要供给者的压力。解决公共数字文化服务不平衡不充分现状，政府必须提高资源配置效率，明确资源配置的对象与方法。

在宏观层面上，产生公共数字文化服务不平衡不充分问题的根本原因是资源具有稀缺性，因而无论何时都应把扩大文化资源供给总量放在重要位置。除了提高社会生产力水平，增加资源投入产出效率，具体还可通过广泛整合与共享资源、创新服务供给方式、丰富服务活动、完善服务平台的功能、提高服务人员的素质等方法来提升公共数字文化服务的整体供给水平。解决公共数字文化服务不平衡不充分问题的关键是提高资源配置效率，对于政府来说应加强公共数字文化服务的投入，提高财政使用效益，并持续深化文化体制改革，推进文化事业与文化产业协同发展，鼓励社会参与公共数字文化服务供给，通过激发良性竞争来提高配置效率。另外还需要促进服务均等化，将资金、设施、设备、资源、人才等向中西部、农村地区、各类特殊群体进行优先配置，缩小城乡间、区域间、群体间公共数字文化服务供给的差距，推动公共数字文化服务均衡发展。

在微观层面上，各地政府应采取具体措施提高公共数字文化服务资源的配置效率。县（市、区）级政府应根据当地人口和经济状况完善数字文化设施网络，对老化的公共文化机构进行修缮扩建并提升其数字化水平，从而提高服务利用率；为特殊群体开展针对性的文化艺术培训、展演和科普活动，推动文化资源配置均衡高效。贫困地区与乡村基层政府应积极开展城乡联动，实现地区间公共数字文化服务资源整合共享，并通过开发民间文化资源、利用传统文化民俗打造具有地方特色的文化旅游景点，促进地区乡村振兴。基层政府进行文化资源配置应细化至公共文化机构层面，为使文化建设专项资金合理高效分配，应根据各公共文化机构的工作任务量、绩效情况、补助标准等确定分配额度，同时设立专项资金以搭建县（市、区）级公共数字文化服务平台，整合县级图书馆、乡镇文化站、村农家书屋等的服务信息、文化资源数据、公众利用服务数据，便于进行资源配置效率测评，为提升资源配置效率提供依据。还可

以通过建立协调共享机制，通过机构间的专业人才借调、数字设备共享等，促进资源相互流通，提升配置效率。

第二节 解决公共数字文化服务供给不平衡性不充分问题的现实意义

一、提升公共数字文化服务供给的整体水平

随着我国社会主要矛盾发生变化，人们的数字文化需求亦随之增长并日益升级，但公共数字文化服务供给与人们更加丰富、更高质量、更为公平的数字文化需求尚不能较好匹配，即公共数字文化服务供给存在不平衡性不充分的现象。公共数字文化服务整体供给水平的提高是解决公共数字文化服务供给不平衡不充分问题的基础，同时解决公共数字文化服务供给不平衡不充分问题的过程必将促进其整体供给水平的提高。

解决公共数字文化服务供给不平衡不充分问题必将增加数字文化服务的投入，引入更加先进的数字化设备，提供更加优质的服务内容，开展更为丰富的服务活动，采用更加多元的服务方式，更加注重与公众需求的对接。公共文化机构紧跟热点，将5G、AR、VR等技术与服务融为一体，精准定位公众需求，丰富人们的数字文化服务体验，打造沉浸式公共数字文化服务场景，输出优质内容，提高公共数字文化服务的供给效益和质量，推动公共数字文化服务的转型升级，从而提高整体供给水平。

解决公共数字文化服务供给不平衡不充分问题将从制度、设施、资源、活动等层面对服务供给进行审视，明确当前服务供给中存在的突出问题与矛盾，找准未来公共数字文化服务供给优化的方向，从而提高整体供给水平。就供给不均等问题而言，通过优化各类资源在区域、城乡、群体间的配置，提高资源配置效率，同时依靠数字化服务传播速度快、不受时空限制的优势，扩大服务

的覆盖面与受众群体，缩小区域、城乡、群体之间在数字文化获取与利用方面的差异，实现公共数字文化服务在区域、城乡、群体间的均衡供给，提高全国整体供给水平。

二、实现公共数字文化服务平等获取

我国社会主义核心价值观社会层面强调自由、平等、公正、法治，社会公平正义涉及政治、经济、文化等方方面面，文化公平是社会公平公正在文化领域的体现。长期以来，由于我国城乡发展的二元结构和区域发展的不平衡，公共文化服务存在明显的城乡、区域、群体不均衡问题，作为公共文化服务组成部分的公共数字文化服务亦如此。公共数字文化服务供给在不同区域、城乡之间、不同群体存在差异，东中西部地区公共数字文化服务供给水平呈显著的分化态势，农村地区文化设施落后，文化服务供给薄弱，文化生活贫乏，老年人、未成年人、残疾人、农民工、农村留守妇女儿童、生活困难群众等群体的精神文化需求还未得到满足。

作为公共文化服务的创新形态，公共数字文化服务以信息技术为依托，通过整合图书馆、博物馆、档案馆、文化馆、艺术馆、科技馆等公共文化机构的资源，搭建非遗、美术、戏曲、文物、古籍、书画等数字文化数据库，建立一站式的公共数字文化服务平台，在全国范围内实现优质文化资源的集成和共享。数字化的资源整合与共享突破了时空的限制，人们只需接入网络终端便可无差别、均等化地获取数字化的文化资源与服务，这一举措从根源上解决了文化资源分布不均的问题，为实现公共数字文化资源的平等获取提供了有力支撑。

要解决公共数字文化服务供给不平衡不充分问题，需重视区域差异、农村供给不足等问题，为各类特殊群体提供针对性服务。借助数字化的手段，利用集成化的平台，实现区域间公共数字文化资源的远程共建与深度共享，打破中西部地区与东部地区的"信息壁垒"，能够进一步促进区域间公共数字文化服

务的平等获取。同时，农村文化资源不再局限于纸质图书等实体资源，数字化的文化资源与服务将逐步下沉到农村基层公共文化机构和用户终端，精准匹配农村居民的数字文化需求，有效解决农村公共数字文化服务供给不足的问题。针对老年人、未成年人、残疾人、农民工、农村留守妇女儿童、生活困难群众等群体，服务供给主体充分考虑其在获取与利用文化时的困境，关注其需求特点，提供契合其需求的服务，切实保障公共数字文化服务的"零门槛"获取，促进公共数字文化服务领域公平正义的实现。

三、保障数字时代公众的基本文化权益

公众的基本权益包括经济、政治、文化、社会等各方面的权益。文化权益不同于其他权益，集中体现了公众对于享有高质量文化生活的诉求。1948年，联合国《世界人权宣言》提出："人人有权自由参加社会的文化生活，享受艺术，并分享科学进步及其产生的福利。""人人对由于他所创作的任何科学、文学或艺术作品而产生的精神的和物质的利益，有享受保护的权利。"概括起来，公众的基本文化权益包括享受文化成果的权益、参与文化活动的权益、进行文化创造的权益、文化成果受保护的权益。传统的公共文化服务主要依托实体设施和资源，公众必须到馆才能享有服务，文化权益的保障受到时空限制。当今数字技术发展迅猛，网络成为公众获取信息的最大媒介，人们依赖于在线获取文化信息，故提供公共数字文化服务，使公众能在任何时间、任何地点以任何方式在线获取，有助于保障数字时代公众的基本文化权益。

实现公共数字文化服务平衡性充分性供给是保障数字时代公民基本文化权益的必然途径。数字化、智能化技术的广泛应用促使传统的公共文化服务向数字化、智能化转型，不断创新服务业态，通过公共电子阅览室、数字图书馆，公众可以便捷式查阅数字化的信息资源，通过各类智能体验设备，公众可以沉浸式体验博物馆、艺术馆、文化馆、美术馆等的多元文化，通过举办丰富多样的数字文化活动，如云直播、云演艺、云课堂、云观展等，为所有公众平等地

提供了参与数字文化生活的机会，保障了数字时代公众读书看报、进行文化鉴赏、参与文化娱乐活动等基本权益。微信、微博、抖音等各类社交媒体软件的盛行，为文化交流、共享创造了条件，大大激发了公众的文化创造性，公众可将趣味化的文化生活场景搬上网络，直播人文景观，讲解风土人情，自编自演节目，展演自身才艺，也可以参与公共文化机构主导的数字文化产品生产与创作，其文化创造权益得到了保障。此外，数字化的文化创造成果得到保护是创作者的基本权益。通过构建数字文化版权保护平台，规范利用技术进行确权，合理利用法律进行维权，避免数字文化成果受到侵权，能够切实保障数字时代公众的文化成果受到保护。

四、助力缓解新时代我国社会主要矛盾

党的十九大报告指出："中国特色社会主义进入新时代，我国社会主要矛盾已经转化为人民日益增长的美好生活需要和不平衡不充分的发展之间的矛盾。"社会主要矛盾的变化具有深远的历史意义，这要求我们客观看待问题，积极探求缓解新时代我国社会主要矛盾的最佳途径。在物质贫乏的年代，人们的生活更侧重于物质需求，摆脱温饱不足的困境是缓解社会矛盾的重要举措。随着社会生产力水平的提高，人们在物质需求得到满足之后，更关注精神文化需求，更渴望丰富的精神文化生活。然而，人民日益增长的美好生活需要和不平衡不充分的发展之间存在着矛盾，影响着人民群众生活的幸福感、满意度，如何缓解不平衡不充分的发展现状，满足人民日益增长的美好生活需要是新时代发展的重要课题。

社会主要矛盾涉及经济、政治、文化、社会、生态等各个领域。文化领域的社会主要矛盾是人民日益增长的精神文化需要和文化发展不平衡不充分之间的矛盾。具体到公共数字文化服务，则是公共数字文化服务供给尚无法满足人们更加丰富、更高质量、更为公平的文化需求。解决公共数字文化服务供给的不平衡不充分问题将提升公共数字文化服务质量，使服务更为丰富多元，与人

们的文化需求更为契合，使人们获取与利用服务更加便捷高效，也将使服务惠及社会生活中的每一个人，缩小区域之间、城乡之间、文化富裕与文化贫困群体之间的差距，满足人民日益增长的文化生活需要，从而有助于缓解社会主要矛盾。同时，先进、优秀的公共文化资源通过网络快速输送到公众手中，使公众在丰富多样的数字文化活动中受到教育和熏陶，这有助于培育公众与和谐社会相一致的价值观，形成积极向上充满活力的精神状态，提高数字时代公众的文化素养、数字素养，丰富公众的精神世界，提升公众的道德修养，改善公众的精神面貌，为社会主要矛盾的解决提供精神支撑。

第三章 公共数字文化服务供给不平衡不充分的现状调查

本章调查的目的是了解我国公共数字文化服务供给现状,掌握公共数字文化服务供给不平衡不充分的具体问题。由于公共数字文化服务供给的不平衡不充分问题较为复杂,课题组将调查内容分为公共数字文化服务供给在不同区域间的均等化情况、农村服务供给情况、弱势群体服务供给情况、公众需求与利用、供需适配性与满意度等几个方面分别展开调查。设计"农村公共数字文化服务供给现状半结构化访谈提纲""湖南省公共数字文化服务需求与评价调查问卷""数字文化消费与需求调查问卷""供需适配性视角下公共数字文化服务满意度调查问卷",同时采用网络调查法,登录在线服务平台,收集不同地区、不同群体服务供给的数据。最后进行综合分析,进而掌握公共数字文化服务供给不平衡不充分的具体表现情况。

第一节 公共数字文化服务供给区域均等调查

由于目前没有官方的公共数字文化支出费用的专项统计,课题组选取公共文化支出费用代为衡量;与公共数字文化服务直接相关的指标包括:数字图书馆资源总量、数字博物馆资源总量、公共图书馆中电子阅览室面积、可供读者使用的终端数、广播覆盖率、电视覆盖率、各省官方发行有关公共文化的手机 App 与微信公众号数量与内容情况。其中有关公共文化的手机 App 与微信公众号情况由于需要比较内容,难以用数字计量,因此采用网络调查法进行比对

研究。其余各项指标均通过泰尔指数计算并分解挖掘，衡量我国公共数字文化服务区域均等化状况。

由于港、澳、台地区相关数据统计有困难且年份有所缺失，所以只对 31 个省份进行测算分析。依据地理位置和经济发展水平对东、中、西部进行划分，东部地区包括辽宁、江苏、浙江、福建、山东、广东、北京、天津、上海，中部地区包括河北、山西、吉林、黑龙江、安徽、江西、河南、湖北、湖南、海南，西部地区包括四川、重庆、贵州、云南、陕西、甘肃、青海、内蒙古、新疆、宁夏、广西、西藏。

一、泰尔指数测算结果及实证分析

选取数字图书馆资源总量、数字博物馆资源总量、公共图书馆中电子阅览室面积、电子阅览室可供读者使用的终端数、广播覆盖率、电视覆盖率五个公共数字文化服务项目为指标并收集官方最新年鉴数据进行泰尔指数值测算。

（一）总体泰尔指数实证及分析

某项目在某区域的泰尔指数值，反映了该项目在该区域的均等化水平；而总体泰尔指数，则反映了该项目在全国范围的均等化水平。泰尔指数值越接近 1，说明均等化程度越差；越接近 0，说明均等化程度越好。经计算，各区域的各项目泰尔指数值及总体泰尔指数值汇总见表 3-1。

表 3-1 各区域各项目泰尔指数及总体泰尔指数

项目	文化事业支出费用	数字图书馆资源总量	数字博物馆资源总量	电子阅览室面积	供读者使用终端数	电视覆盖率	广播覆盖率
T东	0.061 20	0.821 60	0.1020	0.031 30	0.019 20	0.000 02	0.000 01
T中	0.072 60	0.237 50	0.2170	0.055 50	0.044 40	0.000 01	0.000 01
T西	0.036 90	0.213 50	0.572 3	0.010 20	0.021 10	0.000 04	0.000 16

续表

项目	文化事业支出费用	数字图书馆资源总量	数字博物馆资源总量	电子阅览室面积	供读者使用终端数	电视覆盖率	广播覆盖率
总体差距	0.123 70	0.541 10	0.433 80	0.046 70	0.043 20	0.000 03	0.000 13

数据来源：《2017 中国图书馆年鉴》《2018 中国文化文物统计年鉴》《2017 中国广播电视年鉴》《2018 中国统计年鉴》整理计算。

如表3-1所示，从各项目角度看：文化事业支出费用中，中部地区均等化程度最差；西部地区均等化程度最高。数字图书馆资源总量方面，东部地区均等化程度最差，达到了0.821 60，处于非常不均等的状态；西部地区均等化程度最高，可能与西部地区人口基数较少有关，同时国家数字文化网为边疆地区推出了"春雨工程—边疆万里数字文化长廊"项目，提高了西部地区中边疆四省的数字文化建设水平有关。数字博物馆资源总量方面，西部地区均等化程度最差，泰尔指数值为0.572 30，处于较不均等的状态；东部地区均等化程度最高，这与地区实体博物馆数量有关，东部地区虽然人口基数大于西部区域，但拥有数量众多的博物馆，2017年东部地区中仅辽宁、江苏、浙江、福建、山东、广东6省的博物馆总量就有1487座，占全国总数量的31.5%，而西部区域博物馆数量之和仅为1217座，占全国总数的25.8%。电子阅览室面积中，中部地区的均等化程度最差；西部地区的均等化程度最高。同电子阅览室面积密切相关的电子阅览室供读者使用终端数方面，中部地区也是均等化程度最差的。从各区域电视、广播覆盖率的泰尔指数值可看出，电视、广播覆盖率在各区域都已达到较高水平，即使西部地区广播覆盖率处于全国最低水平，泰尔指数值也仅为0.000 16，均等化程度并不低。

从全国的总体差距分析，当前我国公共数字文化服务领域的数字图书馆资源与数字博物馆资源处于非常不均等的状态，分别达到了0.541 10、0.433 80；中部地区数字图书馆资源不均现象明显，这与实体图书馆近几年来出现的"中部洼地"现象相吻合。[1]而数字博物馆资源的不均等，很大程度上是由于实体

---

[1] 李国新，张勇.推动公共图书馆事业"中部崛起"[J].中国图书馆学报，2016，42(6)：4-12.

博物馆分布不均等，东部地区集中了全国 39.3% 的博物馆，呈现出"较少人享有较多资源"的现象。值得注意的是，国家财政拨款向西部倾斜、转移支付政策的落实促使西部地区在公共文化事业支出费用方面成为全国均等化程度最高的地区，中部地区的经济发展水平较西部地区稍好，而国家财政支持力度远不及西部地区，因而在公共文化事业支出费用方面的均等化程度最差。电子阅览室面积与供读者使用的终端数则属于较均等水平，电子阅览室面积大小在一定程度上决定着终端数量的多少，因此，两者的总体泰尔指数值也相对接近。电视、广播覆盖率的总体泰尔指数值分别为 0.000 03、0.000 13，处于极低的水平，表明在全国已经基本达到了均等化状态。

（二）区域内及区域间泰尔指数实证及分析

某项目在某区域的泰尔指数值反映了其在整个区域的均等化水平，对各项目在区域内的泰尔指数计算则可以反映出其在区域内各省份间的差距。而区域间泰尔指数值则代表了区域间差距的大小。各项目区域内及区域间差距计算结果汇总见表 3-2。

表 3-2 各项目区域内差距及区域间差距

项目	文化事业支出费用	数字图书馆资源总量	数字博物馆资源总量	电子阅览室面积	供读者使用终端数	电视覆盖率	广播覆盖率
区域间差距	0.057 10	0.166 50	0.161 70	0.005 70	0.009 70	0.000 01	0.000 05
东部区域内差距	0.019 50	0.234 10	0.023 00	0.006 30	0.005 20	0.000 00	0.000 02
中部区域内差距	0.027 60	0.090 30	0.103 10	0.021 10	0.016 90	0.000 01	0.000 03
西部区域内差距	0.010 70	0.050 10	0.135 20	0.001 90	0.003 40	0.000 00	0.000 03

数据来源：根据《2017 中国图书馆年鉴》《2018 中国文化文物统计年鉴》《2017 中国广播电视年鉴》《2018 中国统计年鉴》整理计算。

如表 3-2 所示，从各区域内差距的角度看：文化事业支出费用中，西部地区各省份间差距最小，较为均等；而中部地区各省份差距最大，这与中部地区人口多、省份经济发展差异较大有关，西部区域省份虽然也存在不小的经济差异，但国家政策与财政的支持一定程度上弥补了经济发展的差距。数字图书馆资源方面，东部区域内省份差距最大；而西部区域内各省差距最小，但不能就此认为西部地区各省数字图书馆事业发展最优。实际上，2017 年西部地区数字图书馆资源总量远落后于其他地区，且资源建设水平较低，但由于人口较少且各个自治区的数字图书馆建设情况均比较滞后，因此区域内差距较小。数字博物馆资源方面，西部区域内省份差异最大，在区域内处于较不均等的状态；而东部区域内差距最小。电子阅览室面积与供读者使用终端数中，区域内差距最大的都是中部地区，差距最小的都是西部地区，再次表明两者的密切相关性。电视覆盖方面，西部、东部地区的泰尔指数值的小数点后 4 位仍为 0，中部也仅为 0.000 01，在各区域内省份已经基本达到了均等状态。与电视覆盖情况相似，广播覆盖率中最高的泰尔指数值也只有 0.000 03，所有区域内各省份差距极小。

从区域间差距的角度：区域间差距最大的项目是数字图书馆与数字博物馆资源总量，分别达到了 0.166 50、0.161 70，这与全国总体均等化水平最低的两个项目相吻合。各区域间在公共文化支出费用方面存在较大差距，在电子阅览室面积与供读者使用终端数方面存在差距但较小；在广播、电视覆盖方面基本不存在差距。

二、网络调查结果及分析

移动端同样是公共数字文化服务的重要载体，手机 App 与微信公众号两种服务途径与普通公众的生活密切相关，成为公共数字文化服务的主要阵地之一。但移动端公共数字文化服务有一个重要特点：在互联网环境下，移动端提供的服务可以突破地域限制，即普通地区的人可以关注或下载某些大城市的公众号或 App 以获取相关文化服务，但使用者却不属于那些大城市人口统计范围。

因此，利用泰尔指数算法，以地区人口作为均等化评判标准有所不妥，移动端公共数字文化服务区域均等化主要体现在所提供的资源总量、内容建设、用户满意度、平台活跃度等方面。为适应实际情况，在研究移动端公共数字文化服务时采用网络调查法，以 App 下载市场与微信公众号平台为目标、以网络监测工具辅助，对各省移动端公共数字文化服务情况进行归纳统计，见表 3-3。

表 3-3 移动端数字文化服务统计结果

区域	省份	微信公众号				手机 App		
		总数量	活跃粉丝量	文章均阅读量	周发文数	总数量	总下载量	平均评分
东部	辽宁	9	32 209	2 672	10	4	142 116	3.30
	江苏	11	98 577	6 113	41	7	139 184	3.84
	浙江	11	59 056	7 202	56	6	132 040	3.63
	福建	10	76 310	5 098	23	5	110 140	4.30
	山东	7	17 801	1 380	27	6	102 052	4.10
	广东	19	94 967	7 228	99	8	108 006	4.00
	北京	9	41 482	2 763	48	6	55 080	3.20
	天津	3	7 162	455	46	2	31 404	3.70
	上海	8	16 097	1 365	21	9	34 877	4.44
	总体	87	443 661	32 276	361	49	712 783	3.90
中部	河北	6	3 640	321	21	2	84 870	2.70
	山西	3	41 931	3 106	45	2	57 054	3.00
	吉林	5	16 790	1 231	12	3	9 372	2.88
	黑龙江	4	13 566	1 213	37	2	7 605	2.50
	安徽	3	17 836	702	22	2	24 267	4.25
	江西	5	13 111	1 036	6	4	14 520	3.50
	河南	9	21 638	2 956	28	3	102 875	3.83
	湖北	4	10 545	551	10	5	106 560	3.75
	湖南	8	31 772	3 312	20	3	35 234	2.63
	海南	4	12 985	1 772	8	2	50 420	3.00
	总体	51	183 814	16 200	209	28	492 777	3.20

续表

区域	省份	微信公众号				手机App		
		总数量	活跃粉丝量	文章均阅读量	周发文数	总数量	总下载量	平均评分
西部	四川	6	49 867	3 401	18	4	262 651	3.50
	重庆	4	15 749	1 301	8	3	93 202	4.73
	贵州	3	57 717	2 134	10	1	61	0
	云南	2	14 253	259	9	3	65 860	4.50
	陕西	4	4 992	409	16	4	98 113	3.70
	甘肃	4	22 544	1 739	21	1	51 457	3.00
	青海	3	15 298	1 087	13	0	0	0
	内蒙古	5	8 324	1 028	28	1	7 068	4.10
	新疆	4	18 649	1 112	32	1	1 183	2.50
	宁夏	3	3 234	189	7	2	5 490	2.75
	广西	4	14 620	1 094	7	2	12 545	4.25
	西藏	3	9 210	1 456	8	1	172	3.20
	总体	41	218 708	13 908	167	20	504 600	2.86

数据来源：App下载市场、微信公众号平台、西瓜数据—公众号大数据监控平台、酷传—手机App数据监控平台。统计截止时间：2019年10月15日。

表3-3反映了各省移动端数字文化服务的基本情况，以微信公众号为载体的公共数字文化服务从单个省份而言：广东省在总数量、文章均阅读量、周发文数指标均列全国首位，在活跃粉丝量指标中列第二，其中仅深圳一市就拥有4个由官方运营的公共文化服务公众号；江苏、浙江并列为总数量指标第二名，福建列第三名；活跃粉丝量指标中江苏居全国首位、福建列第三位，浙江、江苏分列文章均阅读量指标的第二、第三位；周发文数指标中浙江、北京分列第二、第三位。经整理可发现，各项指标前三位均集中在广东、江苏、浙江、福建、北京五地，除了周发文数，其余指标前三名均位于东部区域。各项指标后三位除了河北省在活跃粉丝量指标列倒数第二位，江西省在周发文数指

标列倒数第二位外，其余指标后三位皆为西部区域；宁夏除了在总数量指标列倒数第二位外，其余指标均为全国末位。综上所述，以微信公众号为载体的公共数字文化服务从省份角度看，广东最领先、宁夏排最后。从区域角度看，东部各项指标均位列各地区之首且领先幅度较大；西部地区各项指标均落后于其他地区。

以手机 App 为载体的公共数字文化服务从单个省份而言，位列各项指标前三位的省份分布较为分散，但仍以东部地区为主。其中上海拥有全国最多数量的公共文化服务 App，广东、江苏紧随其后；四川公共文化 App 下载量最多，主要依靠成都的公共文化服务 App——"文化天府"，该软件截至 2019 年 10 月 15 日累计下载量达到了 210 110 次，App 下载量辽宁、江苏位列第二、第三位；平均评分方面，重庆市公共文化服务 App 平均评分最高，云南、上海次之。与发展水平较高的情况相反，公共文化服务 App 发展水平较缓慢的省份分布却更加集中，各项指标后三位集中在青海、内蒙古、新疆、西藏、贵州 5 地。其中青海省在各项指标均居末位，目前仍未有一款有关公共文化服务的 App；而贵州、新疆、甘肃、西藏、内蒙古五地也均仅有 1 款相关 App。从区域总体而言：东部地区在数量与下载总量上均列全国首位，西部地区在总数量、下载总量方面皆落后于东、中部地区。综上所述，以 App 为载体的公共数字文化服务从省份角度看，重庆最领先，上海排其次，青海排最后；从区域角度看，东部区域最领先且与其他区域拉开了较大差距。

总结上述统计结果，移动端公共数字文化服务区域差异明显，从所拥有资源总量与服务内容建设、服务影响范围而言，按区域可排序依次为东部、中部、西部，存在多方位、深层次的区域不均现象。

第二节 农村公共数字文化服务供给现状调查

为深入了解农村基层公共数字文化服务供给现状，本书以湖南省 Y 市、安徽省 W 市为例（均为县级市），对当地农村展开调研。湖南、安徽两省位于我国中部地区，介于发达地区与欠发达地区之间。国家统计局发布的数据显示，2018 湖南省人均地区生产总值为 52 949 万元，是同年我国人均生产总值的中位数；安徽省人均地区生产总值为 47 712 元，略低于同年国内人均生产总值的中位数。❶ 因此湖南、安徽两省可在一定程度上反映我国经济平均发展水平。2018 年 Y 市城镇化率为 53.02%，略低于全国城镇化率 59.58%，Y 市第一产业对经济增长贡献率为 8%，高于全国水平为 4.2%，农村、农业在 Y 市的发展中仍具一定的比重，发展也较为活跃。❷ 截至 2017 年底，W 市城镇化率达到 56%，乡镇农村居民人均支配收入达到 16 708 元，农业原始产品值达到 90.9 亿元，年均增长率为 6.2%。❸ 综上，湖南省 Y 市、安徽省 W 市的农村具有我国农村地区的普遍特征，选择位于 Y 市的 C 镇及其下辖的 S 村和 M 村、W 市 S 镇及其下辖的 W 村和 F 村作为调查对象，能在一定程度上反映我国农村地区公共数字文化服务供给的一般现状。采用实地访谈和观察法，于 2019 年 8 月 7 日至 12 日、2020 年 1 月 9 日至 14 日分别对两地实施实地调研。

一、资金投入不足，供给短板问题严重

近年来，我国文化事业费用不断增加；在全国文化事业费用中，县及县以下文化事业单位占比不断增大，至 2018 年占比为 54.2%，共 503.37 亿元。❹ 但县级文化事业单位每年用于公共数字文化服务部分的资金占比很低，而农村基本无有效资金支持。

---

❶ 国家统计局. 国家数据 [EB/OL]. [2019-9-10]. http://data.stats.gov.cn/easyquery.htm?cn=C01&zb=A0207&sj=2018.

❷ Y 市 2018 年国民经济和社会发展统计公报 [EB/OL]. (2019-3-6) [2019-9-10]. http://www.yuanjiang.gov.cn/bcms/front/s16/c1474/20190306/i156069.html.

❸ 四十年砥砺前行 奋力打造现代化新兴滨江城市 [EB/OL]. (2019-1-3) [2020-1-15]. http://www.gov.cn/zwzx/wwyw/11682599.shtml.

❹ 中华人民共和国文化和旅游部 2018 年文化和旅游发展统计公报 [EB/OL]. (2019-5-30) [2019-9-10]. http://zwgk.mct.gov.cn/auto255/201905/t20190530_844003.html.

Y市图书馆每年运转总资金为100万元，由政府拨款，主要用于工资发放、实体书籍的采购、图书馆日常运转，极少部分资金用于数字文化资源建设和服务；C镇每年文体卫综合建设资金约6万元，数字文化服务资金部分基本无投入。M村和S村无文化建设专项资金，资源依靠镇政府直接实物供给。全国文化信息资源共享工程、公共电子阅览室建设计划设有中央补助地方专项资金，地方在符合省内资源建设规划的要求下，满足文化建设专项资金项目申报要求，即可立项争取中央财政支持。但县内，因自身文化条件不足，且未积极组织项目申报，而未获得中央财政补助。

W市政府每年向市图书馆财政补贴约35万元，主要用于市图书馆基本运转、工作人员工资福利发放、数字与网络设备维护、纸质与电子图书资源购置等。但购置电子图书资源与数字设备的资金仅占总资金量的小部分。S镇综合文化服务中心每年综合建设资金约15万元，数字文化服务专项资金用于购买村（社区）电子阅览室的数字设备。W村和F村每村每年文化建设资金约2000元，资源依靠资源共享工程配套供给。

调查发现，农村资金来源渠道单一，全部来源于政府，无社会投资。由于广大农村地区所需资金数额巨大，文化建设能力薄弱，地域文化开发难度大，在无地方制定好可行完善的项目建设和资金使用计划的情况下，政府资金投入意愿较低。而公共数字文化的公共性，使投资机构无法在较短期内获取经济利益，导致社会融资困难。

二、数字化设施设备不齐全，维护不及时，利用率低

部分农村尚未实现公共电子阅览室全覆盖，已建成的电子阅览室由于基层管理维护不善，电脑等设备因老化、失修而无法正常使用。此外，相关宣传工作不到位，公众对电子阅览室的知晓度低，也是造成电子阅览室大量电脑因无人使用，长期不运行，最终废弃，服务器内数字资源没有发挥其作用的重要原因。

Y市图书馆拥有一间面积约为40平方米的电子阅览室，20台由2010年文化工程下发的电脑，1台主服务器。虽然场地设备资源齐全，但电子阅览室基本从未向外界开放，大量电脑设备因多年未使用和更新，现已处于无法正常运行状态。目前C镇的所有农村均已实现有线电视信号全覆盖，广播全覆盖，互联网全覆盖，农家书屋全覆盖；C镇的多媒体阅览室，因场地原因而关闭，无法为群众提供正常文化服务，多媒体设备也处于闲置状态。2015年文化共享工程为C镇下发一批电脑设备，现已作为政府办公用。M村、S村农家书屋主要作为休闲娱乐场所，为老年人提供文化服务，室内配有一台液晶电视，但并未配有电子书资源和相应的电子阅读设备。

W市图书馆拥有2个电子阅览室、24小时图书自主借阅系统、电子借阅机、查询机以及读报机等。电子阅览室分为成人电子阅览室（装有40台电脑）和少儿电子阅览室（装有20台电脑），大部分电脑设备可以正常运行，开放时间较长。S镇共20个乡村均实现有线电视信号、广播、互联网、农家书屋全覆盖。以W村、F村为例，农家书屋配有1张办公桌、1个书架、1200本图书，但未配有电视机、电子图书资源及电子阅读设备。但S镇尚未实现乡村公共电子阅览室全覆盖，目前仍有5个村的公共电子阅览室未建成。访谈中得知，仅部分村对公共电子阅览室的利用尚可，大部分村仍未得到有效利用。

三、数字文化资源总体较为匮乏，未能依据需求提供

调查显示，县图书馆的资源基本上独立建设或购买，文化共享工程国家中心下发一部分资源，没有与其他机构资源共建共享，数字文化资源总体较为匮乏，未能依据农村居民的需求提供，大量资源没有得到有效利用。而且县图书馆文化资源没有有效地配送到农村基层地区，在很大程度上造成了农村基层公共数字文化资源供给困难。

Y市图书馆电子阅览室后台服务器拥有6TB数字文化资源，其中4TB资源由文化共享工程配送，2TB资源为图书馆自建。图书馆曾以光盘为载体，向

周围社区、农村配送过数字文化资源，但因当地无可用的公共电子阅读设备，数字资源无法得到利用。Y市图书馆官网建有地方特色资源库，但资源主要为往年所举办文化活动的视频录像、Y市地方特色风俗文化视频记录、Y市电子版县志三种；截至2019年9月10日视频资源平均播放量低于20次。图书馆数字阅读资源主要为超星电子书数据库和读秀知识库等平台的链接，图书馆官网无法为用户提供免费阅读权限。Y市图书馆微信公众号"数字阅读"平台主要提供数字阅读服务，该平台所有资源由"仁仁阅全民阅读推广"资源库授权使用，读者需要通过使用微信账号登录，便可免费享用数字文化资源，据公众号"我的图书馆"中"数字阅读"平台的"学习之星"排行数据统计结果显示，截至2019年10月，该年使用微信公众号阅读电子书超过20分钟的人数仅为22人；由此可知，虽然公众号资源向县内所有城市、农村居民免费开放，但利用微信公众号获取数字文化资源的用户数量仍然很少。

W市图书馆官网建有数字资源栏目，其中有国图资源、省市图资源、电子图书、电子期刊等41种数字资源，但绝大部分数字资源存在加载发生错误、链接打不开或者是必须以用户名登录等现象，用户体验感较差。且每年图书馆年报显示图书馆网站访问量基本稳定在10 000人次左右，仅占W市常住人口的4.3%。W市图书馆微信公众号拥有超星资源、数字资源、易趣少儿数字图书馆3个免费为市民提供阅读服务的栏目。据对W市图书馆管理人员的访谈得知，市图书馆的数字文化资源并未完全、有效地配置到农村基层地区，大量资源未得到充分利用。

县级图书馆官网的资源库和数字文化服务主要依靠获取读秀、万方、超星等国内知名数据库的链接和访问权限来为用户提供资源获取渠道。但数据库资源主要用于学术研究，不符合农村群众的需求；数据库资源的检索和使用要求使用者具备较高的信息素养，但目前我国乡镇、农村人口老龄化，信息素养普遍较低的实情，需要服务单位按需提供资源。

四、数字文化服务活动类型少，举办频率低

由调查得知，县级图书馆举办的实体服务活动较多，但数字化服务活动类型很少，且举办频率低。两市图书馆官网新闻动态、图书馆微信公众号新闻推送显示：自 2017 年 5 月 19 日至 2019 年 9 月 27 日，图书馆共举办活动 48 场次；涵盖下乡送书、阅读推广、服务宣传、贫困帮扶、展览展示、主题教育、公益讲座、内部培训、志愿服务、比赛竞赛、读者调研 11 类。举办的线上公共数字文化服务活动共 6 场，其中有 4 场活动为内部馆员组织参与，2 场为面向读者、群众开展。2018 年春节时期，Y 市图书馆参与国家图书馆举办的"网络书香过大年"活动，面向全县人民征集摄影作品、电子贺卡，开展趣味闯关答题活动。W 市图书馆 2019 年共开展 14 场活动，涵盖作品展览、志愿服务、公益讲座、爱心传递、农家书屋提档升级等，开展 3 场线上活动，其中 2 场乡镇农家书屋数字建设提档升级活动，1 场摄影作品展。两市图书馆举办活动的积极性虽高，但关于数字作品展览、数字阅读推广、电脑知识培训等面向农村基层的数字文化活动数量明显不足。

数字电影放映为村里的主要公共数字文化服务活动，其他类型的活动难以深入村举办。调查发现影片种类和内容均难以满足村民的主观期待，村民参与度低。C 镇每季度都有电影下乡活动，但据电影放映工作人员反映，来观看电影的人数不多，效果并不理想。S 镇每年大约举办 200 场电影下乡活动，每场电影仅有 20 到 30 人观看。S 镇综合文化服务中心站长表示，电影资源种类少、内容陈旧，对村民的吸引力不够，希望增加资源种类，多配置新片资源。

五、专职服务人员欠缺，业务培训有待加强

由于各地农村的公共文化服务发展水平不同，人才队伍存在不均衡性。在服务人员配备方面，W 市较 Y 市好。Y 市图书馆拥有 10 名工作人员，仅有一名关于数字文化管理与服务的工作人员。M 村和 S 村无专职文化服务人员，

文化服务和农家书屋管理由 1~2 名其他工作人员兼职负责。W 市图书馆共有 12 名工作人员，其中有 2 名工作人员专门负责电子阅览室的管理，1 名工作人员专门负责数字文化资源收集整理和市图书馆官网管理。S 镇综合文化服务中心、W 村、F 村均设置 1~2 名专职文化服务人员负责管理文化服务站、农家书屋、公共电子阅览室的日常事务。整体来看，县级图书馆工作人员数量不多，负责数字文化服务与管理工作的专职人员更少，并非所有的村都配备了专职文化服务人员，农村基层相关文化服务人员仍存在大量的空缺。

农村基层服务人员参加培训的时长不足，低于《国家基本公共文化服务指导标准（2015—2020）》中"每年参加集中培训时间不少于 5 天"的要求。2017—2019 年 Y 市图书馆共开展 6 场培训和学习，以观看讲座和授课视频为主，同年面向农村基层服务人员培训有"乡镇文化站长暨农家书屋管理员培训班"线下集中培训，但培训并未涉及公共数字文化服务。2017—2019 年农村基层服务人员仅参加一次集中培训学习，时长为一天。2019 年 W 市图书馆对专职文化服务人员开展了两次培训学习，以观看视频、听讲座的方式进行。镇、村（社区）专职文化服务人员每年接受两次"乡镇文化站长暨农家书屋管理员培训班"培训，每次培训时长约一个半小时。各文化机构的短期培训，能在一定程度上加深服务人员对数字文化服务工作的认识和了解，掌握一定的工作技巧和方法，但专业素质的提高需要有计划地长期教育和学习。

第三节　特殊群体公共数字文化服务供给现状调查

为全面、深入了解我国特殊群体公共数字文化服务供给情况，本节从平台可访问性、设施、资源、活动四个层面展开调查。设施层面，以专门的特殊群体公共数字文化服务设施作为考察对象，主要包括少年儿童图书馆、公共图书馆盲文及盲人有声读物阅览室、工会直属文化宫、俱乐部以及馆办老年大学。平台可访问性层、资源层面、活动层面，均以文化共享工程省级分中心为考察对象。文化共享工程是由文化行政管理部门、财政部组织实施的一项重大文化建设工程，自 2002 年实施起已有 20 个年头，能够在一定程度上反映我国特殊群体公共数字文化服务供给的整体情况。

一、网站可访问性层面

所谓网站可访问性，指公共数字文化服务网站能够易于感知、理解、导航并产生交互。对于视障群体、听障群体、残疾群体，抑或者使用互联网有一定困难的老年群体而言，如何确保他们能够更好地访问服务网站，是网站建设应考虑的问题。

（一）检测对象与方法

以文化共享工程 31 个省级分中心网站为调查对象，选取文化共享工程各省级分中心网站的首页进行检测。一个网站的首页整合了该网站的全部信息资源，并具有信息浏览、检索等功能，是网站与用户沟通的门户。对文化共享工程各省级分中心网站的首页进行检测，操作简便，数据直观且具有代表性，能够体现文化共享工程信息可访问性现状。

选择 WAVE 3.0 Web 辅助检测工具对文化共享工程 31 个省级分中心网站首页进行检测。WAVE 是 Web AIM（Web Accessibility In Mind）的推荐检测工具，遵循 WCAG2.0 和 508 条款的相关标准和原则。使用该工具进行检测，将会得到一份基于六项检测指标的可访问性检测报告，即一个带有图标和指示的网页，未达到检测标准 WCAG 2.0 和 Section 508 所规定的网页可访问性最低水平检测点的区域由红色图标标记和指示，符合检测标准要求的区域由绿色图标标记和指示，其他颜色标记和指示的区域与网页可访问性无关。

六项指标的检测内容具体如下：指标 1——Errors（无替代文本、有关图像无替代文本、间隔图像无替代文本、无标签形式、文档语言缺失、空链接）；指标 2——Alerts（冗余的替代文本、无标题结构、冗余链路、Flash、Noscript

元素、设备相关事件处理程序、JavaScript 跳转菜单、冗余的标题文本）；指标 3——Features（Null 或空的替代文字、影像地图缺少 Alt 属性）；指标 4——Structural Elements（布局表格、数据表、表格标题储存格、列标题单元格、无序列表、内联框架）；指标 5——HTML5 and ARIA（HTML 的使用情况）；指标 6——Contrast Errors（对比度错误）。指标 1 检测网页中的文字、图像、标题是否有替代文本或文字描述，如果没有，则需借助屏幕阅读器的用户将无法得到相应的信息，检测工具则会将未通过检测的区域标记为红色，即表示该网站不能满足可访问性的最低标准；指标 2 检测网页的简约便利程度，是否设置快捷键、跳转菜单等减少步骤冗余；指标 3 检测图像属性是否为 Null 或空的替代文字，不能帮助使用外部工具浏览网站的用户获取图像信息；指标 4 检测网站结构、布局、列表的完整和合理程度；指标 5 是检测网页各元素完整和齐全状况；指标 6 是检测网页对比度状况，是否能够满足视障用户的基本需求。[1]

（二）网站可访问性检测结果

采用 WAVE 3.0 web 辅助检测工具对 31 个文化共享工程省级分中心网站的首页进行检测，由于山西省分中心网站链接打开失败，云南省分中心网站首页的检测结果显示错误等原因，因此得到 29 个文化共享工程省级分中心网站首页的可访问性检测报告。检测日期为 2019 年 3 月 16 日，检测结果如表 3-4 所示。

表 3-4　文化共享工程省级分中心网站首页的可访问性检测结果

网站域名	错误类型					
	指标1	指标2	指标3	指标4	指标5	指标6
首都图书馆公共文化云 http://www.bjgxgc.cn/	35	14	0	27	17	19
天津文化信息资源共享中心 http://www.tjgxgc.cn/	67	46	0	47	2	2
山东公共文化云资源共享平台 http://124.133.52.148/	348	343	1	161	0	183

---

[1] 王萌. 我国省级公共档案网站信息无障碍建设调查研究［J］. 兰台世界, 2018（8）: 29-33.

续表

网站域名	指标1	指标2	指标3	指标4	指标5	指标6
上海数字文化网 http://whgx.library.sh.cn/	33	7	5	17	20	9
湖北数字文化网 http://hbgxgc.library.hb.cn/index.html	56	65	53	47	0	1
辽宁数字文化网 http://www.lnwhgx.org/discovery/site/home	50	456	449	375	2	80
黑龙江数字文化网 http://www.ljwhxx.org.cn/	67	18	2	80	0	266
江苏公共数字文化网 http://www.jsgxgc.org.cn/	31	1	0	17	0	0
重庆公共数字文化网 http://www.cqwh.cn/	23	17	3	13	52	18
陕西文化信息网 http://www.shawh.org.cn/	44	222	1	52	0	48
内蒙古文化信息网 http://www.nmgcnt.com/	213	64	0	221	0	19
新疆文化网 http://www.xjwh.gov.cn/	25	6	8	35	0	64
西藏数字文化网 http://www.tdcn.org.cn/	127	122	0	58	0	154
全国文化信息资源共享工程湖南省级分中心 http://www.library.hn.cn/gxgc/	57	13	14	28	0	6
全国文化信息资源共享工程广西桂林分中心 http://ziyuan.gll-gx.org.cn/gxgc/	83	30	0	45	0	1
文化共享工程海南省分中心 http://gxgc.hilib.com:8089/index.html	49	35	0	50	0	23
全国文化信息资源共享工程江西省分中心 http://www.jxdcn.gov.cn/	2	1	0	0	0	0
安徽省图书馆共享工程 http://www.ahlib.com:9999/ahgxgc/index.html	15	17	0	0	0	8
浙江图书馆 http://www.zjlib.cn/	121	20	8	25	0	26
广东省立中山图书馆 http://www.zslib.com.cn/	59	196	100	128	1	36
四川省图书馆 http://www.sclib.org/	40	19	23	29	0	20
贵州省图书馆 http://www.gzlib.com.cn/	313	346	193	409	0	165
吉林省图书馆 http://www.jlplib.com.cn/	104	139	18	83	0	5
甘肃省图书馆 http://www.gslib.com.cn/	49	56	22	18	0	17
青海省图书馆 http://www.qhlib.org/	23	17	15	58	5	43

续表

网站域名	错误类型					
	指标1	指标2	指标3	指标4	指标5	指标6
宁夏数字图书馆 http://www.nxlib.cn/	34	19	0	32	0	24
福建省图书馆 http://www.fjlib.net/#page1	51	81	4	55	0	5
河南省图书馆 http://www.henanlib.com/	33	22	4	16	0	72
河北省图书馆 http://www.helib.net/	23	11	8	18	0	4

在采用 WAVE 3.0 web 辅助检测工具得到的检测报告中，6 项指标的数值代表该网页基于该 6 项检测指标，不符合信息无障碍标准 WCAG2.0 和 Section508 的项目数。各项指标的值越低表示该网站的信息无障碍建设越接近标准要求，其中只有满足指标 1 为 "0"，即网页中的文字、图像、标题等均有相应的替代文本或文字描述，才符合网页信息可访问性的最低标准。

表 3-4 显示，文化共享工程各省级分中心网站信息可访问性整体水平较差。目前各省级分中心的网站尚无一满足信息可访问性的最低标准，其中山西省的网站仍处于不可访问状态，不具备最基本的可访问性。各省级分中心网站的信息无障碍功能不完善。目前，我国文化共享中心的省级分中心网站中仅有浙江省等部分设立了信息无障碍通道，其他省级分中心网站，如云南省图书馆网站仍存在首页功能建设不完善、功能模块失效、缺失专门的信息无障碍通道等问题。浙江图书馆虽设有无障碍通道，但调研发现在使用过程中出现部分图像缺乏相关文字替代等问题，体验感较差。各省级分中心网站缺乏直接的问题反馈渠道。多数网站首页没有标明有效的问题反馈渠道或仅开设邮件反馈和电话反馈两种渠道，缺少操作简便的反馈渠道。综合可知，文化共享工程网站信息的可访问性存在较大问题。

二、设施层面

公共文化服务设施是公共数字文化服务开展的重要载体。为了解我国特殊群体公共文化服务设施的建设情况，本书针对每类特殊群体，选取与之对应的公共文化服务设施作为考察对象，包括少年儿童图书馆、工会直属文化宫、俱乐部、公共图书馆盲文及有声读物阅览室、馆办老年大学。下文将重点从设施的时间分布、地区分布、人均占有量这3个方面进行探讨。

（一）设施的地区分布特征

《中国文化文物统计年鉴2017》[1] 提供了2017年各地区少年儿童图书馆的数量，对其进行统计后，得到了2017年我国少年儿童图书馆数量的地区分布图（图3-1）。由图3-1可知，2017年，少年儿童图书馆数量最多的地区是辽宁省，达到了16所，数量最少的是江西、宁夏、新疆，为0所。各地区少年儿童图书馆的平均数量为3.94所。

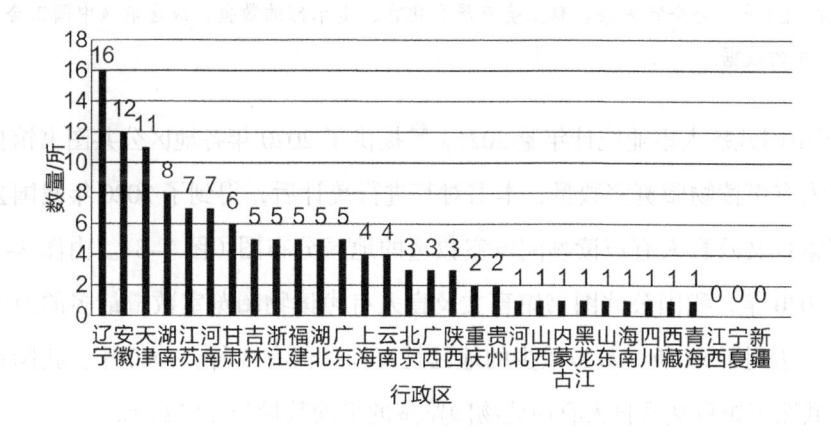

图3-1 2017年我国少年儿童图书馆的地区分布

注：2018年至今官方未披露少年儿童图书馆的数据，故选取《中国文化文物统计年鉴2017》中的数据。

---

[1] 国家文物局. 中国文化文物统计年鉴2017 [M]. 北京：国家图书馆出版社，2018：76.

《中国工会年鉴2017》❶提供了2017年我国各地区工会直属文化宫、俱乐部数量，笔者对其进行统计后，得到了2017年我国工会直属文化宫、俱乐部数量的地区分布图（图3-2）。由图3-2可知，2017年我国工会直属文化宫、俱乐部数量最多的地区是江苏，达到了7220所，数量最低的是西藏，仅为83所。2017年，各地区工会直属文化宫、俱乐部的平均数量为1 637.55所。

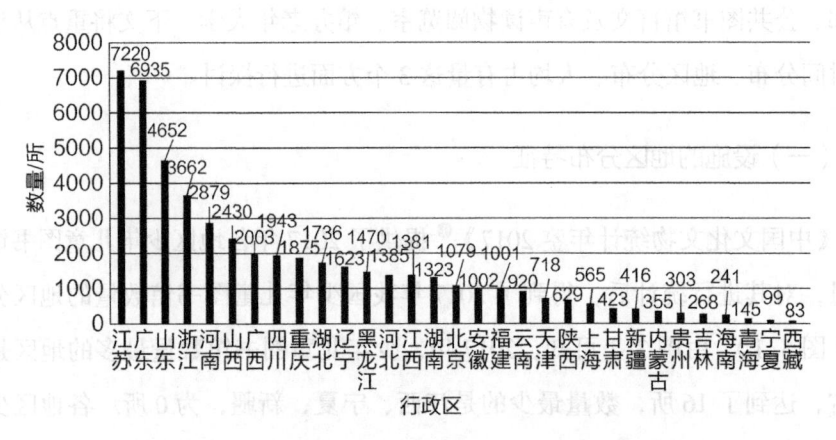

图3-2　2017年我国工会直属文化宫、俱乐部的地区分布

注：2018年至今官方未披露工会直属文化宫、俱乐部的数据，故选取《中国工会年鉴2017》中的数据。

《中国残疾人事业统计年鉴2021》❷提供了2020年各地区公共图书馆盲文及盲人有声读物阅览室数量，本书对其进行统计后，得到了2020年我国公共图书馆盲文及盲人有声读物阅览室数量的地区分布图（图3-3）。由图3-3可知，2020年，我国公共图书馆盲文及盲人有声读物阅览室数量最多的地区是浙江，达到了87所，数量最少的地区是海南，仅有3所。2020年，我国各地区公共图书馆盲文及盲人有声读物阅览室的平均数量为40.52所。

---

❶ 王娇萍，董宽.中国工会年鉴2017[M].北京：中国工会年鉴编辑部，2018：589.
❷ 中国残疾人联合会.中国残疾人事业统计年鉴2021[M].北京：中国统计出版社，2021：81-82.

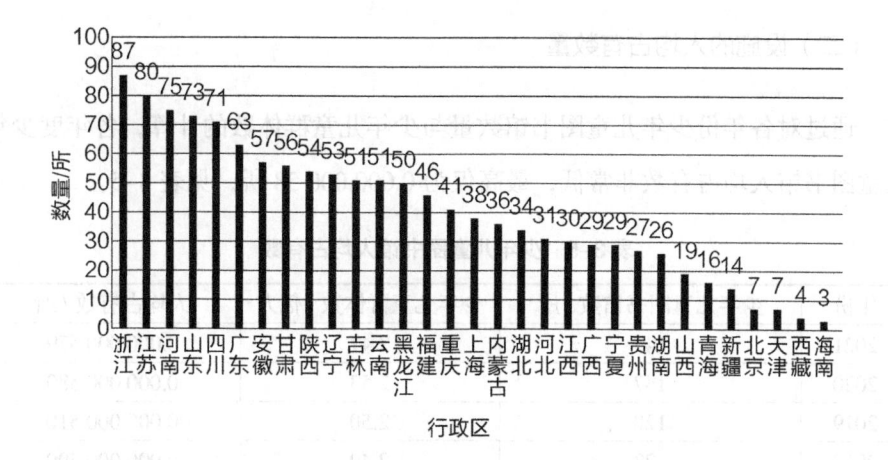

图 3-3　2020 年我国公共图书馆盲文及盲人有声读物阅览室

《中国文化文物和旅游统计年鉴 2022》[1] 提供了 2021 年各地区馆办老年大学数量，本书对其进行统计后，得到了 2021 年我国馆办老年大学数量的地区分布图（图 3-4）。由图 3-4 可知，2021 年，我国馆办老年大学数量最多的地区是山东省，达到了 54 所，数量最少的地区是西藏，为 0 所。2021 年，我国各地区馆办老年大学的平均数量为 21.61 所。

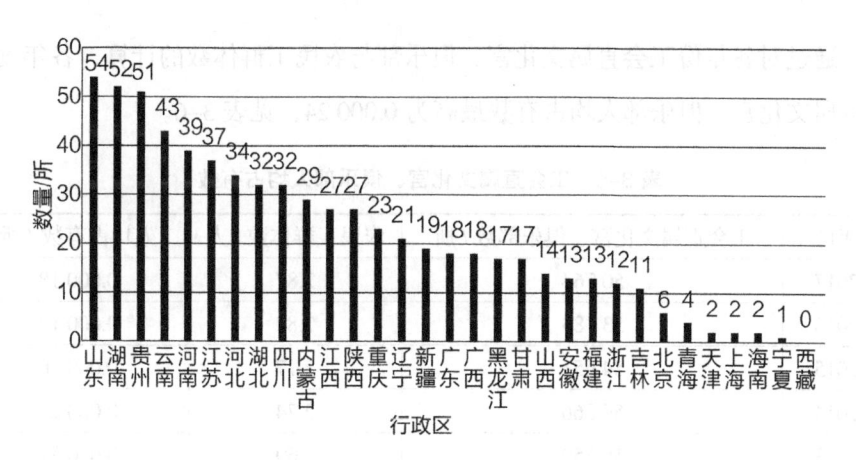

图 3-4　2021 年我国馆办老年大学的地区分布

---

[1] 中华人民共和国文化和旅游部.中国文化文物和旅游统计年鉴 2022［M］.北京：国家图书馆出版社，2022：121.

（二）设施的人均占有数量

通过对各年份少年儿童图书馆数量与少年儿童群体数的计算，各年度少年儿童图书馆人均占有数非常低，最高仅为 0.000 000 58 所，见表 3-5。

表 3-5 少年儿童图书馆人均占有数

年份	少年儿童图书馆数 / 所	少年儿童群体数 / 亿人	人均占有数 / 所
2021	143	2.47	0.000 000 579
2020	147	2.53	0.000 000 580
2019	128	2.50	0.000 000 510
2018	123	2.49	0.000 000 490
2017	122	2.47	0.000 000 490
2016	122	2.44	0.000 000 500
2015	113	2.42	0.000 000 470
2014	108	2.26	0.000 000 480

注：少年儿童图书馆数来源于国家统计局国家数据：少儿图书馆（https://data.stats.gov.cn/easyquery.htm?cn=C01&zb=A0Q0502&sj=2021），少年儿童群体数来源于国家统计局国家数据：人口年龄结构和抚养比（https://data.stats.gov.cn/easyquery.htm?cn=C01）。

通过对各年份工会直属文化宫、俱乐部与农民工群体数的计算，各年度工会直属文化宫、俱乐部人均占有数最高为 0.000 24，见表 3-6。

表 3-6 工会直属文化宫、俱乐部人均占有数

年份	工会直属文化宫、俱乐部数 / 所	农民工群体数 / 人	人均占有数 / 所
2017	50 764	2.87	0.000 18
2016	53 183	2.82	0.000 19
2015	54 651	2.77	0.000 20
2014	56 366	2.74	0.000 21
2013	56 559	2.69	0.000 21
2012	62 192	2.63	0.000 24
2011	54 438	2.53	0.000 22

注：工会直属文化宫、俱乐部数来源于《中国工会年鉴2017》，农民工群体数来源于国家统计局国家数据：农民工规模及收入主要数据（https://data.stats.gov.cn/easyquery.htm?cn=C01&zb=A0A0I&sj=2022）。

通过对各年份公共图书馆盲文及盲人有声读物阅览室数量与视力残疾群体数量的计算，各年度公共图书馆盲文及盲人有声读物阅览室人均占有数最高为 0.000 46 所，见表 3-7。

表 3-7　公共图书馆盲文及有声读物阅览室人均占有数

年份	公共图书馆盲文及有声读物阅览室数/所	视力残疾人数/人	人均占有数/所
2020	1 256	4 189 456	0.000 30
2019	1 173	4 160 597	0.000 28
2018	1 123	4 108 353	0.000 27
2017	958	3 973 235	0.000 24
2016	849	3 795 741	0.000 22
2015	1 514	3 739 066	0.000 40
2014	1 615	3 512 185	0.000 46

注：公共图书馆盲文及有声读物阅览室数来源于各年中国残疾人事业统计年鉴，视力残疾人数来源于中国残疾人联合会发布的"全国残疾人人口基础库主要数据"（https://www.cdpf.org.cn/zwgk/zccx/ndsj/zhsjtj/2020zh/6c948f9d97194a93a0d6e1ba23d32000.htm）。

通过对各年份馆办老年大学数量与老年群体数的计算，各年度馆办老年大学人均占有数同样较低，最高仅为 0.000 003 84 所，见表 3-8。

表 3-8　馆办老年大学人均占有数

年份	馆办老年大学/所	老年群体数/亿人	人均占有数/所
2021	670	2.67	0.000 002 51
2020	698	2.64	0.000 002 64
2019	769	2.54	0.000 003 01
2018	798	2.49	0.000 003 20
2017	865	2.41	0.000 003 59
2016	857	2.31	0.000 003 71
2015	853	2.22	0.000 003 84

续表

年份	馆办老年大学 / 所	老年群体数 / 亿人	人均占有数 / 所
2014	705	2.12	0.000 003 32

注：馆办老年大学数量来源于国家统计局国家数据：群众文化机构基本情况（https://data.stats.gov.cn/easyquery.htm?cn=C01&zb=A0Q0601&sj=2021），老年群体数量来源于《2021年度国家老龄事业发展公报》（http://www.gov.cn/xinwen/2022-10/26/content_5721786.htm）。

三、资源层面

（一）调查对象

2022年2月8日—2月12日，课题组对文化共享工程官方网站上提供链接的24个省级分中心进行了访问，并利用搜索引擎对其余17个未公布链接的省级分中心进行了查找。所调查的省级分中心名称见表3-9。调查结果显示，31个省级分中心中，19个省级分中心面向少年儿童建设了数字文化资源，5个省级分中心面向农民工建设了数字文化资源，8个省级分中心面向听障群体建设了数字文化资源。然而，面向老年群体建设数字文化资源的省级分中心则几乎没有。下文将重点从资源内容、资源类型对特殊群体公共数字文化资源作重点分析。

表3-9 全国文化共享工程省级分中心

地区	分中心	地区	分中心
北京	首都图书馆公共文化云	辽宁	全国文化信息资源共享工程辽宁分中心
天津	天津文化信息资源共享中心	黑龙江	黑龙江数字文化网
吉林	文化共享工程吉林分中心	江苏	江苏公共数字文化网
上海	上海数字文化网	浙江	浙江网络图书馆
江西	江西数字文化网	广东	广东数字文化网
安徽	安徽图书馆共享工程	河南	河南文化网

续表

地区	分中心	地区	分中心
山东	山东公共文化云	湖北	湖北数字文化网
湖南	全国文化信息资源共享工程湖南省分中心	新疆	新疆数字图书馆
广西	全国文化信息资源共享工程广西桂林分中心	贵州	贵州数字文化网
重庆	全国文化信息资源共享工程重庆市分中心	福建	福建省图书馆
云南	文化共享工程云南分中心	西藏	西藏数字文化网
陕西	陕西数字文化网	四川	四川省图书馆
河北	全国文化信息资源共享工程河北省分中心	山西	山西省图书馆
海南	全国文化信息资源共享工程海南省分中心	青海	青海省图书馆
宁夏	全国文化信息资源共享工程宁夏分中心	内蒙古	内蒙古数字文化网
甘肃	甘肃省图书馆		

（二）资源类型方面

在少年儿童文化资源类型上，视频类资源较多，15个省级分中心均提供了此类资源，其次是图片类资源、文本类资源、音频资源。具体来看，首都图书馆公共文化云提供了视频、音频、文本、图片这四种资源类型，内蒙古数字文化网、陕西数字文化网、黑龙江数字文化网、浙江网络图书馆、福建省图书馆以及山西省图书馆则提供了三种资源类型。上海数字文化网、江苏公共数字文化网、山东公共文化云、湖北数字文化网、文化共享工程云南分中心、西藏数字文化网、吉林省文化云、新疆数字图书馆仅提供了一种资源类型，见表3-10。

表3-10 少年儿童数字文化资源类型

分中心	视频	音频	文本	图片
首都图书馆公共文化云	√	√	√	√
内蒙古数字文化网	√	√		√
陕西数字文化网	√		√	√
黑龙江数字文化网	√		√	√

续表

分中心	视频	音频	文本	图片
上海数字文化网	√			
江苏公共数字文化网	√			
浙江网络图书馆	√		√	√
江西数字文化网	√			√
山东公共文化云	√			
湖北数字文化网				√
全国文化信息资源共享工程湖南省分中心			√	√
文化共享工程云南分中心	√			
西藏数字文化网	√			
吉林省文化云			√	
福建省图书馆	√		√	√
青海省图书馆	√			√
新疆数字图书馆			√	
山西省图书馆	√		√	
全国文化信息资源共享工程广西桂林分中心	√			√

在农民工数字文化资源类型方面，首都图书馆公共文化云、黑龙江数字文化网、文化共享工程湖南省分中心、文化共享工程云南分中心均提供视频类资源。

在残障群体数字文化资源类型上，首都图书馆公共文化云、浙江网络图书馆、文化共享工程湖南省分中心、陕西数字文化网、福建省图书馆、青海省图书馆、甘肃省图书馆、黑龙江数字文化网均提供音频类资源。

（三）资源内容方面

在少年儿童数字文化资源内容上，从整体上看，既包括单个动画视频、少儿电影等，也包括内涵丰富的文化资源库。资源库包括书童AR互动科普教育资源库、阿布手绘百科、新东方双语阅读、中少快乐阅读平台，乐儿智慧王国、点点书库、口袋故事、小候鸟互动学习馆、妙趣手工坊、中少绘本、中少动画、易趣动画库、少儿英语学习资源库、中华连环画数字图书馆、恩多少儿数字图书馆、超星儿童绘本等。资源库内涵丰富，形式多样，能够在很大程度上满足少年儿童娱乐、学习所需。但是，首都图书馆公共文化云、黑龙江数字文化网、上海数字文化网、江苏公共数字文化网、浙江网络图书馆、江西数字文化网、文化共享工程云南分中心、文化共享工程广西桂林分中心中的数字文化资源均或多或少存在无法正常使用的情况，见表3-11。

表3-11 少年儿童文化资源内容

分中心	资源内容	分中心	资源内容
首都图书馆公共文化云	动画视频、书童AR互动科普教育资源库、阿布手绘百科、新东方双语阅读、中少快乐阅读平台、乐儿智慧王国（无法打开）、点点书库（无法打开）	内蒙古数字文化网	口袋故事资源库、小候鸟互动学习馆、妙趣手工坊资源库、中少绘本资源库、中少动画资源库、易趣动画库、少儿英语学习资源库
陕西数字文化网	在线故事、在线教学、小候鸟互动学习馆、中华连环画数字图书馆、点点书库动漫数据库、乐儿数字资源平台、中少快乐阅读平台、恩多少儿数字图书馆	黑龙江数字文化网	动画视频（无法播放）、中华连环画数字悦读馆、少儿多媒体图书馆、易趣漫画馆、易趣动画馆、才智小天地资源库、达尔文星球全息数字资源库、易趣玩具书互动点读资源库、京东哪吒看书库（均限内网使用）
上海数字文化网	动画视频（无法播放）	江苏公共数字文化网	动画视频（无法播放）
浙江网络图书馆	中华连环画数字图书馆、儿童科普读物、动漫视频（无法播放）	江西数字文化网	中小学自主学习教学辅导课件、中华连环画数字阅览室、童心向党快乐成长、快乐暑假精彩共享（均无法打开）
山东公共文化云	文艺视频	湖北数字文化网	少儿美术作品

续表

分中心	资源内容	分中心	资源内容
全国文化信息资源共享工程湖南省分中心	中少绘本资源库、哪吒看书云图书馆	文化共享工程云南分中心	少儿电影、动漫视频、少年科普（均无法播放）
西藏数字文化网	象棋教学视频	吉林省文化云	少儿文学、动漫书刊
福建省图书馆	中华连环画、乐儿科普动漫数据库、全景数字图书馆	青海省图书馆	贝贝国学教育数据库、剑桥彩虹英语分级阅读
新疆数字图书馆	超星少儿绘本	山西省图书馆	易趣少儿动画馆、易趣青少漫画馆、中华连环画数字图书馆
全国文化信息资源共享工程广西桂林分中心	科普知识、勤学故事、教育专题、奥运知识、传统文化、动漫视频（均无法打开）		

在农民工数字文化资源内容上，4个文化共享工程省级分中心均提供有关务工技能方面的培训视频，见表3-12。视频内容具体包括动植物标本制作、十字绣技法与应用、服装设计与制作、烹饪技术、食品加工、手工制作等。不过，文化共享工程云南分中心的视频资源无法正常播放。

表3-12 农民工文化资源内容

分中心	资源内容	分中心	资源内容
首都图书馆公共文化云	技术教学视频、务工常识视频	黑龙江数字文化网	城镇务工培训视频
全国文化信息资源共享工程湖南省分中心	进城务工培训视频	文化共享工程云南分中心	务工技能培训视频（无法播放）

在残障群体数字文化资源内容上，文化共享工程湖南分中心打造了专门的有声读物资源页面，资源涵盖国学诗词、古典文学、童话故事、文学散文、社科百科、历史军事等多个主题，用户点击页面中的"立即播放"按钮即可收听该读物的音频。此外，首都图书馆公共文化云、浙江网络图书馆、青海省图书

馆、甘肃省图书馆采用的是云图有声数字图书馆资源库。该资源库是目前国内总量最大、内容最优的中文有声内容资源库。不过，青海省图书馆的资源库无法打开，甘肃省图书馆的资源库仅限馆内使用。陕西数字文化网的书香陕西听书馆资源库则包含经典名著、名家小说、畅销书籍、教育读物、文艺精粹、网络原创、名家相声、评书等。福建省图书馆的天方有声读物数据库同样内涵丰富，能够较好满足视障群体的文化需求。黑龙江数字文化网采用的则是心声·音频馆，该资源库内涵丰富的中华经典文化的音频资源。但是，黑龙江数字文化网的资源库仅限馆内使用，见表3-13。

表3-13 残障群体数字文化资源内容

分中心	资源内容	分中心	资源内容
首都图书馆公共文化云	云图有声数字图书馆	浙江网络图书馆	云图有声数字图书馆
全国文化信息资源共享工程湖南省分中心	有声读物	陕西数字文化网	书香陕西听书馆
福建省图书馆	天方有声读物数据库	青海省图书馆	云图有声数字图书馆（无法打开）
甘肃省图书馆	云图数字有声图书馆（限馆内使用）	黑龙江数字文化网	心声·音频馆（限馆内使用）

四、活动层面

为深入了解特殊群体公共数字文化服务活动的开展情况，本书对31个文化共享工程省级分中心展开了调查。调查发现，21个分中心开展了面向少年儿童的文化活动，5个分中心开展了面向农民工群体的文化活动，13个分中心开展了面向残障群体的文化活动，14个分中心开展了面向老年群体的文化活动。下文将从活动类型、活动内容对其进行具体分析。

（一）活动类型方面

面向少年儿童的文化活动类型较为丰富，主题分布数量由高到低依次是书目阅读、作品展览、知识宣讲、手工制作、文艺表演、文化体验、技能比赛、技能培训、游戏娱乐、作品征集、作品创作、阅读评选、公益实践、爱心送书、图书选购、节目展播。各省级分中心中，首都图书馆公共文化云、陕西数字文化网、甘肃省图书馆、黑龙江数字文化网、上海数字文化网、江西数字文化网、浙江网络图书馆的活动类型较为丰富，均在五种及其以上。其余分中心的活动类型相对较少。广东数字文化网、湖北数字文化网、西藏数字文化网、文化共享工程云南分中心仅有一种活动类型，见表3-14所示。

表3-14 少年儿童文化活动类型

分中心	活动类型	分中心	活动类型
首都图书馆公共文化云	作品征集、书目阅读、技能培训、知识宣讲、作品展览、手工制作、文化体验、游戏娱乐、阅读评选	天津文化信息资源共享中心	作品创作、作品展览、阅读评选
黑龙江数字文化网	书目阅读、文化体验、文艺表演、手工制作、作品展览	吉林省文化云	作品展览、知识宣讲、书目阅读、文化体验
上海数字文化网	手工制作、书目阅读、知识宣讲、技能培训、公益实践	浙江网络图书馆	文艺表演、技能培训、书目阅读、知识宣讲、作品展览
江西数字文化网	文化体验、书目阅读、知识宣讲、作品展览、手工制作	广东数字文化网	作品征集
山东公共文化云	文艺表演、技能培训、知识宣讲、作品展览	湖北数字文化网	知识宣讲
文化共享工程湖南省分中心	书目阅读、作品展览	新疆数字图书馆	书目阅读、手工制作、技能培训、技能比赛
文化共享工程广西桂林分中心	爱心送书、图书选购、文艺表演	福建省图书馆	书目阅读、文艺表演、游戏娱乐、手工制作
文化共享工程云南分中心	节目展播	西藏数字文化网	技能比赛

续表

分中心	活动类型	分中心	活动类型
陕西数字文化网	书目阅读、技能比赛、文化体验、文艺表演、作品征集、知识宣讲、手工制作	四川省图书馆	书目阅读、文艺表演、技能培训
山西省图书馆	游戏娱乐、书目阅读、作品展览	内蒙古数字文化网	作品展览、技能比赛
甘肃省图书馆	作品征集、技能比赛、手工制作、书目阅读、游戏娱乐、作品创作		

面向农民工的文化活动类型主要包括文艺表演、服务周、赠阅览卡、电影放映、技能培训、协助购票，见表3-15所示。

表3-15 农民工文化活动类型

分中心	活动主题	分中心	活动主题
天津文化信息资源共享中心	文艺表演	吉林省文化云	服务周、赠阅览卡
上海数字文化网	电影放映	文化共享工程云南分中心	技能培训、协助购票
陕西数字文化网	协助购票、文艺表演		

面向残障群体的文化活动类型主要包括有声阅读、作品展览、知识宣讲、电影放映、技能培训、技能比赛、文化体验、读书交流、设备借阅、爱心送书、电影放映、作品征集、体育健身等。首都图书馆公共文化云、黑龙江数字文化网、天津文化信息资源共享中心、山西省图书馆的活动类型相对丰富，其他文化共享工程省级分中心的活动类型相对较少，见表3-16所示。

表3-16 残障群体文化活动类型

分中心	活动类型	分中心	活动类型
首都图书馆公共文化云	有声阅读、作品展览、知识宣讲、电影放映	天津文化信息资源共享中心	技能比赛、技能培训、知识宣讲、文化体验

续表

分中心	活动类型	分中心	活动类型
黑龙江数字文化网	技能比赛、电影巡讲、技能培训、知识宣讲、	吉林省文化云	作品展览、阅读交流
上海数字文化网	知识宣讲、技能培训	浙江网络图书馆	技能培训
江西数字文化网	设备借阅	全国文化信息资源共享工程广西桂林分中心	爱心送书、技能培训
福建省图书馆	设备借阅、阅读交流	西藏数字文化网	电影放映
陕西数字文化网	爱心送书、技能比赛、技能培训	四川省图书馆	设备借阅、阅读交流、技能比赛
山西省图书馆	作品征集、体育健身、口述电影、书目阅读		

面向老年群体的活动类型主要包括技能培训、才艺表演、作品创作、知识宣讲、宣传慰问、作品展览、手工制作、体育健身等。首都图书馆公共文化云、陕西数字文化网、浙江网络图书馆、上海数字文化网的文化类型相对丰富，其余文化共享工程省级分中心的文化类型则相对较少，见表3-17。

表3-17 老年群体文化活动类型

分中心	活动类型	分中心	活动类型
首都图书馆公共文化云	技能培训、文艺表演、作品创作、知识宣讲、宣传慰问	天津文化信息资源共享中心	才艺表演
黑龙江数字文化网	作品展览、才艺表演	上海数字文化网	知识宣讲、技能培训、作品展览
浙江网络图书馆	手工制作、技能培训、知识宣讲	江西数字文化网	知识宣讲
山东公共文化云	技能培训、宣传慰问	湖北数字文化网	宣传慰问
全国文化信息资源共享工程湖南省分中心	宣传慰问	全国文化信息资源共享工程广西桂林分中心	技能培训
福建省图书馆	技能培训、体育健身	文化共享工程云南分中心	作品展览

续表

分中心	活动类型	分中心	活动类型
陕西数字文化网	知识宣讲、体育健身、技能培训、技能比赛、作品展览	山西省图书馆	作品展览

（二）活动内容方面

面向少年儿童的文化活动内容十分丰富，见表 3-18。活动内容不仅有绘画、图文、读书写作、朗诵视频等征集活动及书法、绘画等展览活动，还有花灯、折纸、月饼、粽子等手工制作活动，声乐、戏剧、器乐等表演活动以及有关国学、科技、编程、网页设计等知识讲授活动。在各省级分中心中，吉林省文化云为少年儿童开展了系列化、品牌化的文化活动。

表 3-18　少年儿童文化活动内容

分中心	活动内容
首都图书馆公共文化云	线上亲子绘画征集；讲解绘本故事；线上讲授国学知识；科普科知识；书画展览；亲子制作中秋花灯；体验非物质文化遗产；拼图活动；"读书小状元"评比活动等
天津文化信息资源共享中心	图文线下征集活动；珠光画展；阅读之星评选活动等
黑龙江数字文化网	经典诵读活动；参观体验图书馆；才艺舞台秀；皱纹纸手工课；少儿美术作品展等
吉林省文化云	书法绘画大赛精品展；讲授绘本故事讲读技巧；童书评选活动；机器人体验活动等
上海数字文化网	T恤DIY绘画亲子活动；讲解绘本故事；低碳生活伴我行科普知识讲座；蜡笔画培训；"从我做起学雷锋"实践活动等
浙江网络图书馆	声乐合唱；亲子科技编程课；亲子绘本导读；线上国学讲座；儿童画展等
江西数字文化网	3D技术科普体验活动；主题绘本阅读活动；科普乐园公开课；美术书画作品展；趣味折纸活动等
广东数字文化网	图文创作网络征集

续表

分中心	活动内容
山东公共文化云	戏剧表演；声乐培训；非遗普法进校园活动；创意美术作品展等
湖北数字文化网	网页设计培训
全国文化信息资源共享工程湖南省分中心	主题读书活动；主题手绘入围作品展
新疆数字图书馆	家庭亲子阅读活动；活字印刷DIY；Scratch编程课堂；"垃圾分类"家庭挑战赛等
全国文化信息资源共享工程广西桂林分中心	留守儿童送书活动、亲子包粽子；硬笔书法现场展示
福建省图书馆	讲述绘本故事；口琴合奏、童声合唱；"我说你猜""运乒乓球""运球跑"游戏；中秋月饼亲子DIY
文化共享工程云南分中心	暑假视频节目展播活动
西藏数字文化网	书法大赛
陕西数字文化网	文学作品朗读活动；绘画比赛；书信文化活动；文艺汇演；暑期读书征文；国学礼仪沙龙等
四川省图书馆	绘本阅读；儿童剧表演；创意编程比赛；书法趣味讲学
山西省图书馆	灯谜活动；亲子阅读会；公益绘画作品展等
内蒙古数字文化网	书法作品展；书画大赛等
甘肃省图书馆	亲子朗诵视频征集活动；线上知识竞赛；手工制作活动；绘本故事会；画涂涂乐活动等

各省级分中心面向农民工开展的活动较少，因而其活动内容也相对单一。活动内容主要包括向农民工赠送图书阅览卡、协助农民工网购车票、开设农民工技能培训班，开展农民工诗歌朗诵会等。此外，天津文化信息资源共享中心举办了外来务工人员艺术节，让外来务工人员观看天津歌舞剧院、天津杂技团等专业文艺团体的艺术家们表演的文艺节目。吉林省文化云则举办了"进城务工人员服务周"活动。该活动包括向进城务工人员免费发放《进城务工人员服务手册》；在进城务工人员聚集区放电影；为进城务工人员进行健康咨询、免

费体检；发放进城务工人员阅读调查问卷；举办有奖知识问答等❶，见表3-19。

表3-19 农民工文化活动内容

分中心	活动内容
天津文化信息资源共享中心	外来务工人员艺术节
吉林省文化云	"进城务工人员服务周"活动；向农民工赠送图书阅览卡
上海数字文化网	农民工元宵免费送电影
文化共享工程云南分中心	农民工培训班；协助农民工网购火车票
陕西数字文化网	为农民工网络购票活动；农民工诗歌朗诵会

面向残障群体的文化活动中，首都图书馆公共文化云为视障群体开展了有声阅读系列志愿服务活动，并逐渐形成了三个常态化子项目："心阅影院""心阅美文"和"心阅随身听"。其中，"心阅影院"活动定期通过志愿者讲述和播放无障碍影片的形式，帮助视障朋友欣赏影视作品。"心阅美文"活动由志愿者选择精品文章，以分角色朗读的形式将书籍的内容呈给视障群体。"心阅随身听"旨在帮助出行不便的残疾朋友，通过录制有声读物，让他们能够随时随地收听图书。❷从整体上看，文化活动内容还包括推拿、朗诵、英语、电脑等培训活动，信息技术、棋牌、运动、摸读等比赛活动以及心理健康、诵读、写作等讲座活动等，见表3-20。

表3-20 残障群体文化活动内容

分中心	活动内容
首都图书馆公共文化云	讲述和播放无障碍影片；为视障人群朗读书籍；为残疾人群录制有声读物；"文化助残"系列讲座；残障主题公益摄影展等
天津文化信息资源共享中心	视障信息技术技能比赛；盲人推拿职业技能培训；视障读者"诵读讲座"；"牵手残疾人走进图书馆"公益活动

---

❶ 省图"进城务工人员服务周"活动启动［EB/OL］.（2012-9-29）［2022-2-28］.https://jlstccs.chaoxing.com/ show/nformation/detail?id=23126&nodeId=.

❷ 心阅书香——用爱打开视障朋友阅读的心灵之窗［EB/OL］.（2020-5-22）［2022-2-28］.http://bjgxgc.clcn. net.cn/web/defaulted/article/toDetailPage?siteId=1031&topChlId=7047&curChlId=7047&articleId=24531.

续表

分中心	活动内容
黑龙江数字文化网	盲人棋牌竞技大赛；诗歌朗诵培训；残疾人心理健康知识讲座；电影巡讲活动
吉林省文化云	残疾人书画摄影工艺品展；视障读书座谈会
上海数字文化网	盲人培训活动；盲人写作讲座
浙江网络图书馆	视障读者趣味英语培训
江西数字文化网	盲人听书机免费外借与培训
全国文化信息资源共享工程广西桂林分中心	"图书助残"公益活动、残疾人电脑培训班
福建省图书馆	全国助残日文化志愿服务活动；盲人读书会
西藏数字文化网	"国际盲人节"活动
陕西数字文化网	为残障读者送书上门活动；残疾人电脑培训；残疾人运动会等
四川省图书馆	盲人智能听书机免费借阅活动；视障读者阅读分享活动；盲文图书摸读比赛
山西省图书馆	盲人综艺秀视频征集活动、盲人读者健步行活动、无障碍口述电影活动、视障读者"朗读会"活动

面向老年群体的活动内容主要包括电脑、智能手机使用、书画、艺术等培训活动，健康知识、预防诈骗、急症识别与处理等讲座活动，相册制作、摄影等比赛活动以及书画展览等活动，见表3-21。

表3-21 老年群体文化活动内容

分中心	活动内容
首都图书馆公共文化云	老年电脑培训；经典诗文朗诵会；重阳花卉讲座与笔会活动；"书香陪伴、爱在重阳"宣传慰问活动等
天津文化信息资源共享中心	老年文化艺术节
黑龙江数字文化网	老年读者书画展；老年读者诗歌朗诵会
上海数字文化网	"三高"健康知识讲座；中老年电脑培训；老年书画会师生书画展等
浙江网络图书馆	老年人电子相册制作大赛；老年英语沙龙；老年常见急症识别与处理讲座等

续表

分中心	活动内容
江西数字文化网	老人心理健康专题讲座、老年人暑期健康知识、老年人防诈骗知识讲座
山东公共文化云	老年书画公开课；送书画进养老院；文化敬老公益艺术培训活动；文化敬老志愿服务活动等
湖北数字文化网	"关爱老人暖冬行"走进福利院
文化共享工程湖南省分中心	"敬老爱老 书香暖重阳"志愿服务活动
文化工程广西桂林分中心	老年人免费电脑入门培训班
福建省图书馆	"敬老助老，乐享智慧生活"活动；老年节活动
文化共享工程云南分中心	老年人电脑基础知识培训班
陕西数字文化网	老年健康知识讲座；老年人健步走活动；中老年智能手机上网培训；老年摄影大赛、老年书画联展等
山西省图书馆	老年书画展

第四节　数字文化消费与需求调查

　　以往的相关研究或者单独研究数字文化，或者针对公共数字文化的公共文化属性进行研究，较少有人着重强调公共数字文化服务所具有的数字文化属性。考虑到公共数字文化是数字环境下产生的文化类型，具有鲜明的数字文化属性，公众对公共数字文化服务的消费和需求在消费项目、消费渠道、消费工具及功能等诸多方面遵循其数字文化消费和需求偏好。因此，课题组从公众数字文化消费和需求的角度并结合公共数字文化服务需求，了解公众消费偏好和需求情况，站在数字文化消费和需求的视角研究公共数字文化，强调了公共数字文化服务所具有的数字文化属性，在以往研究的基础上对公共数字文化服务研究的全面性作了补充，有助于公共数字文化服务供给主体发现服务供给存在的不足，为有针对性地优化服务、转向以需求为导向的供给提供参考。

一、研究设计

（一）研究目的

本书研究的目的是通过问卷调查，发现公众数字文化消费行为偏好与需求情况，启发公共数字文化资源、服务方式、设施建设、新技术与新媒体运用等方面的思考，为公共数字文化服务供给提出基于实证基础的建议。具体目的如下：

（1）了解公众数字文化消费情况，包括数字文化消费支出、消费目的、消费渠道、消费工具和影响数字文化消费的原因。

（2）了解公众数字文化需求情况，包括公众对于数字文化资源、数字文化设施、数字文化活动、数字文化服务方式及功能、公共数字文化供给主体及自身参与的需求。

（3）了解公众公共数字文化使用和评价情况，包括公众对于公共数字文化的使用情况、满意度、不满意的原因及期望与建议。

（二）问卷设计

问卷是在阅读和参考大量文献的基础上，并结合我国当前实情设计的，严格执行问卷设计的标准或方法。经由公共文化服务研究领域的三位专家审阅后根据其意见进行修改，前后分别向 45 名和 32 名有数字文化消费行为的人进行预调查，并请他们对问卷的表达、长度和格式等提出意见，在完成两次预调查的修改之后，使问卷的在语言表达上更加准确、更加通俗易懂，再进行问卷的正式投放。主要围绕调查样本个人信息、数字文化消费行为及需求、公共数字文化服务需求三个部分进行问卷设计。

（1）调查样本个人基本信息，包括性别、年龄、学历、职业、常住省份、常住地和月收入。后凯恩斯学者认为不同的社会地位和关系决定了人们具体的消费偏好和消费支出模式，收入水平、经济地位、文化背景和社会习俗不同的人们具有不同的消费偏好。❶因此，这一部分的问题设计主要是结合其余两个部分的问题，以了解不同身份特质的公众群体在数字文化消费行为及需求上表现出来的特征，同时也为了了解调查样本的基本信息。

（2）数字文化消费行为和需求，包括数字文化消费项目、消费支出、消费时长、消费工具、消费渠道、影响数字文化消费的原因及对数字文化资源类型、设施、活动、服务方式及功能的需求，主要是了解公众的数字文化消费行为和偏好，以期为公共数字文化服务改进供给渠道、供给方式、服务方式和服务功能，加强服务载体建设、技术手段应用、资源供给、设施供给和活动供给提供参考。

（3）公共数字文化服务需求，包括公共数字文化服务利用率、满意度、不满意的原因、对供给主体的需求、对个人参与的需求以及开放式的建议或期望，主要是为了更加直观地了解公众对公共数字文化服务的需求，发现其利用中存在的问题。

（三）调查对象选择与数据收集

文化权利是人的一项基本权利，数字文化消费与需求是数字时代人们行使自身文化权利的正当行为和需求。公共数字文化服务是政府为保障公众基本文化权利提供的一种服务，其服务对象是全体公众，因此所有公众都可能对公共数字文化服务存在需求。采用便利抽样、立意抽样结合的方法，首先采用便利抽样的方法收集问卷。由于便利抽样具有很强的随机性，得到的调查样本涵盖不够全面，为了使调查样本分布更加均匀，继而采用了立意抽样的方法收集问卷。

课题组于 2018 年 11 月 22 日至 12 月 22 日共派发收集问卷 1013 份，排除无效问卷 94 份，有效问卷 919 份，有效问卷率约为 91%。有效问卷中，通过问卷星的样本服务采用便利抽样的方式在线派发收集 432 份，在公园、火车

---

❶ Gowdy J M, Mayumi K. Reformulating the foundation of consumer choice theory and environmental valuation [J]. Ecological Economics, 2001, 39（2）: 223-237.

站、农村等地采用便利抽样的方式实地派发收集315份，其余172份通过微信等社交媒体采用立意抽样的方式派发收集。此外，由于部分调查样本属于农村地区，考虑到农村人群的文化程度等因素，在实地收集问卷时，用通俗的口语将问卷内容进行了解读以帮助其理解。对收集到的问卷数据，使用SPSS软件和问卷星后台进行描述性统计分析、交叉分析，得出结果。

二、研究发现

（一）调查样本概况

919份有效问卷中，从性别看，男性占50.38%；女性占49.62%。从年龄分布看，18岁及以下占4.03%，19~30岁占42.87%，31~45岁占35.69%，46~60岁占11.97%，61岁及以上占5.44%。从学历层次看，小学及以下占7.73%，初中占6.96%，高中、中专或职高占9.68%，大专占14.91%，本科占48.75%，硕士研究生占8.71%，博士研究生占3.26%。从职业类型看，企业工作人员占36.34%，学生（包括各种学历层次）占16.65%，教师占12.52%，公务员/事业单位员工（不包括教师）占9.69%，个体户/私企业主占7.4%，务农人员占7.07%，自由职业者占5.22%，无业/失业/下岗者占3.37%，离退休人员占1.74%。从月收入情况看，无收入占16.32%（在校学生），3000元及以下占15.56%，3001~6000元占34.49%，6001~10 000元占25.68%，10 001元及以上占7.94%。从城乡情况看，城镇样本占74.54%，农村样本占25.46%。在省份分布上，样本遍布湖南、广东、河南、山东、江苏、上海、浙江、北京、山西、广西、江西等31个省级行政区域。可见，调查样本性别分布均衡，年龄分布较合理，学历层次、职业类型、收入构成、城乡情况和省份分布涵盖比较全面。在剔除无效问卷之后，调查样本均有一定的数字文化消费行为与需求，并且19~45岁的样本较多（此年龄阶段的人群是数字文化消费活跃的主体人群），具有良好的代表性。

（二）数字文化消费支出

调查显示，数字文化消费月支出为 0 元的样本占 15.99%，1～200 元占 57.02%，201～500 元占 21.11%，501～1000 元和 1001 元及以上占比之和为 5.88%，73.01% 的调查样本数字文化消费月支出在 200 元以下。根据国家统计局披露的数据，中国居民 2017 年人均消费支出为 18 322 元[1]，每月平均约为 1526.84 元，数字文化消费月支出在人均月消费支出中所占比重较低。表明多数公众虽存在数字文化消费支出，但支出水平偏低，付费意愿不强，这就需要政府向公众提供公共的、免费或低收费的数字文化服务。

（三）主要使用的数字文化消费工具

使用较多的消费工具类型依次是智能手机（90.97%）、台式电脑或笔记本电脑（61.59%）、数字电视（44.29%）、平板电脑（30.90%），选择其他选项的比例均在 10% 以下。可见，智能手机已成为最主要的数字文化消费工具。

在 50 位 61 岁及以上的调查样本中，43 人选择了数字电视，22 人选择了数字收音机及广播，仅有 8 人选择了智能手机，7 人选择了台式电脑或笔记本电脑，其他选项无人选择，这说明 61 岁及以上老年人的数字文化消费工具以数字电视、数字收音机及广播这一类比较传统且基础的设备为主，消费工具单一。

农村样本中选择使用数字电视、数字收音机及广播的比例高于城镇样本，选择其他选项的比例均明显低于城镇样本（见表 3-22），说明农村数字文化消费工具不如城镇多样化、现代化，主要原因是农村经济发展水平和受教育水平均较低于城镇且农村常住人口以中老年人为主。

---

[1] 国家统计局.国家数据:2017 年中国人均消费支出数据［EB/OL］.［2019-1-9］.http://www.stats.gov.cn/ztjc/ztfx/ggkf40n/201808/t20180831_1620079.html.

表 3-22 主要使用的数字文化消费工具

选项	总体/%	城镇/%	农村/%
（1）台式电脑或笔记本电脑	61.59	69.49	38.46
（2）平板电脑	30.90	38.25	9.40
（3）智能手机	90.97	95.33	78.21
（4）数字电视	44.29	38.54	61.11
（5）数字收音机及广播	8.27	5.69	15.81
（6）触控一体机	3.92	4.09	3.42
（7）数字放映机	8.27	9.20	5.56
（8）便携式游戏机	3.70	4.38	1.71
本题有效填写人数/人	919	685	234

注：百分比总和超过100%，因为允许调查对象选择多个选项。

（四）经常消费的数字文化项目

经常消费的数字文化项目依次是在线观看影视作品（82.15%）、在线观看文化娱乐活动（57.24%）、在线收听音乐或数字广播节目（50.82%）、收看数字电视节目（50.82%）、阅读电子书刊报（50.49%）、在线观看教育讲座或培训课程（38.63%）、玩电子游戏（36.45%）、网上参观游览（27.09%）（见表3-23）。公众经常消费的数字文化项目丰富多样，但在线观看影视作品相比于其他项目显得更为常用。在线观看影视作品、文化娱乐活动等休闲娱乐型消费比例高，阅读电子书刊报、在线观看教育讲座或培训课程等发展型消费比例低，说明消费层次偏低。

农村样本除了观看数字电视节目，选择其他选项的比例均远低于城镇样本，尤其是阅读电子书刊报和在线观看教育讲座或培训课程，城乡比例相差在20%以上（见表3-23）。说明农村公众的数字文化消费项目不如城镇公众丰富多样，且发展型消费明显不足，消费层次有待提高。

表 3-23　经常消费的数字文化项目

选项	总体/%	城镇/%	农村/%
（1）阅读电子书刊报	50.49	59.27	24.79
（2）在线观看影视作品	82.15	86.13	70.51
（3）在线观看文化娱乐活动	57.24	62.04	43.16
（4）在线收听音乐或数字广播节目	50.82	53.87	41.88
（5）在线观看教育讲座或培训课程	38.63	44.38	21.79
（6）收看数字电视节目	50.82	45.26	67.09
（7）网上参观游览	27.09	29.93	18.80
（8）玩电子游戏	36.45	40.29	25.21
本题有效填写人数/人	919	685	234

注：百分比总和超过100%，因为允许调查对象选择多个选项。

在50位61岁及以上的调查样本中，45位（90.00%）选择了收看数字电视节目，25位（50.00%）选择了在线收听音乐或数字广播节目，其他选项的选择比例均小于15%。这与主要使用的消费工具相呼应，表明61岁及以上的老年人数字文化消费项目单一。从学历层次来看，阅读电子书刊报、在线观看影视作品、在线观看文化娱乐活动和在线观看教育讲座或培训课程被选择的比例随着学历层次提高而提高，表明学历越高对这四种消费项目的利用率越高。不同职业中，教师选择在线观看教育讲座或培训课程的比例（62.93%）远高于其他职业。

（五）经常使用的消费渠道

经常使用的消费渠道中，比例较高、排名前四的按从高到低的顺序依次为：访问文娱企业网站（76.82%）、使用手机App（69.31%）、观看数字电视节目（46.03%）、使用电脑应用软件（41.89%）（见表3-24）。

农村样本除了观看数字电视节目外，选择其他选项的比例均低于城镇样本。城镇样本相比农村样本，有更多的人访问公共文化机构网站和到公共文化

机构借阅电子期刊报，这一方面是由于农村信息素养偏低、消费环境（包括设备、网络等）相比城镇普遍较差，另一方面是由于农村公共文化机构较少且设施不够完善。

表 3-24　常用的数字文化消费渠道

选项	总体 / %	城镇 / %	农村 / %
（1）访问文娱企业网站	76.28	81.90	61.97
（2）访问教育培训机构网站	34.39	39.12	20.51
（3）访问公共文化机构网站	29.49	34.31	15.38
（4）到公共文化机构借阅电子书刊报	22.42	26.42	10.68
（5）收听数字广播节目	20.57	20.00	22.22
（6）观看数字电视节目	46.03	40.00	63.68
（7）使用手机 App	69.31	72.26	60.68
（8）使用电脑应用软件	41.89	46.57	28.21
本题有效填写人数 / 人	919	685	234

注：百分比总和超过100%，因为允许调查对象选择多个选项。

（六）影响数字文化消费的主要原因

在影响数字文化消费的原因中，比例较高、排名前四的是空闲时间不足（52.67%），内容不精彩、没有吸引力（48.20%），缺少版权许可（44.61%），费用高（40.81%）（见表3-25）。说明闲暇时间、供给内容、版权、费用是影响公众数字文化消费的主要因素。

农村样本选择没有宽带接入、没有电子设备、不具备上网技能、费用高和传统形式的文化服务已经能够满足需求的比例远高于城镇样本。而城镇样本选择内容不精彩没有吸引力、宣传推广不足和缺少版权许可的比例远高于农村样本（表3-25）。说明农村地区数字文化消费相比城镇地区更容易受到消费基础环境（其中包括宽带网络、电子设备、信息素养和费用）的制约，并且农村地区有更多的人可能没有全面认识或完全接受数字文化，而城镇地区这些方面的条件普遍比农村优越很多，城镇地区更加关注资源内容以及推广宣传。

表 3-25 影响数字文化消费的主要原因

选项	总体 / %	城镇 / %	农村 / %
（1）不感兴趣	17.30	18.54	13.68
（2）空闲时间不足	52.67	52.85	52.14
（3）没有宽带网络接入	7.51	1.90	23.93
（4）没有电脑、智能手机等电子设备	6.75	0.88	23.93
（5）不具备上网技能	7.40	1.17	25.64
（6）费用高	40.81	36.79	52.56
（7）内容不精彩、没有吸引力	48.20	51.97	37.18
（8）宣传推广不足	22.52	25.55	13.68
（9）传统形式的文化服务已满足需求	20.02	14.31	36.75
（10）缺少版权许可	44.61	48.61	32.91
本题有效填写人数 / 人	919	685	234

注：百分比总和超过100%，因为允许调查对象选择多个选项。

（七）对资源类型的需求

总体来看，选择娱乐类、新闻时政类、教育类、健康养生类、科普类和法制类的比例较大，均在30%以上，是多数用户的共同选择（见表3-26）。

表 3-26 数字文化资源类型需求情况

选项	总体 / %	城镇 / %	农村 / %
（1）娱乐类	70.51	69.49	73.50
（2）教育类	56.91	62.77	39.74
（3）新闻时政类	63.98	63.80	64.53
（4）科普类	46.03	51.97	28.63
（5）健康养生类	51.58	49.05	58.97
（6）法制类	31.23	34.31	22.22
（7）农技致富类	16.00	8.47	38.03

续表

选项	总体/%	城镇/%	农村/%
（8）戏曲类	8.92	6.57	15.81
（9）体育类	22.96	25.11	16.67
本题有效填写人数/人	919	685	234

注：百分比总和超过100%，因为允许调查对象选择多个选项。

不同的年龄层次中，需要健康养生类资源的比例从18岁及以下（10.81%）、19~30岁（42.89%）、31~45岁（57.62%）、46~60岁（64.55%）到61岁及以上（82%）呈现出随着年龄层次的提高而增加的趋势。相反地，需要科普类资源的人数比例从18岁及以下（67.57%）、19~30岁（54.31%）、31~45岁（44.51%）、46~60岁（31.82%）到61岁及以上（6.00%）则呈现出随着年龄层次的提高而减少的趋势。不同的职业中，教师对于教育类资源的需求比例（85.34%）远高于其他职业，务农人员对于农技致富类资源的需求比例（64.62%）远高于其他职业。农村样本中需要健康养生类资源（58.97%）和戏曲类资源（15.81%）的比例高于城镇地区。城乡间的经济水平和产业环境差别也使得农村样本中需要农技致富类资源的比例（38.03%）远高于城镇地区（8.47%）。城镇样本中需要教育类资源（62.77%）、科普类资源（51.97%）和法制类资源（34.31%）的比例远高于农村地区。说明公众对数字文化资源类型的需求受到年龄、职业、居住地的影响，不同人群之间存在需求差异。

（八）对数字文化设施的需求

62.46%的调查样本认为需要加强对公共电子阅览室的建设，52.34%认为需要加强对网络接入、宽带网速的建设，44.61%认为需要加强对数字文化广场的建设。其他各类型的数字文化设施均有不同比例的人选择，一定程度上反映了公众对于不同类型的数字文化设施的需求情况。

农村样本中认为需要加强数字广播电视设施、数字农家书屋、网络接入及宽带网速的比例远高于城镇地区。而城镇地区往往已经具备了良好的基础设施，由此城镇样本认为需要加强影剧院、公共电子阅览室、电子阅报屏和数字文化广场的比例远高于农村地区（见表3-27）。这种差异反映了农村地区的数字文化基础设施建设普遍落后于城镇地区，影响到了农村居民进行数字文化消费。

表 3-27　数字文化设施需求情况

选项	总体/%	城镇/%	农村/%
（1）影剧院	36.02	41.75	19.23
（2）网吧	17.63	19.56	11.97
（3）公共电子阅览室	62.46	66.57	50.43
（4）电子阅报屏	32.86	36.35	22.65
（5）数字文化广场	44.61	49.78	29.49
（6）数字广播电视设施	33.73	27.15	52.99
（7）数字农家书屋	30.36	22.19	54.27
（8）网络接入、宽带网速	52.34	44.96	73.93
本题有效填写人数/人	919	685	234

注：百分比总和超过100%，因为允许调查对象选择多个选项。

（九）对数字文化活动的需求

数字电影放映是最受欢迎的数字文化活动，占65.94%，其后依次是数字培训讲座（41.13%）、数字展览（40.81%）、网络竞赛（40.59%）、电脑知识培训（39.61%）、数字阅读推广（36.02%）（见表3-28）。选项所述的数字文化活动均有不同比例的人选择，可以迎合公众的需要适当举办此类活动。

如表3-28所示，农村样本相比于城镇样本希望参与数字电影放映、电脑知识培训的比例更高，主要是由于城镇相比农村具备良好的观影设施和条件，农村电子设备普及率远低于城镇，农村居民的数字素养普遍不及城镇高。城镇样本中则有更大的比例希望参与数字培训讲座、数字展览、网络竞赛和数字阅读推广。农村对于数字文化活动的需求相比城镇显得更加基础。

表 3-28 数字文化活动需求情况

选项	总体/%	城镇/%	农村/%
（1）数字电影放映	65.94	62.34	76.50
（2）数字培训讲座	41.13	44.96	29.91
（3）数字展览	40.81	44.38	30.34
（4）网络竞赛	40.59	46.42	23.50
（5）电脑知识培训	39.61	36.35	49.15
（6）数字阅读推广	36.02	40.58	22.65
本题有效填写人数/人	919	685	234

注：百分比总和超过100%，因为允许调查对象选择多个选项。

（十）公共数字文化使用情况及满意度

当问及是否访问过公共数字文化服务网站或参与过其举办的数字文化活动时，538人选择是，占58.54%；381人选择否，占41.46%。这表明当前公众对公共数字文化服务的利用率不高，也反映出公共数字文化服务效率较低。685位城镇样本中65.4%使用过公共数字文化服务，而234位农村样本中仅有38.46%使用过，表明城镇公共数字文化服务的使用率远高于农村，表现出的悬殊差距印证了城乡不平衡问题。

538位使用过公共数字文化的调查样本中，选择非常满意的占3.90%；比较满意占40.33%；一般占33.27%；不太满意占15.62%；非常不满意占6.88%。选择非常满意和比较满意的不足一半，表明公共数字文化还存在需要优化的地方。城镇样本选择非常满意和比较满意的比例为47.77%，远高于农村样本选择非常满意和比较满意的比例26.66%，城镇公众对于公共数字文化的满意度明显高于农村，进一步体现了城乡差距。

通过分析使用过公共数字文化且对其不满的300个调查样本，发现资源不丰富、更新不及时和服务方式单一成为了公众不满原因中最为主要的两个方面，表明社会公众普遍对公共数字文化的资源丰富性、更新及时性和服务方式感到不满。其他选项均有一定比例的样本选择，表明公共数字文化供给在宣传推广、网站使用体验、活动举办频率、馆内设备方面存在不足，也反映出公众对服务质量的要求提升，供给存在的问题导致需求没有得到很好的满足，供给质量有待提高（见表3-29）。

表 3-29　对公共数字文化不满的原因

选项	比例 / %
（1）资源不丰富、更新不及时	70.67
（2）服务方式单一	62.00
（3）网站界面不友好、浏览检索不方便	39.67
（4）网站功能少	37.67
（5）网站链接不稳定，响应迟钝	26.33
（6）举办活动的频率低	22.67
（7）宣传力度不够	42.33
（8）馆内网络、电脑等不能满足需求	17.33
本题有效填写人数 / 人	300

注：百分比总和超过100%，因为允许调查对象选择多个选项。

（十一）对数字文化服务方式与功能的需求

问卷围绕数字文化服务方式与网络平台功能，设计了9个问题。由表3-30显示，公众对于"一站式"平台和"订单式""菜单式""预约式"服务的需求最高，选择非常需要和需要的比例分别为81.39%和74.21%，其余选项选择非常需要和需要的比例也均在60.00%以上。说明现有的数字文化服务方式与功能并没有完全满足公众需求，公众需求趋向个性化、交互性和体验式，对于建立在新技术、新媒体上的数字文化服务方式与功能需求强烈，应当考虑公众需求的特点和趋势，开展预约式、推送式、订单式、菜单式、一站式服务，开发网络平台的交互体验功能等。

表 3-30　数字文化服务方式与功能需求情况

单位：%

选项	非常需要	需要	无所谓	不需要	完全不需要
提供"一站式"资源获取平台	24.70	56.69	15.34	2.29	0.98
提供"交互式"交流互动平台	25.14	42.98	26.22	4.24	1.41
开通公众号或服务号，提供信息推送、快捷查询、预约服务等功能	25.24	43.31	24.92	4.35	2.18
研发不同客户端的应用软件	18.82	42.44	30.03	6.75	1.96
鼓励公众参与到数字文化资源建设过程	22.09	48.75	24.92	3.26	0.98
应用 VR、AR、人工智能等新技术提升用户体验	23.61	37.32	31.77	6.20	1.09
整合资源，拓宽资源来源渠道	29.16	41.46	25.14	3.26	0.98
在网络平台上提供公共文化设施及服务的基本信息查询	22.74	38.3	31.01	4.24	3.70
提供"订单式""菜单式"和"预约式"服务	34.93	39.28	20.57	4.03	1.20

注：百分比总和超过100%，因为允许调查对象选择多个选项。

（十二）对公共数字文化管理和服务的参与需求

当问及"是否需要通过网站、社交平台及App等参与到公共数字文化的分享与传播、管理、评价及志愿服务"，14.69%表示非常需要；51.80%表示比较需要；25.46%表示无所谓；5.88%表示不太需要；2.18%表示非常不需要，表明公众的参与意愿较为强烈，但仍需积极引导公众使用公共数字文化。

（十三）对数字文化的期望或建议

为了更加全面直观地了解公众对于数字文化消费与需求的期望或建议，问卷最后设置了一个开放式问题，由受调查者自行填写，919份有效问卷中，该题目共收到269条有效回答，对其分析整理为以下4个方面。

（1）加强数字文化资源及服务建设。包括：数字文化基础设施、资源的针对性个性化丰富性建设，解决版权问题以提供更多资源；加强监管，审核把控资源质量；提供更多拓展功能和服务；提高活动举办频率；整合资源，提供"一站式"平台，增加平台互动性，促进公众参与；降低数字文化资源及服务的费用。

（2）缩小城乡差距。包括：加大对农村地区的资金、设备、人才等的投入力度；积极组织开展宣传、普及和培训活动，增进农村地区公众对数字文化尤其是公共数字文化的认知和接受度；降低宽带费用，加大宽带网络覆盖；在面向农村居民提供资源及服务时要考虑到其身份特质，尽量采用通俗易懂的方式和语言。

（3）对于网站、App、公众号、服务号等平台的要求。包括：加强平台的安全保护功能建设，保护用户个人信息；推动建设稳定的系统，提升用户体验；及时更新维护，解决资源陈旧、网页响应缓慢和技术漏洞等问题。

（4）公共数字文化推广与创新。有意见认为公共数字文化应当在高校和社区重点推广发展；应用新技术、新手段、新模式等创新公共数字文化服务方式。

第五节　公共数字文化服务需求与评价调查
——以湖南为例

一、调查设计与实施

（一）调查对象选择

湖南省位于我国中部、长江中游，总面积21.18万平方千米，全省辖13个地级市、1个自治州，共14个地级行政区划；有68个县（其中7个自治县）、18个县级市、36个市辖区、共122个县级行政区划。常住人口6644.49

万人，其中城镇人口 3904.62 万人，城镇化率 58.76%。2020 年全省地区生产总值 41781.5 亿元，位居全国第 9 位。其中一、二、三产业增加值分别为 4240.4 亿元、15 937.7 亿元和 21 603.4 亿元，同比分别增长 3.7%、4.7%、2.9%。地方一般公共预算收入 3008.7 亿元，增长 0.1%；居民人均可支配收入 29 380 元，增长 6.1%。❶ 以湖南省为例，调查分析公众对公共数字文化服务的需求与评价现状具有一定的代表性，能够在一定程度上反映我国公共数字文化服务的需求与评价的整体现状。

（二）问卷设计

问卷调查内容分为三个部分：第一部分为调查对象的基本信息，包括性别、年龄、职业等信息，意在初步了解调查对象的社会人口学特征；第二部分为调查对象的公共数字文化服务需求。从公共数字文化服务平台、资源、活动、设施等方面了解调查对象的需求以及需求满足情况，通过需求比较直观地反映公共数字文化服务供给状况；第三部分为调查对象对公共数字文化服务供给的评价与反馈。通过该问卷能够了解到用户对公共数字文化服务平台、资源、活动、设施、人员五方面的需求、满意程度及不满的原因。

（三）调查实施

本次调查面向湖南省 14 个地级市、自治州，采取实地发放和网上填写相结合的方法，调查时间范围为 2021 年 12 月 8 日至 12 月 15 日，主要通过问卷星、E-mail、QQ、微信、新浪微博等平台收集和分析数据。截至问卷调查结束，共派发问卷 335 份，其中网络问卷 300 份，纸质问卷 35 份，剔除无效问卷 35 份，得到有效问卷 300 份，问卷有效率为 95.23%。

---

❶ 湖南省统计局. 湖南省情 [EB/OL]. [2021-12-22]. https://tjj.hunan.gov.cn/hntj/tjsj/hnsq/hnsq_1/index.html.

二、调查结果分析

(一)调查样本概况

由表 3-31 可知,在 300 位调查对象中,从样本性别构成情况来看,男性占比为 47.67%,女性占比为 52.33%,男女比例较为均衡。从年龄分布状况看,调查样本涉及每一个年龄阶段,其中以青少年(18～25 岁)居多,占比 29.33%;其次是 26～30 岁的用户和 31～45 岁的受访者,分别占 26.00% 和 18.33%,受网络问卷调查方式影响,未成年以及中老年人的占比较少,18 岁以下占 1.67%,60 岁以上 8.00%。在城乡分布上,城市样本占比 54.00%,农村占比 46.00%,城乡结构较为合理。文化程度上,样本多集中于大学本(专)科、高中/中专/技校,分布占比 34.00%、30.33%。从样本职业分布来看,受访者涉及各个职业群体,且各职业占比较为均衡化,农民 10.00%、学生 14.33%、国家机关、事业单位员工 18.67%、企业员工 15.33%、医生、教师、律师等具有专业技术人员 12.00%、个体户 13.67%、自由职业者 8.33%、离退休人员 7.00%。综合来看,此次调研中的调查对象,在基本情况的各项指标中都具有较高的代表性和较大的可信度,调查结果能够较为真实地反映湖南省的实际情况。

表 3-31 调查对象基本信息

基本信息	人员类别	人数/人	占比/%
性别	男	143	47.67
	女	157	52.33
年龄	18 岁以下	5	1.67
	18～25 岁	88	29.33
	26～30 岁	78	26.00
	31～45 岁	55	18.33
	46～60 岁	50	16.67
	60 岁以上	24	8.00

续表

基本信息	人员类别	人数/人	占比/%
所在地	城市	162	54.00
	农村	138	46.00
文化程度	初中及以下	46	15.33
	高中/中专/技校	91	30.33
	大学本（专）科	102	34.00
	硕士研究生及以上	61	20.33
职业	农民	30	10.00
	学生	43	14.33
	国家机关、事业单位员工	56	18.67
	企业员工	46	15.33
	医生、教师、律师等具有专业技术人员	36	12.00
	个体户	41	13.67
	自由职业者	25	8.33
	离退休人员	21	7.00
	其他	2	0.67

（二）公共数字文化服务需求情况

1. 公众对公共数字文化服务的了解情况

调查结果显示，有 22.67% 的受访者表示对身边的公共数字文化服务（包括资源、设施、活动等）非常了解，47.33% 表示一般了解，30.00% 表示完全不了解。整体来看，随着湖南省公共数字文化事业的发展，公众对公共数字文化服务的了解有所加深，但其中大部分公众对其的认识都只限于听说过或看到过的一般程度，了解并不深入，且尚有近 1/3 的受访者对于公共数字文化服务完全不了解，公共数字文化服务知晓率并不高。从城乡区域划分来看（见图 3-5），城市地区一般了解占比高于农村地区，农村地区完全不了解占比显著高于城市地区，这说明可能受经济发展水平、职业、受教育程度等方面因素影

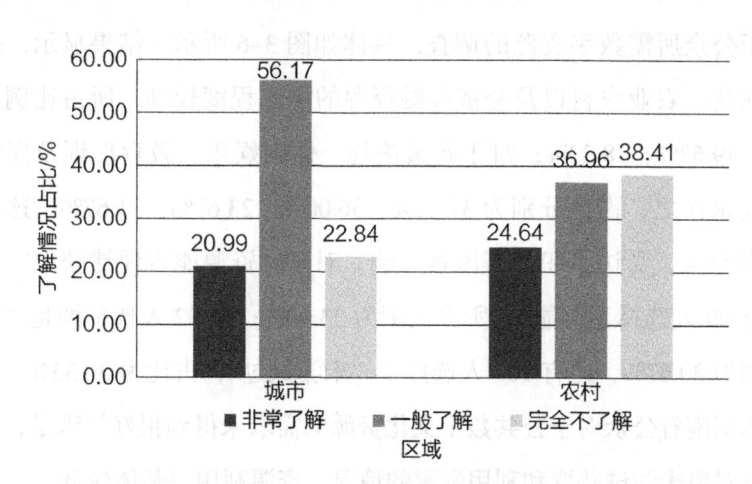

响，城乡之间对公共数字文化服务的了解存在差异。

图 3-5　城乡公众对公共数字文化服务了解情况

2. 公共数字文化平台访问情况

调查结果显示（见表 3-32），有 45.33% 的调查对象访问过湖南省图书馆、文化馆、博物馆、文化共享工程湖南省分中心、天下湖南、湖南公共文旅云等网站；34.00% 访问过湖南图书馆、湖南博物馆、湖南公共文旅云等机构或平台的公众号；14.00% 访问过公共文化机构自建 App，36.33% 都未访问过。可见公众在日常生活中倾向于利用图书馆、文化馆、博物馆等类型网站或公众号获取资源，对于自建 App 的访问较少。此外，仍有超 1/3 的调查对象未访问过相关平台进行资源获取，平台访问率有待进一步提高。

表 3-32　公共数字文化平台访问情况

选项	人数 / 人	占比 /%
湖南省图书馆、文化馆、博物馆、文化共享工程湖南省分中心、天下湖南、湖南公共文旅云等网站	136	45.33
湖南图书馆、湖南博物馆、湖南公共文旅云等机构或平台的公众号	102	34.00
公共文化机构自建 App	42	14.00
都未访问过	109	36.33

注：占比总和超过 100%，因为允许选多个选项。

3. 公共数字文化资源需求情况

对于公众所需数字资源的调查，具体如图3-6所示。结果显示，公众对于湖湘文化、农业农村以及经济金融资源的需求程度较高，所占比例分别为52.33%、49.67%、48.33%；对于政策法规、休闲娱乐、教育培训及保健养生资源的需求次之，占比分别为37.33%、36.00%、23.67%、21.67%。这可能受调查样本地区、受访者职业等因素影响。对于"资源能否便捷获取"的选择情况，有99人选择了"能"，所占比例为33.00%；有92人选择的是"不能"，所占比例为30.67%，还有109人选择了"未尝试过"，占比为36.33%。可以得知，当前湖南省公众对于公共数字文化资源的需求未得到很好地满足，且存在大量调查对象未尝试获取和利用资源的情况，资源利用率整体较低。

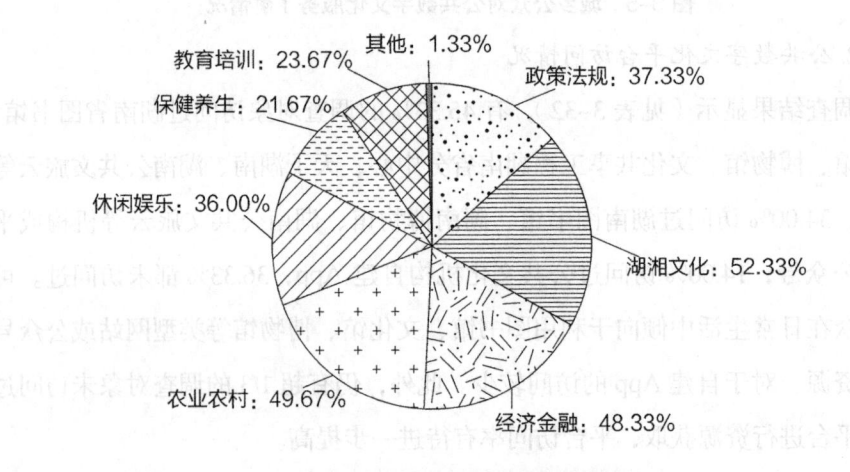

图3-6 公共数字文化资源需求情况

注：图中各类资源需求比例之和超过100%，原因是允许调查对象选择多个选项。

4. 公共数字文化活动需求情况

问卷将公众的公共数字文化活动的需求分为了七类，由图3-7可知，科教讲座和陈列展览是最受欢迎的两种活动类型，分别占比58.33%和55.33%，其次是技能培训活动、文艺演出以及互动体验，比赛活动的占比程度相对较低。在活动举办频率上，有9.33%的调查对象选择"经常举办"、25.00%选择"偶尔举办"、18.33%选择"几乎不举办"、4.67%选择"从不举办"、42.67%选择

"不了解"。有近半数的被调查者不清楚公共数字文化活动的举办情况,可见公共数字文化活动的知晓程度并不高。

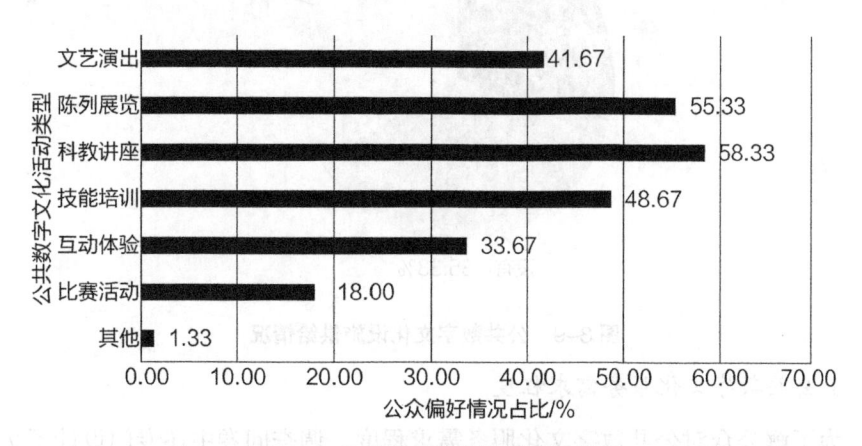

```
公共数字文化活动类型
  文艺演出      41.67
  陈列展览      55.33
  科教讲座      58.33
  技能培训      48.67
  互动体验      33.67
  比赛活动      18.00
  其他          1.33
        公众偏好情况占比/%
```

图 3-7 公共数字文化活动需求情况

5. 公共数字文化设施需求情况

问卷对湖南省公众的公共数字文化设施需求偏好以及供给情况进行了调查,结果如图 3-8、图 3-9 所示。其中,数字文化广场(64.67%)和公共文化场馆内的数字文化体验区(60.00%)是最受公众欢迎的公共数字文化设施,其次是公共电子阅览室(39.33%)和农家书屋(36.00%)。在所选设施的供给情况上,33.67%的调查对象选择"有",35.33%选择"没有",31.00%表示不了解,从整体来看,当前湖南省公共数字文化设施供给还未很好地满足大部分公众的需求,且整体知晓程度较低。

```
公共数字文化设施类型
  公共电子阅览室              39.33
  公共文化场馆内的数字文化体验区  60.00
  数字文化广场                64.67
  农家书屋(配备电脑)          36.00
  其他                        1.67
           公众偏好情况占比/%
```

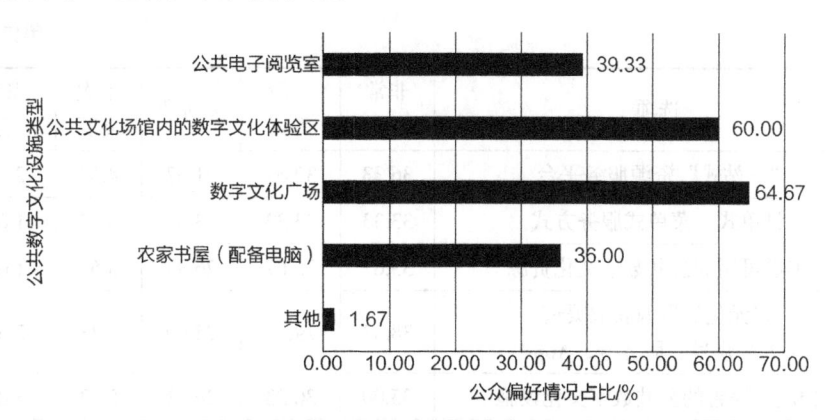

图 3-8 公共数字文化设施需求偏好情况

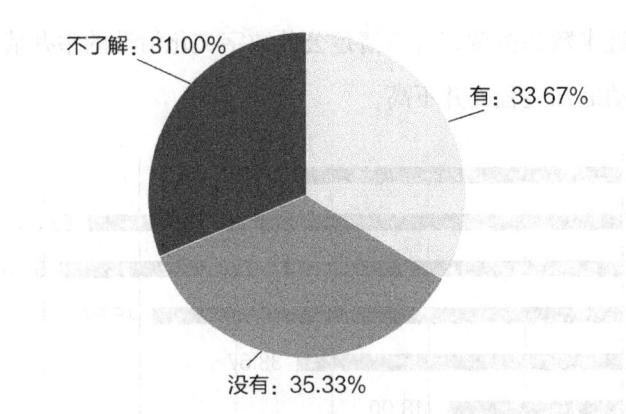

不了解：31.00%
有：33.67%
没有：35.33%

图 3-9　公共数字文化设施供给情况

6. 公共数字文化服务需求程度

为了解公众对公共数字文化服务需求程度，调查问卷中还专门设计了 7 个相关问题，具体数据见表 3-33。选择非常需要和一般需要比例合计最高的选项是"一站式"资源服务平台、形式与内容创新的公共数字文化活动及多元化的资源获取渠道（如公众号、服务号，App），其次是订单式、菜单式服务方式、丰富可用的公共数字文化资源，另外是便利、完善的公共数字文化设施和专业与政治素养高的服务人员。所有选项中非常需要和一般需要的比例合计都超 60.00%，表明在湖南省公共数字文化服务供给中，供给主体可考虑将这些服务需求纳入发展规划中，以更好满足公众需求。

表 3-33　公共数字文化服务需求程度情况表

单位：%

选项	非常需要	一般需要	无所谓	不太需要	完全不需要
"一站式"资源服务平台	36.33	32.67	21.67	4.33	2.00
订单式、菜单式服务方式	33.33	33.33	23.33	8.33	1.67
丰富可用的公共数字文化资源	33.67	32.67	26.33	5.67	1.67
多元化的资源获取渠道（如公众号、服务号，App）	38.33	29.67	25.00	4.33	2.67
便利、完善的公共数字文化设施	35.00	30.33	26.33	5.33	3.00

续表

选项	非常需要	一般需要	无所谓	不太需要	完全不需要
形式与内容创新的公共数字文化活动	39.33	29.00	24.33	5.33	2.00
专业与政治素养高的服务人员	35.33	26.67	31.33	4.33	2.33

（三）公共数字文化服务评价与反馈情况

1. 公共数字文化网站

在访问过湖南省公共数字文化网站的调查对象中，仅有17.00%选择了很满意，32.00%选择了基本满意，选择不满意和很不满意的分别占29.33%和21.67%。可见这些网站没有满足多数调查对象的需求。将城乡样本进行交叉分析发现（图3-10），城市地区公众对网站满意度显著高于农村地区，农村地区公众不满意度则明显高于城市地区。对网站不满的原因中，比例最高的两个选项是网站的栏目板块设计不便于浏览查询资源和网站中无效链接多，其余选项中占比较多的依次有网站检索系统不够便利和网站无法打开或响应时间长（见表3-34）。

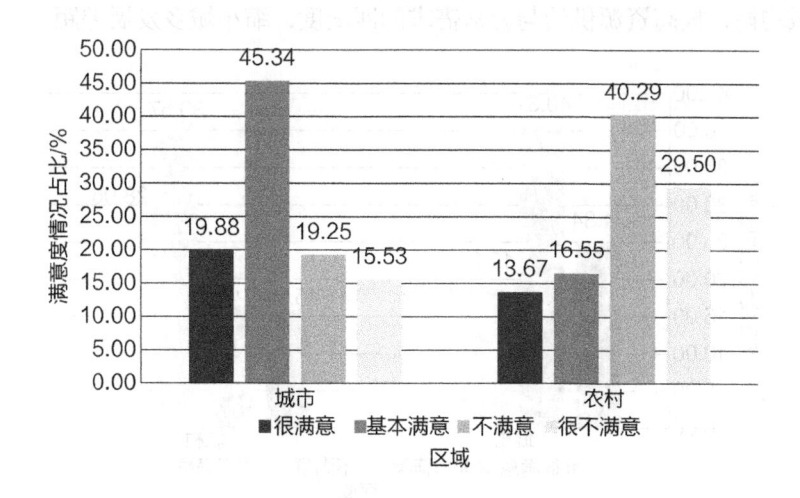

图3-10 公共数字文化网站城乡满意度对比情况

表 3-34　对公共数字文化网站不满的原因

选项	人数/人	比例/%
网站资源检索系统不够便利	56	36.60
网站中无效链接多	90	58.82
网站的栏目板块设计不便于浏览查询资源	107	69.93
网站无法打开或响应时间长	51	33.33

注：占比总和超过100%，因为允许调查对象选择多个选项。

2. 公共数字文化资源

在对公共数字文化资源的评价上，有20.67%的调查对象选择很满意、29.33%选择基本满意，28.67%、21.33%分别选择不满意和很不满意，不满意占比过半。同时，由城乡样本交叉分析结果可知（图3-11），城乡公众对公共数字文化资源的满意度存在较大差距，城市地区满意度要更高。没有选择满意的调查对象认为其不满的最主要原因是资源类型单一、资源新颖度低，其次是感兴趣的资源少，再次是资源总量不足和资源分类不够明确，具体情况见表3-35。这提示供给主体要在扩大资源总量的同时丰富资源类型，注重特色建设与区域均衡，提高资源供给与公众需求的匹配度，缩小城乡发展差距。

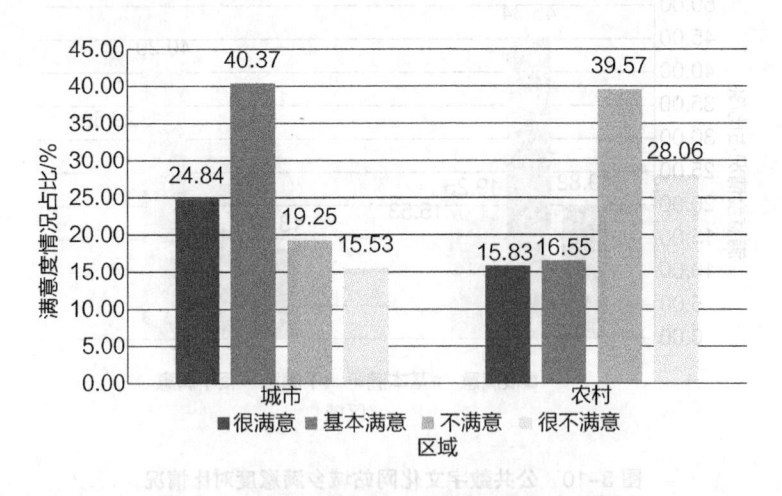

图 3-11　公共数字文化资源城乡满意度对比情况

表 3-35 对公共数字文化资源不满的原因

选项	人数/人	比例/%
资源总量不足	62	41.33
资源类型单一	93	62.00
资源新颖度低	89	59.33
感兴趣的资源少	70	46.67
资源分类不够明确	39	26.00

注：占比总数超过100%，因为允许选多个选项。

3. 公共数字文化设施

在公共数字文化设施的满意度上，19.33%的调查对象表示很满意，29.00%基本满意，27.67%、24.00%分别表示不满意和很不满意，不满意合计占比高于满意合计占比，反映出公众对公共数字文化设施的满意度不高。与此同时，由交叉分析结果可知，农村地区对公共数字文化设施的不满意度显著高于城市地区，具体如图3-12所示。对公共数字文化设施不满的原因中，占比最高的两项为设施损坏和设施数量少，其他依次为设施距离居住地较远、设施未完全开放、设施老旧、设施开放时间不合理（见表3-36）。这说明公共数字文化设施的数量与质量建设仍然是设施供给的重点环节，且城乡之间公共数字文化设施建设还有一定的差距。

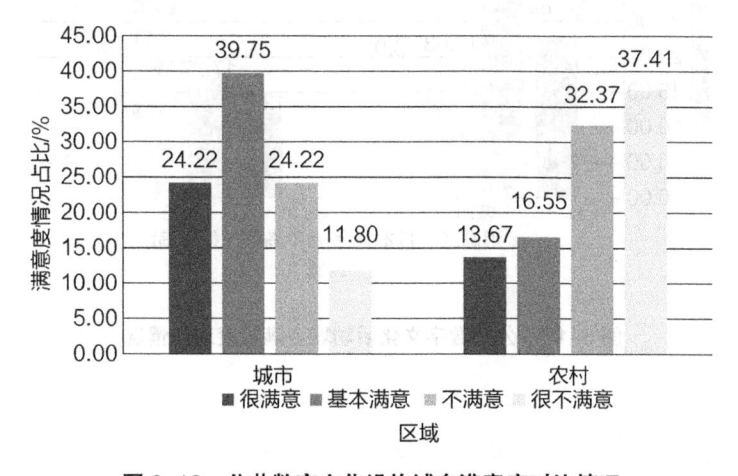

图 3-12 公共数字文化设施城乡满意度对比情况

表 3-36 对公共数字文化设施不满的原因

选项	人数/人	比例/%
设施老旧	57	36.77
设施数量少	71	45.81
设施损坏	83	53.55
设施距离居住地较远	67	43.23
设施未完全开放	67	43.23
设施开放时间不合理	33	21.29

4. 公共数字文化活动

关于公共数字文化活动的评价，选择很满意的调查对象占比18.00%，基本满意的占比为29.67%，不满意和很不满意的占比分别为26.67%、25.67%，不满意占比高达52.34%，且农村地区高于城市地区（图3-13）。对活动不满意的原因主要是不知道活动信息、活动内容枯燥，没有吸引力，其次是活动种类太少、活动举办次数少，最后，活动场地安排不合理、活动设施设备差也占据一定比例（见表3-37）。

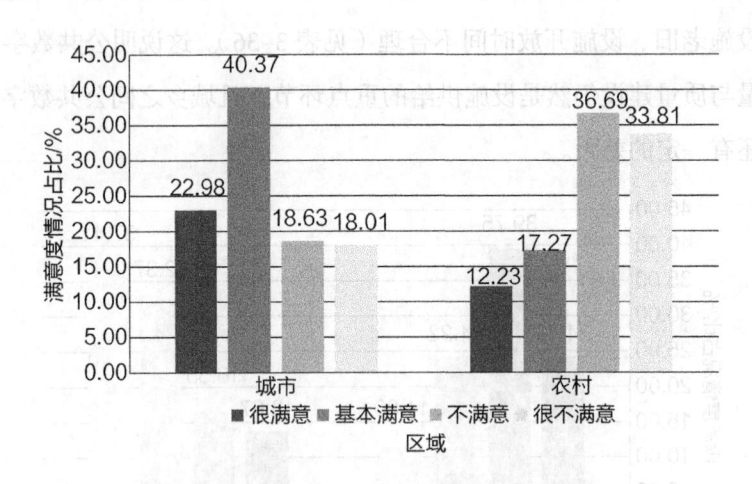

图 3-13 公共数字文化活动城乡满意度对比情况

表 3-37 对公共数字文化活动不满的原因

选项	人数 /人	比例 /%
活动种类太少	78	49.68
不知道活动信息	89	56.69
活动场地安排不合理	50	31.85
活动内容枯燥，没有吸引力	85	54.14
活动举办次数少	55	35.03
活动设施设备差	30	19.11

注：比例总和超过 100%，因为允许选多个选项。

5. 公共数字文化服务人员

在对公共数字文化服务人员的评价上，有 18.67% 的调查对象选择很满意、29.67% 选择基本满意，29.33%、22.33% 分别选择不满意和很不满意，不满意合计占比过半，且农村地区明显高于城市地区（图 3-14）。其中没有选择满意的调查对象认为其不满的最主要原因是服务态度差、专业性不足以及服务意识淡薄。具体内容见表 3-38。这提示公共数字文化机构需加强对服务人员专业素养与思想道德素养的培训，提高服务人员专业能力，强化服务意识，增强公众满意度。

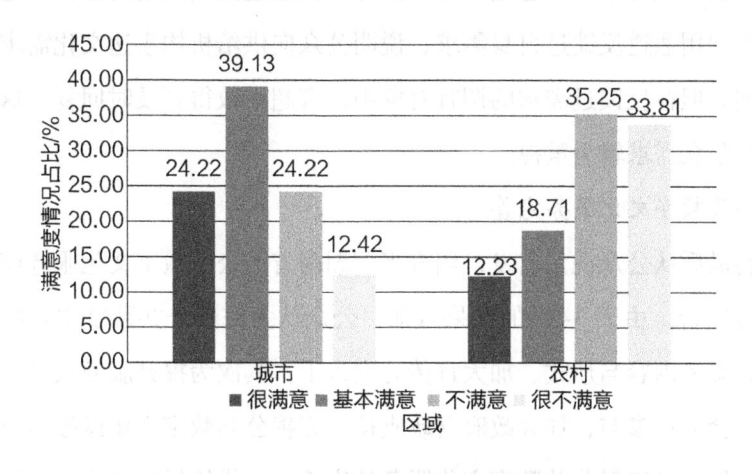

图 3-14 公共数字文化服务人员城乡满意度对比情况

表 3-38 对公共数字文化服务人员不满原因

选项	人数/人	比例/%
专业性不足	85	54.84
服务态度差	92	59.35
服务意识淡薄	82	52.90
答复不及时	48	30.97

注：比例总和超过100%，因为允许选多个选项。

6. 公共数字文化服务反馈通道

问卷还针对湖南省公众需求与意见反馈通道的开放情况展开了调查。第一，关于所在地是否开放公众需求与意见反馈通道，有39.00%的调查对象选择"有"，25.33%选择"没有"，35.67%选择"不清楚"。第二，关于是否利用相关通道反馈过自身需求，选择"有"跟"没有"的调查对象分别占比29.67%、70.33%。第三，在反馈过需求的调查对象中，有65.17%得到及时回复，34.83%没有得到。由此可见，当前湖南省公共数字文化服务供给机构已加强对供给与需求有效对接的重视，逐步开放需求与意见反馈通道，但受公众对公共数字文化服务了解情况以及对公共数字文化机构与网站的访问情况的影响，有多数公众并不清楚通道的开放情况。在通道的利用情况上，有七成调查对象没有利用通道反馈过自身需求，说明公众向供给机构表达文化需求的意愿并不强烈。但在反馈过需求的调查对象中，有超半数得到及时回复，这表明供给主体对公众需求较为重视。

7. 公共数字文化服务完善

问卷最后从公众视角出发，调查当前湖南省的公共数字文化服务应从哪些方面进行完善。由表 3-38 的结果可知，公众认为完善公共数字文化服务应首先从创新服务内容与形式、加大宣传力度入手；其次为提升服务人员专业水平和吸引社会力量参与，加大政府财政支持与完善公共数字文化设施建设也各占据一定比例。未来对公共数字文化服务的完善上，供给机构可将上述结果作为参考，从而提高公共数字文化服务供给与需求的适配度。

表 3-38　对完善公共数字文化服务的反馈

选项	人数/人	比例/%
加大政府财政支持	115	38.33
完善公共数字文化设施建设	108	36.00
提升服务人员专业水平	134	44.67
吸引社会力量参与	126	42.00
加大宣传力度	138	46.00
创新服务内容与形式	153	51.00

第六节　供需适配性理论视域下公共数字文化服务满意度调查

公共数字文化服务供给需要与公众需求相匹配，公众对于公共数字文化服务供需适配的满意度最反映供给存在的问题。本节借鉴供需适配性理论的4项标准，立足公共数字文化服务的特点及其内涵，从理论的相关性、可及性、质量性及相适性4个方面，设计公共数字文化服务满意度评价指标及评价模型，并对其进行实证检验，希冀把握并提升公众对公共数字文化服务供需适配的满意度，并进一步明确服务供给侧的优化方向。

一、供需适配性理论视域下公共数字文化服务满意度评价模型构建

英国学者斯蒂芬·德沃鲁和沙琳·库克在《需要和权利资格：转型期中国社会政策研究的新视角》一书中，探讨了社会政策与社会需求之间的问题。他们认为，配置给社会政策的资源及其使用不可避免地会反映中央政府政策制定者及财政、技术支持提供者的利益和关注点，导致自上而下的干预设计，从而较少考虑社会实际与政策目标人群的需求，使政策供给与需求之间出现差

距。❶ 他们指出，这种差距可能会表现为不同形式。例如，贫困人群也许会得不到或用不上政策所带来的社会服务与社会产品，又或者社会服务与社会产品供给低效、质量不高，等等。于是，为评价社会政策能否满足社会需求，他们提出了供需适配性理论的4项标准。这4项标准分别为相关性、可及性、质量性及相适性。根据斯蒂芬·德沃鲁和沙琳·库克的表述：①相关性是指提供给贫困人群与弱势人群的产品与服务是否考虑了他们的实际需求与迫切需求；②可及性是指提供给贫困人群与弱势人群的产品与服务是否具有物理、经济的可及性及获得产品与服务的条件、资格是什么；③质量性即提供给贫困人群与弱势人群的产品与服务是否达到一定标准；④相适性则是递送产品和服务的干预与机制是否考虑了贫困人群与弱势人群的活动和约束。随后，他们以非洲国家马拉维的教育供给为例，运用这4项标准对其进行了分析。

随着数字时代的到来，公众的文化消费需求发生了极大改变。为适应这一变化，公共文化服务领域中逐渐衍生出公共数字文化服务。作为公共文化服务的组成部分，公共数字文化服务的基本目标同样是保障社会大众的基本文化需求，"公共性"是其本质特征。也正因如此，为保障服务的"公共性"，服务供给必须借助国家力量。此外，有别于传统公共文化服务，公共数字文化服务是数字时代的产物，具有鲜明的时代特征，必须依附于数字技术生存与发展。因此，从内容上说，公共数字文化服务是政府提供的满足公众基本公共数字文化需求的公共数字资源、技术、载体及设施等的总和，从而体现着公开透明，均等普惠、互动互益等特点。❷

自2002年起，我国相继启动了文化共享工程等公共数字文化项目。近年来，随着公共数字文化服务建设的纵深发展，公共数字文化服务体系也逐渐完善。不过，长期以来，我国公共文化服务领域投入不足，尚无法较好地适应快速发展的经济社会。更为重要的是，在过去很长一段时间内，我国在公共文化

---

❶ 沙琳.需要和权利资格：转型期中国社会政策研究的新视角[M].北京：中国劳动社会保障出版社，2007：32.

❷ 王淼，孙红蕾，郑建明.公共数字文化：概念解析与研究进展[J].现代情报，2017，37(7)：172-177.

服务建设中采取大包大揽的传统模式，虽然服务体系建设取得了极大进展，但这种自上而下的服务供给方式难免造成供给与需求之间的失衡，对此已有大量研究予以了证明。于是，将供需适配性理论应用于政府所主导的社会服务范畴的公共数字文化服务，对服务满意度进行评价具有合理性。

斯蒂芬·德沃鲁和沙琳·库克所提出的供需适配性理论的4项标准，主要针对的是社会服务与贫困人群、弱势人群之间的供需矛盾问题，并没有将整个社会大众囊括进来。考虑到公共数字文化服务的"公共性"特征及为把握社会大众对公共数字文化服务满意度的需要，本书对供需适配性理论的4项标准进行了适应性改造，以更好地开展面向公众的公共数字文化服务满意度评价，见表3-39。

表3-39 供需适配性理论下公共数字文化服务满意度评价标准

标准	含义
相关性	提供给公众的服务是否考虑了他们的实际需求与迫切需求
可及性	提供给公众的服务是否具有物理、经济的可及性以及获得服务的条件、资格是什么
质量性	提供给公众的服务是否达到一定标准
相适性	递送服务的干预与机制是否考虑了公众的活动和约束

在此基础上，本书依据评价标准，同时结合公共数字文化服务的特点与内涵，并参考了相关研究，设计了基于供需适配性理论的公共数字文化服务满意度评价指标（见表3-40）。其中：①相关性即公共数字文化服务是否满足公众需求，这一维度指向公共数字文化服务的资源、设施、设备以及活动；②可及性即公共数字文化服务是否具有物理、经济的可及性，以及获得服务的条件与资格，包括服务平台易操作性、服务设施易到达、服务设施开放时间合理性、服务基本免费及服务信息的普遍性；③质量性指公共数字文化服务是否达到一定标准，对这一维度的指标设计，主要从服务人员、服务设施、服务设备、服务平台、服务资源、及服务活动展开；④相适性即递送服务的干预与机制是否考虑了公众的活动与约束，换言之，服务是否与公众的生活习惯、生活方式与能

力相契合。这一维度指向平台个性化页面与推送、服务内容的针对性设计、服务形式的多样性,以及服务对弱势群体的关怀。此外,本书还引入了"用户满意度"作为因变量,用以测量服务相关性、可及性、质量性、可适性对用户满意度的影响。

表3-40 基于供需适配性理论的公共数字文化服务满意度评价指标设计

标准	观测指标	来源
相关性	XG1 公共数字文化资源能够满足当前需求	王猛等[1];胡唐明等[2];戴艳清等;韦景竹等[4];钱丹等[5]
	XG2 公共数字文化设施能够满足当前需求	汝萌等[6];胡唐明等[7];苏祥等[8]
	XG3 公共数字文化设备能够满足当前需求	卢章平等[9]
	XG4 公共数字文化活动能够满足当前需求	苏祥等[10];陈则谦等[11]

---

[1] 王锰,陈雅,郑建明.公共数字文化服务效能的关键影响因素及其机理研究[J].中国图书馆学报,2018,44(3):35-51.

[2] 胡唐明,魏大威,郑建明.公共数字文化评价指标体系构建研究[J].图书馆论坛,2014,34(12):20-24.

[3] 戴艳清,彭雪梦,完颜邓邓.农村公共数字文化服务供需矛盾分析——基于湖南省花垣县的调查[J].国家图书馆学刊,2020,29(2):16-25.

[4] 韦景竹,王元月.国家公共文化云平台用户满意度实证研究[J].情报资料工作,2020,41(4):30-38.

[5] 钱丹,陈雅.公共文化服务平台的可及性要素识别及优化[J].图书馆理论与实践,2017(10):63-67.

[6] 汝萌,李岱.我国公共数字文化服务使用情况调查研究[J].图书馆建设,2017(2):84-89.

[7] 胡唐明,魏大威,郑建明.公共数字文化评价指标体系构建研究[J].图书馆论坛,2014,34(12):20-24.

[8] 苏祥,周长城,张含雪."以公众为导向"的公共文化服务绩效评估:理论基础与指标体系[J].黑龙江社会科学,2016(5):85-90.

[9] 卢章平,苏文成.公共图书馆文化服务质量与满意度实证研究[J].图书馆论坛,2015,35(9):67-76.

[10] 苏祥,周长城,张含雪."以公众为导向"的公共文化服务绩效评估:理论基础与指标体系[J].黑龙江社会科学,2016(5):85-90.

[11] 陈则谦,佘晓彤,郑娜静,等.公共文化云服务的评价指标构建及应用[J].图书情报知识,2020(6):54-66.

续表

标准	观测指标	来源
可及性	KJ1 公共数字文化服务平台操作简单、检索便利,没有无效链接	戴艳清[1];韦景竹等[2];刘睿等[3];钱丹等[4]
	KJ2 公共数字文化服务设施距离较近,方便到达	谢雨婷[5];冯献等[6];赵益民等[7]
	KJ3 公共数字文化设施开放时间合理	谢雨婷[8];陈忆金等[9]
	KJ4 公共数字文化服务基本免费	谢雨婷[10];冯献等[11];赵益民等[12];陈忆金等[13]

---

[1] 戴艳清,彭雪梦,完颜邓邓.农村公共数字文化服务供需矛盾分析——基于湖南省花垣县的调查[J].国家图书馆学刊,2020,29(2):16-25.

[2] 韦景竹,王元月.国家公共文化云平台用户满意度实证研究[J].情报资料工作,2020,41(4):30-38.

[3] 刘睿,韦景竹.国家公共文化云App公众持续使用意愿研究[J].情报资料工作,2020,41(4):39-48.

[4] 钱丹,陈雅.公共文化服务平台的可及性要素识别及优化[J].图书馆理论与实践,2017(10):63-67.

[5] 谢雨婷.可及性:公众感知视角下的博物馆公共文化服务评价体系[J].东南文化,2021(2):165-171.

[6] 冯献,李瑾.数字化促进乡村公共文化服务可及性的影响与作用机制分析——以北京市650份村民样本为例[J].图书馆学研究,2021(5):19-27.

[7] 赵益民,李雪莲,韩滢莹.公共文化服务可及性研究:美国经验[J].图书馆建设,2021(1):140-146.

[8] 谢雨婷.可及性:公众感知视角下的博物馆公共文化服务评价体系[J].东南文化,2021(2):165-171.

[9] 陈忆金,曹树金.用户中心视角下公共文化服务质量评价研究[J].图书情报工作,2019,63(17):60-68.

[10] 谢雨婷.可及性:公众感知视角下的博物馆公共文化服务评价体系[J].东南文化,2021(2):165-171.

[11] 冯献,李瑾.数字化促进乡村公共文化服务可及性的影响与作用机制分析——以北京市650份村民样本为例[J].图书馆学研究,2021(5):19-27.

[12] 赵益民,李雪莲,韩滢莹.公共文化服务可及性研究:美国经验[J].图书馆建设,2021(1):140-146.

[13] 陈忆金,曹树金.用户中心视角下公共文化服务质量评价研究[J].图书情报工作,2019,63(17):60-68.

续表

标准	观测指标	来源
可及性	KJ5 经常看到有关公共数字文化服务的信息，这些信息对于我了解并使用公共数字文化服务有较大帮助	付渤达等❶；余敏等❷
质量性	ZL1 公共数字文化服务人员服务能力较强	完颜邓邓等❸；钱丹等❹
	ZL2 公共数字文化服务设施质量较高	熊春林等❺
	ZL3 公共数字文化服务设备先进、使用流畅	卢章平等❻
	ZL4 公共数字文化服务平台功能健全	姚媛等❼
	ZL5 公共数字文化资源优质	郝春柳等❽
	ZL6 公共数字文化活动精彩、有吸引力	卢章平等❾；郝春柳等❿

❶ 付渤达，孙海双."全评价"视角下图书馆阅读推广评价研究[J].图书馆建设，2020（3）：159-163.

❷ 余敏，完颜邓邓.公共数字文化服务需求影响因素研究[J]图书馆，2020（3）：14-20.

❸ 完颜邓邓，张燕南.公共数字文化服务质量提升策略——服务质量差距模型视角[J].图书馆学研究，2019（14）：77-81，97.

❹ 钱丹，陈雅.公共文化服务平台的可及性要素识别及优化[J].图书馆理论与实践，2017（10）：63-67.

❺ 熊春林，赵阳.文化信息资源共享工程农民满意度调查研究——以湖南宁乡为例[J].图书馆，2016（8）：95-99，103.

❻ 卢章平，苏文成.公共图书馆文化服务质量与满意度实证研究[J].图书馆论坛，2015，35（9）：67-76.

❼ 姚媛，许天才.移动图书馆用户体验评价结构模型研究[J].国家图书馆学刊，2018，27（5）：32-43.

❽ 郝春柳，杨宇龙.文化信息资源共享工程绩效评价研究[J].图书馆理论与实践，2011（6）：1-4.

❾ 卢章平，苏文成.公共图书馆文化服务质量与满意度实证研究[J].图书馆论坛，2015，35（9）：67-76.

❿ 郝春柳，杨宇龙.文化信息资源共享工程绩效评价研究[J].图书馆理论与实践，2011（6）：1-4.

续表

标准	观测指标	来源
相适性	XS1 公共数字文化服务平台能够根据个人喜好提供个性化页面和推送服务	戴艳清等[1];韦景竹等[2];刘睿等[3];施国洪等[4]
	XS2 当地开展的公共数字文化服务能够根据居民的年龄、学历、职业、偏好等进行有针对性的内容设计	卢章平等[5]
	XS3 当地能够根据居民的生活方式与日常习惯开展形式多样的公共数字文化服务	陈则谦等[6]
	XS4 当地开展的公共数字文化服务能够照顾弱势群体,如将服务送到家,或组织生活技能培训等	陈则谦等[7]
用户满意度	SA1 对公共数字文化服务在资源、设施、设备、活动等方面感到满意	本书自拟
	SA2 对能够轻易获取公共数字文化服务感到满意	本书自拟
	SA3 对公共数字文化服务质量感到满意	本书自拟
	SA4 对公共数字文化服务能够契合公众的生活环境、生活方式与能力感到满意	本书自拟

基于上文对服务满意度评价标准以及评价指标的设计,本书构建了供需适配性理论视域下公共数字文化服务满意度评价模型,如图 3-15 所示。

---

[1] 戴艳清,戴柏清.中国公共数字文化服务平台用户体验评价:以国家数字文化网为例[J].图书情报知识,2019(5):80-89.

[2] 韦景竹,王元月.国家公共文化云平台用户满意度实证研究[J].情报资料工作,2020,41(4):30-38.

[3] 刘睿,韦景竹.国家公共文化云 App 公众持续使用意愿研究[J].情报资料工作,2020,41(4):39-48.

[4] 施国洪,王凤.基于用户体验的高校移动图书馆服务质量评价体系研究[J].情报资料工作,2017(6):62-67.

[5] 卢章平,苏文成.公共图书馆文化服务质量与满意度实证研究[J].图书馆论坛,2015,35(9):67-76.

[6] 陈则谦,佘晓彤,郑娜静,等.公共文化云服务的评价指标构建及应用[J].图书情报知识,2020(6):54-66.

[7] 陈则谦,佘晓彤,郑娜静,等.公共文化云服务的评价指标构建及应用[J].图书情报知识,2020(6):54-66.

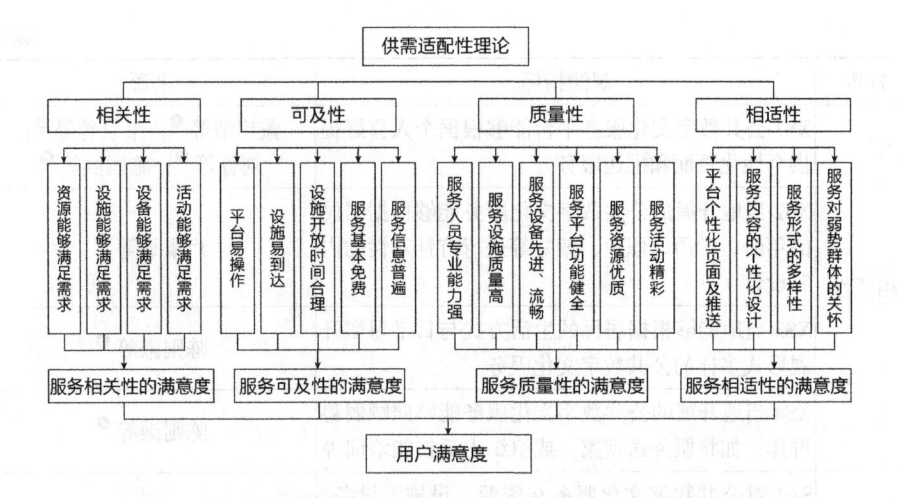

图 3-15 基于供需适配性理论的公共数字文化服务满意度评价模型

二、评价模型的实证检验

（一）问卷设计与预测试

为了解公众对公共数字文化服务供需适配的满意度，依据服务满意度评价模型，设计了量表问卷的主要内容。问卷涵盖两部分：第一部分是问卷填写者的基本信息，包括性别、年龄、职业、学历、每月使用公共数字文化服务次数等；第二部分为量表部分，包括评价模型中 5 个一级指标所对应的二级指标，并采用 Likert 量表的 5 分记分法，将评价选项设计为"非常不同意""不同意""不确定""同意""非常同意"，分别记为 1 分、2 分、3 分、4 分、5 分，以反映填写者态度的强弱。此外，为使填写者准确理解各题项，在问卷开头对公共数字文化服务的概念进行了说明，并在每一题项后对该题项涉及的内容进行了必要解释。

在正式发放问卷前，需对量表问卷进行预测试，以检验量表问卷的各题项是否具有足够的信度。于 2020 年 11 月 5 日—24 日，利用问卷星平台，面向全国范围内的公众，共发放 312 份问卷。问卷回收后，对其进行筛选，共得到

246 份有效问卷。量表的变量为 23 个,样本量为 246 个,样本量超出变量的 10 倍,说明样本容量足够。采用 Cronbach's α 系数对其进行信度分析,分析结果见表 3-41。

表 3-41　预测试量表信度检验

变量名称	项已删除的 α 系数	Cronbach's α 系数
XG1 资源能够满足需求	0.881	0.841
XG2 设施能够满足需求	0.879	
XG3 设备能够满足需求	0.882	
XG4 活动能够满足需求	0.876	
KJ1 服务平台操作的便利性	0.879	0.833
KJ2 设施较近,方便到达	0.879	
KJ3 设施开放时间合理	0.880	
KJ4 服务基本免费	0.886	
KJ5 服务信息的普遍性	0.880	
ZL1 服务人员的专业能力	0.877	0.881
ZL2 服务设施的质量性	0.876	
ZL3 服务设备的质量性	0.876	
ZL4 服务平台的健全性	0.877	
ZL5 服务资源的优质性	0.880	
ZL6 服务活动丰富、精彩	0.878	
XS1 服务平台的个性化功能	0.877	0.833
XS2 服务内容的针对性打造	0.877	
XS3 服务形式的多样性	0.877	
XS4 服务对弱势群体的关怀	0.875	
SA1 对服务的相关性感到满意	0.879	0.819
SA2 对服务的可及性感到满意	0.880	
SA3 对服务的质量性感到满意	0.883	
SA4 对服务的相适性感到满意	0.877	

由表 3-41 可知,量表 5 个维度的信度介于 0.819 ~ 0.881,量表信度较好。

从 23 个变量的"项已删除的 Cronbach's α 系数"来看,任意题项被删除后,信度系数并不会有明显上升,因此可以对所有题项予以保留。

(二)问卷正式发放与样本特征

由预测试可知,量表各题项的信度较好,所有题项均可保留。因此,预测试的量表问卷数据可用于进一步分析。为了扩大样本量,尽可能全面了解公众对公共数字文化服务供需适配的满意度,本课题组于 2020 年 11 月 24 日—12 月 12 日,同样利用问卷星平台,面向全国范围内的公众发放问卷。经过筛选,共得到 359 份有效问卷,加上预测试中的有效问卷数量,共 605 份问卷。样本的人口统计特征见表 3-42。

表 3-42 样本人口统计特征

项目		数量/个	占比/%	项目		数量/个	占比/%
性别	男	262	43.30	职业	企业工作人员	238	39.34
	女	343	56.69		学生	114	18.84
年龄	18 岁以下	13	2.15		教师	53	8.76
	18~44 岁	485	80.17		公务员/事业单位员工(不含教师)	53	8.76
	45~59 岁	81	13.39		个体户/私企业主	57	9.42
	60 岁及以上	26	4.30		务农人员	16	2.64
常住地	城市	421	69.59		自由职业者	47	7.77
	乡村	184	30.41		无业/失业/下岗人员	14	2.31
使用频率	1~5 次	317	52.40	学历	小学及以下	13	2.15
	6~12 次	191	31.57		初中	43	7.11
	13~21 次	78	12.89		高中/中专/职高	90	14.88
	22 次及以上	19	3.14		大专	111	18.35
					本科	299	49.21
					硕士研究生	40	6.61
					博士研究生	9	1.49

（三）数据分析

1. 信度分析

采用 Cronbach's α 系数对量表进行信度分析，结果见表 3-43。量表的整体信度为 0.871，各潜变量的 Cronbach's α 系数均大于 0.8，表明量表问卷的内部一致性良好，量表信度可靠。

表 3-43　量表信度检验

潜变量	Cronbach's α 系数	Total Cronbach's α 系数
相关性	0.833	
可及性	0.838	
质量性	0.868	0.871
相适性	0.842	
用户满意度	0.826	

2. 效度检验

（1）模型拟合效度分析。模型拟合指标用于整体模型拟合效度情况分析，其涵盖的指标众多，通常使用卡方自由度比、GFI、RMSEA、RMR、CFI、NNFI 这几个常见的指标进行分析。对量表问卷的 23 个观测变量进行模型拟合效度分析，结果见表 3-44。可以看出，各指标数据均符合判断标准。因此，量表问卷的模型拟合度较好。

表 3-44　模型拟合效度分析

常用指标	卡方自由度比 χ^2/df	GFI	RMSEA	RMR	CFI	NNFI
判断标准	<3	>0.9	<0.10	<0.1	>0.9	>0.9
值	2.906	0.919	0.056	0.082	0.930	0.919

（2）模型收敛效度分析。AVE（平均方差萃取）和 CR（组合信度）可用于收敛效度的评价标准。当各因子的 CR 值大于 0.7，AVE 值大于 0.5 时，通常认为模型收敛效度较好。由表 3-45 可知，模型各因子的 CR 值与 AVE 值均达到评价标准。并且，各观测变量的标准载荷系数均大于 0.5。这表明模型收

敛效度较好。

表 3-45 模型收敛效度分析

潜变量	观测变量	Estimate	CR	AVE
相关性	XG1 资源能够满足需求	0.724	0.836 8	0.563 4
	XG2 设施能够满足需求	0.707		
	XG3 设备能够满足需求	0.850		
	XG4 活动能够满足需求	0.712		
可及性	KJ1 服务平台操作的便利性	0.687	0.839 2	0.511 2
	KJ2 设施地点较近，方便到达	0.718		
	KJ3 设施开放时间的合理性	0.684		
	KJ4 服务基本免费	0.777		
	KJ5 服务信息的普遍性	0.705		
质量性	ZL1 服务人员的专业能力	0.723	0.868 7	0.525 2
	ZL2 服务设施的质量性	0.689		
	ZL3 服务设备的质量性	0.709		
	ZL4 服务平台的健全性	0.740		
	ZL5 服务资源的优质性	0.798		
	ZL6 服务活动丰富、精彩	0.683		
相适性	XS1 服务平台的个性化功能	0.720	0.846 3	0.580 8
	XS2 服务内容的个性化设计	0.861		
	XS3 服务形式的多样性	0.711		
	XS4 服务对弱势群体的关怀	0.747		
用户满意度	SA1 对服务的相关性感到满意	0.702	0.828 6	0.547 9
	SA2 对服务的可及性感到满意	0.748		
	SA3 对服务的质量性感到满意	0.796		
	SA4 对服务的相适性感到满意	0.711		

（3）模型区分效度分析。使用 AVE 平方根值与因子间相关系数大小对比进行区分效度分析，结果见表 3-46。表中最后一行为 AVE 平方根值，其余值为相关系数。AVE 平方根值可表示因子的"聚合性"，相关系数表示相关关系，若因

子"聚合性"很强（强于与其他因子间的相关系数绝对值），则能说明模型具有区分效度。此外，若各因子 AVE 平方根值大于该因子与其他因子的相关系数绝对值，则说明模型具有良好的区分效度。由表 3-46 可以看出，各因子 AVE 平方根值均大于与其他因子间的相关系数值。因此，模型区分效度较好。

表 3-46 模型区分效度分析

变量	相关性	可及性	质量性	相适性	用户满意度
相关性	0.563				
可及性	0.213***	0.511			
质量性	0.255***	0.143***	0.525		
相适性	0.370***	0.333***	0.358***	0.581	
用户满意度	0.223***	0.216***	0.301***	0.384***	0.548
AVE 平方根	0.751	0.715	0.725	0.762	0.740

注：*** 表示在 1% 水平显著。

（4）路径系数及显著性水平。由表 3-47 可知，各自变量与因变量之间均存在显著相关关系，模型因子影响路径如图 3-16 所示。

表 3-47 系数估计结果

相关性	Estimate	CR	P
相关性 <-----> 可及性	0.213	4.257	***
相关性 <-----> 质量性	0.255	5.061	***
相关性 <-----> 相适性	0.370	6.862	***
可及性 <-----> 质量性	0.143	2.962	0.003
可及性 <-----> 相适性	0.333	6.372	***
质量性 <-----> 相适性	0.358	6.806	***
用户满意度 <-----> 相关性	0.223	4.383	***
用户满意度 <-----> 可及性	0.216	4.256	***
用户满意度 <-----> 质量性	0.301	5.775	***
用户满意度 <-----> 相适性	0.384	6.986	***

注：*** 表示 0.01 水平上显著，表格中的 CR 值，即 t 值。

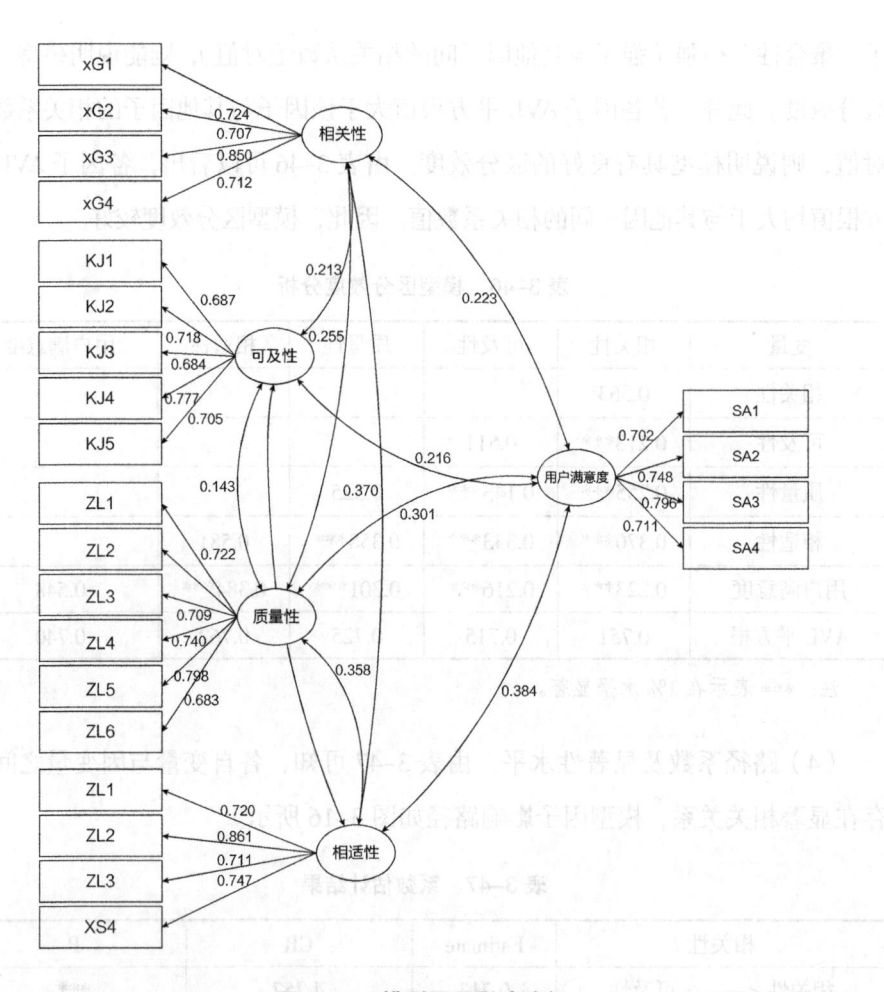

图 3-16 模型因子影响路径

3. 问卷题项填写结果统计

对问卷变量填写结果进行统计，如表 3-48 所示，各观测变量的均值较为接近，为 3.1~3.8。自变量中，填写"同意"以及"非常同意"的人数之和超过半数的仅有 XG3、KJ4、ZL5、XS2，而因变量中仅有 SA3 这一个题项所填"同意"以及"非常同意"的人数之和超过半数。

表 3-48　量表填写情况统计表

潜变量	观测变量	非常不同意/%	不同意/%	不确定/%	同意/%	非常同意/%	均值
相关性	XG1	7.2	14.2	37.8	27.6	13.0	3.25
	XG2	6.2	17.5	36.6	25.7	13.7	3.23
	XG3	9.4	11.2	20.1	29.2	29.9	3.59
	XG4	5.2	17.6	35.5	24.7	16.6	3.30
可及性	KJ1	4.7	12.8	40.8	25.9	15.5	3.35
	KJ2	4.6	14.0	37.5	26.4	17.3	3.38
	KJ3	3.6	12.5	39.6	28.5	15.5	3.40
	KJ4	6.4	8.9	20.3	30.9	33.3	3.76
	KJ5	4.6	14.2	35.3	27.9	17.8	3.40
质量性	ZL1	4.1	18.8	36.1	25.1	15.7	3.29
	ZL2	5.6	15.3	38.8	27.1	13.0	3.27
	ZL3	5.2	16.1	38.6	24.7	15.0	3.28
	ZL4	5.4	14.2	35.7	27.2	17.3	3.37
	ZL5	7.2	11.2	20.6	32.3	28.4	3.63
	ZL6	4.6	15.7	38.3	25.2	16.0	3.32
相适性	XS1	7.6	18.8	36.5	24.4	12.5	3.16
	XS2	10.7	16.3	20.0	26.6	26.2	3.41
	XS3	7.4	19.8	36.8	24.7	11.0	3.12
	XS4	7.6	18.8	34.3	24.6	14.5	3.20
用户满意度	SA1	3.8	19.6	35.0	28.5	12.8	3.27
	SA2	5.6	17.8	32.5	31.7	12.2	3.27
	SA3	7.7	12.3	22.8	31.0	25.9	3.55
	SA4	2.8	20.0	36.0	25.7	15.3	3.31

对量表填写情况进行计算后得出各维度均值以及总体均值，结果如图 3-17 所示。由此可以看出，量表总体均值为 3.35，各自变量均值由高到低依次是质量性（3.61）、可及性（3.46）、相关性（3.34）、相适性（3.22），因变量用户满意度均值为 3.35。总体均值与各维度均值均未达到 4。综上所述，公共

数字文化服务在供需适配性理论 4 项标准上的表现情况并不如人意，尚存在较大的提升空间。

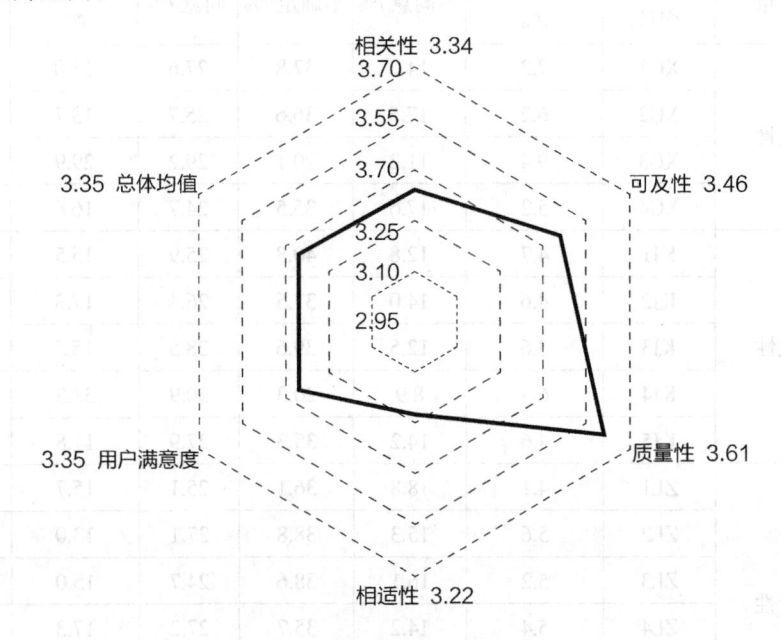

图 3-17 量表维度均值情况雷达图

三、结果分析

（1）公共数字文化服务的相关性这一维度中，路径系数较大的是资源和设备，分别为 0.721 和 0.842，但这二者的平均得分仅有 3.29 和 3.59。这说明当前公众对公共数字文化服务资源与设备并不满意，而通过优化资源与设备的供给能够显著提高用户满意度水平。

（2）公共数字文化服务的可及性这一维度中，服务设施到达的快捷性、服务基本免费的路径系数相对较高，分别为 0.713、0.779。其中"设施到达的快捷性"平均得分为 3.39，尽管"服务基本免费"的得分在各变量中是最高的，但同样没有达到令公众满意的水平。

（3）公共数字文化服务的质量性这一维度中，服务人员、服务平台以及服务活动的路径系数较大，分别为 0.716、0.738、0.803。而这三者的得分均值为 3.30、3.37、3.33，均未得到公众认可。

（4）公共数字文化服务的相适性这一维度，路径系数较大的是服务内容的针对性设计、服务对弱势群体的关怀。从上文数据分析结果可以看出，相适性这一维度的得分均值最低，说明公共数字文化服务在相适性方面表现最差，公众普遍对其不满意。

第七节　调查结论

综合分析上述调查数据，可对公共数字文化服务供给不平衡不充分现状做如下总结。

一、东中西部服务供给存在差距，区域不平衡

我国除了广播、电视覆盖方面基本达到均等化水平，其余方面如数字图书馆资源、数字博物馆资源、电子阅览室面积、移动端数字文化服务等均存在明显区域不均现象。区域间均等化程度呈现出东部超前、西部居中、中部短板的特征。东部区域除数字图书馆资源总量，其他方面均处于靠前地位，移动端数字文化服务领域拥有绝对优势。东部地区较高的发展水平可体现出区域经济与公共数字文化服务发展的关联性，而西部地区公共数字文化服务居中的发展水平则体现出国家政策偏向、财政扶持的影响力。西部地区除了数字博物馆资源方面，其余项目的均等化程度均处于较高层次，尤其在公共文化支出费用均等化程度上领跑全国，而移动端公共数字文化服务则显不足，整体上落后于中部地区。中部地区各省份间经济发展差异大、人口多，同时缺少相关政策、财政帮扶，各项目泰尔指数值均偏高，在移动端公共数字文化服务项目的总体优势也大打折扣。

二、农村服务供给薄弱，城乡不平衡

调查显示，农村公共数字文化服务供给的资金来源渠道单一，全部来源于政府，无社会投资，导致资金投入不足。有限的资金主要用于实体公共文化服务，极少部分资金用于数字文化资源建设和服务。农村的数字化设施设备不齐全，数字广播电视设施、数字农家书屋、网络接入及宽带网速需要加强建设，部分农村尚未实现公共电子阅览室全覆盖，已建成的公共电子阅览室或未对外开放，或因管理维护不善导致电脑等设备老化、失修，加之宣传工作不到位，公众知晓度低，造成设施设备难以得到有效利用。农村公共数字文化资源较为匮乏，县图书馆文化资源没有有效地配送到农村基层地区，现有资源未能依据农村居民的需求提供。数字化形式的文化服务活动类型少，以数字电影放映为主，影片的种类和内容均难以吸引村民。工作人员数量不足，负责数字文化服务与管理工作的专职人员更少，参加培训的时长不足，素质有待提高。

三、特殊群体服务供给滞后，群体间不平衡

特殊群体公共数字文化服务供给在制度、网站可访问性、设施、资源、活动等方面均存在诸多问题。我国尚未出台专门针对特殊群体的公共数字文化服务制度，相关制度没有对特殊群体公共文化服务供给作出细致、全面的规定，且并未触及特殊群体公共数字文化服务，现有公共文化服务标准缺乏对特殊群体数字文化服务的细化、量化的指标。公共数字文化服务网站的可访问性水平整体较低，残障群体、老年群体通过网站获取服务存在种种障碍。特殊群体公共数字文化服务设施分布不均、总体数量偏低，人均占有不足。特殊群体公共数字文化服务资源匮乏且分布不均，资源使用受阻、易用程度不高，资源类型单一、种类较少。面向特殊群体的公共数字文化活动类型较为单一，活动内容创新不足，活动形式不够灵活。

四、供给总量不足，整体发展水平不充分

与高水平的发展相比较，现阶段公共数字文化服务供给总量尚不充足、整体发展水平尚不充分。由于公共文化机构间缺乏协调合作，系统间资源共建共享困难，加之社会参与引入不足，来自社会机构的文化资源整合不充分，导致公共数字文化资源尚未得到充分的整合和共享，资源总量和种类偏少。受到资金投入、制度保障等方面的限制，公共数字文化服务设施的覆盖面、可供公众使用的电子设备的数量与种类、服务活动的类型和频次、专职服务人员的数量与素质均存在不足，这在欠发达地区、农村地区表现得尤为明显。公共文化服务 App、微信公众号的内容建设、用户满意度、平台活跃度等方面存在显著的地区差异，整体上看移动端公共数字文化服务的优势尚未得到充分利用。现有的公共数字文化服务方式不够丰富、平台功能不够健全，无法满足新环境下公众的个性化、交互性和体验式的服务需求。

五、服务供给质量不高，供需结构不平衡

当前公众数字文化消费与需求的内容、类型呈现多元化、个性化、交互性和体验式的特征，对于建立在新技术、新媒体上的数字文化服务方式与功能需求强烈，对供给质量的要求较高，具有自身参与的愿望与需求。调查发现数字文化供给仍存在服务质量不高、供需结构不平衡的问题，具体如下：网站方面主要表现为栏目板块设计不便于浏览查询、无效链接较多；资源方面主要表现为类型单一、新颖度低、公众感兴趣的资源少；设施方面主要表现为设施损坏、设施数量少距离居住地较远、未完全开放；服务活动方面主要表现为不知道活动信息、内容枯燥、种类少、举办次数少；服务人员方面主要表现为服务态度差、专业性不足、服务意识淡薄。总之，公众对公共数字文化资源、服务设施、服务设备、服务人员、服务平台、服务活动等的满意度均偏低，在供需适配上还存在较大的提升空间。

六、服务知晓率与利用率低，有效供给不充分

我国虽一直在加速推进公共数字文化建设进程，但服务供给效率并未同步提升，服务知晓率低与利用率低，无效供给较多，有效供给不充分。受地域、个人意愿与能力、宣传推广力度等方面的影响，大部分公众对公共数字文化服务没有明确的认知，对公共数字文化服务设施建设以及活动举办情况整体不甚了解，部分公众对于公共数字文化服务完全不了解。由于农村地区公共数字文化设施建设不齐全、服务活动举办频率低，知晓率低这一现象比城镇地区更为明显。服务平台的访问率不高，大量公众未尝试获取和利用资源，近半数的被调查者不清楚公共数字文化活动的举办情况，对公共数字文化服务活动缺乏参与积极性，公共数字文化服务利用率整体较低。加之多数公众并不清楚反馈渠道的开放情况，没有反馈过自身需求，不利于供给与需求有效对接。

针对上述问题，结合我国实际，本书认为解决公共数字文化服务供给不平衡不充分问题的关键点与着力点在于：一是优化区域间公共数字文化服务供给要素配置，促进各类要素在区域间合理流动；二是顺应城乡融合发展趋势，加快城乡公共数字文化服务一体化建设；三是借鉴国外有益经验，优化特殊群体公共数字文化服务供给；四是提高公共数字文化服务供给质量，以高质量供给满足公众期待，确保供需对接；五是促进多元社会主体对公共数字文化服务供给的参与，以此增强供给能力，畅通政府与公众之间的沟通渠道，使公众在参与过程中增强体验；六是加强对云、大数据、5G 等技术的应用，强化技术对公共数字文化服务平衡性充分性供给的支撑作用；七是完善相关制度，为公共数字文化服务平衡性充分性供给提供制度保障。本书后续内容将围绕上述七个方面展开，探寻解决公共数字文化服务供给不平衡不充分问题的对策。

第四章　区域公共数字文化服务供给要素配置效率提升

当前对于要素的基本定义较为明确,主要指公众在社会环境中活动时无法剥离的基本物质与非物质资源,物质要素有土地、资本劳动力、生活资料等物质投入,非物质要素有科学技术、法律法规、社会包容度与精神导向等非物质,物质要素与非物质要素间同时存在强烈的相互影响。[1]要素配置是指具有稀缺性的要素在不同要素使用主体之间及要素使用主体内部的分配。要素配置效率是指要素投入与获得产出的比例。提升要素配置效率的意义是在要素使用主体之间及内部实现要素的合理调配,使投入与产出之间形成比率最优的组合。

供给要素是开展公共数字文化服务的来源和基础,为公共数字文化服务提供物质保障。对于公共数字文化服务供给要素配置效率而言,由于公共数字文化服务的公益性与均等性要求,既要使供给要素投入发展基础较优地区的公共文化机构,也要保障发展基础较差的地区同样可以获得开展公共数字文化服务所需的基本要素,因此有必要通过行政机制,协调供给要素在不同地区及服务单位之间的分配,使要素投入的产出最大化。我国区域公共数字文化服务供给不平衡不充分问题突出,很大程度上是供给要素配置不均且利用效率低下导致的。在保障要素投入充足的前提下提高配置效率,最大限度地发挥产出效益,是解决区域公共数字文化服务供给不平衡不充分问题的关键。本章从供给要素视角切入,基于对传统DEA-B2C方法的改进,利用超效率模型对我国区域公共数字文化服务供给要素配置效率进行评价,根据评价结果提出提升供给要

---

[1] 徐善长.生产要素市场化与经济体制改革[M].北京:人民出版社,2005:27.

素配置效率的策略，为推动我国区域公共数字文化服务平衡性充分性供给提供参考。

第一节　公共数字文化服务供给要素分析

在经济领域，供给侧可分为资本、制度、土地、劳动力、创新五大要素。然而，公共数字文化服务供给的产品属于公共物品，具有非竞争性和非排他性，因而其供给侧要素与国民经济产品服务的供给要素不尽相同。文化部、财政部联合印发的《关于进一步加强公共数字文化建设的指导意见》指出："公共数字文化建设包括数字化平台、数字化资源、数字化服务等基本内容，以制度体系、网络体系、资源体系、管理体系和服务体系建设为着力点，构建海量分级分布式公共数字文化资源库群，建成内容丰富、技术先进、覆盖城乡、传播快捷的公共数字文化服务体系……"文化部《"十三五"时期公共数字文化建设规划》将加强公共数字文化服务平台建设、提高公共文化设施的信息化和智能化水平、打造公共数字文化资源库群等内容作为重点任务。上述政策表明在公共数字文化服务供给中，文化资源、设施设备、服务平台也是供给要素配置的关键性要素。本书以经济供给侧的要素为基础，并结合公共数字文化服务供给的特性，将公共数字文化服务供给要素作如下划分。

一、政策扶持要素

政策扶持要素是公共数字文化服务良性发展的制度保障，为公共数字文化服务供给提供规划和指引。近年来，为稳妥促进公共数字文化服务良性发展，我国各级政府及相关部门陆续出台一系列相关政策。例如，文化部、财政部于2011年共同印发的《关于进一步加强公共数字文化建设的指导意见》，明确了公共数字文化建设所包含的基本内容。国务院于2015年印发的《关于加快构建现代公共文化服务体系的意见》，不但指出了公共数字文化服务在现代公共文化体系的重要地位，还制定了较为详细的数字文化发展规划。全国人民代表大会常务委员会于2016年通过的《公共文化服务保障法》，是国家首部公共文化服务领域专门法律。文化部于2017年印发的《"十三五"时期公共数字文化建设规划》，从服务内容、服务质量、供给方式等环节对公共数字文化服务制定了细致且全方位的规划和要求，提出了公共数字文化服务未来发展目标及应达到的标准。诸多政策共同推动着我国公共数字文化服务从无到有、从有到精。

二、财政投入要素

财政投入要素为公共数字文化服务的供给提供了必不可少的物质基础，是各类公共文化机构开展数字服务的资金来源。由于没有专项的财政支出，不同地区公共数字文化服务发展的经费主要来源于当地用于文化事业发展的总经费❶，而具体的费用占比则与当地政府或主要领导人的重视程度息息相关。因此，总体而言当前我国公共数字文化服务供给的财政投入存在不确定性且难以准确统计。公共数字文化服务发展非均等化、差异化的现象根源就在于资金投入不足，如文化共享工程中，城乡网络建设不同步，基层计算机、投影仪、移动存储器和播放器等设施、设备配置并不能完全到位等问题。❷由此可见财政投入要素对于公共数字文化服务发展的巨大影响作用，尤其是当不同区域、不同数字服务项目、不同数字服务点在获取财政投入能力和机构自身财力上存在明显差异时，数字信息技术水平、平台建设效果和后续配套服务方面的差距必然会更加突出，这些都极大影响了公众对公共数字文化服务的获取，影响到公共数字文化服务的均衡充分发展。

---

❶ 王锰，陈雅，郑建明. 公共数字文化服务效能的关键影响因素及其机理研究[J]. 中国图书馆学报，2018，44（3）：35-51.

❷ 张照龙，方堃. 趋于整体性治理的公共文化服务数字协同研究——以文化共享工程为考察对象[J]. 电子政务，2012（7）：68-75.

三、资源供给要素

公共数字文化资源是公共数字文化服务供给的基础与核心，资源建设是公共数字文化服务内部业务和服务项目的重点工作。公众的消费逐步升级、对精神文化的需求日益增长，公共图书馆、博物馆、文化馆、群众艺术馆、美术馆、档案馆等拥有数字资源已无法满足公众个性化、多样性、高质量的文化需求，需要与系统外机构，如广电、教育、农业、科技等行业的机构合作建设，并通过捐赠、购买等方式从个人、社会组织等社会主体处获取，使资源内容更加丰富、形式更加多样。同时，推动全社会公共数字文化资源的整合共享，协调各地公共文化机构整合分散无序、独立异构的资源，共同建设集全国公共数字文化资源为一体的共享服务平台，使公众能够在这一平台上实现对资源的"一站式"获取。这方面，我国已进行诸多实践。文化共享工程、数字图书馆推广工程等国家级文化惠民工程联合全国公共文化机构整合资源。前者融合国家中心与33个省级分中心的数字文化资源❶，后者已联合全国250余家公共图书馆共推进数字文化资源建设。❷一些地方的图书馆、博物馆、档案馆等机构也在探索建立馆际联盟或一体化发展，以保障资源供给，增强服务能力。

四、设施设备要素

公共数字文化设施是向公众免费开放、开展数字文化服务的场所，为公众使用公共数字文化服务提供必要的基础条件。数字设备是传输、存储资源及展示、利用服务的工具。为向公众提供利用公共数字文化服务必要的场所、空间与工具，需要加强包括公共电子阅览室、数字农家书屋、公共数字文化广场、

---

❶ 全国文化信息资源共享工程 [EB/OL]．[2021-5-19]．http://www.tedala.teda.gov.cn/gxgc/gcjs-1.html.

❷ 数字图书馆推广工程 [EB/OL]．[2021-5-19]．http://www.ndlib.cn/szzyjs2012/201201/t20120113_57990_2.htm.

数字广播电视设施、公共文化设施内的数字文化体验区等在内的设施建设，并增加设施数量，合理规划设施的空间布局，降低公众到达设施所花费的交通、时间成本，也可以规划建造文化机构建筑群，便于公众一次出行获取多种服务。同时，按服务人口配备数量充足的电脑、电子阅报屏、公共文化一体机、多媒体放映机等数字化设备，以满足公众的使用需求，并定期进行质量检修以保证设备的可用性。还应完善网络配置，实现设施内无线网络全覆盖，使公众通过公用电脑或自己的手机、平板电脑能够便捷地在线获取服务。《文化共享工程各级分支中心和基层服务点建设配置标准》对各级分支中心和基层服务点设施设备的配备做出了明确而详细的规定。《国家基本公共文化服务指导标准（2015—2020年）》包括电子阅报屏、文化设施、广电设施、无障碍设施等的配备标准。

五、服务平台要素

公共数字文化服务平台是供给主体展示资源与服务，供公众获取利用的窗口。公共数字文化服务平台主要包括如下几类：一是公共文化机构网站。国家、省、市级的公共图书馆、博物馆、美术馆等机构基本均建有各自的网站，通过网站独立提供在线服务。二是公共数字文化服务项目网站。例如，文化共享工程已建成1个国家中心平台和33个省级平台。公共文化云平台应用云计算、大数据等技术，实现了跨部门、跨地域资源与服务的融合、共享。国家公共文化云平台于2017年正式开通，各地纷纷建设了地方性的文化云或文旅云平台。三是在社交媒体平台上注册的服务账号。在社交媒体蓬勃发展背景下，为契合公众需求，为其提供碎片化、移动化的服务，不少公共文化机构在微信、微博、抖音等社交媒体平台上注册了账号，成为公共数字文化服务的新阵地。四是开发的专门App和提供公共数字文化服务的其他类型App。调查显示，截至2020年2月，专门提供公共文化服务的App共有74个，具有公共文化服务功能且将文化服务的功能延伸至其他领域的App共有36个，提供公

共文化服务的综合公共服务类 App 共有 142 个、新闻传媒类 App 共有 510 个。

第二节 区域公共数字文化服务供给要素配置效率评价

在厘清公共数字文化服务供给各要素的基础上，本部分将首先明确研究的思路与详细流程，构建公共数字文化服务供给效率评价体系；随后阐释相关指标、收集具体数据；最后利用 DEA 模型对于所收集的数据进行测算、对结果进行分析，测算过程包括了必要的预测算，以及根据预测算结果对模型的改进和优化调整。

一、测算思路与评价流程

（一）DEA 方法的测算思路

本章将对我国公共数字文化服务供给要素配置状况进行具体测算，以直观、绝对数值的形式展示当前配置效率，以供后续分析评价。总体研究思路是按照下文构建的公共数字文化服务供给要素评价体系及具体指标，运用在效率测评研究领域得到学术界公认的 DEA 这一数理统计方法，选取适合的模型，对所收集的数据借助相关软件进行测算。

DEA 方法所用的指标数据内容必须为严格的、绝对的已知数值，测算模型种类分为静态与动态两种，静态模型是指输入的数据值为同一时期、测算结果不展示决策单元浮动变化，常用于测算某一确定年份的投入产出效率；动态模型则与静态模型相对应，输入的数据值为一段时期、测算结果可以展示决策单元在该段时间内的浮动变化，常用于观测某段时期内被测算体系的投入产出效率变化趋势。由于公共数字文化服务供给属于公共文化事业，其每年的投入都是根据上一年的投入情况，按照相对固定的比例确定而且基本稳定，同时由于涉及数值、覆盖面积广，产出的内容也在短时间内不会产生大的变化。整体而言，公共数字文化服务供给的投入与产出数值在相临近的数年内很难产生较大变动，而若以动态模型测算五年以上相对较长的时间跨度，由于国家或地方官方统计数据年限的限制，则会产生数据缺失、数值不确定等问题。因此，本书选用 DEA 方法中的静态模型，收集公共数字文化服务供给各项要素于 2021 年末的最新统计数据进行测算，对当前我国公共数字文化服务供给要素配置情况进行评价分析。

在模型种类确定后，相关的后续测算研究思路也得以明确，具体可分为以下三步：①构建公共数字文化服务供给要素评价体系，收集并整理指标数据；②对所收集的数据采用传统 DEA 进行预测算，根据测算结果确定是否需要进行模型改进；③根据测算结果对于公共数字文化服务供给要素配置情况进行评价。

（二）DEA 方法的评价流程

公共数字文化服务供给体系的一个重要特征便是投入项目多、产出项目不固定且两者间联系交叉，此时，无须指定投入产出生产函数形态的 DEA 方法显得优势突出，可作为评价此类具有较复杂生产关系的决策单位效率的重要选择。同时，DEA 模型测算单元的结果与所选单位具体投入产出数据的关联性不强。这就凡是能够反映公共数字文化服务供给要素中决策单位投入面或产出面的主要指标，都可代入测算。综上，将 DEA 方法测算流程直观展示（如图 4-1 所示），接下来也将按照该流程对公共数字文化服务供给要素的各项指标进行测算分析。

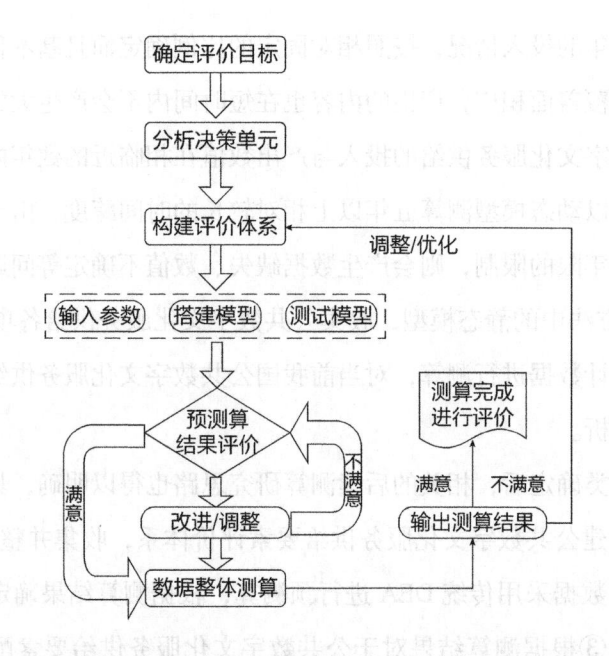

图 4-1　公共数字文化服务供给要素 DEA 方法测算流程

（三）DEA 方法测算基本公式

由于 DEA 方法在测算满足"多元最优化准则"[1]，因此该方法成为当前评级复杂系统或体系内部资源配置效率的最有效、可靠的方法。[2] DEA 方法最基础的模型是 C^2R 模型，其特点是利用线性规划法估算生产界限，借助规模做固定假设，以此衡量各个独立决策单元的相对效率，是发展最久的 DEA 模型[3]，之后的各类 DEA 方法模型基本都是由 C^2R 模型演化而来。本部分以该基础模型为例，对 DEA 方法的测算逻辑进行初步阐释，其基本方程式如下。

首先，假设有 n 个体系内部决策单元，令 a=1，2，…，n，并且各个独立决策单元都有 m 项相同输入（投入），输入向量为

---

[1] 许治，师萍. 基于 DEA 方法的我国科技投入相对效率评价［J］. 科学学研究, 2005（5）: 481–483.

[2] 黄海霞，张治河. 基于 DEA 模型的我国战略性新兴产业科技资源配置效率研究［J］. 中国软科学, 2015（1）: 150–159.

[3] Charanes A, Cooper W, Rhodes E. Measuring the efficiency of decision marking units［J］. European Journal of Operational Research, 1978, 2（6）: 429–444.

$$X_a = (X_{1a}, X_{2a}, \cdots, X_{ma})^T > 0, a = 1, 2, \cdots, n \tag{4-1}$$

此时，每个决策单元都有 p 项相同输出（产出），那么输出向量为

$$Y_a = (Y_{1a}, Y_{2a}, \cdots, Y_{pa})^T > 0, a = 1, 2, \cdots, n \tag{4-2}$$

在此情况下，该体系内部每个决策单元的输入种类共有 m 种，而输出种类共有 p 种，则 X_{ia} 表示第 a 个决策单元在第 i 种类型输入时的投入量。同理，Y_{ia} 表示第 a 个决策单元在第 i 种类型输出时的产出量。

接下来需要对其中的投入和产出进行设置权重，假设投入和产出的权向量分别为

$$b = (b_1, b_2, \cdots, b_m)^T, c = (c_1, c_2, \cdots, c_p)^T \tag{4-3}$$

此时该体系内第 i 类型投入的权重写作 b_i，同理，第 r 类型产出的权重为 c_r。因此第 a 个决策单元投入的综合值可写作 $\sum_{i=1}^{m} b_i X_{ia}$，第 a 个决策单元产出的综合值为 $\sum_{r=1}^{p} c_r Y_{rp}$。由此推算出被测算体系的效率评价指数，每个决策单元（DMU_a）都可写为 $h_a = \dfrac{\sum_{r=1}^{p} c_r Y_{ra}}{\sum_{i=1}^{m} b_i X_{ia}}$，而模型中 X_{ia} 与 Y_{ia} 可通过该体系决策单元的历史数据与未来预测推算得到。同时由于最佳效率意味着不会再有更高的效率值产生，那么 h_a（a=1, 2, …, n）的最大值也被限定为1，即 $\max h_a \leq 1$。

通过上述对 C²R 模型步骤的分解已经可以得出，若该体系内第 e 个决策单元的 $h_e=1$，也就表明该单元在体系内效率已达最高，不会有其他单元的效率值高于该单元（可以相持平）。综上，可以将第 a_f 个决策单元的相对效率评价模型写为

$$\max h_{a_f} = \frac{\sum_{r=1}^{p} c_r Y_{ra_f}}{\sum_{i}^{m} b_i X_{ia_f}} \text{ s.t.} \begin{cases} \dfrac{\sum_{r=1}^{p} c_r Y_{ra}}{\sum_{i}^{m} b_i X_{ia}} \leqslant 1, a=1,2,\cdots,n \\ b = (b_1, b_2, \cdots, b_m)^T \geqslant 0 \\ c = (c_1, c_2, \cdots, c_p)^T \geqslant 0 \end{cases} \quad (4\text{-}4)$$

公共数字文化服务作为一整个体系，其内部各供给要素即可看作相对独立但相互联系的决策单元，因此适用于 DEA 方法的测算原理及评价规则，可以利用该方法对于公共数字文化服务供给要素中可数据测算的部分内容进行效率测算评价。

二、评价体系指标的构建与选取

（一）评价体系指标的构建原则

本书所选取的指标质量优劣对研究质量和效果在一定程度上起着决定性影响，如果所选数据的代表性作用不强或数据内容出现偏差，不但导致对公共数字文化服务供给要素配置情况难以准确判断，更影响到后续要素配置优化建议的分析及提出。当前我国公共文化服务体系的绩效评价研究仍处于初步阶段，与公共数字文化服务相关的绩效评价更加鲜有，而我国政府和学术界也还没有从法律法规及研究范式上对国内公共数字文化服务供给要素评价指标制定程序规范或得出相关共识。此外，作为主导部门政府职能机构在公共文化事业上的"越位"和"缺位"现象频发，已经成为公共文化服务相关绩效评价研究中必须面临的难题。[1] 同时，由于公共数字文化服务产品及内容的展示形态及获取渠道等供给形式的多元化、复杂化，也决定了对于公共数字文化服务供给要素配置的评价必须设立多样化的对象和指标。由此，结合国内外相关绩效评价研

---

[1] 吴高，林芳，韦楠华. 公共数字文化服务绩效评价现状、问题及对策分析 [J]. 图书情报工作，2019, 63（2）: 60-67.

究在指标选取过程中所采用的筛选步骤，本书在选定要素评价指标及收集指标数据内容时将坚持以下三大原则。

1. 可操作性原则

在选取指标内容时要注重数据的获取便捷性与测算可操作性，选用绝对统计数据而非相对统计数据，尽量选择面向社会公开发布、公众可免费获取、数值精确易操作的数据内容，以便在后续研究中适用于测算模型并方便接受各方的检验核算。

2. 高相关性原则

所选取的指标内容应该与公共数字文化服务供给的研究主题高度相关，有公共数字文化服务直接联系而非间接联系，保证测算结果对于公共数字文化服务供给要素配置的评价有着高度相关的参考作用，对于要素配置优化的分析建议具有科学、客观的借鉴意义。

3. 权威性原则

由于公共数字文化服务属于由政府主导、面向社会全体公众的公共性文化事业内容之一，因此在选择公共数字文化服务供给要素指标时，应首先考虑该项指标的具体数据是否由政府或其他权威机构统计而来。此外，政府及权威机构统计的数据不带有营利性目的，也更加客观、真实、全面，为后续测算及分析提供了优质的数据依据。

（二）评价体系指标的具体内容

公共数字文化服务供给要素评价指标内容指的是可收集到准确数值的、可用于后续测算分析的各项具体供给要素项目，是构成评价公共数字文化服务供给要素配置效率评价指标体系的基本单元和必要因素。总体而言，学术界对于评价指标的设立大致分为以下三个标准步骤：评价目标—评价纬度—评价指标。❶根据上一部分设立的评价指标选取原则，结合我国公共数字文化服务供

---

❶ 郭志刚，管晓东，王宝敏，等.中国基本药物集中采购经济技术标评价指标构成分析[J].中国卫生政策研究，2015，8（6）：27–33.

给体系实际运作的众多现行官方绩效指标，通过上述三大步骤构建相应的公共数字文化服务供给要素配置效率评价指标内容。

1. 评价目标

该部分是公共数字文化服务供给要素配置效率评价指标构建的开端与核心部分，评价目标是否合理、明确，对于整个评价指标内容的构建起着至关重要的影响。由此，本书认为我国公共数字文化服务供给要素配置效率评价的目标应当包括以下三大方面：整体纲领性目标，即从全国整体高度出发，评价指标应涵盖政府相关职能部门制定的总体性、长期性、纲领性公共数字文化服务发展的规划和制度，厘清公共数字文化服务供给要素配置的顶层设计情况；实践关键性目标，即在公共数字文化服务供给体系在具体运作实践中所涉及的关键性部分，评价指标应当将这些关键性因素基本涵盖在内，以期评价结果可以正确、全面地展示当前我国公共数字文化服务供给要素配置情况；具体项目性目标，该目标要求评价所用的公共数字文化服务供给要素各项指标内容应做到具体、详尽，可以通过公开渠道搜索并获取到相应的绝对数值，各指标间关系不能模糊交叉但可以有联系，联系方式应是明确且相互独立的。

2. 评价维度

评价维度主要是指评价指标内容涉及的评价角度及适用范围，评价指标内容的选取维度主要参照上述选取原则标准对公共数字文化服务供给要素配置的各项数据是否可以选用进行判断，该部分需要解决的主要问题包括评价的空间纬度、时间纬度和评价部门纬度三个方面的内容。由于港、澳、台地区的公共数字文化服务相关机构、施行政策、服务内容有所不同且数据统计结果不全，空间纬度方面，本书研究范围为内地 31 个省、自治区、直辖市，所评价的公共数字文化服务供给要素数据同样涉及研究空间范围内的全部地区，测评结果应展示全国总体要素配置情况；评价时间纬度方面，为确保对当前我国公共数字文化服务供给要素配置效率评价的稳定性与时效性，将收集 2021 年 1 月 1 日—12 月 31 日整年的数据内容作为测算基础；部门纬度方面，收集数据时将尽可能地搜索所有与公共数字文化服务相关的文化机构及企事业单位，包括公共图书馆、博物馆、档案馆、文化馆、艺术馆、美术馆、青少年宫、少年活动中心等。

3. 评价指标

评价目标作为评价指标体系构建核心确立了评价体系的核心，评价纬度通过限定评价体系构建的范围确立了评价体系的覆盖面，评价指标则是在上述两部分的基础上，结合我国公共数字文化服务供给现状的实际情况，确定具体收集哪些项目的数据，也是评价内容体系构建的最后一步。根据公共文化数字文化服务所覆盖的项目，评价指标具体内容见表4-1。

表4-1 公共数字文化服务供给要素评价指标

指标类别	指标内容	指标说明
投入指标	文化事业总经费	暂无公共数字文化服务经费的专项统计，以2021年各地文化事业总经费代为衡量
	数字化展览空间总面积	各主要公共文化服务场馆中数字化设备、展览及使用空间总面积
	主要数字资源总量	各主要公共文化服务机构2021年可用于公共数字文化服务供给的资源总量
	数字化服务设备总量	各主要公共文化服务机构2021年可用于内部使用、外部服务的数字设备总量
	相关公众号数	截至2021年末由各类公共文化服务机构创立的用于提供数字文化服务微信公众号总数
	相关App数	截至2021年末由各类公共文化服务机构创立或主管的用于提供数字文化服务的App总数
	政策文件数量	各地出台的与公共数字文化服务方面相关的政策、法规、意见的法律文件总数
产出指标	主要数字服务平台访问量	国家公共文化云及31地主要公共数字文化服务平台2021年用户访问总量
	相关公众号活跃粉丝量	各地与公共数字文化服务相关的公众号截至2021年末活跃粉丝总数量
	相关App下载量	各地与公共数字文化服务相关的App截至2021年末下载总次数
	公众可使用终端数	2021年末公众各主要公共文化服务场馆可免费使用并获取数字文化服务的数字化设备终端总数

（三）评价体系指标的来源与选取

按照前文确立的公共数字文化服务供给要素指标，本研究于 2021 年 1 月 11 日—18 日对各项指标数据进行了收集与整理，具体内容见表 4-2。其中，"文化事业总经费投入"项数据来源于《2020 中国社会统计年鉴》"文化与体育—9-7 分地区文化事业费及占财政支出比重部分"；"数字展览空间面积""数字化设备服务数量"与"公众可使用终端数"三项包括公共图书馆、公共博物馆、公共文化馆三大主要公共文化服务场所的数字化展览室面积、数字文化服务设备、公众可使用终端数量总和，数据由各省 2020 年统计年鉴、2020 年经济与社会发展年报、文化和旅游厅 2020 年工作信息公报汇总得来，全国数据则由 2020 年中国统计年鉴、文化和旅游部 2020 年工作信息报告整理；"相关公众号数量"及"相关 App 数量"分别由西瓜数据—公众号大数据监控平台（http://data.xiguaji.com）和酷传手机 App 数据监控网（https://www.kuchuan.com）检索汇总而来，而相应的"公众号活跃粉丝量""App 下载量"则由"WebScraper"浏览器插件对上述网站的后台数据搜集汇总形成；"相关政策文本数量"项是在公共文化服务政策数据库（http://pcsp.library.sh.cn/）以"数字文化服务"为关键词检索后，剔除内容重复、相关度过低、通报批评类文件等与研究主题无关的政策文本后的结果；"主要数字服务平台"包括以国家公共文化服务云（https://www.culturedc.com）为主的总平台及各省数字文化服务分平台，借助 Python 以中国站长（http://www.cnzz.cn/）为平台，分别对 32 个网络站点 2020 年的每日访问量进行数据抓取，最终汇总整理而来。此外，各项数据项目的全国数据还包括了中央直属机构、站点或 App 的数据，来源与各省数据相同，但结果并非 31 省数据的直接汇总求和。统计结果如表 4-2 所示。

表 4-2 我国各省 2020 年公共数字文化服务供给要素指标数据详情

区域	省份	文化事业总经费/元	数字化展览空间面积/平方米	主要数字资源总量/册、件	数字化服务设备数量/台	公众号数/个	相关App数/个	政策文件数/份	主要数字服务平台访问量/人次	公众号活跃粉丝量/个	相关App下载量/次	公众可使用终端数/台
东部	北京	4 769 500 000	8 100	13 565 460	4 461	11	9	21	798 861	53 726	108 713	2 052
	上海	6 294 800 000	9 800	33 225 588	6 643	13	12	11	7 858 008	42 618	293 092	3 009
	天津	1 706 020 000	9 000	21 335 606	4 550	4	4	13	8 072 753	10 377	54 289	2 963
	广东	10 234 040 000	51 900	75 076 176	18 103	25	13	45	8 013 520	153 296	312 901	11 366
	辽宁	2 060 200 000	101 800	21 276 682	9 971	10	5	30	6 646 001	42 761	81 013	5 845
	江苏	7 205 200 000	34 100	74 607 571	12 545	14	12	73	6 514 634	116 743	231 660	7 211
	浙江	7 989 560 000	40 000	83 008 417	12 994	12	10	48	6 356 661	71 863	202 377	8 573
	福建	3 059 160 000	18 900	33 131 701	7 457	13	7	18	4 221 072	98 447	187 392	4 952
	山东	4 519 100 000	37 800	44 210 172	11 919	9	8	39	6 331 595	31 403	199 711	8 046
	河北	2 979 650 000	22 100	21 603 615	8 153	7	3	27	4 332 725	6 488	92 331	5 711
中部	山西	2 822 990 000	25 200	12 498 062	7 110	5	4	12	6 523 893	52 776	86 219	4 703
	吉林	2 601 530 000	50 300	28 243 374	4 534	6	3	25	6 446 560	28 604	10 773	2 883
	黑龙江	1 925 920 000	58 900	10 913 559	5 897	5	3	10	6 383 548	24 925	8 836	3 752
	安徽	2 187 620 000	23 800	53 098 898	8 288	6	4	19	2 208 602	28 633	33 172	6 009
	江西	2 344 050 000	19 600	18 527 825	7 659	5	6	16	4 210 499	27 652	27 738	4 832

续表

区域	省份	投入指标							产出指标				
^	^	文化事业总经费/元	数字化展览空间面积/平方米	主要数字资源总量/册、件	数字化服务设备数量/台	公众号数/个	相关App数/个	政策文件数/份	主要数字服务平台访问量/人次	公众号话跃粉丝量/个	相关App下载量/次	公众可使用终端数/台
中部	河南	3 181 080 000	33 400	26 294 229	10 445	13	4	18	4 288 860	48 449	93 906	7 109
^	湖北	4 102 340 000	41 000	48 971 769	7 261	16	8	30	5 374 866	102 843	132 746	4 734
^	湖南	3 543 220 000	24 600	24 155 816	8 029	11	5	16	4 307 979	82 531	72 066	5 114
^	海南	842 480 000	3 400	9 767 265	1 517	5	2	18	6 573 780	23 071	53 721	963
西部	重庆	2 414 520 000	12 700	14 718 137	4 416	6	5	21	4 288 078	32 816	101 322	3 125
^	四川	4 722 190 000	39 100	41 721 532	11 346	9	6	19	4 190 571	73 021	348 091	8 180
^	贵州	1 856 750 000	14 800	16 340 125	5 397	4	2	9	6 462 408	60 025	271	3 573
^	云南	3 888 020 000	25 400	26 966 304	7 875	4	5	22	6 388 128	26 081	73 192	5 408
^	陕西	2 452 130 000	17 000	33 899 620	6 160	6	4	21	6 597 076	10 633	11 602	4 287
^	甘肃	2 049 400 000	12 700	18 645 173	5 287	5	2	25	3 070 043	31 181	71 392	3 532
^	青海	1 259 850 000	5 300	2 474 069	2 081	3	1	18	4 400 982	26 843	87	1 301
^	内蒙古	2 857 080 000	24 700	12 783 343	6 603	7	3	22	2 404 374	12 747	3 211	4 597
^	新疆	1 930 450 000	17 200	6 738 139	5 616	6	2	13	818 178	25 811	2 805	4 095
^	宁夏	822 220 000	8 200	4 517 589	2 345	3	2	19	177 038	6 915	6 318	1 658
^	广西	2 519 400 000	19 200	30 788 640	6 764	5	4	28	6 569 026	32 775	23 811	4 624
^	西藏	1 024 790 000	3 800	607 025	1 419	3	1	2	1 252 958	9 385	62	946
全国	^	106 502 170 000	653 700	865 600 119	225 815	286	173	773	167 964 642	1 395 439	2 924 820	145 736

三、基于传统 DEA 方法的预测算与模型改进

(一) 传统 DEA 方法的模型选择

按照前文确立的 DEA 方法测算流程，上文已经完成对于公共数字文化服务供给要素评价目标的确定、决策单元的分析与评价体系的构建的基础上，本部分进行基于传统 DEA 方法的预测算，以观察是否需要对基础测算模型进行改进。本书采用在 DEA 方法中最基础的 C^2R 模型上增加部分限制条件，但仍属于传统 DEA 方法的 BC^2 模型进行预测算。该模型于 1984 年由美国学者班克（Banker）等人提出，对基础的 C^2R 进行了小幅改进，使得 DEA 方法可以被用于评价更多决策单元在更大体系规模下的效率，提升了基础模型测算上限，即增加了限制条件：$\sum_{j=1}^{n} \lambda_j = 1$。由此，传统 DEA 方法的 BC^2 模型基本表达式可被写作

$$\text{Min } \theta$$
$$\text{s.t.} \begin{cases} \sum_{j=1}^{n} \lambda_j X_j \leqslant \theta X_0, \\ \sum_{j=1}^{n} \lambda_j X_j \geqslant Y_0, \\ \sum_{j=1}^{n} \lambda_j = 1, \\ \lambda_j \geqslant 0, j = 1, 2, \cdots, n. \end{cases} \quad (4-5)$$

通过加入限制条件，B^2C 模型测算所得的综合效率为规模效率与纯技术效率之积，当规模效率与纯技术效率都为 1 时，综合效率也为 1，此时被称作（强）DEA 有效；当两者均不为 1 时，综合效率也必不为 1，此时被称作非 DEA 有效；当两者中有一者为 1 时，综合效率与不为 1 的效率值相同，此时被称作弱 DEA 有效。由于公共数字文化服务供给要素由我国政府规划主导，其具体投入数量不会无限制地大幅变动，因此，采用带有限制条件的 B^2C 模

型作为传统 DEA 方法进行预测算。

（二）基于传统 DEA 方法的预测算结果

根据 DEA—B^2C 模型的测算要求，借助 DEAP 软件（Version2.0）对所收集数据进行预测算，得到 31 省及全国公共数字文化服务供给要素配置效率预测算结果，见表 4-3。表 4-3 中，在传统 DEA 方法的 B^2C 模型下对我国公共数字文化服务供给要素配置进行测算，31 个省份中有 22 个省份的供给要素配置综合效率达到了 1，即投入与产生效率已达最高。在此种多个决策单元（DMU）被测算为绝对有效的情况下，很难对其具体情况进行进一步分析评价。这是因为传统 DEA 方法下，无论是 C^2R 模型或是 B^2C 模型都必须遵循效率值最大为 1 的基本条件，但当现实情况中投入与产出指标数量较多、关系交叉时，强有效 DMU 的数量也会随之增多，而当这些 DMU 的综合效率值相同时，各省之间效率的高低也就无法进一步区分和计算。综上，在传统 DEA 方法下，我国公共数字文化服务供给要素配置综合效率的预测算结果已经出现了有效 DMU 过多导致无法进一步区分评价的情况，由此也没有必要再对各要素的具体投入产出松弛变量结果进行预测算，按照前文 DEA 方法的既定测算流程，需要对测算模型改进后再次测算。

表 4-3　公共数字文化服务供给要素配置效率预测算结果

地区		TE	PTE	SE	规模报酬
东部	北京	1.000	1.000	1.000	—
	上海	1.000	1.000	1.000	—
	天津	1.000	1.000	1.000	—
	广东	0.905	1.000	0.905	drs
	辽宁	1.000	1.000	1.000	—
	江苏	0.944	1.000	0.944	drs
	浙江	0.922	1.000	0.922	drs
	福建	1.000	1.000	1.000	—

续表

地区		TE	PTE	SE	规模报酬
东部	山东	0.960	1.000	0.960	drs
	河北	1.000	1.000	1.000	—
	山西	1.000	1.000	1.000	—
	吉林	0.930	0.935	0.995	drs
	黑龙江	1.000	1.000	1.000	—
中部	安徽	1.000	1.000	1.000	—
	江西	1.000	1.000	1.000	—
	河南	1.000	1.000	1.000	—
	湖北	1.000	1.000	1.000	—
	湖南	0.955	1.000	0.955	drs
	海南	1.000	1.000	1.000	—
	重庆	1.000	1.000	1.000	—
	四川	1.000	1.000	1.000	—
	贵州	1.000	1.000	1.000	—
	云南	1.000	1.000	1.000	—
	陕西	1.000	1.000	1.000	—
西部	甘肃	1.000	1.000	1.000	—
	青海	1.000	1.000	1.000	—
	内蒙古	0.965	0.974	0.991	drs
	新疆	1.000	1.000	1.000	—
	宁夏	0.970	1.000	0.970	irs
	广西	0.998	1.000	0.998	drs
	西藏	1.000	1.000	1.000	—
全国		0.985	0.997	0.988	

注：TE 为综合效率，PTE 为纯技术效率，SE 为规模效率，TE=PTE*SE；—代表规模报酬不变，drs 代表规模报酬递减，irs 代表规模报酬递增，下同。

（三）基于传统 DEA 方法的模型改进

由于松弛变量对于环境效率的影响在传统的 DEA 模型中难以测算，因此经常导致决策单元最终效率值结果出现偏高状况，且存在出现多个决策单元同时有效的可能。❶ 为了解决传统 DEA 方法模型面对较多决策单元时可能会出现的，与前文预测算结果相类似的多个单元效率值同时为 1 而导致难以进行后续评价分析的问题，美国学者安德鲁森（Adersen）和皮特里森（Petresen）于 1993 年提出了对有效 DMU 突破效率最大值限制，在传统 DEA 方法上进一步区分被测算单位有效程度的方法。❷ 为了方便区分被命名为"超效率"模型（Super Efficiency Model），与之对应的传统 DEA 方法所用的模型被称为标准效率模型（Standard Efficiency Model）。该改进模型的核心思路就是将被评价 DMU 剥离出来，在随后的数据计算过程参考集中进行剔除。此时，有效 DMU 的效率值便可突破在传统 DEA 方法模型中 1 的限制，从而使各有效 DMU 的效率值测算结果更加明显，便于对有效 DMU 加以区分评价。另外，在多数效率分析应用模型中，需要进一步对效率的影响因素进行分析。而通常在传统 DEA 方法下，许多测算模型的最大效率值为 1，会被自动识别为截尾数据，所以许多研究还会在测算结果得出后，再次采用 Tobit 回归模型对结果进行测算与检验。但由于超效率模型的最大效率值突破了 1 的限制，因此最大效率值截尾的问题也不复存在，从而不再需要构建专门处理截尾数据内容的 Tobit 回归模型，也在一定程度上简化了整体测算步骤。

当前学术界公认、可靠的超效率测算模型主要有以下三种：①安德鲁森和皮特里森于 1993 年提出的径向超效率模型；②有学者于 2001 年提出的 SBM 超效率模型；❸③有学者于 2008 年提出的方向距离函数超效率模型。其中，

---

❶ 王少剑，高爽，黄永源，等.基于超效率 SBM 模型的中国城市碳排放绩效时空演变格局及预测［J］.地理学报，2020，75（6）：1316-1330.

❷ ANDERSEN P, PETERSEN N C.A procedure for ranking efficient units in data envelopment analysis［J］.Management Science，1993，39（10）：1261-1265.

❸ 李静，马潇璨.资源与环境双重约束下的工业用水效率——基于 SBM-Undesirable 和 Meta-frontier 模型的实证研究［J］.自然资源学报，2014，29（6）：920-933.

SBM 超效率模型在具体计算过程中,当遇到无效率情况的出现便会使用各项投入/产出可以缩减/增加的平均比例来进行衡量,因此,解决了径向超效率模型对于无效率单位的测算没有包含松弛变量的问题。❶ 同时,SBM 模型更适用于用作非期望产出模型来进行效率测算,一方面破解了如何处理非期望产出条件下的效率测算难题,另一方面更加完善了判断投入与产出间松弛性的评估方法。❷ 此外,SBM 超效率模型还妥善校正了数据范围和选择角度之间产生的误差,由此可以对有效单元进一步进行客观评价。上述特点优势都与公共数字文化服务供给要素配置的效率测算要求相匹配,因此,选用 SBM 超效率模型,对传统 DEA 方法所用的测算模型进行改进优化,再次输入数据进行测算。

四、基于超效率 SBM 模型的供给要素配置效率测算

(一)超效率 SBM 模型的构建

在构建适用于评估我国公共数字文化服务供给要素配置效率的 SBM 测算模型前,首先需要对所用数学元素进行假设规定。一般情况下,设定目标生产系统共有 n 个决策单元,这些决策单元均包含三个投入产出向量:投入指标、期望产出和非期望产出,则随后可以设定 m 个决策单元投入产生的期望产出为 S_1、非期望产出为 S_2。❸ 因此,将上述向量分别写作为 $x \in R^m$,$y^g \in R^{S_1}$,$yb \in R^{S_2}$。其中 X、Y^g、Y^b 均为矩阵,其定义分别为

$$X=[x_1,x_2,\cdots,x_n] \in R^{m*n},\ Y^g=[y_1^g,y_2^g,\cdots,y_n^g] \in R^{S_1*n},\ Y^b=[y_1^b,y_2^b,\cdots,y_n^b] \in R^{S_2*n} \quad (4-6)$$

---

❶ TONE K,TSUTSUI M.Dynamic DEA:A slack-based measure Approach[J].Omega,2010,38(3):145-156.

❷ 刘心,李淑敏.基于非期望产出 SBM 模型的中国各省份能源效率的实证分析[J].数学的实践与认识,2015,45(2):35-43.

❸ ZHANG J,ZENG W,WANG J,et al.Regional low-carbon economy efficiency in China: Analysis based on the Super-SBM model with CO2 emissions[J].Journal of Cleaner Production,2017,163:202-211.

此时假设 $X>0, Y^g>0, Y^b>0$，则生产可能性集合可定义为

$$P=\{(x,y^g,y^b)|x \geqslant X\theta, y^g \geqslant Y^g\theta, y^b \leqslant Y^b\theta, \theta \geqslant 0\} \tag{4-7}$$

式（4-7）可理解为实际的产出相较于前期的理想期望产出水平较低，而实际的非期望产出相较于前期的非期望产出水平较高。[1] 在已确立的可能性生产集的基础上，可纳入 SBM 模型的非期望产出测算决策单元 (x_0, y_0^g, y_0^b) 写作

$$\rho = \min \frac{1-\frac{1}{m}\sum_{i=1}^{m}\frac{S_i^-}{x_{i0}}}{1+\frac{1}{S_1+S_2}\left(\sum_{r=1}^{S_1}\frac{S_r^g}{y_{r0}^g}+\sum_{r=1}^{S_2}\frac{S_r^b}{y_{r0}^b}\right)}, \text{s.t.} \begin{cases} x_0 = X\theta + S^- \\ y_0^g = y^g\theta - S^g \\ y_0^b = Y^b\theta - S^b \\ S^- \geqslant 0, S^g \geqslant 0, S^b \geqslant 0, \theta \geqslant 0 \end{cases} \tag{4-8}$$

此时式（4-8）中的模型仍为非线性方程，在实际效率计算操作中极为不便，因此通过 Charnes-Cooper 变换将该非线性方程转换为线性方程，等价式为

$$T = \min t - \frac{1}{m}\sum_{i=1}^{m}\frac{S_i^-}{x_{i0}}, \text{s.t.} \begin{cases} 1 = t + \frac{1}{S_1+S_2}\left(\sum_{r=1}^{S_1}\frac{S_r^g}{y_{r0}^g}+\sum_{r=1}^{S_2}\frac{S_r^b}{y_{r0}^b}\right) \\ x_0 t = X\mu + S^- \\ y_0^g t = Y^g\mu - S^g \\ y_0^b t = Y^b\mu - S^b \\ S^- \geqslant 0, S^g \geqslant 0, S^b \geqslant 0, \mu \geqslant 0, t > 0 \end{cases} \tag{4-9}$$

式（4-9）的字母符号中，$S=(S^-, S^g, S^b)$ 分别表示投入、期望产出、非期望产出松弛量，ρ 的函数目标值就代表着该单独决策单元的最终效率评估值，其范围必定大于等于 0 且小于等于 1。因而在式（4-8）中，对于已经给定的决策单元 (x_0, y_0^g, y_0^b)，如果出现 $S^-=S^g=S^b=0$，也就是 $\rho=1$ 的情况，该决策单元是有效的，同理，若在 0 到 1 之间，则该决策单元并非有效，需要

---

[1] HONG L, FANG K, WEI Y, et al. Regional environmental efficiency evaluation in China: Analysis based on the SuperSBM model with undesirable outputs [J]. Mathematical & Computer Modelling, 2013, 58（5/6）: 1018-1031.

改进以提升效率。此时，被测算决策单元的效率值仍然最大为1。而要想确保效率测算结果最终可以体现出更客观合理的效率评价值，则需要继续加入条件，使其效率值突破1的限制，形成SBM超效率模型的最终测算表达式，具体写作：

$$\rho = \min \frac{\frac{1}{m}\sum_{i=1}^{m}\frac{\overline{x}_i}{x_{i0}}}{\frac{1}{S_1+S_2}\left(\sum_{r=1}^{S_1}\frac{\overline{y}_r^g}{y_{r0}^g}+\sum_{r=1}^{S_2}\frac{\overline{y}_r^b}{y_{r0}^b}\right)},$$

$$\text{s.t.} \begin{cases} \overline{x} \geqslant \sum_{j=1, \neq k}^{n}\theta_j x_j \\ \overline{y}^g \leqslant \sum_{j=1, \neq k}^{n}\theta_j y_j^b \\ \overline{y}^b \geqslant \sum_{j=1, \neq k}^{n}\theta_j y_j^b \\ \overline{x} \geqslant x_0, \overline{y}^g \leqslant y_0^g, \overline{y}^b \geqslant y_0^b, \overline{y}^g \geqslant 0, \theta \geqslant 0 \end{cases} \quad (4-10)$$

式（4-10）即为DEA方法下超效率SBM模型的最终表达式，也是按照该算式对所测数据的效率值进行计算，其中 ρ 的意义于（4-9）式中的相同，但在超效率SBM模型下，其最大值将不再受到1的限制。

（二）基于超效率SBM模型的测算结果

在构建好超效率SBM模型后，利用专业的数据包分析软件MaxDEA 8.0带入数据进行测算，得到我国公共数字文化服务供给要素配置效率综合结果与各指标要素投入产出松弛变量结果。模型经过改进后的测算结果清晰地展示了各要素效率间的差异，为后续评价分析提供了数据基础，效果较为满意，无须再改进。

（三）综合效率测算结果

综合效率测算是以各省、自治区、直辖市为单位，将所有供给要素指标综合考虑，测算得出的各地区供给要素配置总体效率、纯技术效率与规模效率，可以为评价某一地区公共数字文化服务供给要素配置的整体情况提供数据参考。由于规模是基于综合效率与纯效率、规模效率之间的关系判断，且对于后续评价分析的参考意义有限，因此不再专门列出，具体测算结果见表4-4。

表4-4 我国各地区公共数字文化供给要素配置效率表

地区		TE	PTE	SE
东部	北京	1.085	1.088	0.998
	上海	1.594	2.493	0.640
	天津	1.181	4.613	0.256
	广东	0.753	1.364	0.552
	辽宁	1.060	1.146	0.925
	江苏	0.686	1.036	0.662
	浙江	0.681	1.007	0.676
	福建	1.288	1.396	0.923
	山东	0.850	1.108	0.767
中部	河北	1.041	1.080	0.964
	山西	1.136	1.195	0.950
	吉林	0.591	0.592	0.999
	黑龙江	1.061	1.061	1.000
	安徽	1.095	1.111	0.985
	江西	1.033	1.041	0.992
	河南	1.038	1.116	0.931
	湖北	1.007	1.046	0.963
	湖南	0.868	1.032	0.841
	海南	1.756	1.805	0.973
西部	重庆	1.013	1.015	0.999
	四川	1.527	2.177	0.701
	贵州	1.498	1.619	0.925
	云南	1.064	1.071	0.993
	陕西	1.000	1.002	0.998
	甘肃	1.038	1.056	0.982
	青海	1.428	1.489	0.959

续表

	地区	TE	PTE	SE
西部	内蒙古	0.808	0.841	0.961
	新疆	1.233	1.244	0.991
	宁夏	0.711	1.101	0.646
	广西	0.908	1.010	0.899
	西藏	1.515	2.738	0.553
全国		1.082	1.377	0.858

注：为了方便统计数据展示与后续对比分析，所有测算结果均做保留小数点后3位处理。

表4-4中，全国公共数字文化服务供给要素配置的综合效率值为1.082，纯效率值与规模效率值分别为1.377与0.858；综合效率值最高的地区为海南，达到了1.756，其纯技术效率值与规模效率值也在全国各地区总体排序中名列前茅，分别达到了1.805与0.973；而公共数字文化服务供给要素配置效率最低的地区是吉林，其综合效率值仅为0.591，纯技术效率更是低至0.592，规模效率为0.999，虽然相对较高，却也未达到效率有效的水平。同时，为了更加直观地展示我国各地区公共数字文化服务供给要素配置综合效率水平，更加清晰地展示不同地区间综合效率的差异情况与综合效率值的走向趋势，本书将综合效率值部分以各地区为单位，按照测算结果绘制成折线图，如图4-2所示。

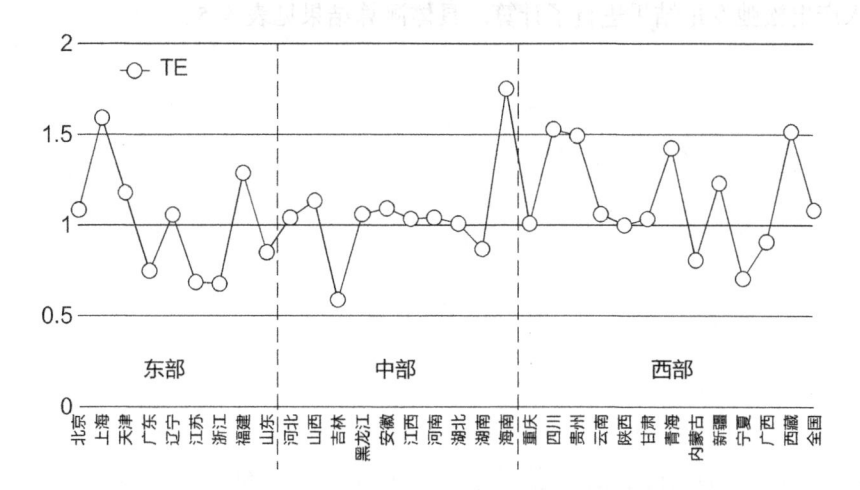

图4-2 我国各地区公共数字文化服务供给要素配置综合效率图

如图 4-2 所示，全国仅有 9 个省份的公共数字文化服务供给要素配置综合效率值小于 1，处于非有效状态的地区。中部地区总体而言全国公共数字文化服务供给要素配置综合效率处于有效状态。中部中除了综合效率值最高与最低的海南与吉林外，其余省份的综合效率值分布较为集中，趋于平均，各省份的差异明显小于东部与西部地区。综合来看，全国东中西地区的公共数字文化服务供给要素配置综合效率并未出现某一地区的综合效率值在整体上明显高于其他两地的情况，三地区之间的综合效率值分布较为均匀，多居于 1～1.5；而三地区内部各省的公共数字文化服务供给要素配置综合效率则各有高低。

（四）投入产出松弛变量测算结果

投入产出松弛变量测算是以全国各地区为单位，将各公共数字文化服务供给要素按投入与产出分别考量，对各投入要素指标的投入冗余量与产出要素指标的产出不足量进行测算。一般情况下，投入产出松弛变量测算结果数据量繁多且内容过于具体，对于从整体出发进行效率评价分析的作用有限，因此较少出现在利用 DEA 方法对某一体系运作效率测算评价的相关研究中。但本书认为，投入产出松弛变量可以为评价某一地区具体的某项公共数字文化服务供给要素指标配置效率情况提供参考，所以基于综合效率测算结果，对各要素指标投入产出松弛变量结果进行了计算。具体测算结果见表 4-5。

表 4-5 我国各地区公共数字文化服务各供给要素指标投入产出松弛变量表

地区		文化事业总经费/元	数字化展览空间面积/平方米	主要数字资源总量/册、件	数字化服务设备数量/台	公众号数/个	相关App数/个	政策文件数量/份	主要数字服务平台访问量/人次	公众号活跃粉丝量/个	相关App下载量/次	公众可使用终端数/台
东部	北京	0	2 157	4 498 047	0	0	0	0	5 668 617	0	0	674
	上海	0	21 197	4 335 153	2 739	0	0	16	0	27 486	0	0
	天津	88 703 264	3 144	0	0	1	0	4	0	40 736	0	2 963
	广东	-3 810 420 322	-1 922	-15 922 881	-1 631	-9	-3	-15	3 413 890	0	0	0
	辽宁	859 191 883	0	0	-1 923	0	0	30	0	4 008	0	0
	江苏	-2 965 691 892	-4 164	-32 475 481	-889	1	-4	-50	222 881	15 231	0	0
	浙江	-3 353 195 496	-1 368	-46 822 283	3 675	0	-4	-26	0	0	0	2 313
	福建	2 000 693 504	12 318	6 177 867	-377	0	-2	-19	5 917 910	64 382	0	0
	山东	-79 549 626	-1 471	-5 644 838	0	0	0	0	1 764 413	51 104	0	0
	河北	24 028 948	2 840	0	0	0	0	0	0	1 650	0	0
中部	山西	0	0	10 401 808	0	0	0	0	0	21 586	3 125	0
	吉林	-1 016 126 387	-38 508	-13 691 172	-163	-1	-1	-13	0	30 926	17 425	0
	黑龙江	141 938 719	0	3 876 250	0	0	0	0	6 127 152	38 595	0	0
	安徽	910 316 173	690	0	731	0	0	0	0	12 745	0	0
	江西	33 221 351	195	0	0	1	0	16	1 723 653	27 583	0	0
	河南	516 547 192	0	0	0	0	0	1	3 571 589	0	0	0
	湖北	0	0	0	341	0	0	0	3 571 589	0	70 979	278

续表

地区		投入冗余量						产出不足量			
		文化事业总经费/元	数字化展览空间面积/平方米	主要数字资源总量/册、件	数字化服务设备数量/台	公众号数/个	相关App数/个	政策文件数量/份	主要数字服务平台访问量/人次	公众号活跃粉丝量/个	相关App下载量/次	公众可使用终端数/台
中部	湖南	-677 944 342	-2 487	0	-333	-3	-1	-1	3 121 037	0	0	0
	海南	1 206 291 130	4 245	4 061 156	2 208	0	1	0	0	0	0	1 269
	重庆	0	937	14 718 137	84	0	0	0	0	0	0	0
	四川	3 925 677 423	0	1 025 563	2 764	7	8	4	10 224 285	26 144	0	0
	贵州	699 033 555	1 212	0	91	2	1	13	0	25 078	68 214	0
	云南	0	0	0	61	1	0	0	0	20 022	44 482	0
	陕西	0	0	0	20	0	0	0	0	0	0	0
西部	甘肃	0	2 391	6 121 391	5 287	0	0	0	487 637	0	19 842	145
	青海	0	473	0	126	0	0	0	0	25 824	0	0
	内蒙古	-642 203 538	-5 403	-2 554 869	-168	0	-1	-8	0	0	59 288	0
	新疆	141 544 997	1 673	7 529 400	393	0	0	0	2 644 736	0	0	0
	宁夏	-27 507 868	-1 164	-1 361 786	-69	0	-1	-13	192 908	3 860	13 589	0
	广西	-190 151 274	-1 088	0	0	0	0	-12	0	5 295	16 399	0
	西藏	0	1 211	1 856 386	4	0	0	0	0	985	0	0
全国		-215 602 606	-2 892	53 862 152	12 961	-2	-8	-109	45 080 708	443 240	313 343	7 642

注：由于多数指标的单位必须为整数，在计算中加入了逢小数则进一位的运算条件。

表 4-5 详细展示了我国各地区公共数字文化服务供给要素所有指标的投入产出松弛变量情况。其中，某指标的投入冗余量为负，说明在当前该指标的现实投入量少于该指标为达到效率有效的目标投入量，两者之间的差距为该负数值；投入冗余量为正，说明当前该指标的现实投入量多于该指标可达到效率有效的目标投入量，盈余部分为该正数值；投入冗余量为 0 则表明该指标当前投入量与效率有效的目标投入量相等，两者间无差距。产出不足量的内涵与投入冗余量相对应，可以明显看出当前我国公共数字文化服务供给要素指标的产出不足量无负数，那么某指标的产出不足量不为 0 时，表明该指标当前产出量少于效率有效的目标产出量，意味着该指标至少还要增加该数值的产生量才能达到指标效率有效；产出不足量为 0 则证明当前产出已达效率有效，当前状态下无须增加产出。例如，北京"数字化展览空间面积"指标的投入冗余量为 2157，而广东为 –1922，说明北京数字化展览空间面积在达到指标效率有效后，还多余出 2157 平方米的面积，而广东则至少还需要增加 1922 平方米的数字化展览空间面积才能达到有效；北京"公众可用终端数"指标的产出不足量为 674，广东为 0，说明北京当前公众可用终端至少还需多产出 674 台才能与目标数量相持平，从而达到指标效率有效。而广东的公众可用终端数在当前已经有效，无须增加更多。

五、测算结果的分析与评价

在对我国公共数字文化服务供给要素配置效率测算结果进行分析评价前，需要对所采用的 DEA—SBM 超效率模型测算方法下，投入指标与产出指标之间存在的联系再做进一步的阐述。首先应当明确的一点：对于任一要素指标而言，并非投入盈余越多或产出不足越少，效率也会随之越高。任何体系或系统都无法仅仅依靠投入指标或产出指标中的一个进行整体效率评价，正常的体系中两者间应当是动态统一、相互影响的关系，所以单独增加投入量/产出量很难提升整体效率水平。投入量的大量冗余也许会在体系实际运行中带来一定程

度上的便利，但在进行效率评价时却并非优点，投入与产出相适应、相匹配才能最大限度地提升综合效率值。因此，会出现某一DMU的某个单独指标投入量看似很大并远远领先，但其最后的效率值且并不突出的现象。此外，某一DMU的综合效率是由全体指标共同影响形成的，因此会出现该单元内虽然有多个指标存在投入大量冗余或产出远远不足的问题，但其整体的综合效率却呈现出有效的状态。本书依据测算结果，从以下4个视角出发对我国公共数字文化服务供给要素配置效率进行分析评价。

（一）总体发展视角：综合效率总体有效，规模效率有待提升

通过对我国公共数字文化服务供给要素配置效率进行测算，可以发现，全国整体的公共数字文化服务供给要素配置综合效率值为1.082，基本达到有效的状态。其中，纯技术效率较高，为1.377，证明我国总体在公共数字文化服务供给要素配置上的管理、技术方面效率较高；但规模效率仅为0.858，仍未达有效状态，说明总体上仍需继续扩大投入规模，提升整体的公共数字文化服务供给规模效率。具体来看，各省、自治区、直辖市的状况也印证了全国总体发展态势，31地中有22地综合效率值达有效状态，占比近71%；近94%的地区纯技术效率达到有效范围，仅有吉林与内蒙古两地的纯技术效率低于1，分别为0.591与0.808。与之形成鲜明对比的是规模效率方面竟只有一地达到有效状态，规模效率的最高地区是黑龙江省，也只是刚好达到1的有效临界值；规模效率最低的天津仅为0.256，在投入规模方面效率过低，尽管该地的纯技术效率位居全国第一，高达4.613，但受到规模效率值的影响，综合效率的表现也并不突出，为1.818。

（二）区域差异视角：区域间效率差异显著，优势区域尚未集中

当前我国公共数字文化服务供给要素配置效率各区域间的差异在前文进行了详细的展示，图4-2更是直观展现了各地区综合效率值的走势趋向。值得注意的是，文化事业总经费、主要数字资源总量和主要数字服务平台访问量等

多个投入产出指标均位居全国第一的广东，其公共数字文化服务供给要素配置的综合效率值却位列全国 31 地中倒数第五，甚至仍处于综合效率非有效状态，仅为 0.735，虽然纯技术效率有效，达到了 1.364，但受规模效率只有 0.552 的影响，综合效率值处在一个相对较低的水平。综合效率值排名前三的地区分别为海南、上海和四川，达到了 1.756、1.594 与 1.527。海南因其纯技术效率与规模效率相对均衡且均名列前茅，成为当前我国公共数字文化服务供给要素配置综合效率最高的省份；上海、四川因为纯技术效率与规模效率之间的差距过大，限制了其综合效率的发展水平，而这一问题在天津、西藏等地区的影响更为凸显。此外，从当前各地公共数字文化服务供给要素配置效率测算结果来看，并未形成某一地区的配置效率明显领先于其他地区，综合效率最高和最低的省份都在中部地区，但中部地区的整体也并未领先或落后于东西部地区，各地区内部效率值的高低趋势也参差不齐。因此，以东、中、西三大地区为视角出发来考量，当前我国公共数字文化服务供给要素配置效率并未出现优势集中的区域，也暂未发现有资源朝某区域一边倒的倾向，各地区均具备较大的发展潜力。

（二）要素指标视角：多地投入产出相脱节，存在大量冗余与不足

前文以广东为例，发现并指出了当前我国公共数字服务供给要素配置现状中存在的一个重要问题，即某些省份在具体的公共数字文化服务供给要素投入或产出指标数据上处于非常明显的优势地位，看似该地区的公共数字文化服务供投入资源多、产出效果也好，但其综合效率却完全无法体现出具体投入产出数值的优势，效率值排名几乎垫底。对比表 4-2 与表 4-4 数据后不难发现，我国当前公共数字文化服务供给要素指标投入量居于前三的广东、江苏、浙江分别在综合效率排名中位于倒数第五、倒数第二与倒数第三，综合效率排名最低的吉林省在投入指标的具体数据上也并不落后，且上述四省的公共数字文化服务供给要素产出指标数据也表现不俗，数据排名前后的反差现象十分明显。这个问题仅通过总体指标测算无法进行分析与原因探究，于是，本书通过测算各

地公共数字文化服务供给要素各指标的投入产出松弛变量结果为这一现象的出现提供了合理解释。出现上述反差现象的原因很可能是因为现实投入量与产出量的脱节，即该地当前公共数字文化服务供给要素配置情况下，现行的指标投入量与相对应的产出量不匹配，如此大量的投入在效率有效的情况下应该得到更多的产出，或当前的产出量按照效率有效的条件下无须如此大量的投入。可以借助上海市与江苏省为例做对比进行进一步阐释：两地的公共数字文化服务供给要素指标在投入方面，除相关 App 数量相同外，江苏各项投入指标的数据均领先于上海，而产出指标方面，上海的主要数字平台访问量与相关 App 下载量却反超了江苏的相应指标数据。最终，两者的投入产出松弛变量测算结果也表明了江苏的投入指标存在大量冗余，产出不足量也远超过上海，其综合效率值自然也无法处于领先地位。从具体指标来看，7 个公共数字文化服务供给要素投入指标中有 5 个指标出现了投入冗余现象、产出指标均出现大量不足，投入大量冗余、产出明显不足的问题十分显著。

（四）社会环境视角：经济条件相关性弱，人口因素影响有限

为了探究当前我国各地公共数字文化服务供给要素配置效率走势是否受到地方社会环境强烈影响，在图 4-2 基础上加入了"地区总人口""地方 GDP 总量"与"地方人均可支配收入"三个有明确数据统计的地方社会整体环境指标，将我国公共数字文化服务供给要素配置的综合效率值在各省、自治区、直辖市的发展趋势与当代社会的经济、人口条件进行直观展示，如图 4-3 所示。可以明显看出"GDP 总量""总人口"与"人均可支配收入"三者呈现出高度关联性，各地的走向趋势大致相互保持一致，并且在整体上呈现出明显的东—中—西三大地区逐步下降的分布状态。但上述三项指标与"TE"（各地公共数字文化服务供给要素配置综合效率值）指标的走势相关性较弱，且 TE 指标并未呈现出明显的由东向西整体降低趋势。值得注意的是，"人口"指标在各地的数据走势起伏较小，增减波动趋势较缓，与 TE 指标的发展走势形成鲜明对比，后者的数据分布趋势波动显著增加，增减趋势浮动较大。以福建省为例，

经济最发达的广东公共数字文化服务供给要素配置综合效率并不领先经济相对落后的福建，说明综合效率与经济条件的相关性较弱；浙江人口总数远多于福建省，TE 值却落后，证明并非人口数量越多、综合效率值越高；山东的总人口少于福建，TE 值却同样落后于福建省，从另一角度证明了也并非人口越少、综合效率值越高。综上所述，可以判断出当前我国公共数字文化服务供给要素配置效率并未与地方经济指标产生高度关联和明显的影响作用，且受到人口数量的影响十分有限。

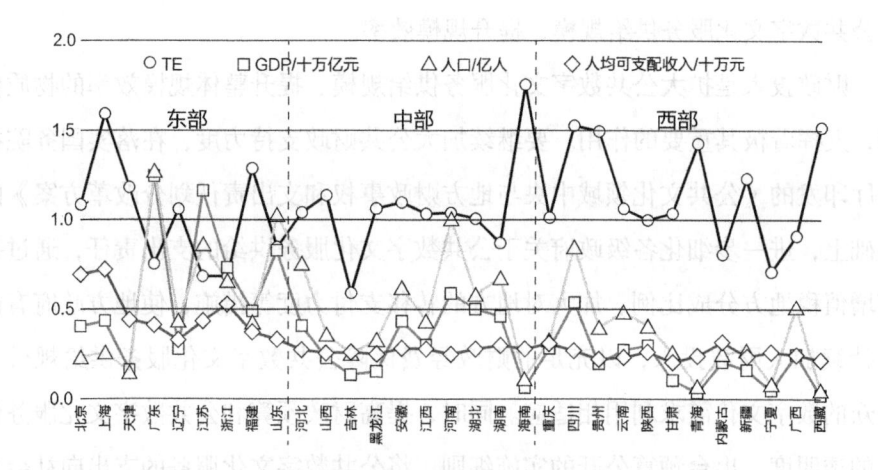

图 4-3　各地公共数字文化服务供给要素配置综合效率与经济人口图

注：各项指标均为 2021 年末数据，来源于国家统计局官方网站（http://www.stats.gov.cn/）。

第三节　区域公共数字文化服务供给要素配置效率提升策略

通过上述对区域公共数字供给要素配置效率的测算，发现存在规模效率不高、区域间效率差异显著、投入产出存在大量冗余与不足等问题。本部分针对相应问题，根据我国政治、经济、文化等社会现实条件，提出区域公共数字文化服务供给要素配置效率提升的策略。

一、优化财政要素投入，提升整体规模效率

从公共数字文化服务供给要素配置综合效率测算结果来看，我国当前公共数字文化服务供给要素的规模效率仍存在较大的进步空间，全国31省、自治区、直辖市中只有黑龙江一地的规模效率刚刚达到有效标准，可见亟须持续扩大公共数字文化服务供给规模，提升规模效率。

财政投入是扩大公共数字文化服务供给规模、提升整体规模效率的物质保障，发挥着极其重要的作用。要继续加大公共财政支持力度，在落实国务院办公厅印发的《公共文化领域中央与地方财政事权和支出责任划分改革方案》的基础上，进一步细化各级政府关于公共数字文化服务供给的支出责任，通过提高增值税地方分成比例、加大对地方的转移支付力度等措施，使地方政府有能力持续加大财政投入，以充足的财政经费保障公共数字文化服务供给规模与公众的数字文化需求利用相适应。同时，提高财政预算和公共数字文化服务供给的透明度。出台预算公开的实施细则，将公共数字文化服务的支出向社会公开，对公共数字文化服务供给的各项内容进行公开，增强外部约束和监督。

各级政府在加大对公共数字文化服务财政投入的同时，也应注重优化投入结构，提高投入效率。坚持按需投入原则，严格按照不同地区公众对公共数字文化服务的需求、公共数字文化服务业务开展的需求进行投入，避免投入冗余及投入不足。对于部分财政投入冗余的省份应把工作重点转向优化财政投入比例，使公共数字文化服务财政投入向农村地区、革命老区、民族地区、边疆地区等地倾斜，依据地区人口分布特点、公共数字文化服务基础设施建设现状等确定财政投入的数量与比例，切实保障财政投入满足这些地区建设公共数字文化设施、开展公共数字文化活动等所必需的资金需求。对于公共文化机构来说，公共数字文化服务经费的多少取决于政府的财政预算和地方经济水平，属于外部条件，不由其自身控制和调配。但公共文化机构可以对现有的经费投入

根据自身实际情况作出合理分配，调整各项投入指标的配置状况，把有限的经费发掘出更优的配置结果。例如，对于数字化空间展览面积不足的问题，公共文化服务机构可以将分配到的经费适当往扩大数字展览室面积、数字展览设备数量等方面倾斜，提升这一指标的投入量，从而实现整体规模效率的提升。

二、推进要素流通共享，促进区域间均衡优质发展

通过前文对于我国当前公共数字文化服务供给要素配置效率的测算及分析，发现并未出现某一地区的配置效率明显领先于其他地区的现象，各地区内部效率值的高低也参差不齐，各项要素投入均存在不同程度的无效现象，这就需要通过推动区域间供给要素的合理共享与互补，实现要素的有效流通，以此促进区域间公共数字文化服务均衡优质发展。

应尽快成立公共数字文化服务供给要素协调和规划配置中心，统一协调全国范围内的供给要素配置，推动供给要素流通共享。供给要素协调和规划配置中心要为供给要素配置架设起政府、市场及介于两者间的社会力量参与的合作组织，以政府的财政、政策和基础设施要素为基础，以适当的资源与服务要素作为发展对象，通过"杠杆原理"撬动庞大的社会资本投入统筹公共数字文化服务供给要素的有效配置中，进行社会资本的统筹和分配。

供给要素协调和规划配置中心可以通过对各地区现有的要素进行定期的统筹和规划，让投入冗余地区的要素与投入不足地区的要素进行缺口对流，探索要素双向对流的实现路径，一定程度上能避免供给要素的浪费。例如，资源要素方面，统一协调全国范围内公共数字文化资源共建共享工作，主导建设全国性的公共数字文化资源整合平台，借助平台手段，实现数字文化资源更大范围的共享和传播。使西部地区的公共文化机构可以引进并借鉴中东部地区的优质数字文化资源，提高本地区公共数字文化服务质量；东部地区的公共文化机构则可以汲取中西部地区的特色文化内容，对已有的公共数字文化资源体系加以补充完善；中部地区的公共文化机构则可以向东"取其所长"、向西"取其特

色"，灵活发展。设备要素方面，推动闲置数字化设备的共享。可以依据公共数字文化服务供给要素配置效率测评结果，开展闲置数字化设备的共享工作，制订促进设备要素流通共享的制度规范，协调各地区、各公共文化机构之间的利益关系，使数字化设备投入冗余的地区向投入不足的地区无偿转让，或出让设备的使用权，扩大向投入不足地区的设备要素配置规模和质量，提高设备的利用率。

三、科学配比投入产出，确保冗余与不足的合理区间

从投入产出松弛变量表（见表4-5）可以看出，当前我国公共数字文化服务供给要素中投入冗余和产出不足的情况普遍存在。作为公共数字文化服务的主要供给主体的政府及公共文化服务机构，肩负着优化公共数字文化服务资源配置的责任和使命。面对当前比较严重的供给要素投入冗余、产出不足问题，需要政府做好相应的规划，促进各类要素的合理配置。尤其重要的是，需要在为公共数字文化服务各类供给要素投入资源时，摒弃掉"投入越多、发展越好"的传统思维模式，根据合理的产出预估进行适当的投入，并根据科学规划适时调整投入量。而投入产出的合理规划就离不开科学的计量方法与及时的配置效率测算评价。学术界对于体系效率测算计量的方法有很多种，非参数模型方面有SFA要素距离函数模型、Meta-frontier共同边界模型等；参数模型方面除了本书使用的DEA-SBM模型外，还有DDF模型、ML生产率指数模型等。不同地区可以根据自身实际情况选择相应的效率测算模型，对供给要素的配置效率进行测算，为其优化配置提供参考。

无论是政府还是公共文化服务机构，都应当清楚地认识到，投入冗余问题的形成原因是系统且复杂的。简单地减少数字文化资源的投入非但不能解决冗余问题，还会产生诸如基础设施闲置、现有资源浪费、公众需求减缩等一系列问题。因此，政府除了做好供给规划外，还需要提升对于供给要素投入后的产出水平的监控能力，构建科学、实用且合理的投入产出动态测评体系，对本地

公共数字文化服务需求进行客观预测，确保每年的投入增长幅度大致保持在稳定区间，缓解投入冗余的问题。投入不足方面，则需要通过各类公共文化机构扩大公共数字文化供给范围、提升服务质量、丰富数字文化活动及加大宣传力度，从而刺激公众对于公共数字文化服务的需求，消化当前的产出不足量。此外，各地政府可以利用好地方大数据管理局的特殊职能优势，深化公共文化机构与大数据管理局的合作，借助前者所掌握的公众需求数据与后者所具备的数据运算处理能力，科学测算本地公共数字文化服务供给所需的实际投入量。此举既可以引入大数据技术助力公共数字文化服务的发展，也充分发挥了大数据管理局与公共文化服务机构各自的职能优势。

四、释放多元主体活力，强化要素供给的社会化导向

公共数字文化服务具有公共性和公益性，各要素的资源配置没办法做到完全的、彻底的社会化配置，但配置手段必须加强社会化导向，摒弃传统单一的政府供给，构建多元主体合作供给机制，发挥社会主体在供给要素配置中的作用。

一是以政策要素供给为前提，保障社会参与其余供给要素配置。近年来，国家大力推动公共文化服务的社会化发展，出台了一系列政策支持引导社会力量参与公共文化服务体系建设，然而政策的系统性、可操作性不强，有待进一步具体化。政府应加强制订各项配套政策，细化已有规定，明确供给要素社会化配置的主体、准入条件、内容、范围，完善政府购买服务等指导性目录，提高各类要素配置面向社会的开放程度。并制定社会参与全过程的行为规范、反馈及激励制度，为各类社会主体营造规则平等及公平有序的参与环境。

二是细化公共数字文化服务产品分类，明确政府和社会供给的边界。在政府与社会分工合作领域划分不清晰的情况下，容易导致政府"无形之手"过度干预，或出现"市场失灵"和过度市场化的现象。可将公共数字文化服务产品按照纯公共型、准公共型两大类进行进一步细分。对于纯公共型服务产品，各

级政府需要进一步调整财政支出，加大对各要素的投入力度，并做好协调分配工作。对于准公共型服务产品，应放权给社会组织、市场组织，由其进行投入、生产和提供，实现要素的优化调配和高效利用，政府要重点强化自身监管职责。

三是健全多元主体参与的激励机制。以满足参与主体的激励需求为导向创新激励措施，划分激励类型，明确规定不同激励类型的激励标准、程序和强度，确保激励的公平性，从而引导社会主体将供给要素合理、有序地流向投入不足的地区，缩小地区之间的差距。同时，畅通各参与主体的利益诉求渠道，使之能够表达和争取自身的合法权益，允许各类参与主体通过询问、投诉甚至诉讼等方式保障自身的权益，从而激发社会力量参与公共数字文化服务供给的积极性。

五、建设要素配置统计系统，提高有效供给

建设独立的公共数字文化服务供给要素信息统计系统有利于从供给侧突出效能、集约节约，构建起"需求—反馈—供给"的供给要素配置模式，从而避免要素重复投入，降低供给成本，提高要素利用率。供给要素信息统计系统主要包括两项内容。

一是公众数字文化需求征询。公共数字文化服务供给要素配置应该打通供给侧与需求侧的沟通渠道，实现供需协调共振。为此，要素配置信息统计系统应包括公众数字文化需求征询这一内容。例如，杭州市下城区研发的社区公共文化动态评估数据填报系统能够发挥公众需求和意见反馈数据的决策指导作用及评价监督功能，可实现辖区内各街道、社区公共文化数据的实时统计、绩效评估的测算、绩效结果的实时排名。❶通过收集、分析公众数字文化需求与反馈数据，可以指导本地公共数字文化服务供给要素配置，同时将地方公众数字

---

❶ 彭雷霆，李岚.公共文化服务领域供给侧改革路径探析［J］.文化软实力研究，2019（1）：55-63.

文化需求与反馈数据提交到上级政府文化部门，进而汇集至国家公共数字文化管理中心，帮助政府从整体角度把握全国公共数字文化服务需求现状，为各区域的公共数字文化服务供给要素配置提供来自需求侧的参考。

二是公共数字文化服务供给数据统计。准确的供给数据是政府部门配置供给要素的依据。针对公共数字文化服务的财政、资源、设备设施等供给要素投入建立一个独立的、开放的数据统计系统，对公共图书馆、博物馆、文化馆等各公共文化机构的数字服务供给数据，包括用于公共数字文化服务的经费投入、公共数字文化活动组织情况、数字化设备配置情况、服务平台建设情况等进行全面统计，便于对公共数字文化服务供给要素配置效率进行量化评估，为采取措施提升供给要素配置效率提供有效支撑。

第五章　城乡公共数字文化服务一体化建设

　　城乡不平衡是公共数字文化服务供给不平衡不充分的一个重要问题。受制于城乡二元结构的长期影响，我国城乡之间公共文化服务的供给水平仍存在显著差距，农村居民的文化权益尚未得到充分满足。推进城乡一体化建设，把城市和农村作为平等的主体来看待，是破除城乡二元结构、缩小城乡差距的关键途径。2011年，《中共中央关于深化文化体制改革推动社会主义文化大发展大繁荣若干重大问题的决定》首次将"加快城乡文化一体化发展"列为社会主义文化建设的基本任务之一。2021年上半年，文化和旅游部印发了《"十四五"文化和旅游发展规划》《"十四五"公共文化服务体系建设规划》，同年与国家发展改革委、财政部联合印发了《关于推动公共文化服务高质量发展的意见》，将"加强乡村文化治理""推进城乡公共文化服务体系一体建设"作为重要任务进行部署安排，并对各级文化和旅游行政部门依法履行主体责任提出了明确要求，表明公共文化服务进入了加快推进城乡一体化的新阶段。作为公共文化服务的重要组成部分，城乡公共数字文化服务一体化建设是城乡公共文化服务一体化建设的内在要求。本章首先从政策视角分析我国城乡公共数字文化服务一体化发展进程，其次通过对相关资料的整理与分析，把握城乡公共数字文化服务一体化建设的实践进展。同时，对首批入选国家公共文化服务体系示范区的苏州市进行实地调研，从而明确我国城乡公共数字文化服务一体化建设中存在的共性问题及其具体表现形式，并以此提出相应的解决策略，以期推动我国城乡公共数字文化服务一体化建设进程，助力城乡公共数字文化服务供给不平衡问题的解决。

第一节 城乡公共数字文化服务一体化发展进程
——基于政策的分析

受城乡二元结构的影响，我国的公共文化服务在城市和乡村出现了两极分化现象，城乡公共文化服务水平的落差既反映了城乡经济社会发展水平的差距，又助长了城乡差别的持续扩大。因此，打破城乡二元结构，分阶段实行均等化，最终实现一体化，将会贯穿我国城乡一体化进程的始终。

一、城乡分离阶段（1949—2005年）

（一）政策内容

"一五"计划的实行和社会主义三大改造的完成，表明我国政府开始注重加强经济建设。在此背景下，国家对文化方面无法顾及，因此新中国成立后很长一段时间公共文化建设尚未起步。由公共文化服务政策基础数据库检索可知，1950—1978年，大部分政策都是关于图书出版、编辑及稿酬方面的，1979年之后渐渐开始有一些关于影片及文艺演出的政策，图书出版、文物保护方面的政策更加完善。1982年发布的《省（自治区、市）图书馆工作条例》只是对省图书馆的主要任务、馆藏目录、组织机构及工作人员等方面作出规范，并没有涉及农村文化服务。1985年文化部《关于加强城市群众文化工作的报告》指出，要积极地开展健康的、丰富多彩的文化娱乐活动，要求各级政府和文化部门重视文化设施建设，落实三级群众文化网点建设，调动全社会的积极性，搞好城市群众文化事业的基础建设。1992年文化部印发《文化站管理办法》，指出文化站是国家最基层的文化事业机构，又是当地群众进行文化娱乐的活动场所，并且对文化站的任务、人员、经费、设施设备以及管理等方面作了规定。

　　1998年党的十五届三中全会通过的《中共中央关于农业和农村工作若干重大问题的决定》，从经济、政治、文化三个方面提出了从那时起到2010年建设有中国特色社会主义新农村的奋斗目标，对我国农业和农村的跨世纪发展作出了全面部署，是指导新时期农村各项工作的行动纲领。其中在文化方面，提出坚持全面推进社会主义精神文明建设，培养有理想、有道德、有纪律、有文化的新型农民，同时要建设农村文化设施，丰富农民的精神文化生活。21世纪初，国家开始重视基层文化建设，先后印发了《关于"十五"期间加强基层公共文化设施建设的通知》《关于进一步加强基层文化建设指导意见的通知》《关于进一步活跃基层群众文化生活的通知》《关于做好基层文化教育资源共享工作的通知》等文件。

　　2002年，文化部、财政部联合印发《关于实施全国文化信息资源共享工程的通知》，目标是将优秀中华文化进行数字化加工处理与整合，实现优秀文化信息在全国范围内的共建共享，实施方案中计划在第三阶段即2005年完成总体目标中的县、乡、街道、社区、基层中心的建设与联网。文化共享工程将触角延伸到农村基层，农村的公共数字文化建设开始起步。2005年《关于进一步加强农村文化建设的意见》指出，"农村文化建设与全面建设小康社会的目标要求还不相适应，与经济社会的协调发展还不相适应，与农民群众的精神文化需求还不相适应，主要问题是文化基础设施落后，现有资源尚未得到有效利用，文化体制不顺、机制不活，文化产品、文化服务供给不足，文化活动相对贫乏，城乡文化发展水平差距较大"；将"农村数字化文化信息服务"作为重点任务之一，提出："积极发展文化信息资源共享工程农村基层服务点，重点支持边远贫穷地区乡镇、村基层服务点建设。文化信息资源共享工程要与农村文化设施建设统筹规划，综合利用，使县文化馆、图书馆和乡综合文化站、村文化活动室逐步具备提供数字化文化信息服务的能力。要依托农村党员干部现代远程教育和农村中小学现代远程教育网络，以共建方式发展基层服务点。"同时还提出了大力推进广播电视进村入户、继续实施农村电影数字化放

映"2131"工程等任务。2005年《关于贯彻落实"三个代表"重要思想 进一步加强农村文化工作的通知》中肯定了农村文化建设取得的成绩,也指出了腐朽思想蔓延,文化设施落后等新情况、新问题,依旧强调文化设施建设的重要作用,为广大农民提供基本的文化活动场所,要求认真组织实施农村电影放映"2131工程",力争"十五"期间基本实现"一村一月放映一场电影"。

这一阶段受城乡二元结构的影响,我国的公共文化服务在城市和乡村出现了较大落差,农村的公共数字文化建设刚刚起步,农村公共数字文化服务水平远远落后于城市,即城乡分离阶段。

(二)政策评价

1. 缺乏立法支撑

纵观整个阶段,虽然国家对公共文化服务的管理力度加大,各项政策也提出加强文化建设,但相关法制体系不健全,缺乏标志性立法的支撑。尽管2001年《文化部关于"十五"期间文化建设的若干意见》中提出"加强文化法制建设,建立健全文化法规保障体系。加快立法进程,提高立法质量。针对当前文化事业发展中的热点、难点、重点问题,抓紧制定法律法规",但是2005年之前,未有相关法律出台。

2. 逐渐认识到农村文化建设(包括数字文化建设)的重要性

我国是农业大国,这一阶段12亿人口有9亿在农村,因此农业和农村问题需要重视。《关于农业和农村工作若干重大问题的决定》《关于进一步加强农村文化建设的意见》《关于"十五"期间加强基层公共文化设施建设的通知》《关于进一步加强基层文化建设指导意见的通知》《关于贯彻落实"三个代表"重要思想进一步加强农村文化工作的通知》等的发布,均表明国家逐渐提高对农村文化建设的重视程度,认识到搞好农村文化建设,发展农村文化事业,对于丰富农民的文化生活,提高农民的思想道德素质和科学文化素质,进而促进农村经济发展和社会全面进步,具有重要作用。这一时期启动了全国文化信息资源共享工程,《关于实施全国文化信息资源共享工程的通知》中对于基层中心的建立，反映出政府将农村数字文化建设与城市同等对待。之后发布的《关于进一步加强农村文化建设的意见》《关于贯彻落实"三个代表"重要思想进一步加强农村文化工作的通知》均将农村数字文化建设作为重点任务加以推进。

二、城乡均等化阶段（2006—2019年）

（一）政策内容

在社会转型加速期，工业化和城市化加剧了传统乡土社会文化的"空心化"，具体表现为城市和农村公共文化发展严重失衡，代差明显；文化与教育若即若离，各自为政。此时政府也认识到了城乡公共文化服务均等化在构建和谐城乡关系中的作用。

2006年党的十六届六中全会首次提出了推进城乡公共服务均等化的构想。2011年党的十七届六中全会通过的《中共中央关于深化文化体制改革推动社会主义文化大发展大繁荣若干重大问题的决定》明确指出，增加农村文化服务总量，缩小城乡文化发展差距，对推进社会主义新农村建设、形成城乡经济社会发展一体化新格局具有重大意义。同年，《关于推进全国美术馆、公共图书馆、文化馆（站）免费开放工作的意见》规定设施场地全部免费开放，基本服务项目全部免费。2012年党的十八大进一步提出了基本建成覆盖城乡、惠及全民的公共文化服务体系的战略任务。2013年，党的十八届三中全会进而提出"要构建现代公共文化服务体系，实现基本公共文化服务的标准化、均等化"。这一时期，国家出台了一系列支持公共数字文化建设的政策，实施全国性的公共数字文化工程。例如，2007年《进一步推进全国文化信息资源共享工程的实施意见》，2011年《关于进一步加强公共数字文化建设的指导意见》，2011年《关于实施"数字图书馆推广工程"的通知》，2012年《"公共电子阅览室建设计划"实施方案》等。一方面，数字化手段的运用对于城乡公共文化

服务均等化起到了重要推动作用，大量数字文化资源得以向农村共享；另一方面，政策的实施促进了城乡公共数字文化服务均等化，农村的公共数字文化服务发展水平迅速提高。

2015 年《关于加快构建现代公共文化服务体系的意见》指出："把城乡基本公共文化服务均等化纳入国民经济和社会发展总体规划及城乡规划"，"加快推进公共文化服务数字化建设……构建标准统一、互联互通的公共数字文化服务网络，在基层实现共建共享。"2016 年《关于加快推进广播电视村村通向户户通升级工作的通知》提出，推进数字广播电视覆盖和入户接收，明确到 2020 年基本实现数字广播电视户户通。2017 年《关于深化农家书屋延伸服务的通知》提出加强农家书屋数字化平台建设、资源整合和服务推广，强化"互联网＋书屋"思维，充分运用卫星、有线、网络等技术手段，利用"两微一端"拓宽农家书屋传播渠道。2017 年《文化部"十三五"时期公共数字文化建设规划》明确提出"十三五"时期公共数字文化建设的六项重点任务，以专栏的形式明确了九项重点项目，其中包括中西部贫困地区数字文化设施提档升级、边疆万里数字文化长廊建设。随着政策支持力度持续不断增强，公共数字文化建设跃上新台阶，城乡公共数字文化服务差距进一步缩小，以数字化促进公共文化服务均等化的成效进一步显现。

2017 年，《公共文化服务保障法》正式施行，提出要重点增加农村地区公共文化产品供给，促进城乡公共文化服务均等化，为农村公共文化建设提供了强有力的法治保障。同年，中共中央办公厅、国务院办公厅印发《国家"十三五"时期文化发展改革规划纲要》等文件，其中对农村文化建设提出了明确要求，目标任务是基本建成现代公共文化服务体系，稳步提高基本公共文化服务标准化、均等化水平。党的十九大报告提出实施乡村振兴战略，乡村文化振兴是其中一项重要内容。2018 年，《公共图书馆法》正式施行，对于作为公共文化服务体系重要组成部分的公共图书馆的设立、运行、服务、法律责任等做出了规定，目的是促进公共图书馆事业发展，发挥公共图书馆功能，保障公民基本文化权益。2019 年《关于建立健全城乡融合发展体制机制和政策体系的意见》，要求进一步创新城乡要素配置、基础设施一体化发展、乡村经济多元化发展和农民收入持续提高的体制机制，重塑新型城乡关系，走城乡融合发展之路，这为城乡公共文化服务均等化创造了有利的外部条件。此外，文化和旅游部会同中央宣传部、财政部等部门制定《推进乡村文化振兴工作方案》《关于提高基层文化惠民工程覆盖面和实效性的意见》《农家书屋深化改革创新提升服务效能实施方案》等政策文件，对加强农村文化建设，提升服务效能作出部署安排。

这一时期，有关公共文化设施免费开放、公共文化服务体系建设、公共数字文化建设的制度得以建立并完善，均等化、标准化被确立为重点实现的目标。

（二）政策评价

对这一阶段政策的评价，要从两方面来看。相比前一阶段，全国公共图书馆、博物馆、美术馆等公共文化设施实现免费开放，多个全国性公共数字文化工程的实施，以及《公共文化服务保障法》《公共图书馆法》的出台均是巨大进步。依托公共数字文化工程，初步建成覆盖城乡的公共数字文化服务网络，截至2018年底，全国共建成2843个数字文化服务县级支中心，32 179个乡镇基层服务点，32 719个乡镇公共电子阅览室，在乡镇以下的草原牧场、边防哨所、边境口岸、边贸集市、贫困村等地建设了14 136个数字文化驿站。推进文物数字资源进乡村，13万处文物保护单位和近5000个博物馆通过门户网站、手机App、公众号等多种渠道，更加便捷地走进乡村。[1]

但是也应该看到，与城市相比，农村的公共数字文化服务还不够完善，城乡之间的公共数字文化服务发展依然是很不对等的。一方面，由于公共数字文化服务对信息通信技术与网络环境的依赖较强，城乡互联网普及率、宽带接入率的差距较大，阻碍城乡公共数字文化服务均等化进程；另一方面，由于各地

---

[1] 中国数字乡村发展报告（2019年）[EB/OL].（2019-11-15）[2023-2-24].http://www.scs.moa.gov.cn/gzdt/ 201911/P020191119505821675490.pdf.

的经济发展水平差异，对公共数字文化建设的财政投入和政策支持不同，不同地区的农村发展并不同步。

三、走向城乡一体化阶段（2020年至今）

（一）政策背景

之所以将2020年作为阶段性节点，是因为2020年是具有里程碑意义的一年。习近平总书记在新年贺词中指出，2020年我们将全面建成小康社会，实现第一个百年奋斗目标。2020年也是脱贫攻坚战决战决胜之年。《中共中央国务院关于实施乡村振兴战略的意见》强调，到2020年，乡村振兴取得重要进展，制度框架和政策体系基本形成。

"十三五"时期开始，我国公共文化服务体系建设取得了重要成就。现代公共文化服务体系制度框架基本确立，公共文化服务法治建设取得突破性进展，公共文化服务均等化、标准化全面展开，优质公共文化产品和服务更加丰富，公共文化事业经费投入逐渐增多，高素质专业化人才队伍不断壮大，公共文化服务在保障人民基本文化权益，满足人民日益增长的美好生活需要，促进城乡经济社会协调发展等方面发挥了重要作用。但同时在新的历史起点上，公共文化服务面临着新的发展形势，还存在着不少短板和问题。由于经济社会发展水平的制约，城乡之间、区域之间的公共文化服务发展水平还存在较大差距；公共文化产品和服务品质还有待提升；改革创新力度有待加强；社会力量的作用还没有充分发挥；数字化、网络化、智能化建设与其他领域相比仍然落后。这些都督促我们深刻认识公共文化服务的新特征、新要求、新规律，把握机遇，敢于挑战，提高公共文化服务水平。

（二）标志性政策

2020年文化和旅游部对《关于进一步加强农村公共文化建设的提案》的

答复中提到下一步将推动加大对农村公共文化服务的保障力度，提高城乡公共文化服务一体化发展水平。2021年，《乡村振兴促进法》总则第六条提出："国家建立健全城乡融合发展的体制机制和政策体系，推动城乡要素有序流动、平等交换和公共资源均衡配置，坚持以工补农、以城带乡，推动形成工农互促、城乡互补、协调发展、共同繁荣的新型工农城乡关系。"这为实现城乡一体化提供了有力的法律保障。以城带乡，是破除城乡文化二元结构、实现城乡公共文化服务一体化发展的重要手段。在这个过程中，必须充分发挥城市的辐射带动作用，建立城乡联动机制，促进城乡文化资源优化配置、科学整合和综合利用，形成城乡一体的公共文化服务网络。

2021年3月，文化和旅游部、国家发展改革委、财政部印发《关于推动公共文化服务高质量发展的意见》，将"坚持统筹建设，推动均衡发展。加强城乡公共文化服务体系一体建设，促进区域协调发展，健全人民文化权益保障制度，推动基本公共文化服务均等化"作为主要原则之一，提出了"完善基层公共文化服务网络""加快推进公共文化服务数字化""加强乡村文化治理"等主要任务。2021年6月，文化和旅游部印发《"十四五"文化和旅游发展规划》，提出健全基层公共文化设施网络，推动尚未达标的公共图书馆和文化馆（站）达到国家建设标准，加强乡镇综合文化站管理，推动基层综合性文化服务中心拓展服务功能，推进县级图书馆文化馆总分馆制建设，推动优质公共文化服务向基层延伸，并发展城乡流动文化服务。同月，文化和旅游部印发《"十四五"公共文化服务体系建设规划》，主要任务的第一条便是"深推进城乡公共文化服务体系一体建设"，具体要求深入推进城乡公共文化服务标准化建设、完善城乡公共文化服务协同发展机制、以文化繁荣助力乡村振兴。2021年12月，国家发展改革委等部门联合印发《"十四五"公共服务规划》，对推进基本公共服务均等化、补齐基本公共服务短板等方面的重点任务进行了详细部署，其中对"文化体育"领域的要求包括"推进城乡公共文化服务体系一体建设。充分利用现有城乡公共设施，统筹建设基层综合文化服务中心。以县级文化馆、图书馆为中心推进总分馆制建设，实现城乡社区公共文化服务资源整

合和互联互通","提升农家书屋服务能力,推动农村电影放映优化升级。加强智慧广电基础设施建设……强化数字文化服务和流动文化服务……"

这些政策文件将"推进城乡公共文化服务体系一体建设""加强乡村文化治理"作为重要任务进行部署安排,将城乡公共文化服务一体化建设纳入了顶层设计。政策中对于农村公共数字文化服务建设的重要关注点在于基层公共文化机构的智慧化服务与管理、基层实体智慧文化空间建设、基层文化云平台建设、数字文化资源整合与互联互通、农村数字电影放映等方面。公共数字文化服务是公共文化服务的重要组成部分,城乡公共文化服务一体化内在地包含城乡公共数字文化服务一体化。同时,通过数字化、网络化手段,实现城乡公共数字文化资源整合共享、服务平台互联互通,城乡之间的差距得以缩小,从而加快城乡公共文化服务一体化进程,促进城乡公共文化服务一体化目标的实现。

第二节 城乡公共数字文化服务一体化建设的实践现状

一、城乡公共数字文化服务一体化建设的整体概况

(一)政策导向日益明确

城乡公共数字文化服务一体化需要强有力的政策支持,以明确建设的总体方向与重点任务,并获得持续、稳定的助推力。"十三五"时期以来,我国公共文化服务体系建设取得了重要成就,基本公共文化服务标准化、均等化建设全面推进。不过,受长期经济社会发展水平的影响,实现城乡公共文化服务一体化发展仍然是当前我国公共文化服务体系建设中迫切需要解决的问题。以往,我国公共文化服务政策仅对城乡一体化略有提及,并未对一体化建

设的内容作进一步全面、具体的要求。进入"十四五"时期，党和政府深刻认识到当前城乡公共文化服务建设中的突出矛盾，将城乡公共文化服务一体化放置到了前所未有的战略高度。2021年，"加强城乡公共文化服务体系一体建设"被《关于推动公共文化服务高质量发展的意见》纳入了总体要求。同年，《"十四五"公共文化服务体系建设规划》不仅将"城乡公共文化服务体系一体建设"确立为"十四五"时期公共文化服务体系建设的主要发展目标之一，还从"深入推进城乡公共文化服务标准化建设""完善城乡公共文化服务协同发展机制""以文化繁荣助力乡村振兴""创新培育城市公共文化空间"四个方面明确了推进城乡公共文化服务体系一体建设的主要任务。同时，地方政府紧跟国家战略需求，相继制定并出台了这一时期的有关规划，如《河北省公共文化服务体系建设"十四五"规划》《四川省"十四五"公共文化体系建设规划》《江苏省"十四五"文化发展规划》等。其中，有关城乡公共文化服务一体化的内容比重较之于以往的政策文件有了明显提高。各地结合自身实际，均对城乡公共文化服务一体化建设作了具体部署。如此看来，无论是国家层面，还是地方层面，对于城乡公共文化服务一体化建设的政策导向已日益明确。

（二）设施网络逐步建立

公共文化设施是公共数字文化服务的重要依托。健全的服务设施网络则是实现城乡公共数字文化服务一体化的关键。"十三五"时期，我国各地加快推进完善公共文化设施网络建设，取得了较好的成效。从全国主要公共文化设施数量来看，2020年，公共图书馆3212个，文化馆（站）43 687个，省级、地市级文化馆390个，县市级文化馆2931个，乡镇（街道）文化站40 366个，博物馆5452个，艺术表演场馆2770个。[1]与此同时，全国各地在广大农村、社区建设综合性文化服务中心，目前全国数量已超过57万个，基本实现了全覆盖。其中，江苏省率先在全国建成"省有四馆、市有三馆、县有两馆、乡有

---

[1] 国家统计局.国家数据：主要文化机构数[EB/OL].[2022-8-16].http://www.stats.gov.cn/tjsj/ndsj/2021/indexch.htm.

一站、村有一室"五级公共文化设施网络体系，提前实现基层综合文化服务中心全覆盖，基本形成城市社区"15分钟文化圈"、乡村"十里文化圈"。❶宁夏则在全国率先实现贫困地区村综合文化服务中心全覆盖。❷在总分馆建设上，为实现上下联通、资源共享，各地加快推进了县级文化馆图书馆总分馆建设。截至2022年2月，全国约有94%的县（市、区）建成了文化馆的总分馆制，分馆数量3.2万个，93%的县（市、区）建成图书馆的总分馆制，分馆数量4.9万个。❸早在2020年12月，全国人大常委会执法检查组提请审议的关于检查《中华人民共和国公共文化服务保障法》实施情况报告就指出我国已初步建成覆盖城乡的公共文化设施网络，管理和服务水平不断提升。❹

（三）平台体系不断完善

服务平台是公共数字文化服务的主要载体，对于实现城乡间服务资源的互联互通具有极其重要的作用。进入21世纪以来，我国陆续开展了公共数字文化服务平台建设。2002年，文化部、财政部组织实施的文化共享工程，应用现代科学技术，将优秀文化信息资源进行数字化加工和整合，依托各级公共图书馆、文化馆（站）等公共文化设施，通过互联网、广播电视网、无线通信网等新型传播载体，实现优秀文化信息资源在全国范围内的共建共享，在缩小城乡文化发展差距上发挥了重要作用。2011年年底，文化共享工程建设取得显著成效，初步建立层次分明、互联互通、多种方式并用的国家、省、地

---

❶ 跑出发展新速度，水韵江苏更夺目［EB/OL］.（2022-7-29）［2022-8-17］.https://baijiahao.baidu.com/s?id=1739634761362497214&wfr=spider&for=pc.

❷ 宁夏：优质公共文化服务给群众带来更多幸福感［EB/OL］.（2022-4-20）［2022-8-17］.https：//baijiahao.baidu.com/s?id=1730671544200581965&wfr=spider&for=pc.

❸ 基层综合性文化服务中心基本实现全覆盖［EB/OL］.（2022-2-9）［2022-9-19］.https：//m.gmw.cn/baijia/2022-02/09/35505313.html.

❹ 中国初步建成覆盖城乡的公共文化设施网络［EB/OL］.（2020-12-23）［2022-8-16］.https：//view.inews.qq.com/a/20201223A07TRJ00.

市、县区、乡镇（街道）、村（社区）六级数字文化服务网络。❶同年，为扩大图书馆资源的覆盖面，文化部、财政部启动"数字图书馆推广工程"。其搭建以各级数字图书馆为节点的数字图书馆虚拟网，建设优秀中华文化集中展示平台、开放式信息服务平台和国际文化交流平台，以实现数字图书馆服务的全民共享。❷目前，在该工程的带动下，全国已有35家省级图书馆、275家市级图书馆、159家县级图书馆接入数字图书馆网络体系，各级图书馆839个业务平台互联互通。❸2017年，由文化部公共文化司指导、发展中心具体建设的国家公共文化云正式开通。国家公共文化云是以文化共享工程现有六级服务网络和国家公共文化数字支撑平台为基础，统筹整合全国文化信息资源共享工程、数字图书馆推广工程、公共电子阅览室建设计划三大惠民工程升级推出的公共数字文化服务总平台、主阵地。同时，全国各地也相继开展了地方文化云建设。"十三五"时期，154家地方文化云与国家云完成了对接，初步构建了互联互通、共建共享的公共数字文化平台。更为重要的是，2021年2月，文化和旅游部在国家公共文化云升级改版基础上搭建的"公共文化云基层智能服务端"正式上线运行。该服务端基于与国家公共文化云统一的技术规范，服务标准进行建设。全国没有自有数字化服务平台的文化馆（站），均可免费下载并使用该智能服务端，以构建本单位一站式公共数字文化服务平台。❹

（四）新型服务已有探索

城乡公共数字文化服务一体化建设对传统服务提出了新的要求。实现城乡公共数字文化服务一体化建设需要对传统服务进行变革与拓新。2021年3月，

---

❶ 全国文化信息资源共享工程介绍［EB/OL］.（2015–5–3）［2022–10–3］.http://www.ynlib.cn/Item/76154.Aspx.

❷ 数字图书馆推广工程介绍［EB/OL］.［2022–10–3］.http://tuiguang.jxlib.com/index_1.html.

❸ 2022数字图书馆项目建设现状与发展趋势［EB/OL］.（2022–7–25）［2022–10–8］.https://it.chinairn.com/ news/20220725/091410892.html.

❹ 国家公共文化云送出新春大礼包——"公共文化云基层智能服务端"正式上线运行［EB/OL］.（2021–2–8）［2022–10–09］.https://baijiahao.baidu.com/s?id=1691124505775273638&wfr=spider &for=pc.

《关于推动公共文化服务高质量发展的意见》就提出要"创新拓展城乡公共文化空间"。同年12月,《"十四五"文化和旅游发展规划》也要求创新打造一批"小而美"的城市书房、文化驿站、文化礼堂、文化广场等城乡新型公共文化空间。实际上,各地在此方面早已开展了探索。截至2022年6月,全国累计建成2万余个城乡新型公共文化空间。❶ 其中,浙江嘉兴的"智慧书房"、江苏常州的"秋白书苑"及广东韶关的"风度书房"较为突出。浙江嘉兴的"智慧书房"利用信息化和智能物联,实现无人值守和读者自我管理服务的全开放、高品位的自助实体图书馆,通过统一采购、统一编目、统一配送,在服务体系内实现文献资源"一卡通行""通借通还"、数字资源的共建共享,以智慧空间、智慧服务、智慧管理和智慧阅读理念,将其打造成城乡居民的知识中心、学习中心、交流中心、信息中心、展示中心和体验中心。❷2020年年底,嘉兴已实现以公共图书馆总分馆服务体系为依托的城乡一体智慧书房建设体系。❸江苏常州的"秋白书苑"首创探索"政府+社区+企业"合作共建机制,由街道无偿提供经营场地,市图书馆负责图书资源配送,街道与社会力量共同装修、购置设备,后期运营管理及相关费用由社会力量承担。2021年年底,常州已建成30家秋白书苑,实现全域覆盖,2022年又新建7家。❹❺广东韶关的"风度书房"秉承"一馆一特色"设计理念,深挖本地历史文化资源和风土人情,并利用现代智能设备和网络技术实现了身份证识别、自助借还图书等多功能业务,与县图书馆总馆之间实现信息实时交互,形成了城乡十分钟文

---

❶ 深入推进县级文化馆图书馆总分馆制改革:打通公共文化服务"最后一公里"[EB/OL].(2022-4-25)[2023-4-28].https://baijiahao.baidu.com/s?id=1764159503236868139&wfr=spider&for=pc.

❷ 经验丨浙江嘉兴:智慧书房遍布城乡[EB/OL].(2020-11-19)[2022-8-20].https://mp.weixin.qq.com/s/AM5kPPD93WBRyqiv5TPqoQ.

❸ 案例研究丨嘉兴市图书馆:场馆型自助图书馆智慧化提升[EB/OL].(2022-8-29)[2022-9-20].https://mp.weixin.qq.com/s/eEgjTNzIO-XxULJFRyZX0A.

❹ 常州建成30家秋白书苑实现全域覆盖 走出从"政府单方建设"向"多方合作共赢"的可持续之路[EB/OL].(2022-12-10)[2023-4-28].http://www.changzhou.gov.cn/ns_news/863163909658571.

❺ 常州相继建成37家新型公共文化空间"秋白书苑"[EB/OL].(2022-1-1)[2023-4-28].https://www.jstv.com/zcjd/a/20230101/1672628912215.shtml.

化圈。❶从整体上看,目前,我国城乡新型公共文化空间建设仍属小范围实践,主要集中在东南部经济发达地区,西北部地区实践进展则较为缓慢。

二、城乡公共数字文化服务一体化建设现状调查——以苏州为例

近年来,我国一些东部经济与文化发达地区不断完善公共文化设施网络,构建覆盖城乡的公共文化服务体系,为城乡公共文化服务一体化建设打下了基础,探索了新路并积累了经验。苏州作为国家历史文化名城,具有丰厚的文化底蕴和极具特色的江南文化,城乡公共数字文化服务一体化发展有着良好的基础和先天条件。2013年,苏州以全国总分第一的成绩获评首批国家公共文化服务体系示范区以来,坚持以人民为中心,不断改革,升级系统,努力创新,升级打造公共文化服务"苏州模式",加快构建现代公共文化服务体系,积极探索城乡公共文化服务一体化建设的道路,发挥示范区引领带动作用。本部分以苏州为例,通过网络调查收集相关资料,并于2022年6月29日至7月1日、2022年8月25日实地访谈了苏州市公共文化中心部长、苏州市第二图书馆主任、苏州市吴中区江湾村相关工作人员、苏州市吴中区郭巷街道文化中心工作人员和昆山市图书馆主任共6位工作人员,总结苏州市城乡公共数字文化服务一体化建设经验并发现问题。

(一)苏州城乡公共数字文化服务一体化建设的发展历程

1. 资源均等化的探索过程

自"十一五"时期开始,苏州大力加强公共文化服务体系建设,全市公共文化服务供给能力不断增强,公共文化服务设施网络基本形成,为后续城乡公共文化服务一体化建设奠定了基础。资源均等化是实现城乡公共文化服务一体

---

❶ "风度书房"点亮心灵的诗与远方[EB/OL].(2022-2-26)[2022-8-21].https://mp.weixin.qq.com/s?__biz=MjM5MjE3OTQ5Mw==&mid=2651442040&idx=3&sn=bb3cca5bf492e6a4ac1faaf4b9131533&chksm=bd575f328a20d624618e75903aac84385c962834c2e690cc0b5534cff5da26c9d56b7c3e0fdb&scene=27.

化的基础，苏州依靠强大的经济实力，树立高度的文化自觉，逐渐完善普遍均等的资源配置。

一是文化资源的合理分配。苏州在探索过程中通过推行"四位一体"模式实现农村公共文化服务均等化，整合村图书室、农家书屋、党员远程教育、文化信息共享等四种原本分散的公共文化服务资源，设立"农村公共信息服务中心"，以促进城乡公共文化资源的普遍均等。为深入推进公共文化资源的合理配置，苏州市政府于 2005 年开展了公共图书馆总分馆体系建设，积极构筑涵盖全市城乡的公共图书馆资源共建共享的服务模式，并整合了各市区及乡镇（街道）的图书馆资源，通过对市辖区藏书统筹管理、对乡镇藏书定时更换的方式，有效盘活了城乡公共文化资源，给城乡居民的日常借阅带来了方便。2008 年苏州市图书馆建成"文化共享工程"市级支中心，有效整合各地资源，拥有数字资源总量超 30T。[1] 截至 2021 年，全市图书馆图书总藏量达 26 984 027 册，电子书刊达 204TB，文献书刊外借达 16 577 708 册次，全年为读者举办活动 2037 次，参加人数 2 693 817 人次。[2] 根据江苏省数字农家书屋网站统计数据，目前苏州共有数字农家书屋 958 个，配电脑的书屋 893 个，图书总册数 2 294 589 册，数字农家书屋用户数 433 558 人。[3] 2021 年，全市文化场馆线下考核范围服务人次共 7060.52 万，人均接受文化场馆服务 5.5 次。[4]

二是公共文化设施的全覆盖。公共文化设施是资源的载体，也是公共文化服务的场所。"十一五"时期，苏州按照公益性、基本性、均等性、便利性的政府指导要求，大力推进乡村和基层的公共文化设施建设，全市农家书屋总数达 1100 个，市、县（区）、镇（街道）及村（社区）公共文化设施网络覆盖率

---

[1] 共享工程苏州支中心［EB/OL］.［2022-10-26］.http：//www.szlib.com/pdcn/Home/Content/36170.

[2] 2022 年苏州市统计年鉴［EB/OL］.（2022-12-27）［2023-4-28］.http：//tjj.suzhou.gov.cn/sztjj/tjnj/2022/zk/indexce.htm.

[3] 江苏省数字农家书屋［EB/OL］.［2023-4-28］.http：//jsnjsw.cnki.net/Main_jiangsu.

[4] 苏州市文广旅局 2021 年度报告［EB/OL］.（2023-2-14）［2023-4-28］.http://wglj.suzhou.gov.cn/szwhgdhlyj/ndbg/202302/59bdf7126f8148588d7db5ea5f01413e/files/a6598102c8874a1fb9fa9bcdf4130d46.pdf.

达93.5%，基本实现四级全覆盖。❶2013年苏州城乡宽带覆盖率已达98%，光纤宽带覆盖率达76%，无线宽带有效面积覆盖率达99.6%，固定宽带用户达285户，移动互联网用户数达1076万户。❷截至2020年12月，苏州已完成全市52个镇、42个街道和4个区域"有线智慧镇（街道）"建设，实现有线智慧镇（街道）全覆盖。❸截至2021年7月，苏州全市共建有公共图书馆858个，文化馆（站）104个，各类博物馆、美术馆151个，实现了全市2021个村（社区）综合性文化服务中心标准化建设全覆盖。❹2021年新建24小时图书馆11个，总数达127个，建设打造59个双效统一、街头巷尾的公益性小剧场和30个公共文化特色空间。❺全市人均公共文化设施面积达0.47平方米，各级政府兴办的公益性文化设施单位实现100%免费开放。❻苏州图书馆共建设了99个分馆，133个网上借阅社区投递点，60个自助网投点，整合了苏州图书馆、昆山市图书馆、吴中区图书馆、吴江区图书馆、工业园区图书馆、常熟市图书馆等丰富图书资源的"苏州·书仓"小程序拥有201个线下投递服务点。❼流动图书馆、流动图书车、轨道交通图书馆、园林书房等各类合作型服务设施也在不断完善，居民可以随时享受公共文化服务。

2. 技术支持下的优化过程

随着数字化、网络化技术的发展，苏州将数字网络技术融入公共文化服

---

❶ 顾燕新. 苏州城乡文化一体化建设途径探析［J］. 北方经贸，2012（10）：34-35，40.

❷ 《"宽带中国"苏州实施方案》［EB/OL］.（2013-11-1）［2021-11-17］.https://max.book118.com/html/2017/1218/144743186.shtm.

❸ 苏州市文广旅局2020年度报告［EB/OL］.（2021-11-27）.［2022-1-15］.http://wglj.suzhou.gov.cn/szwhgd hlyj/ndbg/202111/9444130370454e4bbd83fb1497c13cc4.shtml.

❹ 苏州市推进国家公共文化服务体系示范区创新发展［EB/OL］.（2023-2-14）［2023-4-27］.https：//www.suzhou.gov.cn/szsrmzf/szyw/202111/4bd3eb9c99aa484a82e2c66c7d77557a.shtml.

❺ 苏州市文广旅局2021年度报告［EB/OL］.（2023-4-30）［2023-4-30］.http：//wglj.suzhou.gov.cn/szwhgdhlyj/ndbg/202302/59bdf7126f8148588d7db5ea5f01413e/files/a6598102c8874a1fb9fa9bcdf4130d46.pdf.

❻ 苏州市"十四五"文化和旅游融合发展规划［EB/OL］.［2021-12-13］.http：//wglj.suzhou.gov.cn/szwhgdhlyj/szsswwhhlyfzgh/202112/20d661737a8e43d18a496cffeeaf3ac8.shtml.

❼ 苏州图书馆让阅读服务更延展、更多元、更智慧［EB/OL］.（2022-9-13）［2023-4-28］.http://www.zgjssw.gov.cn/shixianchuanzhen/suzhou/202208/t20220819_7664278.shtml.

务，创新建立了覆盖城乡社区和农村的"四位一体"基层综合信息服务体系[1]，通过大力发展公共数字文化服务，实现技术支持下城乡公共文化服务全方位的互联互通。

各类在线服务平台是苏州公共数字文化建设的突出成果。2015年苏州公共文化有线数字互动平台完成改版，各类数字资源总量达8700多小时，有线电视用户数达到262万，其中高清入户率53.22%。[2] 当前，苏州正计划加快"智慧广电"乡村工程试点建设，积极推动本地电视节目从高清化向4K超高清迈进。2015年，苏州市公共文化中心联合苏州美术馆、名人馆、版画院等，建成"网上虚拟展厅"，将美术场馆和重点作品通过全景在线的方式进行展示，城乡居民通过网络即可在虚拟的馆内游逛、观展、查阅相关信息。2018年，苏州市公共文化中心推出文化创客中心，作为"新型电子阅览室提档升级"课题转化出的实践成果，为市民群众提供了一个实体和虚拟相结合的持续发展的服务空间。2019年"文化苏州云"平台正式上线，陆续推出微信、微博、App、网站四大客户端，平台横向覆盖10个板块，纵向贯通380家村（社区）星级文化中心[3]，2021年苏州整合"文化苏州云"和"苏州旅游总入口"功能，搭建了更加高效便捷的苏州文旅总入口"君到苏州"平台，"君到苏州"网罗了苏州200多家文化场馆的信息，具有文化活动预订、资讯查询、公共文化配送、文化消费补贴、文化志愿服务等功能，提供对数字文化资源的"一站式"查询等服务，使城乡居民均可享受便捷的公共数字文化服务。在疫情期间，苏州市公共文化中心通过微信公众号、网站等打造"品苏"艺术慕课、线上展览及线上手工活动等一系列线上服务，满足广大居民在疫情防控期间的文化

---

[1] 关于《苏州市公共文化服务办法》的制定说明[EB/OL]．(2015-5-21)[2022-1-15]．https://www.suzhou.gov.cn/szsrmzf/gbzfgz/202207/554ac157f97a490d9bf2aeb9191ab294.shtml.

[2] 苏州市文化广电新闻出版局2016年上半年工作总结和下半年工作要点[EB/OL]．(2016-8-16)[2022-1-15]．http://wglj.suzhou.gov.cn/szwhgdhlyj/jhzj/201608/f4d3d39e316745f3aa86a34114afa507.shtml.

[3] 苏州市文化广电和旅游局2019年上半年工作总结和下半年工作计划[EB/OL]．(2019-8-20)[2022-1-18]．http://wglj.suzhou.gov.cn/szwhgdhlyj/jhzj/201908/RP999M4870EQ71J0VGG0EYOK4VECSH1M.shtml.

需求。

苏州市图书馆在数字资源建设方面，连续推出少儿数字资源、音乐数字资源等馆藏数字资源，提供无门槛数字资源服务，目前，文化共享工程苏州市支中心可供使用的资源包括外购、自建、共建共享资源和开放存取资源等。2013年苏州市第二图书馆启动建设，2019年建成时创建了全球唯一一个系统最全、业务流程最完备的全方位、高度智能化的图书馆系统，其拥有先进独特的智能化、数字化空间和丰富的使用场景。2015年苏州市图书馆为方便读者借阅，创建"书香苏州"App，读者网上借阅或预约成功的图书将安排物流送至读者选择的取书点。2020年"苏州·书仓"小程序正式投入运行，解决了"书香苏州"App借阅区域受限的问题，实现了苏州市域范围内公共图书馆在多区域间的网上借阅，从而提高了书籍的利用率。

3. 政策突破下的创新过程

苏州成为首批国家公共文化服务体系示范区城市以来，市政府陆续出台了多部政策文件，指导苏州公共文化服务体系建设，推进公共文化服务数字化进程，创新服务内容与方式，探索公共数字文化服务城乡一体化和高质量发展的新路径。

2013年，苏州出台《"宽带中国"苏州实施方案》，提出"加快优化公共文化信息服务体系，大力发展公共数字文化。提升宽带网络对文化事业和文化创意产业的支撑能力，促进宽带网络和文化发展融合……增强文化传播能力。" 2015年，苏州市政府办公室印发《关于推进现代公共文化服务体系建设的实施意见》，提出建成城市"10分钟文化圈"、农村"十里文化圈"；推进公共文化服务与科技融合发展，实现全市"有线智慧社区"乡镇全覆盖。2017年，苏州大胆突破行政区域界限，出台《苏州市区公共文化设施布局规划（2015—2030）》，提出打造城乡"10分钟文化圈"2.0版，实现苏州全市四级公共文化设施从行政化"全设置"走向城乡"全覆盖"。同年，印发《关于加快推进村（社区）综合性文化服务中心标准化建设的实施意见》，提出到2020年全市100%行政村（社区）建有基层综合性文化服务中心的目标，推广村（社

区）综合性文化服务中心"8+X"模式，在"八个一"基本配置的基础上，因地制宜建设特色空间。建立公共文化服务平台，与村（社区）综合性文化服务中心联网，积极探索数字文化社区的建设，依托移动互联网、网络社交媒体平台打通文化资源传播与交流的"最后一公里"，实现公共文化服务全方位深入基层。2021年，苏州出台《苏州市数字乡村建设实施方案》，重点实施乡村新基建提升、乡村数字治理提档、信息技术惠民便民、城乡数字融合等行动，并发布"村村享"苏州数字乡村综合服务平台，打造全国领先的数字乡村苏州模式，弥合城乡"数字鸿沟"，推动全域协同发展。

近年来，在这些政策的推动下，苏州立体化地构建起了新型公共文化设施网络，包括一批公共文化重大基础设施、一批重点公共文化设施聚集区、一批五星级社区综合性文化服务中心。创新创建"一城一节、一区一名片、一镇一品、一村一特色"公共文化联动新机制，创新开展"苏州最江南·文化惠民心"公共文化配送活动，采取"菜单式"点选、"订单式"的配送方式，将活动送到居民群众的家门口，准确地满足了群众多样化的文化需要。

（二）苏州市城乡公共数字文化服务一体化建设的经验

1. 统一部署的协调机制

为创建国家公共文化示范区，苏州市成立了工作领导小组，形成了党委领导、政府管理、部门协同的协调机制。2013年12月，苏州市召开全市国家公共文化服务体系示范区长效管理工作会议，会议下发了《关于建立健全国家公共文化服务体系示范区长效管理机制的意见》，要求进一步建立健全国家公共文化服务体系示范区长效管理的组织机制、督查机制、考核机制、保障机制、联动机制、反馈机制，使示范区建设工作规范化、制度化、常态化，确保国家公共文化服务体系示范区长效管理各项任务落到实处，不断巩固和提高创建水平，加快推动公共文化服务体系建设的全面提档升级。2015年苏州制定了《苏州市公共文化服务办法》，规定要明确各级人民政府统一领导、组织和协调本行政区域内的公共文化服务工作，贯彻落实党的十八届三中全会"建立公共文化服务体系建设协调机制"要求。

在后续的发展过程中,苏州还发布了《苏州市区公共文化设施布局规划(2015—2030)》,提出由苏州市人民政府组织实施,苏州市规划局依法进行规划管理,苏州市文化广电新闻出版局依法实施监督管理,成立由29个相关部门和各市(县)、区政府组成的苏州市公共文化服务综合协调组。此外,苏州市政府及相关部门还主导并带动一批社会力量投入城乡公共数字文化建设中来。

2. 不断完善制度体系建设

苏州在城乡公共数字文化服务一体化建设的过程中,注重加强顶层设计,不断完善政策体系,先后出台政策规章等文件近30部,为城乡公共数字文化服务一体化建设提供了完备的制度保障。

"十一五"时期,苏州市人民政府出台《苏州市"十一五"文化发展规划》《苏州市2001—2010年文化强市建设规划纲要》《"文化苏州"行动计划》《关于进一步加强苏州市新农村文化建设和城区基层文化建设的实施意见》《苏州市有线电视条例》等文件,初步形成了苏州市公共文化服务政策法规体系。在创建公共文化服务体系示范区以来,苏州市人民政府出台《苏州市公共图书馆总分馆体系建设实施方案》《苏州市公共文化服务办法》《苏州市区公共文化设施布局规划(2015—2030)》《苏州市关于推进现代公共文化服务体系建设的实施意见》《向社会力量购买公共文化服务管理办法(试行)》等政府规章,强化政策引领,加大财政投入,完善公共文化设施体系,推进公共文化服务与科技融合发展,保障公共数字文化服务高质量发展。2021年,苏州市人民政府印发实施《苏州市推进国家公共文化服务体系示范区创新发展》《苏州市"十四五"文化和旅游融合发展规划》,探索文旅融合新模式,大力发展乡村旅游,深挖乡村文化内涵,推动乡村历史文化融入景区,提升乡土文化氛围;探索文化与科技、旅游与科技融合发展的新路径,提升文化和旅游的科技含量。

为了提高全市各类公共文化服务设施运行的体系化,苏州组织开展了相关制度设计研究工作,制定了《苏州市公共文化服务体系制度设计研究工作方

案》，先后立项了《苏州市总分馆制度设计研究》《苏州市农村公共文化信息服务制度设计研究》《苏州市公共文化中心职能定位研究》《公共文化服务多元化投入问题探讨—以苏州为主要考察对象》等制度设计研究课题，形成了一系列扎实、有效推动公共文化服务体系建设的政策意见❶，为苏州市公共文化服务制度建设提供了理论依据。

3.探索建立城乡公共数字文化服务新机制

在城乡一体化格局下，苏州市改变单向的文化传播模式（城市到农村），创新建立"一城一节、一区一名片、一镇一品、一村一特色"公共文化联动新机制和城乡联动机制，城乡居民共建文化惠民工程，共享文化发展成果，实现乡村、城市公共文化服务资源整合和互联互通。创新实施公共文化"三进乡村"工程，开展"欢乐文明百村行""百姓戏台天天乐""乡村春晚"等备受群众欢迎的系列活动，全市每年开展各类进乡村活动超2万场次，惠及群众超百万人次。❷苏州积极探索公共图书馆和文化馆总分馆体系建设，创新实践网格化服务模式，并积极向机关、企业、高校等延伸，将"苏州模式"融入公共图书馆总分馆体系建设中。

2003年苏州市吴江区艺术文化馆首次提出了"区域文化联合"这项活动新思路，以各个不同地区的艺术文化交流活动展演为形式，以提高参加地区公共文化服务能力为目的，凝聚全社区的能力，优化整合辖区的特色文化资源，构建服务于多地区的公共文化资源共享的新机制，实现地区艺术文化共创、共建、共荣、交流、互动、互惠的格局。该理念冲破了以行政区域的界线分配文化资源的束缚，把吴江区和部分参与地区提供的公共文化服务，扩大到整个长

---

❶ "创建国家公共文化服务体系示范区（项目）工作简报"苏州公共文化服务体系制度设计研究走在全国前列［EB/OL］.（2012-7-20）［2022-1-18］.https：//www.mct.gov.cn/whzx/bnsj/ggwhs/201903/t20190329_840972.htm.

❷ 苏州市推进国家公共文化服务体系示范区创新发展［EB/OL］.（2021-11-27）［2022-1-20］.https：//www.suzhou.gov.cn/szsrmzf/szyw/202111/4bd3eb9c99aa484a82e2c66c7d77557a.shtml.

三角地区甚至更大区域范围。❶

在旅游消费带动公共文化服务需求增长的情况下，苏州积极探索文旅公共服务机构功能融合发展新机制，苏州工业园区公共文化中心、相城区阳澄湖旅游集散中心、张家港市南丰镇永联社区综合服务中心入选文化和旅游公共服务机构功能融合国家级试点，张家港在全国率先发布县域《公共文化服务和旅游融合建设标准》。❷在场馆建设和内容创新上"跨界破圈"，打造了一批夜经济集聚区、历史文化旅游休闲街区和"最江南·公共文化特色空间"，推动了城乡公共文化服务多元化发展。

第三节 城乡公共数字文化服务一体化建设中存在的关键问题

尽管我国在城乡公共数字文化服务一体化建设上取得了诸多方面的进展，但其中仍然存在不可忽视的问题。为了解实践中存在的共性问题及其具体表现形式，本书对我国相关统计资料进行了整理与分析，同时结合对苏州的调研，分析得出我国城乡公共数字文化服务一体化建设尚存在如下问题。

一、服务标准体系落后与僵化

完备的标准体系是实现城乡公共数字文化服务一体化建设的基本前提，能够为其提供具体的行动依据，发挥基础性、引领性作用。从现有政策及调研情况来看，我国在此方面主要存在以下两点问题：第一，城乡公共数字文化服

---

❶ 于萍.区域文化联动的实践及研究——以苏州市吴江区"区域文化联动"为例：新时代文化馆：改革 融合 创新——2019 中国文化馆年会征文获奖作品集［C］.北京：国家图书馆出版社，2019：42-46.

❷ 苏州市推进国家公共文化服务体系示范区创新发展［EB/OL］.（2021-11-27）［2022-1-20］.https://www.suzhou.gov.cn/szsrmzf/szyw/202111/4bd3eb9c99aa484a82e2c66c7d77557a.shtml.

务一体化标准缺位。尽管进入"十四五"时期以来,"城乡公共文化服务一体化"在政策中的比重得到明显提升,且政策内容也愈发全面、清晰,但现有政策却较少提及城乡公共数字文化服务一体化。虽然,公共数字文化服务是公共文化服务中的子集,但作为数字时代下服务的新兴产物,公共数字文化服务与传统公共文化服务截然不同,城乡公共数字文化服务一体化也绝不等同于城乡公共文化服务一体化。进一步说,2021年,国家发展改革委联合有关部门印发的《国家基本公共服务标准(2021年版)》,对基本公共文化服务领域的国家标准进行了更新,但在内容上与2015年版的国家标准大体相同,并未对城乡公共数字文化服务一体化建设制定量化指标。正如昆山市图书馆的工作人员所言:尽管一直朝着实现城乡服务一体化的方向而努力,但由于没有针对性的标准,基层服务机构缺乏实践依据;第二,现有关标准难以适应乡村实际。早在2015年,我国就出台了国家基本公共文化服务指导标准,各地也相应地制定了服务实施标准。不过,相关标准却未考虑城乡之间的需求差异。在调研过程中,昆山图书馆的工作人员就表示目前相关执行标准虽一致,但由于城乡实际需求不同,服务资源的统一调配造成资源内容无法契合当地实际需要,使标准落实变得毫无意义。

二、服务资金投入失衡与不足

城乡公共数字文化服务一体化建设这一系统工程离不开国家财政的有力保障。但是,我国城乡文化和旅游事业费投入长期存在失衡与不足。从全国范围来看,本书对我国相关统计报告中的数据进行整理后,得到了历年文化和旅游事业费城乡投入情况图(图5-1)。自2000年起,这一投入逐年攀升。2016年,我国县及县以下的事业费首次超过县以上的事业费,并保持持续增长。即便如此,城乡之间投入的总量差距仍然存在。2003—2021年,我国县以上文化事业费总投入为5180.73亿元,而县及县以下的文化事业费总投入为4887.76亿元,二者相差292.97亿元。毫无疑问,这一差距将同样反映在城乡公共数字文化服务投入上。并且，短期内很难弥补。例如，2020年，全国公共图书馆新增的数字资源购置费与电子图书分别为3.74375亿元、9580.21万册，而主要服务于乡村地区的1559家县图书馆的新增数字资源购置费与电子图书为0.23271亿元、1585.92万册，仅占总量的6.22%与16.55%。此外，地方财政资金收紧，民生支出渐增，公共数字文化服务建设资金受到不可避免的压缩。在调研过程中，昆山市图书馆工作人员表示当前最大的困难在于资金短缺，并且近几年的财政投入在不断压缩，而且还将压缩10%。昆山市作为我国经济最强县级市，在公共数字文化服务投入上都捉襟见肘，不难想象，我国其他县级市的财政投入更不乐观。

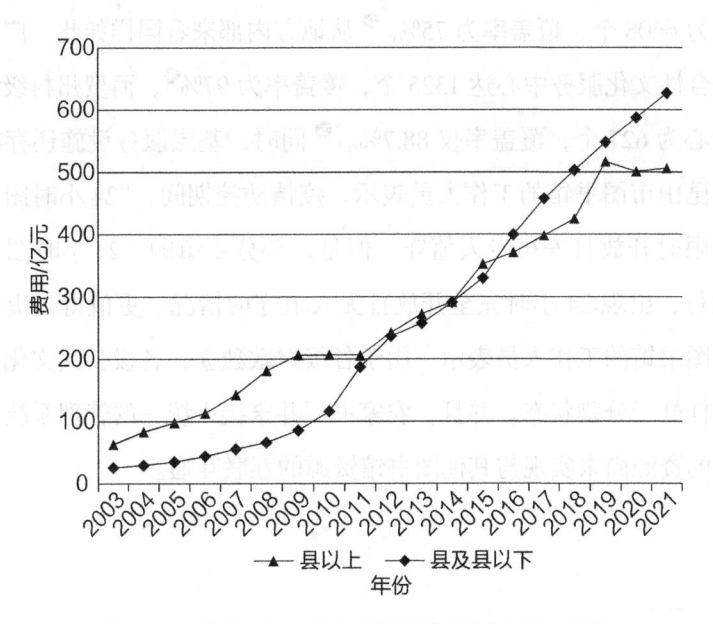

图 5-1 我国历年文化和旅游事业费城乡投入情况

数据来源：根据我国历年文化和旅游发展统计公报整理而成。

三、设施分布不均且管理低下

作为服务的主要载体，服务设施在城乡间的均衡分布是城乡公共数字文化服务一体化的重要依托。尽管经过"十三五"时期的发展，我国覆盖城乡的

公共文化设施网络已逐步建立，但是城乡公共数字文化设施分布仍然处于不均衡状态。这种状态具体表现为在设施分布上市级优于县级，县级又优于乡镇街道。以村级综合性文化服务中心为例，作为乡村公共文化服务体系的重要组成部分，其对于开展农村文化娱乐、科技普及、技能培训等活动，提升农民文化素质、促进农村精神文明建设、维护农村和稳定，打通公共数字文化服务"最后一公里"等方面具有重要作用。截至2021年年底，我国村级综合性文化服务中心超过57万个，基本实现了全覆盖。❶ 但是，各地村级综合性文化服务中心分布情况并不一致。据不完全统计，"十三五"时期，河南村级综合性文化服务中心达到46017个，建成率已达到99.97%❷，而黑龙江村级综合性文化服务中心仅为6608个，覆盖率为75%。❸ 从地方内部来看同样如此，广西的玉林市村级综合性文化服务中心达1325个，覆盖率为97%❹，而贺州村级综合性文化服务中心为627个，覆盖率仅88.7%。❺ 同时，基层服务设施还存在诸多管理问题。昆山市图书馆的工作人员表示，疫情防控期间，"24小时图书馆"实行8小时限时开放且安排专人值守。但是，部分乡镇的"24小时图书馆"没有贯彻执行，出现24小时完全开放且无人值守的情况。更值得一提的是，苏州市第二图书馆的工作人员表示，由于各级财政独立，各级公共文化设施之间的管理同样处于分割状态。并且，农家书屋并未接入统一的管理系统，也因此农家书屋的资源尚未实现与其他图书馆资源的互联互通。

---

❶ 文化和旅游部：基层综合性文化服务中心基本实现全覆盖[EB/OL].（2022-2-9）[2022-8-31].https：//m.gmw.cn/baijia/2022-02/09/35505313.html.

❷ 河南省行政村综合性文化服务中心建成46017个，建成率已达到99.97%[EB/OL].（2020-12-14）[2022-9-4].https：//www.hntv.tv/daxiangkuplpd/article/1/1338403201443041280.

❸ 如何当好维护国家粮食安全的"压舱石"？黑龙江给出了答案[EB/OL].（2022-6-11）[2022-9-4].https：//baijiahao.baidu.com/s?id=1735267501857164231&wfr=spider&for=pc.

❹ 文明共建、文化共享，玉林市强化公共文化设施服务成效明显[EB/OL].（2021-10-13）[2022-9-4].https：//www.sohu.com/a/494852972_121106875.

❺ 贺州市建成村级公共服务中心627个[EB/OL].（2021-1-7）[2022-9-4].https：//baijiahao.baidu.com/s?id=1688230634607493075&wfr=spider&for=pc.

四、服务人员数量与素质偏低

保障乡村地区拥有与城市地区同等水平的公共数字文化服务离不开专业化、高素质的人才队伍。尽管近年来我国对于乡村公共数字文化服务建设的重视程度不断提升，但受制于区位条件、生活质量、经济水平等因素，公共数字文化服务人才问题仍然突出，同数量充足、素质优良、结构合理的城市地区公共数字文化服务人才队伍形成了强烈反差。以群众文化机构为例，我国乡镇文化站数量虽十分庞大，但平均从业人员却相当稀少。本书对《中国文化文物和旅游统计年鉴2022》中的相关数据进行统计后发现（如图5-2所示）2021年，乡镇文化站从业人员高达10余万人，但乡镇文化站平均从业人员数仅为3人，而省、自治区、直辖市群众文化机构平均从业人员数则达到16人，二者相差13人。在人员素质上，公共数字文化服务要求服务人员掌握相关数字技能，但乡镇文化站从业人员的技术水平普遍较低。同样以群众文化机构为例，2021年，我国省级文化馆平均有48位专业技术人才，而乡镇文化站仅有1位专业技术人才。此外，随着城乡发展差距的扩大，乡村人口流失日益严重，直接导致了乡村公共数字文化服务人才队伍面临青黄不接的问题，从业人员年龄平均在40岁。[1]针对上述问题，苏州市公共文化中心的工作人员表示目前人才梯队建设问题十分严峻，不仅人员年龄结构出现断层，而且缺乏综合性人才。昆山市图书馆工作人员也表示目前每年能够招收三位编制人员实属不易，且专业对口人员极少。

---

[1] 刘红. 乡村振兴背景下农村公共文化服务体系建设研究[J]. 社会科学战线，2022（3）：255-259.

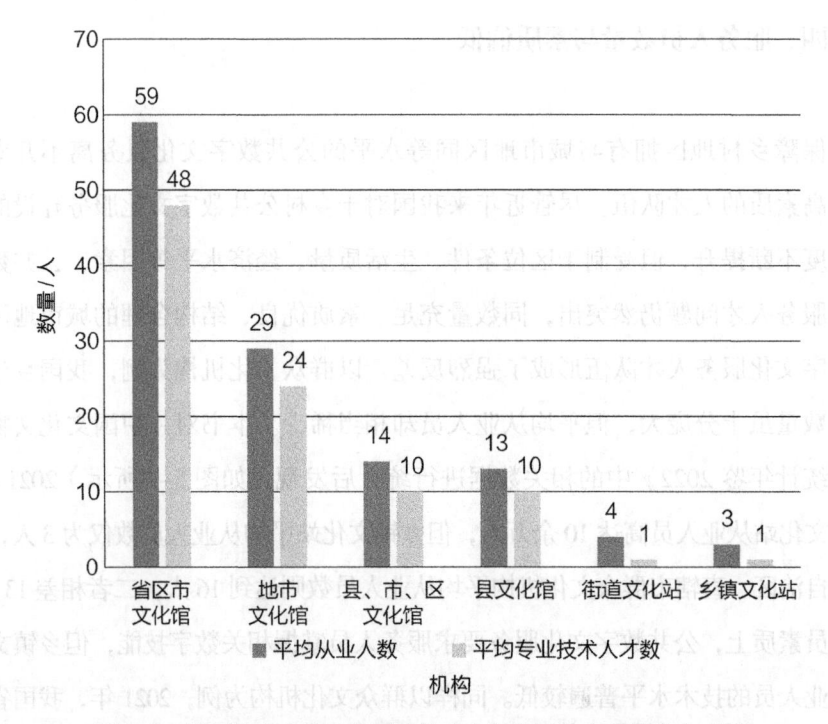

图 5-2 我国群众文化机构平均从业人数和平均专业技术人才数

数据来源：根据《中国文化文物和旅游统计年鉴2022》整理而成。

五、服务利用程度与效果不佳

城乡公共数字文化服务一体化建设的最终目的是满足城乡居民对公共数字文化服务需求。因此，衡量建设的实际效果关键在于服务是否令城乡居民满意，其主要体现在服务利用程度是否足够。随着我国物质生活水平的提高，公众对文化生活的需求已呈现出多样化、层次化和个性化特征。加之，市场上网络数字资源日益丰富，"保基本"的公共数字文化服务在利用程度上明显不足已成为当前不争的事实。不过，相比于城市，乡村的服务利用情况则更不尽如人意。其中一个很重要的原因就在于乡村公共数字文化服务长期秉承"城市化"的文化嵌入理念，即按照城市居民的使用习惯与特点对服务进行设计❶，使乡村居民对服务产生陌生感与疏离感。在调研过程中，昆山市图书馆的工作人员表示当地以老年群体与未成年群体居多。其中，老年人更偏好阅读纸质报刊，对数字资源了解不多且使用上存在困难。并且，在阅读智能柜的使用上，居民更多的是为了纳凉。苏州市吴中区江湾村党群服务中心的工作人员也表示，数字农家书屋闲置现象明显，通过电脑终端进行阅读的人寥寥无几。另外，在服务宣传上，昆山市图书馆以往虽有"三下乡"活动，但围绕数字文化资源的下乡推广宣传活动几乎没有，而是定期通过微信公众号推送电子书。苏州市公共文化中心的工作人员则表示各文化机构的宣传活动普遍存在广度与深度不足的问题，虽然通过新闻媒体宣传本中心的公共数字文化资源，但知晓率仍然不足。由此，我国公共数字文化服务利用不足的问题可见一斑。在本书看来，对于以老年群体和未成年群体居多的乡村地区而言，线上推广服务的实际效果极为有限，在很大程度上妨碍了服务的使用。

第四节　城乡公共数字文化服务一体化建设的推进策略

一、制定服务一体化国家标准与地方具体实施标准

为使城乡公共数字文化服务一体化建设有据可依，我国应从以下两个主要方面构建建设标准。第一，制定全国基本标准。国家标准旨在保障全国范围内城乡居民在享有公共数字文化服务上基本、均等的权益，发挥"兜底"的作用。我国应围绕公共数字文化服务的内涵与特点，立足于现阶段城乡公共数字文化服务一体化建设的重点与任务，确定服务一体化建设的基本内容，制定相

---

❶ 曹海林，任贵州.乡村治理视域下的公共文化服务：功能定位与实践路向[J].南京农业大学学报（社会科学版），2022，22（3）：75-83，184.

关标准并补充进《国家基本公共服务标准（2021年版）》之中。目前，国内有学者从资源建设、技术、管理、服务4个主要方面构建了17项公共数字文化标准，其中服务标准具体包括资源发布、检索服务、应用服务和其他服务。❶不过，城乡公共数字文化服务一体化建设较为系统、复杂，标准体系所涵盖的内容也将更为广泛、丰富。从服务体系要素来看，既有宏观要素，也有微观要素。前者主要包括设施、环境、形式、内容、评价等，后者则有基层设备、资源开发、平台建设、信息推送等。故此，服务一体化建设标准要着眼于服务建设的各项要素，体现标准的系统性与完整性，同时也要适应服务一体化建设动态发展的需要，突显标准的科学性与开放性。第二，制定地方具体实施标准。地方之间，尤其是地方城乡之间在公共数字文化服务建设水平及实际需求上存在差异，国家基本标准的建立并非要求各地在城乡公共数字文化服务一体化建设上齐步走。《"十四五"公共文化服务体系建设规划》提出，"推进城乡公共文化服务体系一体建设"主要任务内容之一就包括完善和提升省、市、县三级公共文化服务实施标准（服务目录）。因此，各地应制定符合城乡实际的服务建设实施标准，并组织专家、居民，围绕当地经济、人口、服务水平等对实施标准进行论证，以契合当地实际。

二、提高乡村财政帮扶力度并扩大资金的来源渠道

为弥补城乡在公共数字文化服务建设上的投入差距，我国应提高乡村财政帮扶力度并扩大资金的来源渠道。具体而言，一方面，我国应在加大城乡文化事业费投入力度的基础上持续提升县及县以下的文化事业费在全国文化事业费总投入中的比例，并通过科学测算对这一比例进行确定。同时，地方政府应将城乡公共数字文化服务一体化建设纳入财政预算，并确保适当的增幅。2020年6月，《公共文化领域中央与地方财政事权和支出责任划分改革方案》从基

---

❶ 王之彤，张文亮. 我国公共数字文化标准体系的构建[J]. 图书馆论坛，2021，41（7）：59-67.

层公共文化设施免费或低收费开放及国家基本公共文化服务指导标准涉及的事项方面，协调了中央和地方财政关系。不过，就当前城乡公共数字文化服务一体化建设的任务来看，该方案需对相关事项做进一步明确：一是方案较少涉及公共数字文化服务，应结合城乡公共数字文化服务一体化建设的主要内容，确定中央与地方各自应承担的建设任务与投入比例。二是方案目前根据地方财力分五档确定了中央与地方分担比例，应考虑地方之间及地方城乡之间的复杂情况，采取更为灵活、多样的划分方式。相应地，地方政府应进一步明确省、市、县在财政投入上的事权与支出责任。我国历年中央补助地方公共数字文化建设专项资金主要涵盖平台建设、资源建设、服务推广这三个方面，对于城乡公共数字文化服务一体化建设这一系统工程而言显然是不够的。未来，需依据城乡服务一体化的建设内容及实践进展对专项资金的使用范围进行拓展与调整。

同时，需要指出的是，近年，受疫情影响，地方政府降低非民生类开支无可厚非，但不能一味地缩减文化开支而损害城乡居民的基本文化权益，而是应在摸清公共数字文化服务的使用情况上有针对性地节省支出。另一方面，社会资本的参与对推进城乡公共数字文化服务一体化建设至关重要。我国应优化城乡公共数字文化服务的投融资渠道，鼓励社会力量投资兴办公共数字文化设施，通过项目补贴、定向资助、政府购买、贷款贴息发行债券等多种方式，构建政府主导、社会参与的公共数字文化多元投入机制。[1]并且，激励措施应向参与乡村公共数字文化服务建设的社会力量倾斜。

三、密织城乡服务设施网络并提升设施的管理水平

为使公共数字文化服务遍布城乡的每一个角落，我国应密织城乡服务设施网络，并提高基层服务设施管理水平。一方面，我国应对广大乡村地区进行

---

[1] 吴高，韦楠华.公共文化财政投入现状、问题及对策研究[J].图书与情报，2018（2）：54-66，108.

走访、调研，以人口、交通、地理等因素，首先科学规划设施布局，并贯彻城市服务设施建设的高标准，构建城乡"10 分钟文化圈"。其次，乡村服务设施建设应充分尊重当地的生态环境与自然风貌，将设施"嵌入"乡村生活的图景之中。除了使服务设施凸显当地乡土气息之外，还可充分利用当地原有公共场所，使之承担一定的服务设施功能，甚至使有条件的居民家庭开展相关服务以打通服务的"最后一米"。在此方面，城市地区已有相关实践。2018 年，佛山市图书馆发起"邻里图书馆"项目，将图书馆"分馆"开在市民家中，为公众提供文献借阅、数字阅读等服务。❶ 再次，要贯彻落实《关于推进实施国家文化数字化战略的意见》中的有关要求，夯实乡村地区文化数字化基础设施，提高数字化服务水平。例如，四川省雅安市天全县重点提升打造新华乡综合文化站，建设了联通其他各乡镇综合文化站的视频教学系统，实现了以点带动辐射全县的目的。❷ 最后，要完善城乡间的信息网络、物流等基础设施建设，实现城乡公共数字文化设施在资源、交通等方面的互联互通。另一方面，针对设施管理问题，当地政府应加强组织领导，落实责任，定期对服务设施运行管理情况进行督查，并将结果向社会公示。

此外，城乡公共数字文化服务一体化建设对现有的服务设施管理方式提出了更高的要求。多年来，社会广泛呼吁对公共文化设施实行统一管理，但仍存在不小的现实阻碍。不过，随着数字技术的迅猛发展，在一体化背景下，建立城乡公共数字文化服务设施统一管理平台已不成问题。相关部门及各公共文化服务设施应通力合作，运用大数据、人工智能等技术，汇集、分析城乡范围内所有服务设施的相关数据，对其实现精准、动态管理。

---

❶ 推动"邻里图书馆"进千家到万户，佛山拟出台地方标准［EB/OL］.（2022-6-18）［2022-10-21］.https：//www.sohu.com/a/558502898_100116740.

❷ 数字化赋能基层公共文化设施建、管、用［EB/OL］.（2021-4-29）［2022-9-12］.https：//mp.weixin.qq.com/s?__biz=MjM5OTk5MTgzNg==&mid=2650658362&idx=1&sn=84748f0d86d66df37e0656e3eec2962c&chksm=bf3a7949884df05fed64a636c11df1af45a3ded69b666ada40352a179dcf7219533081a4c53d&scene=27.

四、扩充乡村服务人员队伍并培育人员的专业能力

为使乡村地区的公共数字文化服务人员队伍与城市地区具有同样的服务水平，我国应首先开展面向乡村基层公共文化服务机构的调查，对人员编制进行摸底，科学、合理地配备补足或调整扩充相应专业人员及岗位编制数量❶，落实人员编制和福利待遇等政策，提高乡村公共数字文化服务岗位的吸引力。其次，要持续、深入实施政府购买服务岗位，并采取"上挂下派""社区+义工"等方式，补充乡村公共数字文化服务人员队伍。再次，为保障乡村公共数字文化服务人员具有专业的服务素养，一方面，要加强人员培训。从目前来看，各地在此方面所做的工作仍有待改进。近年来，虽然各地均举办了公共数字文化服务培训班，但存在三点主要问题：一是培训内容以讲座为主，实操环节较少；二是尽管目前有地方开展了线上培训，但整体来看仍以线下培训居多，不仅参与人数有限且各地培训水平参差不齐。2020-2022年受疫情影响，线下培训活动多面临停摆。例如，苏州市公共文化中心的培训活动曾暂停近两年；三是较少对培训效果开展评价。未来，我国应丰富培训内容，不仅要更加贴合公共数字文化服务，还要设计相应的技术实操环节。同时，要整合并打造全国统一的公共数字文化服务线上培训资源，并使之系统化、全面化，让其能够面向全国城乡不同水平的服务人员。并且，要加强培训效果评价。同时，省域之间，尤其是城乡之间更可定期开展服务人员的经验交流活动。另一方面，我国更可将公共数字文化服务人才培养纳入职业教育体系，为乡村公共数字文化服务储备专业人才。最后，要定期对服务人员进行绩效考核，对能力突出的人员给予物质和精神奖励。

---

❶ 文旅系统代表委员的两会关注·吴文科委员：配齐补足基层文化馆站专业人员[EB/OL]．（2022-5-25）[2022-9-18].https://baijiahao.baidu.com/s?id=1667658550218432698&wfr=spider&for=pc．

五、做好本土化特色服务建设并优化服务推广活动

为促进服务的广泛利用，保证城乡公共数字文化服务一体化的最终效果，一方面，公共数字文化服务建设应按照"区级一品牌，一镇一亮点，一村一特色"的要求，深度提炼并彰显当地特有的文化内涵，提高乡村居民对服务的认同感与归属感。为此，昆山市就围绕当地昆曲特色，打造了众多特色服务项目，如联合喜马拉雅开设"雅韵昆山"电台；建设昆曲特色场馆；举办全国戏曲百戏（昆山）盛典；利用网络平台开展"大美昆曲"系列讲座等。❶苏州市公共文化中心则在构建地方特色艺术数据库的同时，从"年轻人讲老手艺"的视角，打造了"品苏慕课"平台。故此，未来我国乡村地区在公共数字文化服务建设上要树立主人翁的意识，发扬自身特色，实现从"被动接受文化"到"主动生产文化"的转变。

另一方面，应对原有的服务推广活动进行优化。近年，我国多地开展了线上线下相结合的"公共数字文化进万家"活动，但线下活动大多在城市基层开展，而线上活动由于乡村居民根本不曾知晓此类活动，抑或因不会使用，甚至没有智能终端而无法参与活动。因此，在服务推广方式上，乡村地区有必要以家庭为单位，对当地居民家庭进行走访，深度开展服务推广活动。在此过程中，帮助居民更好地获取与使用服务资源。例如，使其掌握运用智能终端访问服务资源的方法。同时，对具有服务资源使用需求，但缺乏相关设备且不便到馆（站）的居民，则可考虑向其出借设备。另外，活动还可借助新兴的科学技术成果，如三维技术、虚拟现实、增强现实、人工智能等，以增强活动的吸引力与趣味性。在服务推广内容上，则要紧密结合乡村居民所关切的热点问题，如乡村振兴、农业种植、病虫防治，农村致富等。除了在线上推送电子书及线下投放阅读智能柜外，还应在线上、线下增加视频、音频、图片等更多形式的服务推广内容，从而促进服务利用率的提高。

---

❶ 强根培基，活态传承——昆山昆曲保护传承情况汇报[EB/OL].（2022-8-12）[2022-11-14].https://baijiahao.baidu.com/s?id=1740921773680016476&wfr=spider&for=pc.

第六章　特殊群体公共数字文化服务供给优化

实现服务群体均等是解决公共数字文化服务供给不平衡不充分问题的一个重要方面。长期以来，公共文化服务以社会主流群体为服务对象，造成特殊群体服务供给落后、服务群体不均的局面。作为公共文化服务的重要组成部分，公共数字文化服务供给过程中亦存在同样问题。因此，如何审视当前特殊群体公共数字文化服务供给现状及其中存在的问题，并切实提高特殊群体公共数字文化服务供给水平，有待进一步研究与探索。本书第三章第三节从平台可访问性、设施、资源、活动4个层面对我国特殊群体公共数字文化服务供给情况展开了调查，本章将着眼于我国特殊群体公共数字文化服务供给存在的不足，在借鉴国外经验的基础上，提出具有针对性的优化策略。

第一节　我国特殊群体公共数字文化服务供给的不足

尽管我国围绕设施、资源、活动等方面，在特殊群体公共数字文化服务供给上做了许多工作，并取得了一定成效，但是仍存在诸多问题。

一、公共数字文化服务网站的可访问性差

（一）可访问性标准规范支持体系不完善

完善的信息无障碍标准规范体系是我国信息无障碍建设可持续健康发展的重要保障。目前我国已出台的信息无障碍相关标准集中于网站设计和辅助技术

领域。2012年工业和信息化部电信研究院、中国残疾人联合会、中国互联网协会等部门，对工业和信息化部2008年发布的《信息无障碍—身体机能差异人群—网站设计无障碍技术要求》进行了完善，并命名为《网站设计无障碍技术要求》，该标准为目前最新出台的信息无障碍方面国家标准。标准出台时间较早，技术规范逐步落后于技术更新，数字移动通讯设备和人工智能物联网领域的信息无障碍标准缺失等问题，一定程度上影响了标准的通用性和权威性。且我国在信息无障碍方面的标准均为推荐性标准，不具备强制性，缺乏合理的标准监督和评价机制，对标准的推广和应用有一定影响。

（二）服务网站的可访问性改造尚未起步

除中国盲人数字图书馆、中国残疾人数字图书馆、心声·音频馆的网站设计遵循可访问性标准、具备网站浏览辅助工具以外，我国公共数字文化服务项目、公共文化机构的网站尚未进行普遍的可访问性改造，网页无障碍功能不完善，可访问性不高。本书第三章采用WAVE 3.0 web辅助检测工具对文化共享工程29个省级分中心网站首页的检测结果显示，目前29个省级分中心的网站尚无一满足可访问性的最低标准。公共图书馆是公共数字文化服务最重要的提供主体。2020年，章超怡使用Achecker在线工具对31家省级公共图书馆的网站进行检测，结果显示仅有2家通过了WCAG2.0要求的信息无障碍level A标准，其余29家网站都存在不同程度的信息无障碍问题。[1] 省级公共文化机构和公共数字文化服务项目网站尚且如此，何况市县级的服务网站。可见我国公共数字文化服务网站的可访问性建设处于较低水平，亟须实施网站可访问性改造，为残障群体、老年群体等获取公共数字文化服务提供便利。

---

[1] 章超怡.省级公共图书馆网站信息无障碍建设调查研究[D].上海：上海师范大学，2021：35-38.

二、特殊群体公共数字文化服务设施分布失衡

（一）设施总体数量偏低，人均占有不足

特殊群体公共数字文化服务设施是服务广泛、深入开展的重要保障。然而，从特殊群体公共数字文化服务设施数量来看，少年儿童图书馆、工会直属文化宫、俱乐部、公共图书馆盲文及盲人有声读物阅览室、馆办老年大学的数量并不多。2021年，少年儿童图书馆的数量仅143所，公共图书馆盲文及盲人有声读物阅览室数量仅1258所，馆办老年大学仅670所。❶❷2017年，工会直属文化宫、俱乐部数量仅50 764所❸，并且工会直属文化宫、俱乐部及馆办老年大学的数量呈现逐年下降的趋势。虽然目前尚未有特殊群体公共数字文化服务设施的数量标准，但与国际图联有关公共图书馆人均占有数量标准相比较来看，我国特殊群体公共数字文化服务设施的人均占有数量并不乐观。按国家统计局、中国残疾人联合会公布的各群体的人口计算，每172.57万名少年儿童才拥有一座少年儿童图书馆，每5644名农民工才拥有一座工会直属文化宫、俱乐部，每3336名视力残疾人才拥有一个公共图书馆盲文及盲人有声读物阅览室，每29.94万老年群体才拥有一座馆办老年大学。除工会直属文化宫、俱乐部及公共图书馆盲文及盲人有声读物阅览室外，其余设施均远远低于国际图联每5万人就拥有一所图书馆的标准。可见，我国特殊群体公共数字文化服务设施数量十分匮乏，人均占有不足。

（二）设施数量分布不均，地区差异较大

地区间特殊群体公共数字文化服务设施的分布平衡能够在一定程度上保证

---

❶ 中华人民共和国文化和旅游部.中国文化文物和旅游统计年鉴（2022）[M].北京：国家图书馆出版社，2022：40，113.

❷ 中国残疾人联合会.中国残疾人事业统计年鉴（2021）[M].北京：中国统计出版社，2021：81-82.

❸ 王娇萍，董宽.中国工会年鉴2017[M].北京：中国工会年鉴编辑部，2018：589.

各地特殊群体公共数字文化服务供给的均等。然而，从对特殊群体公共数字文化服务设施的地域分布统计来看，无论是少年儿童图书馆、工会直属文化宫、俱乐部，还是公共图书馆盲文及盲人有声读物阅览室、馆办老年大学，均存在明显的地域分布不均的现象。根据《中华文化文物统计年鉴 2017》《中国残疾人事业统计年鉴 2021》《中国工会年鉴 2017》《中国文化文物和旅游统计年鉴 2022》的统计数据，地区间少年儿童图书馆的最大数量差为 16 所，工会直属文化宫、俱乐部的最大数量差为 7137 所，公共图书馆盲文及盲人有声读物阅览室的最大数量差为 84 所，馆办老年大学的最大数量差为 54 所。由此，我国亟须缩小特殊群体公共数字文化服务设施数量的地区差异，实现特殊群体公共数字文化服务设施建设的地区平衡。

三、特殊群体公共数字文化服务资源建设落后

（一）资源较匮乏，分布不均

尽管借助于互联网等现代信息技术的公共数字文化服务有望实现服务均等化这一终极愿景，但从文化共享工程省级分中心有关特殊群体文化资源建设来看，特殊群体文化资源不仅匮乏，而且群体间资源不均现象较为突出。根据第三章第三节的调查，整体上，我国大多数文化共享工程省级分中心并未面向特殊群体建设文化资源。从各类特殊群体的文化资源建设情况来看，19 个分中心建设了面向少年儿童的文化资源，5 个分中心建设了面向农民工的文化资源，8 个分中心建设了面向残障群体的文化资源，而面向老年群体建设文化资源的分中心则几乎没有，群体间资源分布差异较大。另外，各省级分中心面向少年儿童、农民工、残障群体所建设的文化资源在栏目、内容、类型等诸多方面均存在明显不同，建设水平良莠不齐。

（二）资源使用受阻，易用程度不高

资源获取是否便利将在很大程度上影响资源的有效利用。从文化共享工程省级分中心有关特殊群体文化资源的易用程度来看，普遍存在以下几个问题。第一，特殊群体文化资源栏目不易查找。例如，首都图书馆公共文化云的"少儿视频"栏目须点击首页自建视频资源的"更多"方可找到，而"农民务工""农民工进城务工培训"栏目须在自建视频资源"更多"里点击"农业视频""动漫视频"栏目方可找到。又如，文化共享工程湖南分中心的"进城务工"栏目须点击首页的"数字资源"，然后点击"更多"跳转到湖南省图书馆的湘图视频平台，在"农业科技"栏目中才能找到。第二，特殊群体文化资源栏目形同虚设的情况屡见不鲜。例如，黑龙江数字文化网的"小学课程""中学课程""高中课程"栏目均无法打开。又如，文化共享工程广西桂林分中心的"阳光少年"栏目中的各项内容均无法打开。第三，除资源栏目及其内容使用受阻外，省级分中心的特殊群体文化资源在其他方面的易用程度同样不高。例如，黑龙江数字文化网面向少年儿童的多数文化资源库均限馆内使用。文化共享工程云南分中心的务工技能培训视频均无法播放。可见，文化共享工程省级分中心的特殊群体文化资源的易用程度普遍较低。

（三）资源类型欠丰富，种类较少

从文化共享工程省级分中心有关特殊群体文化资源的类型来看，普遍较为单一。在少年儿童文化资源类型上，15个分中心提供了视频类资源，13个分中心提供了图片类资源，7个分中心提供了文本类资源，2个分中心提供了图片类资源。农民工文化资源则均为视频类资源，残障群体文化资源均为音频类资源。特殊群体文化资源类型的丰富性欠佳将难以满足特殊群体对资源类型的多样化需求。

四、特殊群体公共数字文化服务活动开展不足

（一）特殊群体活动类型较为单一

为满足特殊群体对于公共数字文化活动的多样化需求，活动类型应尽可能多样。在面向少年儿童开展文化活动的文化共享工程省级分中心中，除首都图书馆公共文化云、黑龙江数字文化网、上海数字文化网、江西数字文化网、陕西数字文化网、甘肃省图书馆、浙江网络图书馆这7个分中心外，其余分中心开展的活动类型均较少，主要集中在书目阅读、作品展览、文艺表演等。面向农民工开展的文化活动类型均较为单一，仅有协助购票、文艺表演、放映电影、技能培训等。在面向残障群体开展文化活动的分中心中，除首都图书馆公共文化云、黑龙江数字文化网、天津文化信息资源共享中心、山西省图书馆这4个分中心的活动类型相对较多外，其余分中心的活动类型均较少，主要集中在阅读交流、知识宣讲、技能培训等。在面向老年群体开展文化活动的分中心中，除首都图书馆公共文化云、陕西数字文化网这2个分中心外，其余分中心的活动类型均较少，主要集中在宣传慰问、技能培训、作品展览、知识宣讲等。可见，我国面向特殊群体的公共数字文化活动类型较为单一。

（二）特殊群体活动内容创新不足

公共数字文化活动具有较高的创新性是吸引特殊群体积极参与的关键。从文化共享工程省级分中心面向各类特殊群体开展的文化活动来看，面向少年儿童、农民工群体、残障群体、老年群体所开展的文化活动内容存在较高的相似性。例如，文化共享工程省级分中心面向各类特殊群体均开展了作品展览这一类型的活动，但活动的具体内容均为绘画、书法展览，活动内容同质化现象较为突出。同时，文化共享工程省级分中心面向各类特殊群体开展的文化活动内容十分单调，活动互动性与沉浸感不强。面向特殊群体所开展的活动多以讲座、展览、表演为主，特殊群体在其中只能"被动接受"，而非"主动探索。

此外，尽管个别省级分中心为各类特殊群体有针对性地设计了活动内容，如为农民工群体购买车票、为视障群体朗读书籍等，但整体看来，面向特殊群体开展的文化活动的创新性仍有待提高。

（三）特殊群体活动形式不够灵活

各类特殊群体在生活能力、生活方式、生活习惯等方面存在较大差异。因此，面向特殊群体的公共数字文化活动的开展形式应灵活多变，尽量契合特殊群体的生活特点。从文化共享工程省级分中心面向特殊群体开展的文化活动来看，几乎所有的活动，如书目阅读、技能培训、知识宣讲、作品展览、手工制作、电影放映等均在馆内举办，这对于行动不便的老年群体、残障群体，抑或忙碌的农民工群体、学业繁重的少年儿童群体而言，前往馆内参与活动存在一定不便。尽管个别分中心开展了送书活动、送电影活动、敬老慰问活动等，但这类活动在面向特殊群体的公共数字文化活动中所占的比例极小。可见，我国面向特殊群体的公共数字文化活动的开展形式普遍不够灵活。

第二节　国外特殊群体公共数字文化服务供给实践调查

通过上述对我国特殊群体公共数字文化服务供给不足的分析，可知我国在特殊群体公共数字文化服务方面还存在一些问题。欧美、日本、新加坡等国家和地区的社会信息化水平较高，较早建设了一批数字文化项目，在特殊群体服务方面积累了经验。本节采用网络调查法，从平台可访问性、设施、资源、活动4个方面调查欧盟、美国、英国、加拿大、日本、新加坡等国的特殊群体公共数字文化服务供给现状与经验，得出对我国的借鉴。

一、公共数字文化服务网站可访问性

对于残障群体,尤其是对于视障群体而言,公共数字文化服务网站具有较强的可访问性至关重要。所调查的国外多数公共文化机构或数字文化项目均对此采取了相关行动,或遵循万维网联盟就发布的网站内容可访问性指南或采用本国政府部门制订的可访问性标准。

欧洲数字图书馆以满足万维网联盟制定的网站内容可访问性指南 2.1 为目标。❶ 这一指南针对更广泛的残障群体(包括失明、弱视、视觉敏感、耳聋、弱听、行动受损、语言障碍、学习障碍及认知受限等群体),提供了使其更易访问网站内容的准则。并且,还解决了网站内容在移动设备上的可访问性问题。❷ 该指南从可感知、可操作、可理解、健全性、符合性等方面建立了网站可访问性的标准。并且,每一项标准均列明了目的、意义、例子、实现技术、常见错误及关键术语等内容。为满足该指南,欧洲数字图书馆成立了网络无障碍委员会,并为员工开展了相关培训。同时,还运用了手动与自动测试对网站可访问性进行检验。2020 年 5 月,欧洲数字图书馆还委托专家对网站进行审查。❸ 未来,还将把残障群体等纳入用户测试之中。

英国国家档案馆以英国 2018 年《公共部门机构(网络和移动应用程序)(第 2 号)无障碍法规》❹ 作为网站可访问性的标准。该法规旨在使公共部门的网站和移动应用程序能够无障碍使用,尤其是对残障群体而言。该法规包括 5 个主要方面:适用范围、政府义务、网站与移动应用程序的可访问性要求、监

---

❶ Making the Europeana website accessible to all [EB/OL]. (2020-11-3)[2021-12-12]. https://pro.europeana.eu/post/making-the-europeana-collections-website-accessible-to-all.

❷ Web Content Accessibility Guidelines (WCAG) 2.1 [EB/OL]. (2018-6-5)[2021-12-11]. https://www.w3.org/TR/WCAG21/#background-on-wcag-2.

❸ Accessibility Policy [EB/OL]. (2021-1-13)[2021-12-11]. https://www.europeana.eu/en/rights/accessibility-policy.

❹ The Public Sector Bodies (Websites and Mobile Applications)(No. 2) Accessibility Regulations (2018)[EB/OL]. (2018-9-23)[2022-4-12]. https://www.legislation.gov.uk/uksi/2018/952/introduction/made.

管网站与移动应用程序的可访问性、法规的执行框架。为使项目可访问性满足法规要求，英国国家档案馆与数字无障碍中心开展合作，并组建数字团队及运用自动化工具对项目可访问性进行定期测试。用户可通过发送邮件以请求参与项目可访问性测试。❶

加拿大图书档案馆以加拿大政府制定的《无障碍网页标准》和《针对移动设备优化网站和应用程序的标准》为依据，确保加拿大图书档案馆的可访问性。《无障碍网页标准》以确保网页可访问性为主要目标，《针对移动设备优化网站和应用程序的标准》则用以确保移动设备上的可访问性。不过，二者均以万维网联盟制定的网站内容可访问性指南 2.0 为基础，并对加拿大政府机构的角色与职责进行了规制。网站内容可访问性指南 2.0 版本与 2.1 版本基本一致，差别在于 2.1 版本针对移动可访问性、视力低下的群体及有认知和学习障碍的群体额外制定了 17 个标准。❷

美国国会图书馆有关网站可访问性的说明不多，仅指出网站符合万维网联盟制定的可访问性指南以及美国康复法案第 508 条的有关规定❸，未明确可访问性指南的具体版本。美国康复法案第 508 条则是用于规定联邦机构的通信信息技术能够使身体、感官或认知障碍的群体易于使用❹，内容主要包括参考标准、定义、适用范围、功能性标准等。

法国国家图书馆致力于使其所有网站和移动站点、应用程序符合法国政府制定的通用无障碍管理框架。❺ 该框架以确保残障群体能够访问在线服务为目

---

❶ Accessibility statement［EB/OL］.（2020-8-17）［2022-4-12］.https：//www.nationalarchives.gov.uk/help/web-accessibility/.

❷ What's New in WCAG 2.1［EB/OL］.（2020-8-13）［2021-12-12］.https：//www.w3.org/WAI/standards-guidelines/wcag/new-in-21/.

❸ Web Site Accessibility［EB/OL］.（2023-4-19）［2023-4-19］.https：//www.loc.gov/accessibility/web-site-accessibility/.

❹ Section 508 of the Rehabilitation Act of 1973［EB/OL］.（2021-11-10）［2021-12-12］.https：//www.section508.gov/manage/laws-and-policies/.

❺ Référentiel général d'amélioration de l'accessibilité-RGAA Version 4.1［EB/OL］.（2019-9-20）［2022-4-12］.https：//www.numerique.gouv.fr/publications/rgaa-accessibilite/obligations/.

标，从义务、技术方法、标准与测试、词汇表、测试环境等方面作了较为详细的规定，并同样以万维网联盟制定的内容可访问性指南 2.1 为参考标准。为满足这一框架的要求，法国国家图书馆制定了数字无障碍行动计划❶，其中就特别指出要将残障群体纳入网站或应用程序的用户测试中。

日本国立国会图书馆基于日本工业标准调查会发布的《老年人和残疾人的设计考虑指南—信息和通信中的设备、软件和服务——第 3 部分：网站内容》以及日本总务省发布的《全民公共网络操作指南》，制定了《日本国立国会图书馆网站访问政策》。❷ 该政策从适用范围、目标一致性水平和响应能力、目标期限、合规标准、例外事项等方面作了较为细致的规定。同时，日本国立国会图书馆还定期对网站可访问性进行测试，并公布评估结果。

二、特殊群体公共数字文化服务设施

尽管大部分公共数字文化服务可以通过线上方式获取，但是仍然需要为特殊群体提供获取公共数字文化服务的线下空间和场所。所调查的国外政府、公共文化机构注重设施对特殊群体的包容性，为儿童、老年人、残疾人建设了专门的服务设施。

有调查显示，56% 的美国公共图书馆构建了早期读写的专属空间，如达拉斯公共图书馆的"儿童探索中心"是一个 16500 平方英尺（约 1500 平方米）的公共空间，提供书籍、杂志和有声读物等，还特别设计了讲故事、木偶剧和其他活动区域，其中"发现墙"采用思科实时远程技术，达拉斯的儿童能够与世界各地的人们互动。❸2019 年，美国公共图书馆为儿童提供的服务项目

---

❶ Schéma pluriannuel d'accessibilité numérique 2021–2023[EB/OL].（2021-7-12）[2022-4-12]. https://www.bnf.fr/fr/schema-pluriannuel-daccessibilite-numerique-2021-2023.

❷ 国立国会図書館ウェブアクセシビリティ方針 [EB/OL].（2013-6-28）[2021-12-13]. https://www.ndl.go.jp/jp/accessibility/policy.html.

❸ 武娇. 美国公共图书馆早期读写服务实践研究——基于对 48 家公共图书馆网站的调查 [J]. 图书馆工作与研究，2021（12）：41-49.

共3124043个，为青少年提供的服务项目共596106个，两者占总服务项目的63%。❶ 美国还建有儿童博物馆，据美国图书馆和博物馆协会2021年度报告统计，美国共有儿童博物馆397所，在各类型博物馆中占比1.7%。❷ 这些儿童专属设施或空间都有为残疾人包括残疾儿童提供专用设备，如美国国会图书馆不仅提供盲文和有声读物及杂志，还提供相关播放设备、盲文显示器、盲文教学、写作设备和用品等。美国还有遍布全国的社会机构为全盲、低视力儿童提供数字阅读服务，如NFB-NEWSLINE为用户提供了通过按键电话、电脑、便携式数字有声读物播放器或移动应用程序访问300多份报纸和杂志的机会；学习联盟（Learning Ally）提供合成语音和人类语音两种阅读材料，可以通过手机应用程序、电脑或有声读物播放器访问；多莉·帕顿的想象图书馆（Dolly Parton's Imagination Library）与美国盲人印刷厂合作，为盲人或低视力儿童提供有声读物和印刷/盲文书籍。❸

加拿大统计局公布的数据显示，2020年加拿大所有市政当局的艺术和文化设施中无障碍设施的占比达到了74.2%，其中，城市达到了81.3%，农村达到了68.9%。❹ 可见，无论是城市还是农村都非常重视公共文化设施对于特殊群体的关怀。2020年加拿大所有市政当局共有社区中心（老年人和青少年中心）5040个，其中城市2268个，占比45%；农村2772个，占比55%，❺ 城乡

---

❶ Public Libraries Survey [EB/OL]. (2022-7-21) [2023-3-28]. https://www.imls.gov/research-evaluation/data-collection/public-libraries-survey.

❷ Understanding the Social Wellbeing Impacts of the Nation's Libraries and Museums [EB/OL]. [2023-3-28]. https://www.imls.gov/publications/understanding-social-wellbeing-impacts-nations-libraries-and-museums.

❸ Resources for Parents of Blind and Low-Vision Children [EB/OL]. (2023-4-2) [2023-4-9]. https://www.loc.gov/nls/resources/resources-for-parents-of-blind-and-low-vision-children/#sources.

❹ Percentage of publicly owned culture, recreation and sport facilities which allow accessibility, by urban and rural, and by population size, Infrastructure Canada [EB/OL]. (2022-9-27) [2023-3-28]. https://www150.statcan.gc.ca/t1/tbl1/en/tv.action?pid=3410019101.

❺ Inventory of municipally owned culture, recreation and sport facilities, by urban and rural, and population size, Infrastructure Canada [EB/OL]. (2022-9-27) [2023-3-28]. https://www150.statcan.gc.ca/t1/tbl1/en/tv.action?pid=3410006701&pickMembers%5B0%5D=1.1&cubeTimeFrame.startYear=2020&cubeTimeFrame.endYear=2020&referencePeriods=20200101%2C20200101.

间社区中心（老年人和青少年中心）的数量分布较均匀。表 6-1 由加拿大统计局公布的数据整理而得，2020 年加拿大多数省份每万人拥有社区中心（老年人和青少年中心）的数量在 2 个左右，其中西北地区、努纳武特地区、纽芬兰与拉布拉多省地广人稀，所以每万人拥有量相对较大；新斯科舍省、安大略省、不列颠哥伦比亚省的人口较密集，所以每万人拥有量相对较小。但总的来说，加拿大社区中心（老年人和青少年中心）在各省间分布均匀，各省为老年人和青少年提供的设施数量情况相近。

表 6-1 2020 年加拿大各省社区中心（老年人和青少年中心）情况

统计项目	西北地区	努纳武特地区	纽芬兰与拉布拉多省	萨斯喀彻温省	育空地区	爱德华王子岛省	曼尼托巴省	魁北克省	新不伦瑞克省	阿尔伯塔省	安大略省	新斯科舍省	不列颠哥伦比亚省
社区中心/个	25	15	220	376	10	34	301	1 832	91	493	1 352	77	347
人口/万人	4	3	51	113	4	15	134	850	77	426	1 422	96	500
每万人拥有的社区中心数量/个	6.25	5.00	4.31	3.33	2.50	2.27	2.25	2.16	1.18	1.16	0.95	0.80	0.69

注：由加拿大统计局数据整理而得。

日本为少年儿童建了很多文化教育设施。2023 年日本统计年鉴显示，日本共有儿童文化中心 36 个、儿童自然之家 210 个、青少年之家 160 个、野外教育设施 61 个，其他类型的儿童文化教育设施 424 个。❶日本国立国会图书馆

---

❶ 第七十二回日本统计年鑑 令和 5 年 [EB/OL].（2022-11-18）[2023-3-28].https://www.stat.go.jp/data/nenkan/index1.html.

在国际合作的基础上建设了国际儿童图书馆，其 2021—2025 发展计划显示设施扩建与重修后，国际儿童图书馆除了提供面向婴幼儿与小学生的"儿童阅读室""世界知识阅览室"以外，还设置了有助于初中、高中学生开展调查研究的"青少年研究室"，完善了针对多年龄段的服务机制。❶

新加坡的每一处 HDB 租赁公寓均有老年活动中心，是一个为老年人提供与同龄人社交和寻求社会支持的公共空间，为居住在 HDB 租赁公寓中的弱势和社会孤立老年人举办健康营养和锻炼、艺术和手工艺、社区交友、社区健康教育等活动，还提供政府关于老年人计划的信息，并转介相关服务。❷ 据新加坡卫生部统计，2021 年新加坡有 42 个老年活动中心，可进入老年活动中心的老年人人数为 19 959 人。❸

三、特殊群体公共数字文化资源

资源是公共数字文化资源整合项目的核心要素，也是用户访问公共数字文化资源整合项目所要获取与使用的主要内容。丰富的资源能够保障特殊群体行使其公共文化权利，使其的数字文化需求得到有效满足。所调查的国外项目针对儿童、青少年、视障群体、老年群体建设了专题数字文化资源，数量丰富，种类多样。

欧洲数字图书馆、法国国家图书馆、日本国立国会图书馆、新加坡国家图书馆委员会针对少年儿童建设了数字文化资源，新加坡国家图书馆委员会针对老年群体建设了数字文化资源，挪威国家数字图书馆则针对视障群体建设了数字文化资源。详情见表 6-2。

---

❶ 国際児童図書館基本計画 2021-2025 ［EB/OL］.（2021-3-20）［2023-3-28］. https://www.kodomo.go.jp/chinese/promote/basicplan2021-2025.html.

❷ Senior Activity Centre［EB/OL］.［2023-3-28］.https：//sacs.org.sg/senior-services/senior-activity-centres.html.

❸ Senior Activity Centres［EB/OL］.（2022-7-18）［2023-3-28］.https：//tablebuilder.singstat.gov.sg/table/TS/M890851.

表 6-2 特殊群体数字文化资源内容

项目名称	面向人群	数字文化资源
欧洲数字图书馆	小学生、初中生、高中生	围绕文化资源而设计的学习场景
加拿大图书档案馆	少年儿童	科目教学影片、动画电影、教育资源
法国国家图书馆	幼儿、小学生、中学生	期刊、专著、图书、政府出版物、报告、论文
新加坡国家图书馆委员会	小学生、中学生、儿童、青少年	有声动画书、马来语图书、泰米尔语图书、新加坡图片集、新加坡百科资讯、新加坡历史库、新加坡报纸库、新加坡图书库、新加坡音乐库、新加坡艺术资料库
	老年人	中文电子书、电子报纸、音乐录音及有关新加坡的报纸、图片、资讯、音乐以及涵盖销售、编程等众多学习视频课程
日本国立国会图书馆	儿童	儿童图书
挪威国家数字图书馆	视障群体	有声图书

欧洲数字图书馆开设了"欧洲课堂"资源栏目，并下设"集锦""学习场景""其他教育资源"二级栏目，二级栏目下还设置了众多三级栏目。并且，栏目中的大多数资源介绍页上均标识了资源所适合的教育阶段，如小学、初中、高中等。不过，欧洲数字图书馆的资源类型并不是常规意义上的视频、音频、图片或图书等，而是基于文化资源，面向少年儿童设计的学习场景，从而帮助教师更好地在课堂上开展教学内容。例如，在名为"欧洲妇女权利时间表"的资源页面❶中就详细说明了如何开展教学内容，包括让学生通过头脑风暴理解女权主义、社会正义、性别平等、妇女权利及人权等术语，利用思维导图推断术语之间的联系，并观看视频以了解"女权主义者"对男性的意义。同时，学生还将通过欧洲数字图书馆进行传记研究，了解欧洲女性为获得权利而做出的贡献等。

---

❶ A Timeline of women's rights in Europe（IT-LS-559）[EB/OL]. [2021-10-17]. http://blogs.eun.org/teachwitheuropeana/learning-scenarios/a-timeline-of-womens-rights-in-europe-it-ls-559/.

第六章　特殊群体公共数字文化服务供给优化

加拿大图书档案馆未专门开设面向少年儿童的资源栏目，而是在"待在家里的资源"栏目❶中为少年儿童提供了众多数字文化资源库。例如，"可汗学院"资源库涵盖多个科目的教学影片。"加拿大国家电影委员会在线放映厅"面向儿童提供精选的动画电影。"开放文化"资源库则提供视频课程、应用程序、书籍、网站等免费的儿童教育资源。

法国国家图书馆设置了"数字资源教育"栏目❷，旨在为幼儿、小学、中学等教育阶段的人群提供远程教育资源。栏目中的资源主要以数据库呈现。其中，"全部教育研究"库包含2000多种期刊的参考文献或文章摘要以及1300多种期刊和500多本专著的全文。Eric库则提供教育领域的多种学术与专业文献，还对1000多种期刊、会议及政府官方出版物、报告、论文等进行了索引。Cairn库则由法语领域的28种期刊和近600部教育学科专著组成。Cyberlibris库则包括许多与教育有关的法语及英语书籍。此外，法国国家图书馆还提供众多电子书及其他数字文化资源。

新加坡国家图书馆委员会在"电子资源"栏目下，为小学生、中学生、儿童、青少年开设了对应栏目。栏目中的资源主要包括有声动画书、马来语图书、泰米尔图书及有关新加坡的图片、资讯、历史、报纸、图书、音乐、艺术资料等。此外，新加坡国家图书馆委员会在"电子资源"下开设了"老年人"栏目。栏目中的内容均为各种数字文化资源库，主要包含中文电子书、电子报纸、音乐录音及有关新加坡的报纸、图片、资讯、音乐以及涵盖销售、编程等众多学习视频课程。

日本国立国会图书馆并未开通少年儿童资源栏目，而是提供了"儿童在线公共访问目录"资源库。该资源库能够检索儿童阅览室、世界知识阅览室、青少年研究室的所有资料及国际儿童图书馆的全部馆藏。

挪威国家数字图书馆在"帮助与信息"界面中为视障群体开设了专门的资

---

❶ Resources for staying at home［EB/OL］.（2023-3-3）［2023-3-28］.https：//www.bac-lac.gc.ca/eng/stay-connected/Pages/stay-home-resources.aspx.

❷ L'éducation dans les ressources électroniques à la BnF［EB/OL］.［2021-10-29］.https：//www.bnf.fr/fr/leducation-dans-les-ressources-electroniques-la-bnf.

源栏目。进入该栏目可对挪威音频及盲文图书馆进行访问与使用。❶资源内容以多种主题的有声图书为主。并且，首页中的有声图书均按照年龄阶段进行划分。用户通过点击图书介绍页面上的播放按钮，即可收听该图书的音频。

四、特殊群体公共文化活动

为特殊群体举办文化活动，有助于提升特殊群体的参与感、体验感与获得感。国外项目举办各种各样的数字文化活动以拉近和特殊群体的距离。英国国家档案馆、加拿大图书档案馆、日本国立国会图书馆、法国国家图书馆、新加坡国家图书馆委员会均为少年儿童举办了文化活动，新加坡国家图书馆委员会还为老年群体举办了文化活动，见表6-3所示。

表6-3 特殊群体文化活动内容

项目名称	面向人群	主要活动
英国国家档案馆	青少年	对档案进行探索，在教育团队以及记录专家的帮助下进行研究，并与艺术家、作家或电影制作人及其他学生创造性地合作
	儿童	以馆藏为灵感进行艺术创作，并通过社交媒体进行分享
加拿大图书档案馆	儿童	在暑期俱乐部网站上创建笔记本、打印着色表、参与话题讨论、为书籍投票等
日本国立国会图书馆	儿童	参观儿童文学图书馆
法国国家图书馆	小学生 初中生 高中生	①参观法国国家图书馆的馆藏 ②展示图书馆建筑的历史与主题 ③参与书籍和书面遗产的研讨会 ④围绕馆藏进行艺术创作 ⑤基于新闻漫画历史，描绘未来愿景 ⑥运用身体与声音表达馆藏中的故事

---

❶ Tilgang til digitaliserte bøker for synshemmede［EB/OL］.（2023-2-23）［2023-3-28］.https：//www.nb.no/hjelp-og-informasjon/tilgang-til-digitaliserte-boker-for-synshemmede/.

续表

项目名称	面向人群	主要活动
新加坡国家图书馆委员会	儿童	①听讲故事与童话 ②亲子互动活动 ③开放式游戏，自由使用教育辅助工具 ④让家长学会如何通过有趣的识字活动为孩子培养良好的阅读习惯 ⑤有关学龄前儿童学习和发展主题的研讨会
	青少年	①自由设计与管理图书馆空间 ②开展书友会，探讨流行文化、电影、游戏等话题 ③开设棋盘游戏 ④推荐精选读物，举办写作研讨会
	老年人	①开设课程，帮助老年人学习如何下载并使用新加坡国家图书馆委员会移动应用程序 ②开设数字诊所课程，帮助老年人学习如何使用智能手机 ③开设兴趣小组，围绕阅读、工艺和技术等进行分享、讨论与学习

英国国家档案馆每年夏天都会为在校学生（7~19岁）举办活动，迄今已举办14次。该活动旨在让学生探索档案中的隐藏故事，在教育团队以及记录专家的帮助下进行研究，并与艺术家、作家或电影制作人及其他学生进行创造性的合作。❶ 例如，在2021年名为"捕捉我们的收藏艺术比赛"活动中，学生将基于网站上所提供的历史档案（信件、海报、照片、人口普查记录、报纸、地图、报告等），以"公平""自由""归属感"为主题创作艺术作品，并通过在线提交作品以参与评奖。❷ 此外，英国国家档案馆还为学龄前儿童的家庭举办了工艺俱乐部活动。在该活动中，家长可以同孩子一起围绕网站所提供的历

---

❶ Archive experience [EB/OL]. (2021-7-15) [2021-10-23]. https://www.nationalarchives.gov.uk/education/students/archive-experiences/.

❷ 2021：Capturing our Collections Art Competition [EB/OL]. [2022-3-30]. https://www.nationalarchives.gov.uk/education/students/archive-experiences/2021-capturing-our-collections-art-competition/.

史档案，进行艺术和手工艺品的创作，并通过社交媒体进行分享。❶例如，在名为"创建一个想象的档案"活动中，家长和孩子将在所提供的历史档案的启发下，利用纸张、卡片等工具制作档案盒。❷

加拿大图书馆档案馆为帮助孩子们培养终身阅读的习惯，举办了暑期阅读俱乐部活动。❸在该活动中，孩子们需要通过线下或在暑期阅读俱乐部网站上注册，而后就可在该网站上创建笔记本用以记录阅读情况，并参与书籍投票、书籍评论、话题讨论、撰写故事等。同时，暑期阅读俱乐部网站还针对0~5岁及6~12岁的孩子，提供了相应的家长活动列表，用以帮助家长更好地辅助孩子开展阅读活动。

日本国立国会图书馆每年都会面向少年儿童举办展览活动。例如，2022年3月22日至5月22日，日本国立国会图书馆围绕国际儿童文学图书馆的砖砌建筑，向少年儿童介绍该建筑的设计和历史。❹同时，日本国立国会图书馆还提供了该展览的手册以供下载。

法国国家图书馆每周都会定期为小学生、初中生与高中生举办活动。在活动内容上，面向不同教育阶段的活动均包括参观法国国家图书馆的馆藏；探索法国国家图书馆的建筑；参与书籍与书面遗产的研讨会；围绕馆藏进行艺术创作；媒体和信息培训；运用身体、情感与声音围绕故事进行游戏。上述活动同样可以在线上进行预定。然而，每班须收取90欧元，若人数少于20人，则收取60欧元。

新加坡国家图书馆委员会为儿童、青少年以及老年人举办了活动。其中，面向儿童的活动主要有故事讲解；亲子互动活动；开放式游戏；家长识字活动

---

❶ Craft Club [EB/OL]. [2022-3-30]. https：//www.nationalarchives.gov.uk/education/families/craft-club/.

❷ Creating an Imaginary Archive [EB/OL]. [2022-4-8]. https：//www.nationalarchives.gov.uk/education/families/craft-club/creating-an-imaginary-archive/.

❸ About the Club [EB/OL]. [2022-3-30]. https：//www.tdsummerreadingclub.ca/about_the_club.

❹ 上野の森をこえて図書館へ行こう！ 世紀をこえる煉瓦（レンガ）の棟 [EB/OL]. [2022-4-8]. https：//www.kodomo.go.jp/event/exhibition/tenji2022-01.html.

以培养孩子的阅读习惯；有关儿童学习和发展主题的讲座与研讨会。❶面向青少年的活动则有设计与管理图书馆空间；青少年书友会；棋盘游戏；推荐精选读物，举办写作研讨会。❷面向老年人的活动则为开设课程以帮助老年人下载使用新加坡国家图书馆的应用程序以及学会运用智能手机；开设学习兴趣小组。❸

五、国外特殊群体公共数字文化服务供给优劣势分析

网站可访问性方面，国外公共文化机构、数字文化项目或遵循万维网联盟就发布的网站内容可访问性指南或采用本国政府部门制定的可访问性标准。部分机构根据通用性标准制订本机构的网站可访问性政策，从微观层面保障网站的可访问性。为确保网站真正满足可访问性要求，邀请专家或组建团队开展网站可访问性测验，并将残障群体纳入测验之中。

设施方面，国外为儿童、老年人、残疾人等特殊群体获取公共数字文化服务建设了专门的设施，无障碍设施的占比高，根据儿童的成长阶段提供与其年龄与需求相符的专属空间、场所，且设施数量众多，全国分布较为均匀，区域、城乡差距较小。

资源方面，国外公共文化机构、数字文化项目针对儿童、青少年、视障群体、老年群体建设了专题数字文化资源，建设了众多数字文化资源库，资源数量丰富、种类多样。其中面向中小学生群体，基于文化资源设计学习场景，为教师教学和学生学习提供便利。网站上设置了不同群体资源的专题栏目，栏目设置清晰、合理，便于查找获取资源。

---

❶ Programmes for Children［EB/OL］.［2022-4-8］.https：//www.nlb.gov.sg/WhatsOn/Programmes/ProgrammesforChildren.aspx.

❷ Programmes for Teens［EB/OL］.［2022-4-8］.https：//www.nlb.gov.sg/WhatsOn/Programmes/ProgrammesforTeens.aspx.

❸ Programmes for Seniors［EB/OL］.［2022-4-8］.https：//www.nlb.gov.sg/WhatsOn/Programmes/ProgrammesforSeniors.aspx.

活动方面，国外根据儿童、青少年的学习特点设计了内容丰富、形式多样的服务活动，注重其参与体验、激发其创造性，设计有家长参与环节，帮助家长辅助孩子学习，增进亲子互动。为增强服务能力，还与艺术家、作家或电影制作人及其他主体合作开展活动。通过形式新颖、有吸引力的活动，让儿童、青少年在探索、玩耍、互动、分享中学习新知识、培养阅读习惯。

需要指出的是，国外特殊群体公共数字文化服务供给也存在不足，表现在面向儿童、青少年、学生群体的资源居多，以教育资源为主，面向老年人、残疾人及其他类型特殊群体的资源偏少。服务活动的面向群体同样以少年儿童为主，少数机构为老年人举办了活动，其他群体则几乎没有涉及，必然影响群体均等性。

第三节　对优化我国特殊群体公共数字文化服务供给的建议

当前我国特殊群体公共数字文化服务供给存在诸多不足，国外一些有代表性的数字文化项目和公共文化机构的做法对我国具有借鉴意义。在结合我国实际并借鉴国外经验的基础上，本书认为我国应从以下几方面对特殊群体公共数字文化服务供给进行优化。

一、增强公共数字文化服务平台的可访问性

（一）确立网站可访问性标准

网站可访问性标准是公共数字文化服务网站可访问性建设的依据。我国应在现有《网站设计无障碍技术要求》等行业标准的基础上，依据技术发展对其进行及时修订和更新，尽快弥补数字移动通信设备和人工智能、物联网等领域

标准的缺失，增强我国网站可访问性标准的科学性和可用性。同时重视网站可访问性标准的推广工作，逐步将适用范围广的基础性网站可访问性行业标准由推荐性更改为强制性，加大对网站可访问性标准应用的政策支持力度，让网站可访问性标准切实落实到各公共文化机构和公共数字文化服务项目建设中，将对其的应用情况纳入公共文化机构和公共数字文化服务项目的考核指标。

早在 1999 年 5 月，万维网联盟就发布了网站内容可访问性指南 1.0，目标就是为网站内容可访问性提供一个单一的共享标准，并对残障群体如何更好地访问网站内容予以明确。2018 年 6 月，万维网发布了该指南的 2.1 版本，并计划于 2022 年 6 月发布 2.2 版本。从国外公共数字文化服务网站来看，多数对其进行了采用，足以证明该指南的适用性。为此，我国也可将这一指南作为公共数字文化服务网站可访问性的参考标准。并且，吸收国外的有益经验，制定该指南的实施计划，确保其在各公共文化机构和公共数字文化服务项目中有效落实。

（二）加快网站可访问性改造

政府、文化主管部门应关注公共数字文化服务网站的可访问性改造问题，在发布的公共数字文化服务政策、标准中对网站可访问性做出明确要求，尽快制订《公共文化服务网站可访问性改造工作方案》，对于网站可访问性改造要求做出具体规定，统一部署实施网站可访问性改造工作。可以按照国家级—省级—市级—县级服务网站的顺序分批次实施改造，遵照国家规定的网站可访问性标准，同时深入细致地调查特殊群体，尤其是残障群体、老年群体的需求，紧密结合其生理特点、访问习惯等进行网站可访问性改造，以便更好地满足其访问需求，真正让其享受到均等的公共数字文化服务。还应对网站可访问性改造情况进行严格监督，开展网站可访问性水平评估，并将网站可访问性纳入公共数字文化服务绩效评估之中。鉴于自身的技术、人才有限，公共文化机构、公共数字文化服务项目可以引入社会力量参与网站可访问性改造，如与信息技术公司合作或全部外包给信息技术公司。

二、优化特殊群体公共数字文化服务设施配置

（一）扩大服务设施建设规模，提高人均水平

我国应加大特殊群体公共数字文化服务设施建设投入，扩大服务设施的建设规模。首先，应明确特殊群体公共数字文化服务设施建设的重点，针对当前特殊群体公共数字文化服务设施规模的不足，明确特殊群体公共数字文化服务设施建设的短板，提高各类特殊群体公共数字文化服务设施的数量，尤其是少年儿童图书馆及馆办老年大学。其次，要丰富并创新特殊群体公共数字文化服务设施的类型。目前，我国专门针对特殊群体建设的公共数字文化服务设施类型相对较少。笔者在调查中注意到，随着社会变迁，部分特殊群体公共数字文化服务设施的规模正处于萎缩状态，设施利用率逐渐下滑。为改变这一局面，我国应以特殊群体需求为导向，结合时代环境变化，对特殊群体公共数字文化服务设施进行创新。最后，在提高特殊群体公共数字文化服务设施数量的同时，也要保障服务设施质量，使设施"质量"与"数量"并驾齐驱。

（二）合理配置地区服务设施，实现区域平衡

地区间特殊群体公共数字文化服务设施分布不均将不免导致地区间特殊群体公共数字文化服务供给的巨大差异。因而我国应合理配置地区间特殊群体公共数字文化服务设施，缩小地区间服务设施的差距。一方面，我国应着眼于特殊群体公共数字文化服务设施建设存在短板的地区，加大投入力度，完善其特殊群体公共数字文化服务设施建设网络，重点扶持革命老区、少数民族自治地区、陆地边境地区和欠发达地区特殊群体公共数字文化服务设施建设，以此实现地区间特殊群体公共数字文化服务设施的合理配置。另一方面，地区之间要加强在特殊群体公共数字文化服务设施建设上的合作与交流，定期开展跨区域的线下或云端会议，共同探讨特殊群体公共数字文化服务设施建设的经验，或组织沿海地区与内陆地区、发达地区与欠发达地区之间的结对帮扶，实现特殊

群体公共数字文化服务设施建设资金、人力、经验等的跨区域流动，从而促进地区间特殊群体公共数字文化服务设施建设的平衡。

三、推进特殊群体公共数字文化服务资源建设

（一）扩大资源供给，促进资源均等化

我国首先应加强面向特殊群体的公共数字文化资源建设，弥补特殊群体与主流群体在资源建设上的巨大差距。公共数字文化服务供给主体应将特殊群体资源建设列为重点任务，制定特殊群体资源建设规划。同时，由于特殊群体涵盖不同群体，每类群体对于文化资源的需求不同，服务平台可针对各类特殊群体制定资源建设规划。例如，2021年3月，日本国立国会图书馆平台就制定了《残疾人服务实施方案2021—2024年》[1]，其中就包括为残障群体改进平台资源服务。其次，我国公共数字文化服务平台应统一各类特殊群体资源建设的步调，使各类特殊群体公共数字文化资源建设协调发展。目前，我国文化共享工程省级分中心在各类特殊群体资源建设上存在巨大差距。我国应尽快缩小这一差距，重点建设老年群体资源，强化残障群体、农民工群体资源供给，并稳步提高少年儿童资源供给水平，并实现特殊群体内部以及特殊群体与其他群体在文化资源上的均等。最后，我国公共数字文化服务平台应统一特殊群体资源建设标准，克服各平台资源建设各行其是、良莠不齐的问题。

（二）减少使用障碍，提高资源可获得性

为解决当前特殊群体公共数字文化资源使用受阻，易用程度不高的问题，我国首先应优化特殊群体资源栏目建设，为方便特殊群体寻找资源栏目，应尽可能将栏目设置在平台首页，并用特殊字体、字号加以明示，以避免栏目不易

---

[1] 障害者サービス実施計画2021—2024［EB/OL］.［2023-3-28］. https：//www.ndl.go.jp/jp/support/service_plan2021_2024.txt.

查找。同时，在栏目设置上，可结合文化资源，依据特殊群体的年龄、教育层次等作进一步细分。其次，公共数字文化服务平台应定期检查特殊群体资源栏目的可用性，对所发现的栏目无法打开、栏目内容链接失效等问题进行及时处理解决。最后，公共数字文化服务平台应确保特殊群体资源的正常使用，及时处理视频资源、资源库无法打开等问题。同时，应提高特殊群体公共数字文化资源的开放程度，使原本仅限馆内使用的资源尽可能对外开放。

（三）丰富资源数量，增加资源种类

数字社会的发展使得人们对于数字文化资源数量和类型的需求日益多样，特殊群体亦不例外。面对当前我国特殊群体公共数字文化资源数量匮乏，种类较少的问题，公共数字文化服务供给主体应合理规划资源类型，明确资源类型供给重点。例如，加快少年儿童文本类、图片类、音频类等资源的开发与制作。同时，提高各类型资源在残障群体、老年群体资源中的比重。国外大多采用了各类文化资源库，相比自建资源，其资源内容丰富得多。我国应加强引进各类优秀的适合特殊群体的文化资源库，使资源数量和类型得到扩展。此外还应注重创新资源建设工作，可参考欧洲数字图书馆的做法，围绕文化资源设计学习场景，从而为教师开展教学提供素材。国外项目仅针对少年儿童，我国则可针对各类特殊群体的需求，设计与之相适应的文化资源学习场景。随着互联网新媒体的发展，人们对于获取与使用数字文化资源的方式发生了极大改变。为此，我国公共数字文化服务平台还应加快面向新媒体的特殊群体公共数字文化资源的开发与制作，创新资源类型，使公共数字文化资源能够真正渗透到特殊群体的生活、工作之中。

四、加强特殊群体公共数字文化服务活动开展

（一）丰富特殊群体活动类型

当前，特殊群体公共数字文化活动类型较为单一。公共数字文化活动开

展单位应着眼于目前各类特殊群体公共数字文化活动类型之间的差异，弥补特殊群体公共数字文化活动类型的不足，使各类特殊群体公共数字文化活动类型基本一致，并呈现出多样化特征。尤其要加大面向农民工群体公共数字文化活动类型的开发，使之不再局限于以往的协助购票、电影购票、文艺表演等。此外，随着信息时代的迅速发展，人们的文化生活较以往发生了巨大改变。公共数字文化活动开展单位应顺应时代发展趋势，充分利用现代信息技术，同时扩大与有关各方的合作，不断探索并开发各类特殊群体公共数字文化活动的类型。

（二）创新特殊群体活动内容

创新我国特殊群体公共数字文化活动内容，提高活动的针对性与丰富性，关键在于为各类特殊群体量身定制公共数字文化活动内容。首先，公共数字文化活动开展单位应立足于各类特殊群体对活动内容的实际需求，采取多种方式对特殊群体需求进行充分调研。其次，公共数字文化活动开展单位应结合各类特殊群体的需求，并根据自身的特色文化馆藏或当地特有的文化元素，赋予文化活动更多的文化内涵。例如，每年英国国家档案馆都会为在校学生举办活动，学生将在教育团队的帮助下开展研究，与艺术家、作家或电影制作人及其他学生进行创造性的合作，共同探索英国国家档案馆馆藏中的隐藏故事。❶ 为使公共数字文化活动内容生动、有趣，提高特殊群体的参与感、体验感与获得感，公共数字文化活动开展单位应采取多种形式，增加活动内容的互动设计，转变以往特殊群体在文化活动中"被动接受"而非"主动探索"的局面，让每一位特殊群体真正成为文化活动中的主人公。

（三）拓展特殊群体活动形式

当前，我国面向特殊群体的公共数字文化活动多为馆内举办，活动形式不

---

❶ Archive experience［EB/OL］.［2021-10-23］.https：//www.nationalarchives.gov.uk/education/students/archive-experiences/.

够灵活，对特殊群体参与活动造成了一定不便。为此，公共数字文化活动开展单位应对活动形式进行拓展，使活动举办场地不再局限于服务设施内部。一方面，公共数字文化活动开展单位可在特殊群体的聚集地开展相关活动。例如，幼儿园、中小学校、特殊教育学校、农民工工棚、敬老院等。公共数字文化活动开展单位应加强与上述单位的交流与合作，共同商讨活动开展的具体方案。同时，公共数字文化活动开展单位还应对出行不便、居家的残障群体、老年群体提供更多关怀，为其举办上门活动。另一方面，我国特殊群体公共数字文化活动以线下居多，线上活动几乎没有。未来，我国应面向特殊群体开发线上活动，创新活动形式。诚然，特殊群体，尤其是老年群体、残障群体在使用数字设备上具有一定困难，但开展线上活动很重要，这为特殊群体选择如何参与活动提供了空间。为此，公共数字文化活动开展单位应灵活运用现代信息技术，同时，帮助特殊群体提高使用数字技术的能力，从而打破特殊群体参与公共数字文化活动的时空限制。

第七章　公共数字文化服务供给质量提升

当前我国已迈入高质量发展阶段，公众对数字文化的需求日趋向多元化、个性化、高品质转变，然而当前公共数字文化服务供给仍存在质量不高的问题，公众对公共数字文化资源、服务设施、服务设备、服务人员、服务平台、服务活动等的满意度均偏低。提升公共数字文化服务供给质量是解决公共数字文化服务供给不平衡不充分问题的一项工作重点。本章运用访谈与扎根理论方法，识别出公共数字文化服务供给质量的影响因素，以此提出各变量之间的假设关系并构建公共数字文化服务供给质量影响因素的链式中介模型与测度指标。通过实证检验，厘清各影响因素与供给质量间的影响程度与作用路径，以期为改进公共数字文化服务供给质量提供理论支持。

第一节　公共数字文化服务供给质量影响因素识别

一、研究设计

（一）研究方法

1. 访谈法

运用访谈法收集原始资料。参考已有相关研究并根据公共数字文化服务供给质量的内涵与特点，从以下3方面设计半结构化访谈提纲：①受访者是否对公共数字文化服务感到满意；②受访者对于公共数字文化服务的满意之处或不满意之处；③受访者对公共数字文化服务的期望或建议。访谈提纲见表7-1。

受疫情影响，采用的访谈形式包括面对面访谈、电话访谈及少量在线文字访谈，同时进行语音与文字记录。访谈中通过对话引导受访者积极表述体验感受，在访谈提纲之外根据受访者回答即兴提出新的问题，以保证访谈资料的全面性与丰富性。

表 7-1 访谈提纲设计

序号	访谈目的	访谈问题
1	了解用户体验感受	您认为公共数字文化服务怎么样？您是否感到满意？包括环境、平台、资源、活动、服务人员等方面
2	收集公共数字文化服务供给质量的影响因素	如果满意，您认为哪些方面做得好？如果不满意，您认为哪些方面做得不好？原因是什么？
3	了解提升公共数字文化服务供给质量的途径	您对当前公共数字文化服务还有什么期望或建议吗？

2. 扎根理论方法

访谈结束后，运用扎根理论方法对访谈资料进行数据编码，从中分析总结出公共数字文化服务供给质量的影响因素。

（二）数据收集

从 2022 年 4 月 8 日至 5 月 20 日陆续访谈了 30 位用户，访谈均时在半小时左右。受访者均曾使用过公共数字文化服务，大部分经常使用公共图书馆、公共博物馆等公共文化机构提供的电子资源、线上活动、数字化设备等，部分农村用户与中老年用户接触公共数字文化服务较少，主要为农家书屋、送戏下乡、农业知识普及、政策宣传等，但丰富了研究角度与需求表达。调查数据涵盖城镇居民与农村居民、男女比均衡、文化程度包括小学至研究生、年龄 14～72 岁，访谈对象覆盖全面，保证了研究的科学性。研究有效样本共 30 份，随机选取 5 份作为理论饱和性检验，其余 25 份作为编码依据。具体受访者情况见表 7-2。

表 7-2 受访者基本情况

项目	分类	人数 / 位	比例 /%
性别	女性	16	53.0
	男性	14	47.0
年龄 / 岁	18 及以下	2	7.0
	19 ~ 30	22	73.0
	31 ~ 45	3	10.0
	46 ~ 59	2	7.0
	60 及以上	1	3.0
户籍性质	城镇	16	53.0
	农村	14	47.0
学历	研究生	13	43.3
	本科	10	33.3
	高中	3	10.0
	初中	3	10.0
	小学	1	3.3
职业	学生	15	50.0
	国企员工	4	13.3
	私企员工	5	16.6
	事业单位员工	1	3.3
	退休人员	1	3.3
	自由职业者	3	10.0
	个体户	1	3.3

二、资料分析

（一）开放性编码

开放性编码是指从原始访谈资料中提取若干初始概念，再将初始概念进行归类形成若干范畴。为确保传递受访者的真实表达，仅删减无意义停顿词进行原始语句汇编，再精练成短语作为初始概念。由于篇幅原因且编码资料较多，故只展示部分原始语句初始编码示例，见表 7-3。结果显示，通过开放性编码，共获得 99 个初始概念，35 个范畴，具体见表 7-4。

表 7-3　部分访谈资料初始编码示例

范畴	原始语句（初始概念）
A1 整洁度	灰尘比较多，很多地方可能没有精细地打扫，但大的垃圾没有（灰尘）
A2 明亮度	整个环境也很干净，但明亮度有待提升，有的机房有年代感比较暗，要开灯（灯光）
A3 安静度	他们没有把各个区域进行严格区分，有的人在看书，有的人真的很吵（噪声）
A4 方便度	那里不仅有看书的地方，还有影音室、游戏室、上机的地方、卖文创的地方，而且前台还配备机器人（多元化服务空间）
A5 电子设备可得性	很多设备就是一个摆设，放在那里，但是不开（设备不开放）
A6 电子设备好用性	它上面虽然有很多触碰键，但实际上你点它是没有用的（按键失灵）
A7 网络可得性	有些地方的网络登不上，不能随便登（网络登录限制）
A8 网络好用性	我感觉公共提供的网络都比较慢，一般都是用我自己的网络（网络速度慢）
A9 视觉传递	有些平台用手机点开，没有适配到手机屏幕的大小，很多字体图片的大小位置都不太好看（页面适配）
A10 易操作性	我觉得有些不太好找，如果没有说明给我，或者没人教我的话，我可能还要自己摸索一段时间，没有那么快能找到需要的东西和功能（上手难）
A11 功能完备性	有的功能不是很全，比如说它介绍说可以留言，但是没有可以留言的地方。或者设置了留言栏，但是根本没有办法输字来表达自己的看法，没有这个地方（功能不全）
A12 个性化	它只是自己固定化的模式，没有根据你的兴趣爱好来推，而是无差别地给大众进行推送（无差别推送）
A13 资源数量	我们馆的资源还不够多，但资源不多的本质不是我们不去建设，而是经费不足（资源经费）

续表

范畴	原始语句（初始概念）
A14 资源类型	他们也有使用第三方吧，就是他们可以给我各种形式的第三方商业机构的资源，有些是他们自己建设的，有些是从社会上购买的或者其他地方赞助的（第三方资源）
A15 资源新颖度	我看到2004年的讲座还放在首页（资源老旧）
A16 资源更新频率	我发现有的专业性比较强的期刊，尤其是学生对这个需求比较大嘛，它的更新时间还是与出版时间存在一些时差，大概至少有两个月的时差（更新滞后）
A17 资源可接受性	图书馆这些平台我用得比较少，因为其他平台可能已经能够满足我的日常所需了，公共平台可能没那么满足我的专业需求，能够替代它的东西很多（资源实用性）
A18 资源可得性	如果我没找到的次数多了，我下次就不会再用这个平台了（资源缺失）
A19 活动数量	疫情之前还好，一些接触到的展览、讲座等活动都比较多一点，疫情之后活动就少了（疫情影响）
A20 活动类型	农家书屋一直会有，我们除了上学时间都可以去，然后农家书屋会在寒暑假聘请一些其他的老师来给我们培训、上课、答疑，差不多天天都有（农家书屋）
A21 活动可接受性	如果说只让群众去积极参与活动，而不给一些鼓励，就没什么人参加（活动奖励）
A22 活动可得性	在农家书屋借书需要办借书证，但是需要费用，我们就不太想办。我们就不会借书，只会在那里看（活动押金）
A23 服务人员数量	我希望人员数量更多，每个人的工作量少一点或者更专业一点，负责各自的板块，然后可以提升服务的质量（增加人员数量）
A24 服务人员类型	我们县城的图书馆服务人员还是比较好的，但主要都是一些叔叔阿姨在那搞卫生（缺乏专业人员）
A25 言语表达	对于线上的服务人员我也可以感受到他们的热情，如果他们没有找到我想检索的东西的话，也会给我提供其他的思路去找，还是挺负责的（回答全面）
A26 行为表现	没有那么积极去观察读者是否需要帮助（服务被动）
A27 理解问题能力	他们可以迅速地理解我的需求（理解需求）
A28 解决问题能力	专业素养上可能没有那么充足，但是在实践操作上，他们的经验可能就比较丰富，也是能帮助到你的（实践经验丰富）
A29 反馈可接受性	我也不会为了提意见，特意去网上找反馈渠道（被动反馈）

续表

范畴	原始语句（初始概念）
A30 反馈可得性	线上就直接点击咨询链接就好了（线上反馈）
A31 渠道畅通度	反馈过程需要花挺多时间，比较复杂，所以我一般不会反馈（过程复杂）
A32 反馈回应	没有单独地给我回复反馈的情况，一般是系统发一个比较官方的"您的反馈已收到"，但还是想让他们至少给个针对性回应（回应有用性）
A33 用户素养	对年轻人来讲，可能还是比较容易，但是对我外公一样年纪比较大的人来讲的话，就不是特别容易了（数字素养）
A34 用户需求	我希望可以有一个专题之类的资源整合，让资源更有连续性、更有逻辑（资源整合）
A35 用户体验	可以在那上面报名参加一些活动，有一些公益培训、美术摄影，我觉得提供这些活动可以提高自己在这些方面的能力（自我提升）

表 7-4 开放式编码结果

范畴	初始概念
A1 整洁度	灰尘
A2 明亮度	灯光
A3 安静度	噪声
A4 方便度	设施完善；多元化服务空间；场所不开放；场所预约
A5 电子设备可得性	设备种类少；设备不开放；注册才能使用
A6 电子设备好用性	设备功能少；设备老旧卡顿；按键失灵；屏幕亮度
A7 网络可得性	无免费网络；网络登录限制
A8 网络好用性	网络速度慢；网络不稳定
A9 视觉传递	字体；排版；色彩；设计现代化；页面适配
A10 易操作性	上手难
A11 功能完备性	功能不全
A12 个性化	无差别推送；推送渠道；信息茧房；隐私安全
A13 资源数量	资源全面；版权；共建共享；资源经费
A14 资源类型	第三方资源；外文资源；雅俗共赏；内容同质
A15 资源新颖度	资源老旧
A16 资源更新频率	更新滞后

续表

范畴	初始概念
A17 资源可接受性	资源实用性；资源提供方式
A18 资源可得性	无法下载；资源缺失；利用率低
A19 活动数量	活动丰富；疫情影响；活动频率
A20 活动类型	电影放送；专家讲座；图书分享会；农家书屋；志愿活动
A21 活动可接受性	满足兴趣；活动氛围；活动奖励
A22 活动可得性	活动押金；活动收费；活动对象局限；活动规模小；活动主题单一
A23 服务人员数量	增加人员数量
A24 服务人员类型	缺乏专业人员；老龄人员多；管理、技术人才
A25 言语表达	回答全面；表述耐心；缺乏热情
A26 行为表现	服务被动；着装正式；业务熟练
A27 理解问题能力	理解需求
A28 解决问题能力	检索能力强；解决范围局限；实践经验丰富
A29 反馈可接受性	被动反馈；自行解决；反馈标识；主动反馈；反馈意识
A30 反馈可得性	线下反馈难；线上反馈方便
A31 渠道畅通度	交流不便；过程复杂；及时接电话
A32 反馈回应	无反馈回应；回应有用性；回应速度；回应不诚信
A33 用户素养	数字素养；文化素养
A34 用户需求	资源整合；互动交流；新技术运用；口音输入；联想检索；宣传推广
A35 用户体验	自我提升；使人愉悦；获取障碍

（二）主轴编码

主轴编码的主要过程是将开放性编码形成的范畴进行逻辑联系与区分，通过合并同类属范畴进而确定主范畴，通俗来说即归纳范畴的上位概念。在参考相关文献概念与实践经验的基础上，对 35 个范畴进行主轴编码，得到 17 个主范畴，详见表 7-5。

表 7-5　主轴编码形成的主范畴

核心范畴	主范畴	范畴
环境	B1 舒适度	A1 整洁度；A2 明亮度；A3 安静度；A4 方便度
	B2 电子设备	A5 电子设备可得性；A6 电子设备好用性
	B3 网络	A7 网络可得性；A8 网络好用性
平台	B4 界面设计	A9 视觉传递；A10 易操作性
	B5 平台功能	A11 功能完备性；A12 个性化
资源	B6 资源结构	A13 资源数量；A14 资源类型
	B7 资源更新	A15 资源新颖度；A16 资源更新频率
	B8 资源可及性	A17 资源可接受性；A18 资源可得性
活动	B9 活动构成	A19 活动数量；A20 活动类型
	B10 活动可及性	A21 活动可接受性；A22 活动可得性
服务人员	B11 人员结构	A23 服务人员数量；A24 服务人员类型
	B12 服务态度	A25 言语表达；A26 行为表现
	B13 专业素养	A27 理解问题能力；A28 解决问题能力
反馈	B14 反馈可及性	A29 反馈可接受性；A30 反馈可得性
	B15 反馈渠道	A31 渠道畅通度；A32 反馈回应
用户	B16 用户特征	A33 用户素养；A34 用户需求
	B17 用户满意度	A35 用户体验

（三）选择性编码

选择性编码是指将主范畴进一步归纳提炼为总结性更强的核心范畴，并分析其作用路径与关系结构，构建出演示各主范畴运行规律的扎根理论模型。本书通过思考分析将核心范畴确定为环境、平台、资源、活动、服务人员、反馈、用户，也即本研究的主要影响因素。具体而言，环境、平台、资源、活动、服务人员、反馈、用户对公共数字文化服务供给质量有直接影响作用，同时用户具有感知供给质量的作用，并通过反馈的表达作用，促使服务人员发挥对供给质量的完善作用，从而形成不断提升公共数字文化服务供给质量的动态循环过程。典型关系结构详见表7-6。

表7-6 主范畴的典型关系结构

典型作用路径	关系结构	关系结构内涵
环境→供给质量	影响作用	服务场所环境的舒适度、电子设备、网络情况影响公共数字文化服务供给质量水平
平台→供给质量	影响作用	平台的界面设计、功能情况影响公共数字文化服务供给质量水平
资源→供给质量	影响作用	资源的结构、更新、可及性情况影响公共数字文化服务供给质量水平
活动→供给质量	影响作用	活动的构成与可及性情况影响公共数字文化服务供给质量水平
服务人员→供给质量	影响作用	服务人员的结构、服务态度、专业素养情况影响公共数字文化服务供给质量水平
供给质量→用户	感知作用	用户获取公共数字文化服务过程中由于自身特征与满意度差异而对供给质量产生不同感知
用户→反馈	表达作用	用户对公共数字文化服务供给质量的期望在反馈可及性与反馈渠道的支持下进行表达
反馈→服务人员	接收作用	服务人员是接收用户反馈的枢纽
服务人员→供给质量	完善作用	供给质量依靠服务人员进行完善

（四）理论饱和度检验

编码结束后，对之前抽选的5份样本做饱和性检验，结果未发现新概念、范畴与关系，这表明编码是全面且有效的。因此可以认为通过理论饱和度检验。

（五）模型构建

根据以上编码过程与结果，构建公共数字文化服务供给质量影响因素的理论模型，如图 7-1 所示。

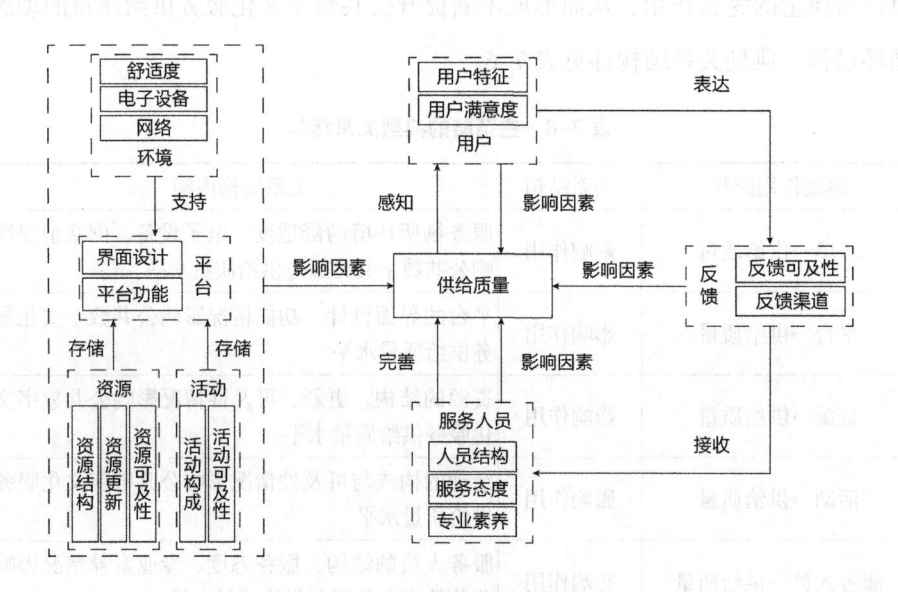

图 7-1　公共数字文化服务供给质量影响因素模型

三、模型阐释

（一）环境因素对供给质量的影响

公共文化场所是公众获取公共数字文化服务的地方，场所环境的舒适度、电子设备和网络状况都可能会影响公众对供给质量的感知。

1. 舒适度

环境的整洁度、明亮度、安静度、方便度直接影响公共数字文化服务供给质量。为了提升公众使用公共数字文化服务的舒适度，服务场所应完善基础设施建设，保持环境整洁明亮，并安排服务人员及时制止喧哗吵闹的行为，进而提升公众对于服务供给的感知质量。

2. 电子设备

电子设备的可得性与好用性直接影响供给质量。如农村的电子设备数量缺乏、类型单一、频繁不开放，导致村民对于数字设备的可得性极低，严重影响供给质量。同时，设备的好用性，如有受访者对于设备按键失灵、运行卡顿感到不满，也会直接影响供给质量。

3. 网络

网络的可得性与好用性决定公共数字文化服务的供给效率，直接影响供给质量。现阶段我国通信技术高速发展，家庭网络接入率极高，供给免费网络对于公共文化场所来说并不难，却能让用户联网检索到更广更全的资源，大大提高供给质量。因此，公共文化服务环境应该全面配以免费网络，保证网络可得并好用，由此提升公共数字文化服务供给质量。

（二）平台因素对供给质量的影响

公共文化服务数字化平台极大方便了公众获取各类电子资源与线上活动，平台的界面设计和功能等会对资源、活动等公共数字文化服务的供给质量产生影响。

1. 界面设计

公众在使用数字化平台的过程中提出了字体小、排版乱、色彩单一、审美落后、页面与终端设备不适配等视觉传递方面的不足，并表明其质量的改善会增加他们使用平台的意愿。对于老年群体来说，平台操作的难易程度是他们感知供给质量的关键，不会操作就意味着需要借助他人的帮助才能得到想要的资源，这导致许多老年人觉得麻烦而不使用数字化服务。因此，平台界面设计要在考虑年轻人现代化需求的同时降低界面操作难度，让更多群体都能愉悦便捷地进行使用，从而促进服务高质量供给。

2. 平台功能

大部分公共数字文化服务平台的功能还比较有限，仅提供通知公告、简单检索功能，对此各平台要依据用户需求丰富功能。平台精准对接用户需求提供

个性化信息有利于提升供给质量。目前，大多数平台主要进行无差别的信息推送，原因之一是用户偏好难获取与推送渠道单一，因此，需要借助用户画像可视化、数据标签等技术挖掘需求，并拓展邮箱、短信、微信等通信渠道及时发送信息。需要注意的是，个性化程度过高可能带来的信息茧房与隐私泄露则会损害供给质量。

（三）资源因素对供给质量的影响

电子资源是公共数字文化服务供给的主要内容，无论是服务环境还是数字化平台搭建都是为了让用户更好地获取资源，达到使用目的，因而资源本身的质量是影响供给质量的最主要因素。

1. 资源结构

虽然公共数字文化服务供给的资源类型呈多元化趋势发展，但现实中，由于版权、经费、公共文化机构间缺乏协调合作等问题导致平台资源数量不够丰富、类型不够全面，用户需要跳转不同的平台重复检索，因此，促进不同地域、不同类型公共文化机构间共建共享、整合资源、构建"一站式"资源获取平台能够有效提升供给质量。

2. 资源更新

众多受访者表示不愿重复利用已使用过的资源，因而若不进行资源更新，已有资源将逐渐失去吸引力，极易使用户产生视觉疲劳，严重影响供给质量。因此，需要提高资源更新频率，避免提供重复、同质化的资源。

3. 资源可及性

公共数字文化服务平台提供的资源内容要有别于商业信息机构，避免商业替代内容过多而降低平台资源实用性，因此公共文化机构需要通过加强特色资源建设来增加差异化内容，提高公众的接受意愿。公共文化机构还需探索更优的资源供给方式，扩大阅读、下载与分享资源的权限，简便资源获取过程，提升资源可得性，从而增加利用率。

（四）活动因素对供给质量的影响

公共文化机构通过举办活动加强社会教育，营造社会文化氛围，用户可以在参与文化活动中愉悦心情、完善知识与能力。活动的构成与可及性情况是公众评价活动满意度，从而感知供给质量的重要影响因素。

1. 活动构成

在公众文化需求不断升级的背景下，公众对于文化活动的数量与类型提出了更高要求。对此，公共文化机构应动态调整活动构成，增加活动开展数量，丰富活动举办形式，为不同年龄段、职业等的公众推出针对性主题活动，以此精准契合公众需求，提升供给质量。

2. 活动可及性

部分文化素养较低的受访者误认为参与文化活动需要支付较高费用，这导致他们对文化活动的接受度极低。因而需要为社会公众普及文化活动的公益性，在公众最方便的时间与地点举办活动，提高活动可及性。

（五）服务人员因素对供给质量的影响

服务人员是接收公众使用感受与完善供给质量的重要枢纽，公共数字文化服务各环节的供给离不开服务人员的维护与运作，良好的人员结构、服务态度及专业素养会为供给质量带来正面影响。

1. 人员结构

目前大多数公共文化机构配备的服务人员数量并不多，所负责的事务也多为现场咨询、摆放资料等基础业务，同时中小型公共文化机构的服务人员普遍年纪偏大，创新能力较弱，掌握的专业知识较少。若能通过增加人员总量、提升年轻人员比例与专业性，将可优化人员结构，为公众提供更高质量的服务。

2. 服务态度

服务人员的态度体现在言语与行为上，良好的言语表达能够让公众感受到热情耐心负责的服务，不自觉地让用户自己也会心情变好，则更能用积极开放

包容的心态去使用数字化服务。服务人员主动询问用户是否需要帮助、穿戴统一服装、熟练地完成业务等行为表现，会让用户更安心地使用数字设备，用户即使不会操作也不会因难以求助而放弃使用。

3. 专业素养

服务人员的专业素养体现在理解问题和解决问题的能力上，虽然较多服务人员非专业出身，但凭借岗位培训和实践经验，他们都能够较快地理解用户的基本需求，解决大部分的问题。然而对于高层次人才所需的专业性更强的文化供给服务，如科研辅助服务，目前的人员专业素养还难以满足，为进一步提升供给质量，公共文化机构应该加强引入具有专业知识的服务人员，为高端人才带来更专业的服务。

（六）反馈因素对供给质量的影响

反馈是连接公众与公共文化服务供给方的桥梁，是获知供给质量待完善之处的重要路径。提高反馈可及性、畅通反馈渠道有助于提升公共数字文化服务供给质量。

1. 反馈可及性

大部分受访者的反馈意愿尚不太强，虽然公众常能感知到服务供给的不满意，但主动进行反馈的人却不多。究其原因：一是公众反馈意识较弱，二是平台反馈标识不明显。因此，可以对用户的反馈行为进行奖励，让用户养成主动反馈的习惯，同时还要将线上反馈标识设置在恰当的位置，使其更清晰醒目。

2. 反馈渠道

众多受访者均有过反馈意见得不到回应的经历，有些平台会回复"目前还无法解决"等有用性较低的回应，有些则甚至没有回应。因此，公共文化服务机构需要为公众提供顺畅的反馈渠道，并在接收到用户反馈后及时进行准确严谨的回应，否则用户将降低对供给机构的互动与信任。

（七）用户因素对供给质量的影响

用户是评价公共数字文化服务供给质量的主体，其特征和满意度等是影响公共数字文化服务供给质量的决定性因素。

1. 用户特征

用户的文化素养影响其文化需求的内容与程度，数字素养影响其对数字化服务的接受度与使用频率，因而提升公民素养有利于增加高质量数字化服务的需求与供给。同时有的用户也提出了更高质服务的诉求，如互动交流、联想检索等，对此公共文化机构应根据用户需求及时调整与完善服务供给。

2. 用户满意度

用户满意度是其体验公共数字文化服务后对供给质量的评价，大部分用户主要从愉悦心情、提升能力等方面感知供给质量，因此，在数字化服务供给过程中要注重提升用户获得感，进而提高供给质量。

（八）影响因素之间的作用关系

环境、平台、资源、活动、服务人员、反馈、用户7个因素之间联系密切，共同构建了公共数字文化服务供给质量影响因素模型。用户通过感知其他因素的服务情况，对公共数字文化服务供给质量进行评价，再利用反馈渠道向公共文化机构进行表达。公共文化服务人员接收到反馈信息后，针对用户的不同素养与需求对环境、平台、资源、活动等方面供给进行完善，由此构成提升公共数字文化服务供给质量的动态循环路径。综上所述，环境、平台、资源、活动、服务人员、反馈、用户7个因素都对公共数字文化服务供给质量产生深刻影响，它们之间相互联系、相互配合，某一因素的完善不仅会对整体供给质量产生积极影响，也将改善公众对于其他影响因素的体验。因此，公共数字文化服务供给质量影响因素模型并非简单的线性结构组合，而是复杂的动态作用机制。

第二节　公共数字文化服务供给质量影响因素理论模型构建与验证

前期研究中利用扎根理论方法深度分析访谈资料，得出公共数字文化服务供给质量的具体影响因素及其动态循环路径。接下来在前期研究的基础上，提出各影响因素间的假设关系，构建公共数字文化服务供给质量影响因素的链式中介模型与测度指标，以了解各因素对公共数字文化服务供给质量的影响程度与路径。

一、研究假设与模型构建

前期研究中得出结论：环境、平台、资源、活动、服务人员、反馈、用户是公共数字文化服务供给质量的影响因素；用户提出反馈，并由服务人员接收与完善的过程是提升公共数字文化服务供给质量的作用路径，据此提出研究假设。

（一）直接影响作用

公共图书馆、博物馆、文化馆等公共文化机构是用户获取公共数字文化服务的主要地点，体验其场所环境的舒适度、电子设备与网络的好用情况是多数用户获取服务的第一步，用户从中产生对公共数字文化服务的第一印象。受首因效应影响，用户倾向于使用第一印象对事物做出评价，因而服务场所环境在支持用户获取服务的过程中将影响其对公共数字文化服务供给质量的评价。

公共数字文化服务平台是数字文化资源与线上文化活动的输出端口。服务平台的界面设计美观且易于操作，可优化用户视觉体验、提高检索效率，从而提升用户对供给质量的感知。同时，用户对高品质文化服务的需求日渐增加，对服务平台的功能配置提出更人性化、个性化、智慧化的要求，因此平台功能的完备性也成为用户评价供给质量的重要指标。

公共数字文化服务供给质量的关键在于所提供的数字资源能否满足用户需求。若供给资源的结构不合理、更新缓慢、可及性低，势必难以实现用户资源检索目的。为此，各公共文化机构都极度重视数字资源建设在优化供给质量过程中的价值，不断加强特色资源建设并着手搭建"一站式"资源获取平台，将此作为提升公共数字文化服务供给质量的必要措施。

公共文化机构努力提供给用户数量充足、主题多样的线上文化活动，降低用户活动参与限制，使其无须花费过多的时间成本、距离成本便能从中满足文化需求。线上文化活动的意义在于让用户通过讲座培训、观影演出等形式充盈知识储备、提升文化素养，从而达到进一步加强社会教育与国民精神文明建设的目的。开展线上文化活动是公共数字文化服务的一部分，两个主体的目标一致，因而活动也是公共数字文化服务供给质量的重要评价指标。

服务人员作为公共数字文化服务的供给者与完善者，其特征必然影响服务供给质量。服务人员的组成结构、服务态度、专业素养带给用户直观的体验感受，对用户评价供给质量具有明显的参考性。因此，要提升供给质量，需让服务人员的服务水平更贴合用户期待，更具保障公共数字文化服务稳定高质供给的能力。

公共文化机构只有通过反馈才能确认公共数字文化服务是否满足需求，才能了解现有服务供给的不足，才能采取相应措施提升供给质量。良好的反馈机制表现为较高的反馈可及性与畅通的反馈渠道，是群众需求表达与机构征集意见的有效渠道，需要用户提高反馈意愿、公共文化机构及时做出反馈回应来为持续改进供给质量提供思路与指导。

公共数字文化服务根据用户的文化需求进行规划与实施，时刻随用户特征变化而调整，其供给质量取决于用户满意度，因此用户因素深刻影响公共数字文化服务的供给质量。要提升供给质量，必须充分调查用户的数字文化需求，站在用户的角度进行服务设计，达到提升用户文化素养、数字素养的目标，进

而用户将对供给质量提出更高要求，有助于供给质量的持续改进。

综上所述，本书在直接影响作用层面提出以下假设：

H1：环境对供给质量产生显著的正向作用。

H2：平台对供给质量产生显著的正向作用。

H3：资源对供给质量产生显著的正向作用。

H4：活动对供给质量产生显著的正向作用。

H5：服务人员对供给质量产生显著的正向作用。

H6：反馈对供给质量产生显著的正向作用。

H7：用户对供给质量产生显著的正向作用。

（二）中介作用

以用户为中心建设公共数字文化，需要通过反馈信息了解用户文化需求、文化偏好、优化方向来提升服务可及性、精准性及可持续性，使用户不断改善供给质量体验。服务人员通过了解用户需求与意见采取具体措施对供给质量进行改进，其服务水平是用户评价供给质量的重要参考。用户对供给质量的需求表达与意见征集离不开反馈，更离不开服务人员的接收与处理。因此，本书在中介作用层面提出以下假设：

H8：反馈在用户与供给质量之间起中介作用。

H9：服务人员在用户与供给质量之间起中介作用。

（三）链式中介作用

在质量管理理论中，持续改进质量需要经历计划、执行、检查和处理的循环过程。在公共数字文化服务体系建设中，用户感知供给质量并通过反馈机制进行表达是计划与检查服务的手段，由服务人员处理反馈信息并做出服务调整则是处理与执行服务的途径，此作用路径构成公共数字文化服务供给质量持续改进的循环过程。因此，本书在链式中介作用层面提出以下假设：

H10：反馈与服务人员在用户与供给质量之间起链式中介作用。

（四）理论模型构建

基于前期研究，提出上述假设，构建公共数字文化服务供给质量影响因素的链式中介模型，如图7-2所示，以探究各因素对公共数字文化服务的影响程度与路径。

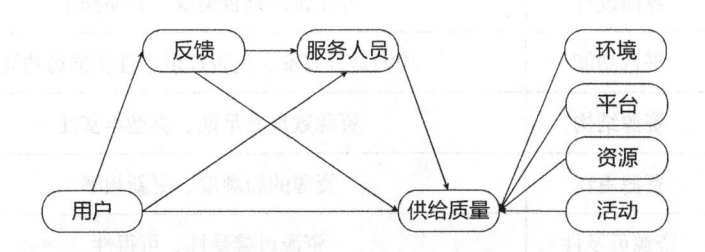

图7-2 公共数字文化服务供给质量影响因素的链式中介模型

二、研究设计

（一）变量测量

测度指标来源于前期研究中得出的公共数字文化服务供给质量影响因素，并引入供给质量作为因变量，以探究各影响因素间的作用关系，由此设计调查问卷。问卷包含两部分：第一部分是公共数字文化服务用户的统计特征，包括性别、年龄、文化程度、职业、户籍性质；第二部分是量表部分，包括8个变量对应的观测指标与具体题项。采用李克特5分计分法，分别用1、2、3、4、5表示非常不满意、不太满意、一般、比较满意、非常满意。具体公共数字文化服务供给质量影响因素的测度指标见表7-7。

表 7-7　公共数字文化服务供给质量影响因素的测度指标

变量	观测指标	指标解释
环境	服务场所舒适度	服务场所是否整洁、明亮、安静、方便
	电子设备	电子设备是否具有可得性与好用性
	网络	网络是否具有可得性与好用性
平台	界面设计	界面设计是否美观、容易操作
	平台功能	功能是否完备、是否提供个性化推送功能
资源	资源结构	资源数量充足性、类型丰富性
	资源更新	资源的新颖度、更新频率
	资源可及性	资源可接受性、可得性
活动	活动构成	活动数量充足性、类型丰富性
	活动可及性	活动可接受性、可得性
服务人员	人员结构	服务人员数量充足性、专业人员配备情况
	服务态度	服务人员是否言语表达耐心、行为表现热情
	专业素养	服务人员理解问题、解决问题的能力
反馈	反馈可及性	反馈可接受性、可得性
	反馈渠道	反馈渠道是否畅通、机构是否及时回应
用户	用户特征	用户素养、需求情况
	用户满意度	用户体验感受
供给质量	实现目的	用户是否实现了使用目的
	满足预期	服务是否达到用户预期
	推荐值	用户是否会推荐给家人朋友

（二）数据收集与样本描述

本次问卷调查以线上形式开展，面向全国范围的公共数字文化服务用户，于 2022 年 6 月 19 日回收 88 份有效问卷进行预测试，以此检验问卷可靠度，结果保留全部题项。随后继续发放问卷，并于 2022 年 6 月 20 日至 26 日回收 367 份答卷。通过筛选无效问卷，再加上预测试中的有效问卷，最终得到 424 份有效问卷。样本情况详见表 7–8。总体而言，调查对象分布于我国 21 个省（青海省除外）、5 个自治区、4 个直辖市，研究样本男女比例均衡，年龄、文化程度、职业范围覆盖广泛，城镇户口与农业户口人数相近，说明样本具有较强的代表性。

表 7–8 样本描述

项目	分类	人数/位	比例/%
性别	男	204	48.1
	女	220	51.9
年龄/岁	18 及以下	16	3.8
	19～30	191	45.0
	31～45	122	28.8
	46～59	89	21.0
	60 及以上	6	1.4
文化程度	初中及以下	49	11.6
	高中或中专	77	18.2
	大专	56	13.2
	本科	179	42.2
	研究生	63	14.8
职业	学生	160	37.7
	教师	35	8.3
	企业工作人员	65	15.3
	公务员、事业单位员工（非教师岗位）	27	6.4

续表

项目	分类	人数 / 位	比例 /%
职业	个体户、私企业主	44	10.4
	务农人员	23	5.4
	离退休人员	2	0.5
	自由职业者	43	10.1
	其他	25	5.9
户籍性质	城镇户口	219	51.7
	农业户口	205	48.3

三、数据分析

（一）模型拟合度检验

采用 AMOS 软件，运用最大似然估计法，通过构建验证性因子模型，对样本数据进行整体拟合度检验。修正后的模型如图 7-3 所示，绝对拟合参数卡方值（CMIN）为 2 220.213，自由度（DF）为 665，卡方与自由度的比值为 3.339，小于 5.000，在可接受的范围内；RMSEA 为 0.074 小于 0.080，CFI 为 0.873 大于 0.850，TLI 为 0.865 大于 0.850，IFI 为 0.873 大于 0.850，在可接受的范围内。因此测量模型的拟合效果较好。

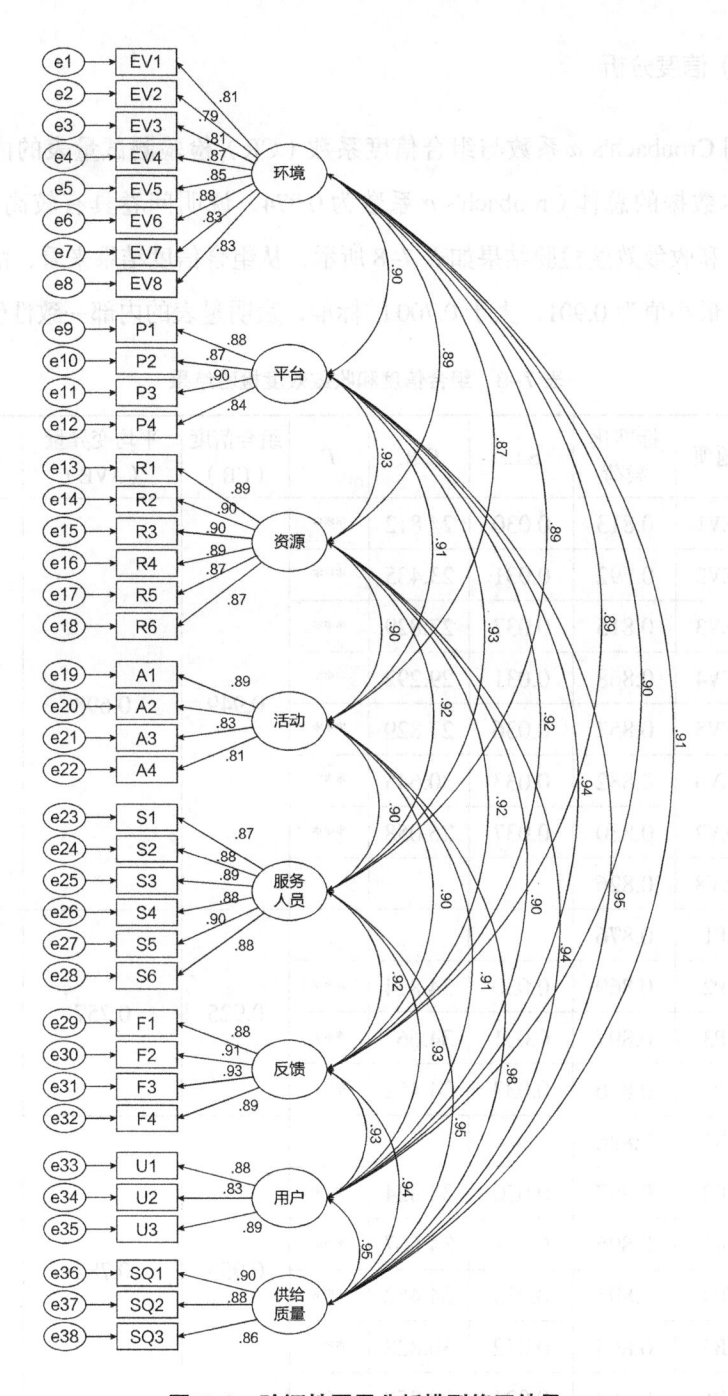

图 7-3 验证性因子分析模型修正结果

（二）信度分析

采用 Cronbach's α 系数与组合信度系数（CR）检验测试量表的内部一致性。样本数据的总体 Cronbach's α 系数为 0.974，说明问卷具有较高可靠度。组合信度和收敛效度检验结果如表 7-8 所示，从组合信度结果来看，潜变量的组合信度最小值为 0.901，大于 0.700 的标准，表明量表的内部一致性较好。

表 7-8　组合信度和收敛效度检验结果

变量	题项	标准化载荷	S.E.	C.R.	P	组合信度（CR）	平均变异量（AVE）	AVE平方根
环境	EV1	0.813	0.030	24.812	***	0.949	0.698	0.835
	EV2	0.792	0.031	23.435	***			
	EV3	0.815	0.037	27.829	***			
	EV4	0.868	0.031	29.292	***			
	EV5	0.852	0.036	27.829	***			
	EV6	0.882	0.033	30.645	***			
	EV7	0.830	0.037	26.058	***			
	EV8	0.826						
平台	P1	0.876				0.925	0.757	0.870
	P2	0.869	0.030	34.824	***			
	P3	0.897	0.031	34.667	***			
	P4	0.836	0.033	34.452	***			
资源	R1	0.886				0.956	0.782	0.884
	R2	0.897	0.030	34.824	***			
	R3	0.896	0.031	34.667	***			
	R4	0.895	0.033	34.452	***			
	R5	0.865	0.032	30.828	***			
	R6	0.867	0.034	30.950	***			

续表

变量	题项	标准化载荷	S.E.	C.R.	P	组合信度（CR）	平均变异量（AVE）	AVE平方根
活动	A1	0.888				0.918	0.737	0.858
	A2	0.900	0.032	33.580	***			
	A3	0.835	0.034	26.881	***			
	A4	0.807	0.035	24.722	***			
服务人员	S1	0.873				0.955	0.781	0.884
	S2	0.875	0.033	31.903	***			
	S3	0.892	0.031	34.035	***			
	S4	0.878	0.033	32.270	***			
	S5	0.900	0.030	35.183	***			
	S6	0.885	0.031	33.059	***			
反馈	F1	0.883				0.947	0.818	0.904
	F2	0.911	0.033	36.640	***			
	F3	0.932	0.030	40.194	***			
	F4	0.892	0.034	33.748	***			
用户	U1	0.880				0.901	0.753	0.868
	U2	0.830	0.032	27.205	***			
	U3	0.892	0.028	33.999	***			
供给质量	SQ1	0.900				0.911	0.774	0.880
	SQ2	0.882	0.030	34.005	***			
	SQ3	0.856	0.034	30.743	***			

注：*** 表示 $P<0.001$。

（三）效度分析

采用组合信度（CR）和平均方差抽取量（AVE）检验测试量表的收敛效度。根据表7-8中的数据分析结果，所有观测题项的标准化因子载荷均大于 0.500，各题项均在 0.001 水平上显著；CR 值均大于 0.700；AVE 值均大于 0.500。因此，量表的收敛效度较高。

区分效度检验值如表 7-9 所示，所有潜变量 AVE 平方根值均大于各潜变量间相关系数，因此，量表的区分效度符合检验要求。

表 7-9 区分效度检验

	环境	平台	资源	活动	服务人员	反馈	用户	供给质量
环境	0.894							
平台	0.899	0.925						
资源	0.892	0.927	0.919					
活动	0.873	0.907	0.900	0.902				
服务人员	0.894	0.929	0.921	0.902	0.920			
反馈	0.889	0.925	0.917	0.898	0.919	0.917		
用户	0.900	0.936	0.928	0.908	0.930	0.925	0.926	
供给质量	0.915	0.951	0.943	0.923	0.945	0.941	0.952	0.939

四、公共数字文化服务供给质量影响因素链式中介模型的检验

（一）主效应检验

对假设 H1 进行检验，修正后的模型运行结果如图 7-4 所示，结果显示：CMIN/DF 为 4.757，SRMR 为 0.042 3，RMSEA 为 0.094，NFI 为 0.928，TLI 为 0.922，CFI 为 0.942，均符合标准，模型拟合效果较好。路径系数为 0.805（P<0.001），说明假设 H1 成立。

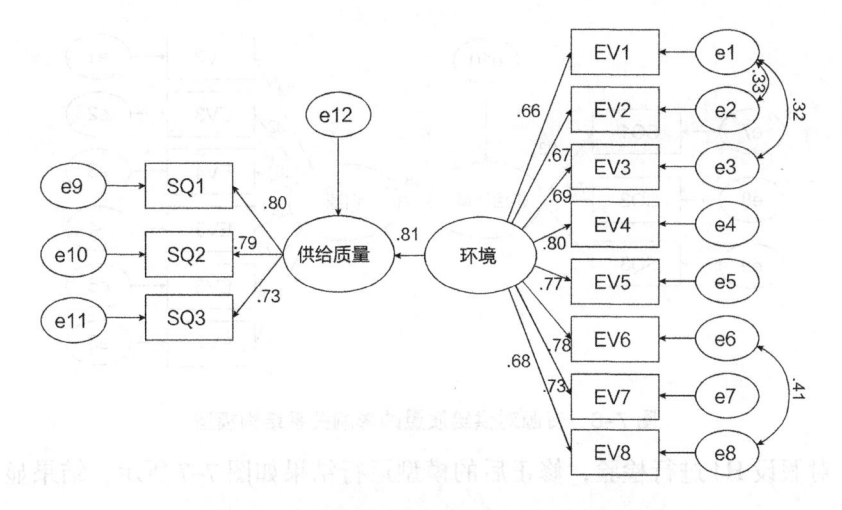

图 7-4　环境对供给质量的影响关系结构模型

对假设 H2 进行检验，修正后的模型运行结果如图 7-5 所示，结果显示：CMIN/DF 为 1.493，SRMR 为 0.015，RMSEA 为 0.034，NFI 为 0.986，TLI 为 0.993，CFI 为 0.995，均符合标准，模型拟合效果较好。路径系数为 0.857（P<0.001），说明假设 H2 成立。

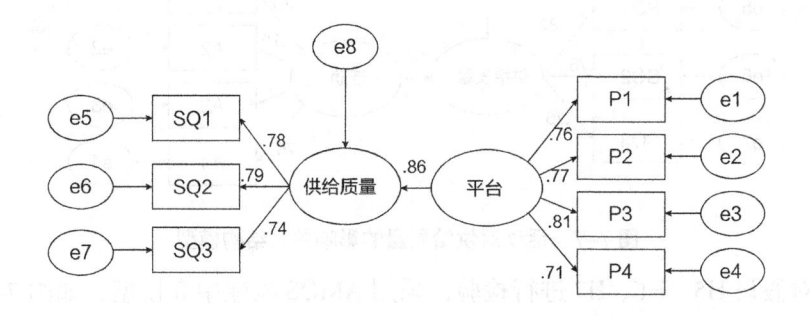

图 7-5　平台对供给质量的影响关系结构模型

对假设 H3 进行检验，修正后的模型运行结果如图 7-6 所示，结果显示：CMIN/DF 为 3.525，SRMR 为 0.050，RMSEA 为 0.077，NFI 为 0.959，TLI 为 0.961，CFI 为 0.970，均符合标准，模型拟合效果较好。路径系数为 0.875（P<0.001），说明假设 H3 成立。

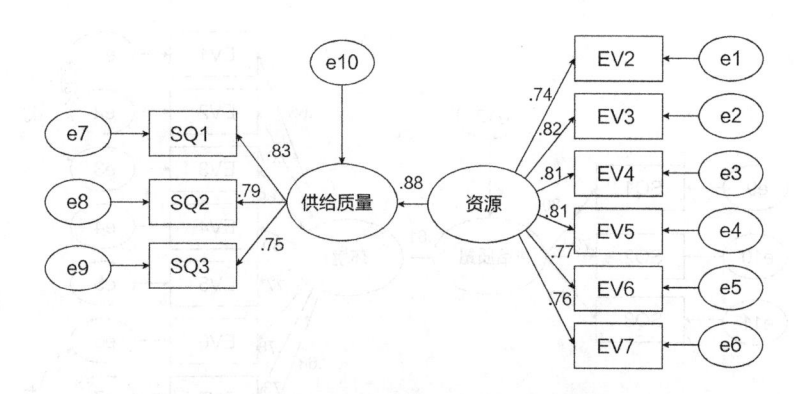

图 7-6　资源对供给质量的影响关系结构模型

对假设 H4 进行检验，修正后的模型运行结果如图 7-7 所示，结果显示：CMIN/DF 为 3.961，SRMR 为 0.063，RMSEA 为 0.084，NFI 为 0.966，TLI 为 0.958，CFI 为 0.974，均符合标准，模型拟合效果较好。路径系数为 0.871（P<0.001），说明假设 H4 成立。

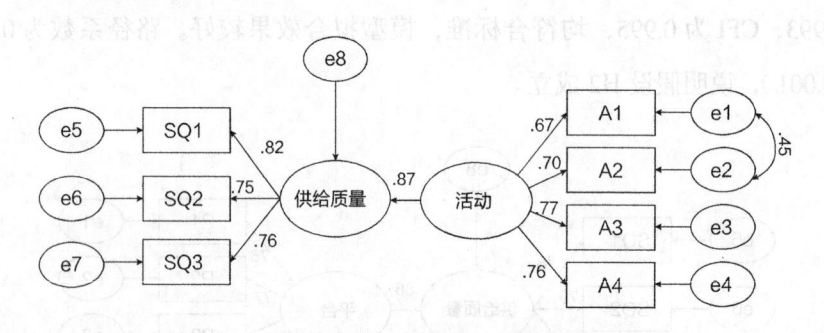

图 7-7　活动对供给质量的影响关系结构模型

对假设 H5、H6、H7 进行检验，采用 AMOS 构建中介模型，如图 7-8 所示，根据 MI 修正指数提示，e14 和 e19 之间存在相关性，对应变量为"实现使用目的"与"反馈"，实际上用户选择进行反馈的多数原因是当前服务未达到其使用目的，因此允许二者之间残差相关；e7 和 e20 之间存在相关，对应变量为"反馈可接受性"与"用户"，反馈可接受性主要与用户的反馈意识有关，受用户主观感受影响大，因此允许二者之间残差相关；e11 和 e20 之间存在相关性，对应变量为"用户素养"与"用户"，用户素养很大程度上影响着用户需求与主观体验感受，因此允许二者之间残差相关。

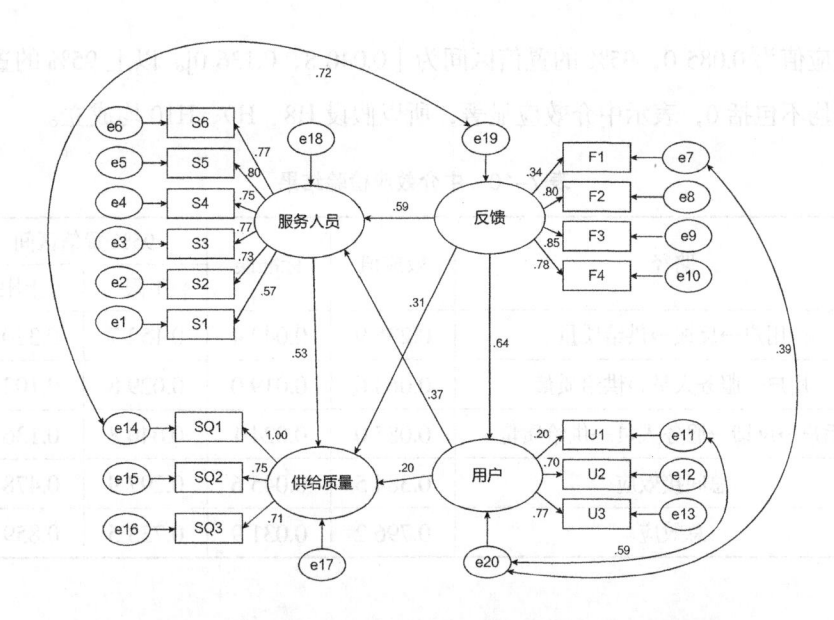

图 7-8 服务人员、反馈、用户与供给质量间的中介模型

修正后的模型运行结果为：CMIN/DF 为 4.693，RMR 为 0.124，RMSEA 为 0.093，NFI 为 0.903，TL1 为 0.907，CFI 为 0.921，模型拟合效果较好，说明可以进行中介效应检验。其中，服务人员对供给质量的路径系数为 0.53（P<0.001），因此假设 H5 成立；反馈对供给质量的路径系数为 0.31（P<0.001），因此假设 H6 成立；用户对供给质量的路径系数为 0.20（P<0.001），因此假设 H7 成立。

（二）链式中介效应检验

通过链式中介效应检验公共数字文化服务供给质量影响因素中用户、反馈、服务人员、供给质量间是否具有动态循环的影响路径。采用 Bootstrap 法，运用 PROCESS 宏程序中 Model6 来检验链式中介效应，重置抽样设置为 5000，置信水平为 95%，如果 95% 的置信区间不包括 0，说明中介效应显著。检验结果见表 7-10，"用户→反馈→供给质量"的效应值为 0.235 9，95% 的置信区间为 [0.152 7，0.320 7]；"用户→服务人员→供给质量"的效应值为 0.063 6，95% 的置信区间为 [0.029 8，0.103 4]；"用户→反馈→服务人员→供给质量"

的效应值为 0.085 0, 95% 的置信区间为 [0.040 8, 0.136 0]。以上 95% 的置信区间均不包括 0, 表示中介效应显著, 所以假设 H8、H9、H10 均成立。

表 7-10 中介效应检验结果

路径	效应值	标准误	95% 置信区间 下限	95% 置信区间 上限
用户→反馈→供给质量	0.235 9	0.042 4	0.152 7	0.320 7
用户→服务人员→供给质量	0.063 6	0.019 0	0.029 8	0.103 4
用户→反馈→服务人员→供给质量	0.085 0	0.024 1	0.040 8	0.136 0
总间接效应	0.384 5	0.045 6	0.297 9	0.478 4
总效应	0.796 2	0.031 9	0.733 5	0.859 0

(三) 结果讨论

通过构建公共数字文化服务供给质量影响因素的链式中介模型与测度指标, 以探究环境、平台、资源、活动、服务人员、反馈、用户 7 方面因素对公共数字文化服务供给质量的影响程度与作用路径, 研究结论如下。

环境、平台、资源、活动、服务人员、反馈、用户 7 方面因素均对公共数字文化服务供给质量产生显著的正面影响。其中, 平台、服务、用户因素对供给质量的影响程度最大, 路径系数均为 0.95; 资源、反馈对供给质量的影响程度其次, 路径系数均为 0.94; 活动、环境对供给质量的影响程度居后, 路径系数分别为 0.92、0.91, 各因素对供给质量的影响程度都较强。另外, 由于用户在实际使用公共数字文化服务的过程中, 往往同时感受着多个影响因素, 难免在对某一因素进行评价时会迁移对于其他因素的印象, 因此公共数字文化服务供给质量影响因素间未有明显区分, 路径系数均在 0.90 以上。

用户分别通过反馈和服务人员正向影响供给质量, 即优化用户因素可对公共数字文化服务供给质量具有直接与间接的促进作用。并且, 反馈的中介效应值高于服务人员, 即反馈在用户对供给质量的影响路径中的中介作用大于服务人员。此外, 反馈与服务人员在用户与供给质量之间发挥链式中介作用, 即用户可通过反馈表达意见与建议，并由服务人员接受与处理，最终达到改进公共数字文化服务供给质量的目的。

第三节　公共数字文化服务供给质量提升策略

一、提升环境舒适度，优化设备网络配置

环境是公共数字文化服务供给质量的基础与保障，为满足人们不断增长的物质文化需求，公共文化机构应持续提升服务场所的舒适度，完善电子设备与网络配置。场所环境越舒适越容易吸引社会公众入内参观学习，进而加深公众对公共数字文化服务的了解，因此服务场所应划分好后勤人员卫生负责区域，增加每日卫生检查与打扫频率，在各区域安置多个垃圾桶，减少公众乱扔垃圾的行为，以保证环境时刻整洁干净。为提升用户阅读学习的舒适度，文化场所应充分考虑所在地理位置、日照时长与方向，以人工照明为主、自然采光为辅设计光照系统，并依据各服务区域的特点划分服务空间，将互动交流较多的活动区域与安静的阅读区域隔开，为用户创造明亮安静的阅读学习环境。同时可增加多种便民服务，例如，湖南图书馆配有读者就餐区，用户可以在此使用微波炉或点外卖就餐，馆内还配置租用存包柜，方便用户放置书籍资料等个人物品。加快公共文化服务数字化需要增加服务场所电子设备覆盖率，对此可在不同服务区域根据服务重点内容配置对应的检索设备、阅读设备、朗读设备、VR设备等，让用户可以及时找到并有效使用设备，并且应注重电子设备的更新与维护，及时修复或淘汰失灵的设备，提升其可得性与好用性。为提升公共文化服务场所网络的可得性与好用性，《5G应用"扬帆"行动计划（2021—2023年）》鼓励公共数字文化服务与5G相结合。5G网络具有高速率、低时延的特点，完善5G覆盖有利于减少网络卡顿、加快资源下载速度，为打造沉浸式文化体验新场景提供技术支持，让用户感知更优质的供给质量。

二、优化界面设计，丰富平台功能

平台是公共数字文化服务的输出端口与互动媒介，界面设计与平台功能均会影响用户感知供给质量。在界面设计方面，相比于商业性文化供给平台，部分公共数字文化平台在视觉传递上，存在色彩较单一、排版较密集、页面与终端设备屏幕不适配等问题。对此公共数字文化服务平台的界面设计应贴合现代化大众审美，丰富色彩搭配，采用适当字体与字号，优化各模块排布，给予平台用户美观舒适的观感。同时，在平台操作上，为避免公共文化服务数字化加剧文化鸿沟，需要保证平台易用性，降低用户使用门槛，设置使用向导功能引导老年人、农民、残障人士等便捷操作。在平台功能方面，应推出更多满足用户需求的服务，增加功能的完备性，例如可以利用方言输入检索词，通过联想技术输出相似资源。为方便各级公共文化机构开发特色平台服务功能，可基于合理的编程语言搭建广适性开发平台，构建二次开发软件框架，此举可较好地解决基层公共文化机构工作人员技术能力有限的问题。为实现平台推送个性化，增加用户黏性，应构建用户标签与多维画像，智能感知分析用户需求，精准提取相应资源进行推送，从而为用户提供更优质、有效的公共数字文化服务。

三、完善资源结构，提升资源可及性

资源是公共数字文化服务的主要产品和服务内容，公共数字文化服务若要实现供给质量持续改进，必须完善资源结构，加快资源更新频率，提升资源可及性。资源数量有限可能导致用户在数次检索未果后放弃使用公共数字文化服务，因而公共文化机构需要注重资源数据库的购入，并加强机构间共建共享，在增加可用资源数量的同时提高其利用率。如今，文化服务行业的商业模式趋于成熟，大部分用户检索各种类型文化资源的成本不高，因此公共数字文化资源结构的免费性与公益性特征逐渐难以成为突出的竞争优势。但国家公共机构的权威性是特有的，用户对其资源内容的信任成本较低，因而公共文化机构可聚焦于供给资源的权威性优势进行特色资源建设，从而优化公共数字文化资源结构。而加快资源更新频率则有利于增强资源时效性，使之更能贴合用户需求变化，对此可以设置资源更新的固定周期与主要内容，将定期更新情况列入机构或平台考核评估之中，从而促使资源更新规范化。公共文化机构提供文化资源的目的是促进文化均等、可及，无论是加强宣传推广让更广泛的群体了解并接受公共数字文化服务，还是简便数字资源的获取途径、减少数字资源的下载限制，都有利于提升资源可及性，进而提高公共数字文化服务整体供给质量。

四、增加活动构成吸引力，提升活动可及性

文化活动是提升公共数字文化服务供给质量的活力源泉，在文化项目中，提升活动构成吸引力与活动可及性是活动策划的重点。公共数字文化服务提供的活动多数为线上形式，受时间地点约束小，花费的经济成本相对较少，具有传播广、保存久、可重播等特点，产生的影响或将大于线下同等规模活动，因此增加线上活动开展数量与类型有利于提升公共数字文化服务供给质量。对此公共文化机构应做好年度活动规划，增加线上文化活动开展比例与资金投入，加强政企联合共办活动，聚焦不同行业、不同领域的活动主题，为更多用户提供多种类型活动选择。同时可借助权威性活动嘉宾的专业知识储备与独到文化见解，来吸引用户关注和参与活动，让用户感知更高水平的供给质量。为了提升公共数字文化服务活动可及性，必须要让活动内容与社会公众产生情感共鸣，与社会共识相统一。对此应从活动主题入手做好活动分级分类，通过分析不同用户群体偏好，向其提供感兴趣的活动主题，营造亲民、和谐的活动氛围，从而让公众愿意接纳文化活动。同时，还应向公众普及线上文化活动的参与方式，在公共数字文化服务场所内手把手指导老年人等数字素养较低的活动对象具体参与过程，进而提升活动可及性。

五、重视文化志愿者，提升服务人员水平

服务人员是公共数字文化服务的提供者与完善者，提升服务人员的整体服务质量可从人员结构、服务态度与专业素养方面入手。优化服务人员结构需要保证服务场所内工作人员数量充足、各类型岗位配置齐全，在公共文化机构专职服务人员相对固定的情况下，可鼓励社会力量参与服务，重视文化志愿者在服务人员组织结构中的作用。招募文化志愿者可扩充服务人员数量，文化志愿者协助活动举办、指导公众获取服务有利于提高服务供给质量，同时具备一定文化、文艺等专长的文化志愿者可丰富服务人员的服务内容，促进各类型岗位全面配置，为不同文化需求的用户带来更有效精准的服务。保持服务人员良好服务态度的方式，一方面是加强对服务人员的监督管理，将用户对服务人员的评价纳入绩效考核中；另一方面是在公共文化机构中培育以用户为中心、追求高品质工作质量的组织文化，形成持续改进供给质量的共识与全心全意为用户服务的氛围，让服务人员深刻认同高质量供给公共数字文化服务的意义，从而在言语表达与行为表现上体现良好的服务态度。为保证服务人员及时有效地解决用户疑问，需要提升其专业素养，对此应在服务人员招聘过程中提高入职门槛，设置入职考核，从而保障服务人员具备理解问题与解决问题的能力，同时需要定期开设专业技能培训课程，不断提升服务人员的工作能力，优化服务质量。

六、鼓励反馈行为，畅通反馈渠道

反馈是改进公共数字文化服务供给质量的灵感来源，提高用户反馈可及性，有助于鼓励用户通过反馈渠道发表意见。从用户反馈中发现问题、满足需求是提高供给质量的重要方式，因此为了让用户乐于分享使用感受，主动反馈意见，应进行鼓励反馈行为的物质或精神激励，培养用户反馈意识与习惯。为提升用户反馈可得性，可丰富反馈的方式，公共文化机构应结合用户习惯和心

理设置反馈链接，例如在没有检索结果或网络卡顿的页面设置反馈链接等，确保用户可随时随地线上反馈，实现全过程反馈支持。为畅通反馈渠道，应尽量简便反馈程序，设计反馈步骤指导手册并配以易于理解的语言表述，从而缩短用户意见到文化供给者间的时空距离。同时，要想提高反馈回应效率，公共数字文化服务平台可开发智能问答系统，将用户经常反馈的问题及其回应录入系统，用户便能够即时检索问题得到回答，极大缩短等待时间。对于新的反馈意见，一方面可借助人工智能客服，利用智能分析等技术让其根据以往回答经验做出判断，提出参考性解决措施；另一方面，需安排具备扎实专业知识与技能的人工客服，让其在专业知识与技能充足的基础上，对处理难度较大的意见加以回应。

七、对接用户需求，丰富体验感受

用户是公共数字文化服务的接受者与供给质量的评价者，只有针对用户特征优化用户体验感受，才能促使用户对供给质量的满意度达到期望水平。部分用户的文化素养与数字素养不高导致其接触公共数字文化服务较少，能够在公共数字文化服务平台上自主获取的功能较局限。对此，公共文化机构应针对不同素养的用户安排易理解易操作的培训讲座，宣传各类文化平台的操作方法与丰富功能，从而让用户感知更丰富的服务供给。为有效实现公共数字文化服务供需对接，公共文化机构应广泛听取用户建议与诉求，针对用户需求设计"服务菜单"，让用户自行"点单"文化资源与活动，满足用户更多样的文化需求。为丰富用户服务体验感受，公共文化机构需要供给优质的服务内容，针对追求提升自我的用户，应注重文化资源与活动在供给过程中产生的知识传授作用，确保供给内容的专业性；针对追求愉悦心情的用户，应注重供给内容贴合公众喜爱的优秀文化，借助VR、AR等技术带给用户沉浸式的体验经历。为提升用户满意度，公共文化机构还可开展文化服务听证会，邀请社会各界文化爱好者共同讨论文化服务资源配置规划，监督文化设施设备安置与活动开展效果，

并提出建设性意见,从而有利于公共文化机构为用户带来更优质的公共数字文化服务供给。

八、加强统筹兼顾,推动服务良性循环

环境、平台、资源、活动、服务人员、反馈、用户7方面影响因素不仅各自独立影响公共数字文化服务供给质量,也相互联系、相互作用,共同构成提升公共数字文化服务供给质量的动态循环路径。第一,为正强化服务人员在用户与供给质量间的中介作用,公共文化机构应完善组织内部服务人员、技术人员、管理人员等配置结构,培养出用户满意的服务态度与服务技能,从而优化用户对供给质量的感受。第二,为正强化反馈在用户与供给质量间的中介作用,应注重公共文化机构内部与外部的反馈沟通,以用户素养、用户实际需求等为参考设置反馈标识与反馈途径,及时将用户的反馈意见进行完善,从而改善用户对供给质量的满意度。第三,为强化正反馈与服务人员在用户与供给质量间的链式中介作用,公共文化机构工作人员应统筹兼顾,加强各服务环节集中统一管理,制定并落实有利于服务平台资源与活动长期发展的规划,确保公共数字文化服务场所环境建设可持续。公共文化机构应将反馈功能融入各服务环节,作为用户评价供给质量的显示器,同时服务人员需及时根据反馈意见对各环节进行调整与完善,以改善用户使用感受,进而减少用户的消极反馈,提升用户对服务人员的喜爱,最终达成各环节服务良性循环,供给质量不断提升的效果。

第八章 公共数字文化服务供给中的社会参与

政府主导、社会参与是我国公共文化服务体系建设的基本原则。引入社会力量参与公共数字文化服务供给，一方面，能够借助社会力量的优势发展公共数字文化服务，扩充公共数字文化服务供给的数量、类型及服务覆盖面等，弥补政府单一主体供给的不足，增强公共数字文化服务供给的动力与活力；另一方面，公众参与有利于促进政府与公众之间信息的双向交流，促进公共数字文化服务供给与公众需求对接，同时公众可以在参与过程中增进认识、体验与收获，是解决公共数字文化服务供给不平衡不充分问题的一项重要举措。本章分析我国公共数字文化服务供给中社会参与的现状及问题，调查总结国外经验，以此为借鉴，就如何促进我国公共数字文化服务供给中的社会参与提出对策。

第一节 我国公共数字文化服务供给中社会参与的现状

一、取得的成效

（一）初步具备宏观制度基础

近年来，我国中央层面颁发了诸多倡导社会力量参与公共文化服务的法律、政策。2012年6月，文化部发布《关于鼓励和引导民间资本进入文化领域的实施意见》，明确提出鼓励民间资本参与公共文化服务体系建设。2015年1月，中共中央办公厅、国务院办公厅印发《关于加快构建现代公共文化服务

体系的意见》，将鼓励和引导社会力量参与作为增强公共文化服务发展动力的一项重要举措。2015年5月，国务院办公厅转发文化部等部门《关于做好政府向社会力量购买公共文化服务工作意见》的通知，对建立健全政府向社会力量购买公共文化服务机制作出重要部署。2016年12月通过的《公共文化服务保障法》明确规定"国家鼓励和支持公民、法人和其他组织参与公共文化服务"，包括参与公共文化设施的选址、运营和管理；通过兴办实体、资助项目、赞助活动、提供设施、捐赠产品等方式，参与提供公共文化服务；参与文化志愿服务等。2017年7月，文化部印发《"十三五"时期公共数字文化建设规划》，将鼓励和支持社会力量参与公共数字文化建设作为重点任务之一。2017年11月通过的《公共图书馆法》将社会参与公共文化服务的范围具体指向公共图书馆，鼓励社会力量自筹资金设立公共图书馆，以捐赠、志愿服务、理事会、监督和考核评估等方式参与公共图书馆建设与服务。后续发布的《公共数字文化工程融合创新发展实施方案》《关于推动公共文化服务高质量发展的意见》《"十四五"公共文化服务体系建设规划》等均对社会参与做出了规定。上述一系列法律政策，为社会力量参与公共文化服务提供了充足的依据，一定程度上满足了我国推进社会力量参与公共文化服务对相关政策的需求，为实践工作提供了指南，对于激发社会各界的参与积极性、增强公共文化服务发展的活力与动力具有重要意义。

与此同时，地方政府以中央层面的法律、政策为导向，相继出台了相应的法规、政策，积极建立配套制度，包括地方公共文化服务保障条例、公共图书馆条例、关于做好政府向社会力量购买公共文化服务工作的实施意见、公共文化服务体系建设"十三五"规划和"十四五"规划、关于推进公共文化服务高质量发展的意见等法规政策均包含促进公共文化服务社会化发展的措施。

国家宏观法律、政策与地方制度相辅相成，为社会力量参与公共数字文化服务供给提供了一定的制度保障。

（二）各社会主体均有一定程度的参与

1. 营利组织

营利组织主要包括营业性的文艺表演团体、信息技术公司、数据库商、媒体商、出版商等。这类组织与政府合作，参与公共数字文化服务供给，可拓展自身业务、实现盈利。一般通过 PPP 模式或承接政府购买服务的方式参与，其中 PPP 模式以 BOT、TOT、BOO 等模式为主，承接服务的内容主要包括数字文化资源加工，数字文化产品生产、数字文化设施管理运营、数字文化活动承办、数字文化服务推广等。如：东莞市文化馆向悠派智能公司购买无息投影技术、3D 裸眼技术等高科技数字设备供市民体验；安徽省城市阅读空间由安徽新华传媒股份有限公司负责运营；上海市文广局向上海创图科技股份有限公司购买信息科技传播推广服务。由于营利组织具有技术、人才等优势，具备建设运营公共文化设施和承接政府购买服务的能力，政府与其的合作较多。

2. 社会组织

社会组织也称非政府组织、非营利组织，包括学会、协会、基金会、慈善机构及各类民办非企业单位等。这类组织可以为公众提供各类公益性的数字文化资源与服务、为公共数字文化服务筹集经费，也可以承接政府购买的公共数字文化服务。如：深圳市未来科技节由华强北街道大众文化学会承办，让市民体验未来科技产品的魅力；浙江省金清镇"一元捐众筹基金会"为基层群众筹集公共数字文化活动经费。社会组织一部分由地方政府主导成立、政府机关部门转化而成，长期行政依赖性生存导致其承接能力弱，另一部分由社会自发组建，如民间艺术团体、文化团体、文艺协会等，存在登记政策关卡过多、自我管理能力不足、资金来源渠道单一、人才缺乏等问题。目前，社会组织较少承接政府购买的服务，其对公共数字文化服务的参与以筹集经费和提供公益服务为主。

3. 公众个人

公众个人一种是公众个体参与，属个人的独立行动，如公众以个人身份为

公共数字文化服务捐赠资金、资源，或提供节目表演、技艺展示等服务内容；另一种是公众个人通过组织参与，如公众个人加入公共文化机构的理事会、行业协会，以组织为中介为公共数字文化服务提供智力、技术等方面的支持。目前，各地均有艺术工作者、演艺从业者、非遗传承人等有一定文化技艺、专项技能的人参与公共数字文化产品生产和服务提供。普通公众参与公共数字文化服务的需求表达、意见反馈、绩效评价亦较为多见。

（三）参与范围覆盖广泛

我国社会力量参与公共数字文化服务供给的范围覆盖广泛，各个领域均有涉及。

1. 物资捐赠

物资捐赠式参与主要分为三类：一是公众通过专业学会、协会、文化志愿组织以及基于民办博物馆、图书馆、艺术馆等，提供视频或音频形式的歌舞器乐演出、经典文化作品解读及私人珍稀馆藏资源等无形的数字文化内容。如国家图书馆一贯鼓励社会各界慷慨捐赠中外珍稀古籍、革命历史文献等具有较高保存与研究价值的数字文献资源❶，上海市图书馆将公众捐赠分享的手稿、古籍、家谱等建设成特色馆藏资源库。❷ 二是有形物质的捐赠，如开展公共数字文化活动所需要的场地、获取公共数字文化资源必备的电脑等硬件设施。洛阳市私人经营的网吧向市民提供公益性的数字阅读、试听场所，为务工人员等特殊群体提供信息技术培训❸，深圳福田区个体经营网吧老板将网吧改造成社区公共电子阅览室，为社区线上课堂、网络导购、线上健康咨询等公共数字文化便

---

❶ 国家图书馆文献捐赠办法［EB/OL］．［2021-11-15］．http：//www.nlc.cn/dsb_footer/dsb_zcwm/dsb_wxjz/.

❷ 贺晨芝，张磊．图书馆数字人文众包项目实践［J］．图书馆论坛，2020，40（5）：3-9.

❸ "网吧" + 公共服务：上网服务业转型升级的"汝阳经验"［EB/OL］．（2017-2-15）［2021-12-4］．http：//gov.hawh.cn/content/201702/15/content_402381.html.

民服务提供数字设备设施与场地。❶ 三是资金的捐助，公共数字文化服务经费除依靠公共财政支持外，还接受由公众、企业、基金会、众筹会等资助与捐赠的资金。如浙江省杭州市图书馆为推进馆内服务网络体系建设，特面向地区公募基金会筹集资金。❷

2. 兴办实体文化机构和在线数字文化服务平台

社会主体基于自身兴趣自办文化项目参与公共数字文化服务。民办博物馆、图书馆则是典型案例。多数民办博物馆、民办图书馆在满足私人收藏爱好的同时，也向社会公益性展示分享数字文化资源、提供数字文化服务。2008年至今，我国民办博物馆、图书馆的数量呈上升趋势，截至2021年，全国备案博物馆6183家，其中非国有博物馆1989家❸，公共图书馆3215家❹，民办图书馆446家。❺这些民办图书馆、博物馆在一定程度上弥补了公共图书馆、国有博物馆馆藏与服务的不足。

近年新媒体平台如微信、微博、抖音、QQ及各类短视频App等为公众广泛参与数字文化服务提供了便利。据第51次《中国互联网络发展状况统计报告》显示，截至2022年12月，我国网络视频（含短视频）用户规模达10.31亿，占网民整体的96.5%，其中短视频用户规模为10.12亿，占网民整体的94.8%。❻其中部分拥有专业文化背景与专项技能的公众通过注册新媒体网络平台账号成为自媒体人，用文字、图片、视频形式发布自己原创的文化作品、分享较为权威的历史文化解说以及前沿文化信息等，为社会提供公益性数字文

---

❶ 免费上网 社区网校 福田区网吧这项惠民福利人人点赞［EB/OL］.（2021-1-14）［2021-12-4］.https：//www.citysz.net/shehui/2021/0114/20217619.html.

❷ 梁亮.杭州市图书馆事业基金会的公益实践与理念［J］.图书与情报，2013（6）：69-72.

❸ 国家文物局关于公布2021年度全国博物馆名录的通知［EB/OL］.（2023-3-1）［2023-5-5］.http：//www.ncha.gov.cn/art/2023/3/1/art_2237_46047.html.

❹ 国家统计局.国家数据：主要文化机构数［EB/OL］.［2023-5-5］.https：//data.stats.gov.cn/easyquery.htm?cn=C01.

❺ 文化火种寻找之旅.民间图书馆［EB/OL］.［2023-5-5］.http：//www.mjtsg.org/listall.asp.

❻ 第51次中国互联网络发展状况统计报告［EB/OL］.（2023-3-2）［2023-4-28］.https：//cnnic.cn/NMediaFile/2023/0322/MAIN16794576367190GBA2HA1KQ.pdf.

化资源，而这些文化内容大多紧跟时事、更容易吸引公众眼球、更符合公众的数字文化需求。

3.公共数字文化内容生产

一是企业、社会组织承接政府购买的公共数字文化内容，生产、制作音视频、电影、电视节目、在线演出节目、在线培训课程、在线展览等。例如，浙江艺高文化创意有限公司向全国文化馆、图书馆等各类文化艺术机构提供慕课、非遗纪录片等专业艺术普及视频的拍摄服务。

二是文化能人、民间艺人向公众免费提供数字文化内容，包括才艺表演、非遗技艺展示、演出节目等。例如，由四川省民间艺术大师组成的宣汉民间艺术团在"让世界看到巴文化"直播间中与观众分享交流巴文化❶，安徽省退休乐手演奏家、艺术高校教授、爱乐精英组成合肥市民乐团，每年都会为市民呈上公益线上绿都演奏会。❷

4.公共数字文化设施管理运营

一般采用PPP模式向从事文化设施管理的企业和社会组织购买公共数字文化设施社会化管理运营的服务，其中BOT、TOT、BOO模式应用最为广泛。例如，山东省东营市"数字文化广场"采取BOT模式，探索基层公共数字文化服务体系建设的新路径。辽宁省文化惠民工程同北方广电网络公司同合作，应用TOT模式构建智慧广电新媒体。

公众个人也可以参与公共数字文化设施的管理运营，但是实际上能够参与的公众多数集中在文化事业单位与承接公共数字文化设施管理运营的企业内部，即使引入社会普通公众参与，其参与对象也集中在具备较强专业技能的公众群体中，其他公众参与的口径较窄。

5.议事决策

该方式主要为公众加入公共文化机构理事会，以成员身份参与机构内部

---

❶ 送欢乐下基层 中国文联、中国民协文艺志愿服务团走进四川宣汉［EB/OL］.（2020-9-25）［2021-12-6］.http://photo.china.com.cn/2020-09/25/content_76739625.htm.

❷ 走进安徽百花齐放的非营利性民间文化团体［EB/OL］.（2017-9-15）［2021-12-6］.http://cul.anhuinews.com/system/2017/09/15/007711827.shtml.

管理、重要事项议事决策等工作。我国公共文化机构法人治理结构改革起步较晚。2014年，文化部出台《关于开展公共文化服务标准化等试点工作的通知》，公共文化机构法人治理结构改革才开始在各个省份的试点工作。公众可以以理事会成员身份参与公共文化机构的政策制定，参与涉及公共数字文化服务的重要事务协商决策及事项管理等工作，行使文化决策与监督权力，保证了公共数字文化服务的民主性。

6.绩效评价

一是政府向第三方购买绩效评价服务。主要向提供公共文化制度设计研究的国内一流高校、科研机构以及提供绩效评价服务的文化类企业、社会组织购买服务。例如，上海浦东时代文化发展研究院承接上海市公共数字文化工程的第三方绩效评估；北京丰台区文化委员会委托京华观致信息咨询公司对公共数字文化设施的服务效能进行评价。第三方绩效评价克服了政府内部评价的缺陷，提高了绩效评价的独立性、客观性和可信度。第三方机构作为社会力量的组成部分，其参与绩效评价也是扩大社会参与的体现。

二是公众参与绩效评价。公众参与绩效评价是检验公共数字文化服务效能的重要手段，评估结果更是提高服务效能的重要着力点。近年三大公共数字文化工程以及公共文化机构部分考核评估定级的相关文件中明确引入公众参与绩效评价。在公共文化服务绩效评估指标体系中设立"公众满意度"指标，政府或第三方评估机构抽访普通公众参与绩效评价，线下于公共场所或公共文化机构现场发放纸质测评表，线上采用网络问卷等方式邀请公众参与绩效评价。如河南省文化和旅游厅2020年公共文化服务考核第三方评估工作采用暗访调查与公众满意度调查两种方式，其中公众满意度调查利用线上线下结合方式发放满意度测评问卷，根据所有调查结果确定本年度各单位公共文化服务体系建设绩效考核等级。❶

---

❶ 2020年度全省现代公共文化服务体系建设绩效考核工作报告［EB/OL］.（2021-12-20）［2022-6-7］.https://hct.henan.gov.cn/2021/12-20/2368276.html.

7.志愿服务

志愿服务参与范围广泛、形式灵活，最为典型的是热爱文化事业、具备文艺技能的公众以志愿者身份参与公共数字文化资源建设、公共数字文化活动开展等，如广东省佛山市数字智能图书馆"市民馆长"和"学生馆长"以志愿服务方式参与开展馆内数字阅读活动、维护监管馆内数字设备设施等❶，四川省非遗传承人志愿参与资阳市文化馆举办的"蜀人原乡文旅大讲堂"活动，以直播方式让观众领略资阳非遗魅力。❷同时，公众还自发参与文化志愿组织，为其他公众提供公益性数字文化服务，自国家艺术团2013年"大地情深"走基层志愿服务示范活动开展以来，就有很多热爱文化事业、热心公益的公众参加，他们深入边疆少数民族或乡村基层地区，为特殊地区的群众送去了2000余项线上线下文艺演出、文化讲座、文物展览等服务。❸此外，还有许多由业余文化爱好者自发组织举办的志愿服务活动，如新疆昌吉庭州志愿爱乐乐团每年面向社会各界线上线下表演演出100余场，被誉为"百姓自己的乐团"。❹

8.需求表达与意见反馈

公众向公共数字文化服务提供单位即公共文化机构、在线服务平台表达自身需求，针对获取到的公共数字文化服务以线上或线下方式反馈意见，保障了公众参与权的行使，便于服务提供单位了解公共数字文化服务供给的不足，明确改进服务的方向。公共数字文化服务提供单位基本上都开通了需求表达与意见反馈的渠道，线下渠道包括直接向工作人员反馈、在读者留言簿留言、参与线下问卷调查等，线上渠道包括填写意见反馈表单、在服务平台留言区留言、发送电子邮件、参与在线问卷调查等。

---

❶ 智能馆，你来管！"市民馆长"招募令[EB/OL].（2018-8-30）[2021-12-23].http://e.zslib.com.cn/culture/Detail?newId=92904.

❷ 资阳市文化馆：推动公共文化数字化建设 提升公共文化服务水平[EB/OL].（2021-7-20）[2021-12-2].https://new.qq.com/omn/20210720/20210720A07NYC00.html.

❸ 文化部、中央文明办关于开展"文化志愿者基层服务年"系列活动的通知[EB/OL].（2013-5-2）[2021-12-23].http://www.wenming.cn/whhm_pd/wjjh_whhm/201305/t20130517_1231153.shtml.

❹ 新疆昌吉庭州爱乐乐团：百姓自己的交响乐团[EB/OL].（2014-10-22）[2021-12-21].https://m.hexun.com/news/2014-10-22/169584537.html.

（四）参与渠道不断拓展

公众参与公共数字文化服务供给的渠道主要有如下三类。

一是实体的公共文化机构或服务场所。例如，公众作为理事会成员参与公共数字文化服务的相关会议，行使议事决策权；参加公共数字文化活动后现场留言或向工作人员反馈意见；对实体公共文化机构的数字服务进行资金、资源、设备等的捐赠；在公共文化场馆里从事数字服务相关的志愿服务工作等。

二是由政府建设的公共文化服务在线平台，包括各级各类公共文化机构网站、公共数字文化服务项目网站、国家和地方公共文化云或文旅云平台、公共文化服务交易平台。这些网站提供意见反馈、志愿者申报的入口，发布绩效评价、理事会成员招募、资源征集等信息，为公众提供了部分参与渠道。公共文化服务交易平台、具备交易功能的国家和地方公共文化云或文旅云平台可由社会参与建设的项目列入采购需求，介绍项目的具体情况，企业、社会组织可以根据产品类别和要求筛选出自身能够参与的项目。

三是公共文化机构、公共数字文化服务项目在社交媒体平台上开通的账号。当前我国各级各类公共文化服务机构、公共数字文化服务项目利用社交媒体平台在公众参与公共数字文化服务供给方面开展了诸多实践，注册了本机构或项目的微信公众号，在微博、抖音等平台上注册账号，发布服务消息，进行宣传推广，同时向公众开设需求征集、意见反馈的渠道，邀请公众参与服务绩效评价。据调查，截至 2020 年已被认证公共文化机构的微博账号、微信公众号、视频号等数量已超过 5 万个，而权威文化信息、社会文化热点回应、高质量数字文化内容与服务也成为公众关注官方公共文化机构账号最希望看到的内容。❶❷

实体公共文化机构或服务场所的参与渠道受到时空限制，且真正针对数字

---

❶ 微博 2020 用户发展报告：用户群体继续呈现年轻化趋势［EB/OL］.（2021-3-12）［2021-12-5］.https：//finance.sina.com.cn/tech/2021-03-12/doc-ikkntiak9143019.shtml.

❷ 广东政务微信报告［EB/OL］.（2013-12-27）［2021-12-5］.https：//gd.qq.com/a/20131227/015410_all.htm#：~：text=.

文化服务供给的参与并不多。公共文化机构网站、公共文化服务交易平台等在线参与渠道，则突破了时空限制，拓展了社会参与的渠道。社交媒体平台则使参与渠道进一步拓展，公众由社交媒体平台参与数字文化服务供给已然成为一种新趋势与常态，也成为线下参与渠道和服务平台参与渠道的新补充，对于提高公众参与率与参与效率具有重要意义。

二、存在的问题

我国社会参与公共数字文化服务供给虽已取得一定成效，但仍处于初步探索且逐渐扩大的阶段，整体来看存在以下问题。

（一）社会参与制度不健全

尽管我国已具备相应的宏观制度基础，但配套制度还未与之高度衔接，服务机构内部的政策规章中缺乏微观层面的参与细则。捐赠与税收制度方面，与公共文化捐赠相关的仅有《公益事业捐赠法》，虽然该法为公共文化捐赠与税收优惠提供了宏观法律保障，由于其调整对象为整个公益事业，相关规定比较笼统，不具有针对性，可操作性较差。与美国等国家相比，我国《公益事业捐赠法》及其他法律、行政法规的规定中，自然人、个体工商户、企业向公益事业捐赠享受个人所得税、企业所得税优惠的力度不够大，不利于激发社会力量的捐赠积极性。政府购买服务制度方面，我国仅有2002年通过的《政府采购法》及其实施条例、财政部的《政府购买服务管理办法》《政府采购质疑和投诉办法》等规章，尚未形成完整的制度体系，且随着时代的发展，亟待修订完善，不能为政府购买公共数字文化服务提供充分的制度保障。国务院办公厅转发了文化部等部门制定的《关于做好政府向社会力量购买公共文化服务工作的意见》，各地据此制定了《关于做好政府向社会力量购买公共文化服务工作的实施意见》，但在承接主体的培育和资质评价、购买经费测算、购买服务的过程监管与绩效评估等方面缺少相应规定，亦无与之相关的专项政策、规章，无法完全适应政府购买公共文化服务的要求。具体到服务提供单位内部，虽然大多数公共数字文化项目与各级各类公共文化机构的发展规划或馆藏政策中包括社会参与的内容，但是规定比较笼统，对于社会参与的范围、方式、渠道、鼓励支持措施、享有权益等均缺乏详细规定。

（二）文化类社会组织参与能力不足

我国文化类社会组织包括自上而下由政府主导成立、政府机关部门转化而成的文化组织，还包括自下而上由社会自发组建的文化组织，如民间艺术团体、文化团体、文艺协会等。前者对政府的依赖性强，独立发挥文化功能的能力不足，来自上级文化部门、基层政府多重管理的压力，内部尚未形成高效的管理模式。后者存在登记政策关卡过多、自我管理能力不足、资金来源渠道单一、人才缺乏等问题。这些问题导致其承接公共数字文化服务项目时"心有余而力不足"，且在数字文化资源整合、数字文化资源内容筛选及组织内部事务管理与运作等方面存在问题，提供公共数字文化服务的效率与质量不高。当前承接政府购买公共数字文化内容生产与服务提供的主体主要为企业。课题组对公共文化服务交易平台和具备交易功能的公共文化云平台的调查显示，服务配送活动主要由文化类企业承办，如文化传播有限公司、企业性质的演艺团体，文化类社会组织参与线上交易的比例低、份额小。

（三）公众参与意识和参与积极性不强

尽管近年政府相继出台鼓励引导社会力量参与公共文化服务的法律、政策，明确公众在公共文化服务中的主体地位。但是，由于受到传统观念的影响，我国公众的文化权益意识、公益观念、志愿意识不强，对于公共数字文化服务的关注度不高，缺乏参与的主动性和积极性。调查发现，多数调查对象表示不太了解"公共数字文化服务"这一概念，也从未听说过自己可以参与公共数字文化服务，向其做详细解释后才知悉。有调查对象甚至认为公共数字文化服务是政府文化部门、公共文化机构工作人员的责任与工作，与自身关系并不

密切。当前公众参与需求表达和意见反馈的现象并不普遍，大多数公众并不清楚反馈渠道的开放情况，有七成调查对象没有利用反馈渠道向服务提供单位表达过自身需求。由于难以获得同等价值的回报，加之公众对税收优惠的不了解，整体上看，公众以物质资源投入公共数字文化服务的积极性与程度是有限的。文化能人、民间艺人虽有向公众免费提供数字文化内容，但其参与积极性、参与度并不高。

（四）参与渠道有待畅通

互联网和社交媒体的发展使社会参与公共数字文化服务供给的渠道进一步拓宽。然而，现实中作为社会参与渠道的公共数字文化服务平台、社交媒体平台账号在建设、运营管理方面存在不少问题，对社会参与造成了阻碍。课题组调研发现，公共数字文化服务项目网站、公共文化机构网站均未设置有关社会捐赠的栏目，未建立专门性的吸纳社会参与的组织。公共文化服务交易平台和具备交易功能的公共文化云平台基本未开设专门性的公众需求征集渠道。多数公共文化云平台上供社会参与的数字文化项目的信息栏均存在下设评论区空白或显示功能无法使用等问题，国家公共文化云平台引入公众参与建设的动态栏目链接无法访问，社会参与的透明度大幅降低。伴随平板电脑、智能手机等移动智能终端的渗透与普及，社交媒体平台成为社会力量参与公共数字文化服务供给强有力的催化剂，但是公共文化机构在社交媒体平台上注册的账号有赖于机构的运营管理，不同机构账号上的功能、对社会参与的引导宣传等情况参差不齐，社会力量参与的机会与实际参与情况存在差异。

（五）参与程度尚不深入

在教育学研究中，常将学生在课堂教学中的参与程度分为浅层参与、深层参与，或浅层参与、中层参与、深层参与。白文倩等从参与程度的深浅、参与次数的多少，即纵向参与和横向参与两个维度对学生在学习活动中的参与度进行划分，若学生与活动结合得深入、频繁，学生的主体性发挥较好，则参与度大；反之，学生与活动结合得浅显、零散，学生的主体性发挥较差，参与度小。[1] 本书认为可以参考此研究对公共数字文化服务供给的社会参与度进行划分，若社会主体对其参与的公共数字文化服务内容介入深，参与次数频繁，主体性发挥较好，可视为社会参与度大；反之可视为社会参与度小。

由上述分析可知，虽然各参与范围均有涉及，但是我国社会力量参与公共文化服务起步晚，保障社会参与的制度尚不健全，公众、社会组织等社会主体对其的认知有限，加之公共文化机构不重视对社会参与事项的设计、管理与服务优化，缺乏成熟的多主体协作参与的机制。当前除承接政府购买数字文化产品生产、数字文化设施管理运营等的文化类企业，其他社会主体对公共数字文化服务供给的参主要是零散地参与需求调查、满意度调查、服务绩效评价、意见反馈、志愿服务等介入程度较低的领域，多为临时或一次性参与，参与的持续性弱，对议事决策、运营管理、内容生产等需要深层介入、持续参与的领域参与较少，整体参与度较低。

第二节 欧美社会力量参与公共数字文化服务供给的经验

由上可知，当前我国公共数字文化服务的社会化水平不高，存在社会主体的参与意识不够、积极性不高、线上平台等参与渠道缺乏规范化管理、运营，参与浮于表面等问题。欧美数字文化遗产项目与公共文化机构通过网站平台、社交媒体等渠道，吸纳社会各界参与，与社会主体在数字资源建设、管理、服务等方面进行了广泛、深入的合作，积累了有益经验。因此，本部分选取欧美国家部分建设水平较高，且对我国社会参与公共数字文化服务供给具有借鉴意义的数字文化遗产项目和公共文化机构进行调查分析。经筛选，将美国数字公

---

[1] 白文倩，金娟琴，盛群力. 研讨型教学中学生参与度评价研究——以浙江大学"唐诗经典研读"通识研讨课为例［J］. 现代大学教育，2013（4）：98-103.

共图书馆、欧洲数字图书馆、英国"文化在线"、加拿大图书档案馆、美国国会图书馆、大英博物馆、大英图书馆作为调查对象（见表8-1）。于2022年5月至6月、9月至10月登录各网站平台、阅读文献资料，了解欧美社会力量参与公共数字文化服务供给的制度、方式、范围、渠道、水平等方面的现状与经验，以期对推动我国社会力量参与公共数字文化服务供给、提升公共数字文化服务的社会化水平提供有益启示。

表8-1 国外数字文化遗产项目和公共文化机构基本信息

平台名称	上线/开放时间	主办单位	运作经费来源
美国数字公共图书馆（Digital Public Library of America）	2013年	DPLA工作指导委员会	政府资助、基金会、会员和个人捐赠
欧洲数字图书馆（Europeana）	2008年	欧盟委员会	欧盟融资项目、商业运作收入
英国"文化在线"（Cultural Online）	2002年	英国政府	英国政府拨款、基金会、企业和社会组织赞助
加拿大国家图书档案馆（Library and Archives of Canada）	2004年	加拿大国家图书馆、加拿大国家档案馆	加拿大政府、欧洲数字图书馆基金会、私人和企业捐赠
美国国会图书馆（Library of Congress）	1800年	美国国会	联邦政府、州政府、企业、基金会、私人赞助
大英博物馆（British Museum）	1759年	英国国会	英国文化投资基金、政府拨款、私人和企业捐赠、商业运作收入
大英图书馆（British Library）	1973年	英国议会	英国研究委员会、教育基金、基金会、政府拨款

一、欧美社会力量参与公共数字文化服务供给的实践

欧美国家的政府以法律政策引导社会资金向公益性文化领域流入。美国联邦政府建立了完善的捐赠税收激励立法体系。美国税法通过免税、所得税豁

免、捐赠减税等各种税收优惠来激励社会力量向公益事业捐赠。除此之外，美国对遗产继承人征收遗产税，税率超过50%，遗产税对各类基金会的成立起到了推动作用，提高了富人向公益事业捐赠的积极性。联邦税收法案规定，对非营利的美国文化艺术团体和机构免征所得税；凡赞助非营利文化艺术团体和机构的公司、企业和个人，其赞助款可免缴所得税。❶美国政府通过高税率与减税政策并举的措施，激发了个人、企业对公共文化服务的捐赠热情。英国鼓励个人、企业对公益性文化、艺术类团体的捐赠，涉及的税种包括个人所得税、遗产税、公司税等直接税以及增值税、关税等间接税，在税收优惠方式上，既有税收减免和优惠税率等直接优惠，也有税收返还、出口退税、税收抵免、成本扣除和税项抵扣等间接优惠。❷英国《关于刺激企业资助艺术的计划》中提出，实施"陪同投入制"，即个人、社会组织、企业等主体在政府陪同投资下，向文化艺术机构进行资金赞助，以扩大其资金来源。

英美两国构建了完善的公共服务采购法律体系，为政府购买公共数字文化服务供给提供了制度保障。美国联邦公共采购法律体系包括基本法律和实施规则，基本法律主要有《联邦财产与行政服务法》《联邦采购政策办公室法》《合同竞争法》等，实施细则包括《联邦采购规则》以及联邦政府各部门制定的部门采购实施细则，州政府采购法律体系基于本州宪法及本州特点，由州立法机关制定，庞大而完备的政府采购法律体系对每一个细节都做出了详细的规定。❸美国政府还通过政策支持非营利文化组织提供服务，如免费或低价办公场所、经费补贴、免税等间接地转移了非营利组织的运作成本，帮助其减负发展以便其提供更多更好的公共文化服务，也是一种间接购买。❹2012年，英国

---

❶ 冯庆东.美国公共文化服务体系建设与管理的主要特点及启示［J］.人文天下，2015（16）：18-21.

❷ 李婕.英国文化遗产保护对我国的借鉴与启示——基于财政的视角［J］.经济研究参考，2018（67）：32-39.

❸ 吕外.美国政府向非营利组织购买公共服务模式分析及启示［J］.江南社会学院学报，2013，15（4）：68-71.

❹ 金莹.基层政府购买公共文化服务的理论与实践——以重庆市为个案的研究［M］.武汉：武汉大学出版社，2017：35.

上议院通过了《公共服务（社会价值）》，从法律的高度规范政府购买公共服务的行为。同时，《采购政策指南》《采购实施指南》《公共契约（苏格兰）法规》等直接规范政府采购行为的法规，以及《社会工作法》《护理管理法》等相关领域法规的颁布都为政府购买服务提供了法律保障和规范化的运行框架。❶

欧美数字文化遗产项目和公共文化机构的阶段性战略规划及政策措施，内容包括推进与社会力量建立双向关系，提升公众体验的同时，鼓励其参与数字文化资源建设，以实现项目、机构文化价值和经济价值的最大化。《美国数字公共图书馆（DPLA）2015—2017年战略规划》围绕开放、共享、合作、服务等核心价值，提出与多元机构、个人在内容和技术领域的合作。❷《美国数字公共图书馆2019—2022战略规划》强调资源网络化和平台开放性建设，规划中屡次出现"Collaborate"（协作）、"Partners"（合作伙伴）等词汇，注重以合作的方式推进公共数字文化资源的传承与挖掘。❸《鲜活的知识：大英图书馆（BL）2015—2023》提出通过多样性的图书馆文化活动，增加与相关文化单位的合作与交流；鼓励并扶持社会主体与图书馆的数字化服务合作研究工作。❹加拿大国家图书档案馆（LAC）《2019—2022三年规划》同样注重与个人、机构、社会组织的合作、互动，以实现数字化建设的效益最大化。❺《美国国会图书馆（LC）2019-2023数字战略规划》将用户分为国会、创造者、学习者、联结者四类，主要围绕"提升用户与图书馆的关联度"，重点建立图书馆与用户之间的交互关系，用户不仅可以使用图书馆的数字化馆藏资源，也是图书馆

---

❶ 金莹.基层政府购买公共文化服务的理论与实践——以重庆市为个案的研究[M].武汉：武汉大学出版社，2017：23.

❷ 国家图书馆研究院.美国公共数字图书馆发布2015-2017年战略规划[J].国家图书馆学刊，2015，24（3）：64.

❸ Digital Public Library of American：Strategic Roadmap, 2019—2022 [EB/OL]. (2019-6-23) [2022-6-20].https：//pro.dp.la/about-dpla-pro/strategic-plan.

❹ The British Library Library：Approach to the International Purpose 2015—2023 [EB/OL]. (2015-1-16) [2022-6-10].http://explore.bl.uk/primo_library/libweb/action/display.do;jsessionid=22336EB54360060AEEAB348E49A15416?.

❺ Library and Archives Canada：Plan triennal 2019—2022 [EB/OL]. [2022-6-20].https：//www.bac-lac.gc.ca/fra/a-notre-sujet/publications/plan-triennal-2019-2022/Pages/default.aspx.

持续性发展的推动力。❶ 继 2008 年发布的"2011—2015 年战略"之后，2014 年，欧洲数字图书馆（Europeana）发布《2015—2020 战略规划：用文化改变世界》，规划内容从"用户访问不受时空限制"，即强调扩大用户群体，过渡到"开放资源、加强合作""为合作机构创造价值"等，注重用户的互动性参与体验。❷ 大英博物馆（BM）实施的博物馆数字化战略，以与企业合作建立"口袋里的大英博物馆"、增加数字筹资和落实众包计划等为主要内容。

二、参与公共数字文化服务供给的方式

欧美国家围绕为用户提供高质量馆藏服务、一站式文化信息服务、高效率资源共享服务，调动包括企业、社会组织、公众个人在内的社会力量，以市场化和非市场化等多重方式，参与数字文化遗产项目、公共文化机构的数字化服务供给。具体参与方式如下。

其一，政府购买型参与，包括业务外包、购买决策咨询、委托代理服务等，参与主体主要是企业、社会组织、具备专业技能的个人。如 BM（大英博物馆）积极与商业公司合作，且以众包模式发挥大众力量完善资源数字化工作。LC 向专家购买有关数字资源长期储存方面的决策咨询服务。LAC 与加拿大历史缩微复制研究所（Canadian Institute of Historical Microreproductions，CIMH）建立了合作关系，由 CIHM 负责将 1901 年前的部分印刷品、缩微品进行数字化，并提供质量控制和光学字符识别（OCR）服务。❸

其二，由基金会或商业机构支持的合作型参与，主要是与非营利组织在资

---

❶ The Library of Congress：The FY2019—2023 Digital Strategic Plan of the Library of Congress［EB/OL］.（2018-10-1）［2022-6-20］.https：//www.loc.gov/digital-strategy.

❷ Europeana：Europeana strategy 2015—2020，Impact［EB/OL］.（2014-6-24）［2022-6-20］.https：//pro.europeana.eu/post/europeana-strategy-2015-2020-impact.

❸ Library and Archives Canada：Collection d'annuaires canadiens［EB/OL］.（2015-1-13）［2022-6-20］.https：//www.bac-lac.gc.ca/fra/decouvrez/collection-annuaires/Pages/collection-annuaires.aspx.

源数字化、保存、推广等方面的合作。该种参与方式非常普遍,有很多公共文化机构或数字文化项目与其他非营利组织合作的数字化项目都是在基金会或企业的资助下开展的。例如,LAC 与渥太华大学图书馆、国际女工程师和科学家网络教育研究所合作保存、推广科学、技术、工程和数学领域的女性档案,获得了与之相关的 30 个基金、50 余个专业协会的支持。❶ 在萨拉曼德基金会(Salamander Foundation)的支持下,加拿大于 2016 年启动了国家遗产数字化战略,由 LAC 和加拿大的其他记忆机构合作开展,鼓励记忆机构和创作者利用他们的专业知识和资源,促进加拿大文献遗产的数字化、保存和发现。❷ 梅琳达·盖茨创建的投资和孵化公司 Pivotal Ventures 资助 DPLA 与亚特兰大大学中心罗伯特·W. 伍德拉夫图书馆、艾弗里非裔美国人历史和文化研究中心、塔斯基大学、杜兰大学阿米斯塔德研究中心、南加州图书馆建立合作伙伴关系,对黑人女性在选举权运动中的相关历史文物进行数字化。❸

其三,以理事会为依托的议事决策型参与。主要体现在成立理事会,积极引导社会力量参与内部管理、决策工作。在美国社会主导型公共文化服务模式下,DPLA、LC 等都采用理事会制,DPLA 的董事会负责制定政策、战略,成员包括全国范围内的公共图书馆馆员、作家、学者等,DPLA 的执行委员会也向公众开放,以招募志愿者的方式,吸引社会力量的参与。BL 设立大英图书馆理事会作为决策监督机构,理事会成员由馆内外代表组成,馆外代表包括经济、文化、教育等社会各领域的知名人士。❹

---

❶ Annual Report 2018—2019 [EB/OL].(2019-9-10)[2022-10-21].https://library-archives.canada.ca/eng/corporate/transparency/reports-publications/annual-reports/pages/annual-report-2018-2019.aspx#tab3.

❷ Annual Report 2018—2019 [EB/OL].(2019-9-10)[2022-10-21].https://library-archives.canada.ca/eng/corporate/transparency/reports-publications/annual-reports/pages/annual-report-2018-2019.aspx#tab3.

❸ DPLA announces new partnerships with five libraries and archives to build national digital Black women's suffrage collection [EB/OL].(2020-7-14)[2022-10-21].https://dp.la/news/dpla-announces-new-partnerships-with-five-libraries-and-archives-to-build-national-digital-black-womens-suffrage-collection.

❹ 金武刚. 大英图书馆的法人治理结构[J]. 国家图书馆学刊,2014,23(3):41-46.

其四，以各类咨询委员会、论坛等为依托的咨询议事型参与。LAC 就制定政策规划、改进服务、保护和共享文化遗产等事项，与各类团体进行协商。LAC 的合作者有服务咨询委员会、青年咨询委员会、土著咨询圈、加拿大图书馆和档案基金会、官方语言少数民族社区、馆藏咨询委员会、利益相关者论坛等。❶ 每一个团体均由来自社会各界的人士、专业机构组成。例如，服务咨询委员会的成员代表各类用户，如普通公众，系谱学家，专业研究人员，媒体成员，学术界人士，加拿大政府，包括档案管理员、图书馆员和博物馆专业人员、信息研究教授在内的主要相关专业人员，以及加拿大境外的国家记忆机构高管，其任务是为 LAC 提供用户和专业人士视角的意见，并就其面向公众的网络服务的方向和优先事项提供咨询、指导和反馈；❷ 利益相关者论坛由魁北克档案工作者协会、加拿大档案工作者协会、加拿大研究图书馆协会、加拿大档案委员会、加拿大图书馆协会联合会、加拿大历史协会、加拿大博物馆协会、加拿大城市图书馆理事会等十多个单位组成，其任务包括：讨论 LAC 的战略、政策和运营方向；为 LAC 与国家利益攸关方联络提供咨询等。❸

其五，自建共享型参与。欧美国家有很多非营利组织、个人以自发、有偿或无偿的方式参与公共数字文化服务。在 DPLA 的合作机构中，有许多民办图书馆、博物馆、文化网站等，通过成为 DPLA 的网络节点，将其资源与服务得以更大范围与程度地传播和利用。DPLA 开放应用程序接口 API，使公众可以通过丰富的元数据资源创建新学习工具、应用程序，如迈阿密戴德电视台开发的 iLibrary App。❹ 英国艺术家迈克尔·马格鲁德的艺术研究项目"虚境城市"

---

❶ Our partners［EB/OL］.（2020-11-8）［2022-11-9］.https：//library-archives.canada.ca/eng/corporate/about-us/our-partners/ pages/our-partners.aspx.

❷ Services Consultation Committee［EB/OL］.（2023-5-26）［2023-5-29］.https：//library-archives.canada.ca/eng/corporate/about-us/our-partners/Pages/services-consultation-group.aspx.

❸ Stakeholders' forum［EB/OL］.（2022-10-18）［2022-10-23］.https：//library-archives.canada.ca/eng/corporate/about-us/our-partners/Pages/stakeholders-forum.aspx.

❹ Digital Public Library of American：iLibrary App［EB/OL］.（2015-10-19）［2022-6-20］.https：//dp.la/item/f2bf88611e01ddb3b62e3af5fa4e4fcc?q=app.

以展览的形式将 BL 数字馆藏的历史地图转化为数字化的艺术作品。❶

其六，资助捐赠型参与。欧美国家的社会捐赠非常普遍，包括捐赠资金、实物。DPLA 的启动得到了斯隆基金会（Sloan Foundation）和阿卡迪亚基金（Arcadia Fund）的资助，后续得到了奈特基金会（Knight Foundation）、安德鲁·梅隆基金会（Andrew W. Mellon Foundation）等的慷慨捐助，还有来自个人、会员的捐助。BL 除了接受来自社会的资金捐助、个人遗赠以外，还发起了对保存馆藏的捐赠，也可以捐赠座位或桌子、领一本书。

其七，辅助贡献型参与。包括参与志愿服务、分享资源、知识与经验、提供反馈与建议等，对公共数字文化服务供给起到辅助支持作用。BL 在馆藏资源数字化建设方面，以众包服务，借助大众力量来缓解资金、技术的限制性问题。DPLA Black Women's Suffrage 项目在网站平台招募志愿者，主要负责对黑人妇女参政权运动的相关资料、记录进行数字化工作。❷ 英国"文化在线"强调用户群体的参与价值，鼓励用户在网站进行艺术创作，通过游戏、分享个人故事、电影创作等方式创新营销手段、提升服务质量。LC 借助 Flickr 共享平台，向摄影师、普通用户征集有关新冠肺炎疫情的图像，部分图像将被 LC 作为数字资源永久保存，并且供全球用户查看。❸

三、参与公共数字文化服务供给的范围

从参与范围上看，主要涉及如下方面。

资金捐赠方面，欧美国家的公共文化资金渠道来源广泛，不仅有来自政府的拨款，更有来自各类基金会、商业机构、公众的捐助。DPLA 的资金来源于

---

❶ The British Library Library：discovering literature [EB/OL]. (2015-10-19) [2022-6-20]. https：//www.britishlibrary.cn/zh-cn/events/imaginary-cities-chongqing/.

❷ Digital Public Library of American：Projects [EB/OL]. (2021-11-7) [2022-6-20]. https：//pro.dp.la/projects.

❸ The Library of Congress：Search Photos, Prints, Drawings [EB/OL]. (2021-12-17) [2022-6-20]. https：//www.loc.gov/photos/?q=covid.

政府、基金会、个人及会员的捐助。LC 则是由基金会扶持、美国国会资助、私营企业和个人捐助等。英国"文化在线"由英国政府拨款、基金会、企业和社会组织赞助。不仅提供了多样的捐赠方式供选择，还积极为捐助者创造更多可享受的权益。例如，当前有 25 家技术公司、报社、银行、酒店、旅行社等，通过企业赞助、合作伙伴关系、会员资格的方式为 BM 提供资金支持。❶ 合作单位和赞助商可享受的权益有：使用 BM 的陈列室和大球场进行晚间娱乐、参观 BM 不向公众开放的区域、免费参加特别付费展览、会议场地的商业租赁费用可享受 20% 的折扣、博物馆商店、咖啡馆和餐厅为合作单位的员工提供 10% 的折扣、BM 举办的独家活动邀请等。❷ 个人每年向 BM 捐款至少 69 英镑即可成为会员，可享受的权益有：免费无限次参加展览、受邀参加会员活动的独家节目、使用专属会员室、一年可免费领取三期 BM 杂志等。❸ 同时，BM 接收个人的遗产捐赠，由遗产经理（legacy manager）负责对接。

数字文化基础设施建设方面，主要是向社会力量购买相关设施、数字设备和技术。2017 年，LAC 启动建造第二座设施，以拓展馆藏空间并为保存有价值的文本和视听资料提供最佳条件，新设施采用创新的公私合作模式进行采购，并配备现代化的自动化存储和检索系统。❹Europeana 的软件设施构建与维护由技术团队负责，团队不断与内外部的利益相关者和服务供应商合作，确保所有软件开发有助于完善技术平台，还将一些开发工作外包给外部合作伙伴，如商业软件开发商。❺ 英国"文化在线"子项目"My Art Space"与移动技术有限公司 The Sea 合作，创建 OOKL App 作为公众获取信息服务的新渠

---

❶ Current Corporate supporters［EB/OL］.［2022-10-22］.https：//www.britishmuseum.org/support-us/corporate-support/current-corporate-supporters.

❷ Corporate partnership［EB/OL］.［2022-10-22］.https：//www.britishmuseum.org/support-us/corporate-support/corporate-partnership.

❸ Membership［EB/OL］.［2022-10-22］.https：//www.britishmuseum.org/membership.

❹ Annual Report 2017—2018［EB/OL］.（2022-7-13）［2022-10-22］.https：//library-archives.canada.ca/eng/corporate/transparency/reports-publications/annual-reports/pages/annual-report-2017-2018.aspx.

❺ 完颜邓邓.公共数字文化服务中的社会合作研究［J］.图书与情报，2016（3）：55-60.

道。❶BM 与三星电子（英国）合作成立了三星数字探索中心，为公众提供虚拟现实技术支持下的游览体验，并且创建馆藏作品的 3D 版本，在项目的基础上购置如"三星 Gear VR 头戴式图显器"等设备。❷

数字文化内容生产方面，一是鼓励公众凭借自身创新能力在获取平台资源的同时，参与数字文化资源建设。如 LAC 推出的"数字实验室项目"，公众免费使用馆内的档案数字化技术设备，亲自进行所需档案的数字化工作，并将数字化成果向社会开放，不仅使公众学习馆藏数字化的最新技术，也能够增加馆藏数字化资源。❸LAC 还推出了"合作实验室项目"，即借助社交媒体平台，引导公众参与文本转录和标注工作。❹二是通过向个人、企业支付一定报酬的方式获取数字化资源、优化数字文化资源管理工作。如 LC 以与出版商合作的方式获取数字化资源，还聘请艺术家、学者开展资源创新型数字化工作。BM 为解决资源数字化过程中出现的版权问题，与谷歌合作将馆内部分版权过期的图书数字化，同时与出版商合作建立版权保护系统等。法国不可替代代币平台 LaCollection 是一个通过与博物馆、艺术家等合作发行经过验证的、限量版艺术品（NFT）的公司，BM 与其签署商业合作协议，推出文物类数字藏品。❺

服务活动举办方面，欧美国家的公共文化机构、数字文化遗产项目与各类企业、非营利机构联系密切，举办的很多活动都有他们的参与。为庆祝加拿大成立 150 周年，2017—2018 年，LAC 与魁北克电影院、温哥华电影院等合作发起了"银幕上的加拿大"（Canada on Screen）活动，挑选出反映加拿大历

---

❶ 戴艳清，陶则宇.英国公共数字文化服务营销及启示——以"文化在线"项目为例［J］.图书与情报，2016（5）：76-80，75.

❷ 大英博物馆推出全新展览方式 VR 复活文物［EB/OL］.（2018-8-7）［2022-6-20］.http://collection.sina.com.cn/hwdt/2018-08-07/doc-ihhkuskt1649865.shtml.

❸ Library and Archives Canada：DigiLab［EB/OL］.（2023-4-11）［2023-4-20］.https://www.bac-lac.gc.ca/eng/services-public/Pages/digilab.aspx.

❹ Library and Archives Canada：Co-Lab［EB/OL］.［2022-6-20］.https://co-lab.bac-lac.gc.ca/eng.

❺ 多家博物馆加入 NFT 热潮，「博物馆 +NFT」或是又一新趋势！［EB/OL］.（2022-4-15）[2022-6-20］. https://www.sohu.com/a/538273744_121146133.

史的150部电影,免费在全国各地举办电影放映、演奏、表演等活动。❶近年LAC举办的新书发布活动,大多是与渥太华国际作家节、渥太华大学、渥太华公共图书馆、洛伊理事会等合作举办的。

决策咨询方面,欧美国家的公共文化机构、数字文化遗产项目普遍建立了理事会制度,成立了各类咨询委员会等组织,社会各界人士、相关机构均可加入,成员可以直接参与项目或机构的决策,为其提供咨询意见。如DPLA、Europeana、LC采用理事会制,理事会成员由不同社会阶层人士组成,并且下设执行委员会,公众可以志愿者身份为相关项目工作提供咨询、决策意见。❷LAC成立了服务咨询委员会、青年咨询委员会、馆藏咨询委员会,发起了利益相关者论坛、土著咨询圈等,通过组织会议等活动,向其咨询政策规划制定、服务改进等方面的事项。

欧美国家对于数字图书馆的绩效评估研究起步比较早,构建了相对完善的评估指标体系,成立了较多且专业化的数字图书馆绩效评估组织和项目。如BL将质量、产量、项目获得作为关键绩效指标,主要内容包括阅览室用户、参观者、远程用户的满意程度,以及线上及线下访问量、读者数量等。美国在公共数字文化项目的绩效评估方面,参与评估的主体多元,围绕探索用户需求的变化,引入社会主体和第三方评估,如大学教授、专业评估机构等,实现了社会力量参与绩效评估。

四、参与公共数字文化服务供给的渠道

欧美国家注重社会力量参与公共数字文化服务供给的渠道建设,不仅在公共文化机构、数字文化遗产项目的网站上开通社会参与渠道、建立社会参与的

---

❶ Annual Report 2017—2018［EB/OL］.（2022-7-13）［2022-10-22］.https：//library-archives.canada.ca/eng/corporate/ transparency/reports-publications/annual-reports/pages/annual-report-2017-2018.aspx.

❷ 郭英.中美公共图书馆志愿者服务现状之比较研究［J］.图书馆理论与实践,2012（8）:53-56.

子网站，还利用社交媒体平台以及创建专门性组织吸纳社会参与，实现了参与渠道的多样化。具体渠道如下：

其一，借助社交媒体平台，创造更多公众利用、参与数字文化服务的机会。LAC 与弗利克（Flicker）、拼趣（Pinterest）、简易信息聚合（RSS）、博客（Blog）、元宇宙（Facebook）等约 8 个社交媒体合作，不仅可以借助社交媒体的力量，扩大数字化服务的受众面，让更多的用户可以快速获取相关音频、图像资源，还可以自由发表意见、获取相关活动项目的通知和热点话题，增强与公众的互动性。欧洲数字图书馆（Europeana）在推特（Twitter）、谷歌（Google+）、拼趣、元宇宙等社交网站上创建了主页，建立可供公众交流、评论的空间，公众对于感兴趣的数字资源可进行收藏和分享，欧洲数字图书馆也以此采集公众的创意想法、总结资源建设的经验。在新冠疫情期间，BM 借助照片墙（Instagram）、推特、元宇宙、YouTube 等社交媒体平台共享馆藏资源，以线上游览的方式，保持在闭馆期间与游客的联系。

其二，服务平台根据人群的不同文化背景、多样化数字文化需求，进行资源整合，并建立了满足平台自身和公众共同需求的子网站，如"文化在线"子项目 My Art Space、ArtisanCam 等网站，前者引导公众创作虚拟艺术空间，进行参与式体验、个性化创作，后者通过对文艺作品的线上参观、与艺术家的在线沟通，使公众可以近距离接触数字文化服务。欧洲数字图书馆将用户群体划分为机构用户和个体终端用户两类，为机构用户建立了 Europeana Pro 网站、Europeana Lab 网站，旨在畅通商业合作的渠道、为文化创意产业提供知识服务。

其三，DPLA、LAC、Europeana、BM 等网站均开通了可供社会力量捐赠、提供意见反馈的专门渠道，DPLA 还面向社会成员扩建枢纽网络，即通过聚合元数据的方式，扩充公共数字文化资源的供给方，丰富数字文化资源。LAC 设立了"Co-Lab Home 合作实验室"主页，以专业化投稿途径供社会力量转录、标记、翻译、描述数字馆藏资源，公众可以通过网站报名成为 LAC 的自由研究员。BM 网站上罗列了各类商业租赁业务、博物馆商业拍摄业务、私人游览预定业务等，通过网站即可达成商业协议。在 BL 网站，公众可以凭借自己的专业知识和专长，迅速与其达成合作协议，为图书馆资源数字化建设和平台网站的优化提供有偿服务。

其四，创建协会、专项组织，以其为依托和中介吸纳相关机构、专家的广泛参与。欧洲数字图书馆成立了欧洲数字图书馆网络协会（Europeana Network Association），数字文化遗产领域的专家可以自由加入，共同致力于扩大和改善对欧洲数字文化遗产的访问❶，目前有来自世界各国的 3000 余位专家加入了该协会。❷ 时间机器组织（Time Machine Organisation）是欧洲数字图书馆针对开发描绘欧洲的社会、文化和地理演变的分布式数字信息系统而建立的，成员网络有 14000 多个机构、超过 10 万名专业人员，包括科学技术专家、学术研究人员、历史学家、文化和社会科学家、人文学家、博物馆和图书馆专家、档案管理员、平民科学家、系谱学家、业余研究人员和时间机器爱好者。❸

五、欧美社会力量参与公共数字文化服务供给的特点及成因

（一）特点

由上述可知，欧美社会力量参与公共数字文化服务供给总体上呈现出如下特点。

完善的法律法规、具体可操作的税收政策、连续性的数字文化战略规划互为支撑，为社会力量参与公共数字文化治理格局提供了前瞻性动力和基础保障。体系化的政府购买公共服务法律政策，规范了为政府购买公共数字文化服务的流程，提升了公共数字文化服务的社会化水平。税收政策拓宽了公共数字

---

❶ EUROPEANA NETWORK ASSOCIATION［EB/OL］.（2022-2-5）［2022-10-22］.https：//pro.europeana.eu/page/europeana-network-association.

❷ MEMBERS［EB/OL］.［2022-10-22］.https：//pro.europeana.eu/europeana-network-association/members.

❸ Time Machine Organisation［EB/OL］.（2020-6-4）［2022-10-22］.https：//pro.europeana.eu/page/time-machine-organisation.

文化服务资金的来源渠道，减轻了政府财政负担，利用财税政策，调动了慈善捐赠的积极性。阶段性、周期性的战略规划，落实了由内外部信息环境变化而进行的动态管理，为公众、艺术团体、企业等社会力量提供了更自由的参与空间，增强了政府、市场、社会之间的互动。

参与主体广泛，包括基金会、协会、研究所、民办图书馆、民办博物馆等非营利组织，技术公司、社交媒体等商业机构，还有很多专家、学者、作者、艺术家等以个人身份参与。其中，非营利性组织是重要的参与力量，以基金会、专业协会为代表。基金会促成数字文化项目、公共文化机构与其他机构间的合作，为文化遗产数字化、保存、共享提供了大量资金支持。专业协会为数字文化项目、公共文化机构的政策规划制定、服务改进等提供咨询、决策支持。

参与范围广泛，涉及有形资产、无形数字文化内容或服务的公益性参与和市场化参与，且随着对未来的发展规划，不断拓展参与范围。基于双赢互利原则，以网络搜索引擎巨头谷歌、知名计算机生产商IBM公司等为代表的实力雄厚的技术公司，以及专家、科研团队等，积极为数字文化遗产项目建设、公共文化机构资源数字化，提供技术、法律、管理经验、数字文化内容、基础设施设备等方面的支持。基于志愿服务精神，社会组织在数字文化服务活动的举办、社区文化建设、数字文化资源的推广等方面发挥了巨大的作用。基于西方"精英收藏"[1]的文化特点，博物馆、图书馆等机构在馆藏资源扩充方面，能够获取私人捐赠。此外，随着公众需求的变化及新技术的应用，呈现出联合社会力量探索更大的数字空间的特点，在基础设施管理、元数据建设、数据处理等领域，与社会力量达成新型战略合作。

参与渠道多元，官方网站的功能多样，用户通过网站即可捐赠资金、表达捐赠赞助的需求或意向、参与数字资源建设、志愿服务等工作。除了官方网站，还有互动功能更强的社交媒体平台，通过此类平台不仅提升了宣传效果、

---

[1] 王晖.西方精英文化形态的艺术收藏及其对现代艺术博物馆之意义[J].中国博物馆，1994（2）：63-68.

吸引了公众对数字文化服务的利用，其互动评论方式还增加了公众反馈、评价的窗口。此外，大型数字文化遗产项目通过成立协会、围绕某项工作成立专门性组织，吸纳了大批相关机构、专业人士的广泛参与。

参与程度较深，体现在机构决策人员构成、信息资源数字化建设、机构的运营等多方面。从管理体制上看，公众在机构内部管理与政策制定方面发挥重要作用，欧美公共文化服务管理方面普遍采用理事会制，理事会成员来自社会各领域，具备充分的工作经验，能完善战略部署、政策研究和业务分析等方面的工作，各自分工明确，责任界定清晰。从机构、项目成立和运营过程上看，借助基金会间接拨款、调动社会力量通过网站平台捐款、通过为商业机构提供文化、知识服务获取收入等方式已较为普遍。从馆藏资源数字化工作上看，倾向于制定引导公众参与数字文化资源建设工作的服务政策，帮助服务部门探索公众多元化和真实需求的系统、工具，以互动型数字文化项目提升与公众的交互合作，并且注重对公众的反馈和需求征集。

（二）成因

首先，西方自由主义思想和多元价值观念体现在政府对公共文化服务的管理上，相对完善的社会治理模式有助于欧美国家各自形成政府主导、民间主导、政府分权等公共文化服务模式。西方发达国家和地区的公共文化服务体系建设起步较早，以英国为代表的管办分离模式，从20世纪70年代末，就已经开始了根据公众需求购买公共文化服务；以美国为代表的民间主导服务模式，形成了政府不直接干预、坚持市场化、自由化的发展原则。

其次，欧美国家注重对公众主体意识、参与意识、权责意识等的培育，构建了政府、公共文化机构、媒体等多渠道的公众意识培育网络。欧美社会具有公众公益精神强、志愿服务意识强的特点，对文化权力下放、公共文化治理、公共文化志愿服务等产生了深远影响。

再次，欧美国家的社会组织发达。数量众多的各类基金会为文化遗产数字化与服务提供了大量资金支持，促成了数字文化遗产项目、公共文化机构与大

学、研究机构等组织围绕文化遗产数字化的合作。专业协会、民间文艺团体等文化类社会组织在管理上采用文化产业的市场化管理模式，政府拨款、民间慈善捐赠等多样化的资金来源保证了其提供服务的能力。西方的志愿服务精神促使更多的学生、职员参与到社会组织中，保证了组织的人才队伍壮大。开展业务工作方面，政府干预少，自由度相对较高，并且注重组织之间的合作。

最后，公众主动积极参与的原因除了数字文化遗产项目、公共文化机构对公众需求表达、满意度测评、意见反馈等给予足够重视外，还注重对社会参与事项的设计，包括在各类社交媒体平台推出创新、有趣的数字文化活动，擅长利用公共数字文化服务营销手段来丰富公众的参与内容与参与形式；平台建设强调差异化和人群的分众化，建有满足不同群体参与需求的子网站或子网页。

第三节　对我国社会力量参与公共数字文化服务供给的启示

通过上述对欧美社会力量参与公共数字文化服务供给实践的分析，其一些经验与做法值得我国借鉴。

一、完善参与制度，优化参与环境

一是加强宏观配套制度供给。激发社会捐赠方面，各地方政府应当结合区域实际，出台与《公益事业捐赠法》《个人所得税法》《企业所得税法》等相配套政策和实施细则，加大社会力量向公益事业捐赠的税收优惠力度、减少捐赠者享受税收优惠的限制、简化捐赠和享受税收优惠的手续。此外，可制定一部专门针对向公共文化服务领域捐赠的法律法规，细化税收优惠措施，明确捐赠者回馈与收益、受赠方的法律责任，建立受赠财产使用信息公开制度，增强多元化资金来源的制度保障。政府购买服务方面，"财政部 2020 年立法工作安排"将政府采购法及其实施条例修订列入其中,目前草案已向社会公开征求意见。除了加快政府采购法及其实施条例修订工作以外,还应当加快制定或修订与之配套的政策、部门规章,完善政府采购规范性文件,形成互为支撑的政府采购制度体系,对采购的各环节、各方面做出具体规定。具体到公共文化领域的政府购买制度,文化和旅游部应制订政府购买公共文化服务的规章,如《政府购买公共文化服务管理办法》《政府购买公共文化服务承接主体的培育和资质评价办法》《政府购买公共文化服务采购方式管理办法》《政府购买公共文化服务质疑和投诉办法》等,及时更新政府购买公共文化服务指导性目录,增加购买公共数字文化服务的比重,加快形成完备的政府购买公共文化服务制度体系,为政府购买公共数字文化服务提供充分的制度保障与规范化框架,优化社会参与的宏观制度环境。

二是重视公共数字文化服务项目、公共文化机构的内部微观制度供给。DPLA、Europeana、LC、BM、LAC等的阶段性战略规划和政策中有着强烈的社会参与理念,重视与社会力量建立双向关系,力图创造更多与社会力量互动的机会。鉴于此,国家数字文化网、数字图书馆推广工程、国家公共文化云及地方各级公共文化云平台、各级各类公共文化机构应当围绕开放共建、社会参与的目标,按照《关于做好政府向社会力量购买公共文化服务工作的意见》等文件的要求,制定或修订内部服务政策和规划,内容上增加社会参与的比重,对于社会参与的范围、方式、渠道、鼓励支持措施、享有权益等做出详细规定。政策的制定、修订可以采取多元主体共同参与的方式,召开由公众代表参加的座谈会、邀请高校教师、专家学者进行理论指导,政策草案向社会公开,征求公众的意见,从而制定出切实可行的社会参与政策,优化社会参与的微观制度环境。

二、拓展参与渠道,创新参与形式

针对我国公共数字文化服务线上参与渠道存在的问题,一方面,公共数

字文化服务平台不仅应当高效整合信息资源，为公众提供一站式服务，还应当具备完善的功能，提供社会参与渠道。例如，在网站上设置社会捐赠、志愿服务、个性化创作与共享资源、需求与意见反馈的栏目或子网页，增强参与渠道的显示度，并详细介绍每一种渠道的参与方式、参与要求、参与者享有的权益等，以增进社会力量对参与事项的了解和认知，提升其参与积极性，还应当重视其参与反馈，据此进行参与栏目和主页的动态调整、优化设置，如在招募志愿者的子网页上，提供志愿者岗位分类的信息，供公众有针对性地选择参与。可以借鉴"文化在线"、LAC的做法，创建公众参与资源转录与标注、文艺产品创作与分享、交流互动的子网站或者子网页，以拓展参与渠道，提升公众的参与式体验，激发公众的参与热情。另一方面，利用各类社交媒体平台拓展公众参与的新渠道。公共数字文化服务项目与公共服务机构应在主流的社交媒体平台，如B站、抖音、快手等上注册并运营好服务账号，以直播、发布短视频等形式，增强与公众的互动性，开辟更多供公众表达需求、反馈意见与建议、参与公共文化产品制作、分享个人拥有的文化资源、提供创意观点的渠道，增进与个人合作的机会与可能性。

针对我国缺乏社会参与的专门性组织的问题，除了成立理事会以外，还可以借鉴LAC、欧洲数字图书馆的做法，成立吸纳普通公众、民间艺人、公共文化服务领域的研究人员、专家等社会各界参与的咨询委员会、协会或社团，定期举办会议或相关活动，就机构政策制定、服务平台优化、文化产品生产制作、服务方式改进等问题，向其征求意见与建议；针对特定的服务项目组建专门性的组织，以解决某一问题为目标，邀请协会/学会、专业人士、技术人员等的参与。例如，针对面向特殊群体的资源与服务项目建设，建立一个社会参与组织，邀请残疾人协会、无障碍领域的专家、特殊群体代表等参与。

三、外部引导与内部管理相结合，推动文化类社会组织的发展和参与

文化类社会组织在文化治理体系中可以发挥"第三部门"的作用，它与政

府、市场所承担的公共文化服务职能相辅相成，在资源动员、服务提供、活动实施、运营管理等方面具有专业化的能力和独特的作用。❶ 发挥其专业能力和独特作用的前提是培育其发展壮大，提升其参与能力。针对由政府机关部门转化而成的文化类社会组织，应理顺其和政府之间的关系，逐步形成良性互动的合作伙伴关系，政府将高效管理予以服务之中，文化类社会组织在政府有效引领下，应当充分发挥主观能动性，寻求自主发展的空间和路径，制定符合自身发展的行为策略，在承接政府购买公共数字文化服务和参与公共数字文化治理过程中，提升组织自我管理能力和专业能力，在与企业、媒体、高等院校等建立联系的过程中，拓展获取多元化资金的渠道。针对由社会自发组建的文化类社会组织，大力推动非组织化的兴趣团队、自发性文艺组织发展成为专业化的文化类社会组织，根据《国务院机构改革和职能转变方案》中提出的文化类社会组织适用直接向民政部门申请登记的政策，扫除在成立登记方面繁琐的程序障碍❷，适当降低准入门槛，提高审批登记流程的效率，弱化对于资金、人员等成立条件的限制，提高文化类社会组织在社会组织中的占比。主管单位应帮助其规划发展方向，通过持续加强业务培训，提升组织成员的业务能力和管理能力。

对有实践基础和服务能力的文化类社会组织，如中国图书馆学会、中国博物馆协会、省级图书馆学会等。在内部管理方面，应激发组织团队在公共文化数字化建设背景下，自我转型升级的意识，重塑其价值理念和服务精神，在组织形态、专业化能力等方面加强现代化建设。外部引导方面，政府应引导其与公共数字文化服务项目、公共文化机构建立多维度、深层次的合作关系，并拓展其参与空间，激发其在公共数字文化服务领域的创造活力，搭建供专业协会/学会、公共数字文化服务项目、公共文化机构等沟通交流的平台，如定期举办利益相关者论坛、研讨会等，就战略规划的制定、服务绩效评价等展开交

---

❶ 李国新.文化类社会组织是政府购买公共文化服务的主要力量［J］.中国社会组织，2015（11）：14-15，1.

❷ 聚焦国务院机构改革与职能转变［EB/OL］.（2013-3-15）［2022-9-12］.http：//theory.people.com.cn/GB/40557/358826/.

流、研讨，向其征询意见和建议。

四、培育公众意识，弘扬公益精神

一是借助微信、微博、短视频等社交媒体平台宣传公益精神，开展公众意识教育。例如，公共文化机构可以制作公众意识教育的短视频，在短视频平台的服务账号上发布，吸引公众观看、点赞、评论、分享；发起公众意识的相关讨论话题，号召具备粉丝基础的创作者加入，借助其在社交媒体平台的号召力、影响力，广泛宣传公益观念和参与意识，包括公共数字文化服务的公益性和共同受益理念。

二是以文化志愿服务促进公众意识的形成。文化志愿服务是社会力量参与公共数字文化服务供给的重要方式之一，也可以成为培育公众意识的途径。文化志愿服务的本质是公众意识的体现、公益精神的张扬，公众在参加文化志愿服务的过程中能够深化对文化权益的认知，增强自身的主体意识、责任意识。政府文化部门、公共文化机构应该采取措施吸纳更多的公众成为文化志愿者，引入文化志愿服务激励机制，以奖励、优秀评选等方式，调动其服务热情；创新志愿服务形式，提供多类型的志愿服务项目，开放更多志愿服务岗位，动员退休职工、专家等参与志愿服务；通过公共数字文化服务网站、App等上设置文化志愿服务的专门栏目，拓宽公众参与志愿服务活动的渠道。

五、加深参与程度，维持参与的持续性

针对议事决策、内容生产等领域社会参与程度不深的问题，一是应完善公共文化机构的法人治理结构，吸纳社会各界代表参与理事会组建，实现开放式议事、决策、监督，同时成立基层公共文化自治组织，构建以公众参与为核心的社区组织结构，畅通自下而上的公众诉求表达渠道。二是应当鼓励、引导用户参与数字文化资源建设，借鉴LAC推出的"数字实验室"项目，在公众与

馆藏互动的基础上，丰富馆藏数字资源、调动公众参与众包活动的积极性，在数字文化内容生产方面实现公众持续性、深层次参与。三是鼓励民间文化能人、文艺专家等参与公共数字文化服务供给，为其提供展示才华的空间，提供充足的经费保障与技术支持，借助于短视频制作、直播等方式，创作高质量的数字文化内容，如抖音平台的"非遗过年DOU来播"活动，聚集了文化大咖和非遗手艺人进行分享交流，平台还评选出年度优秀民间文化团体和文化能人进行颁奖。❶

为提升社会参与的持续性，一是由政府部门组织搭建公共文化机构与专业协会、文艺团体、文化类企业之间交流合作的平台，定期举办相关活动，将政府向社会力量购买公共数字文化服务模式逐渐转变为政府与社会力量围绕数字文化项目的深度、长期的合作。二是在民间公益性图书馆、博物馆等的持续发展方面，需要营造出利于其持续发展的法治环境，落实针对性的扶持政策，帮助其优化馆藏资源、完善服务设施，提升其对政府购买公共数字文化服务的承接能力，并引导其利用特色馆藏资源、文化旅游资源的优势，与文化类企业、社交媒体平台合作，加强宣传推广，提升知名度，挖掘持续发展的内驱力，实现政府和民间数字文化服务的长期优势互补。三是利用社交媒体平台集聚志愿者团体、兴趣组等群体，完善文化内容创作、众包等的群体协作模式，通过制订公约、成员仲裁等方式规范成员行为，确保群体成员有序、高效地参与公共数字文化服务供给。

---

❶ 抖音发起#非遗过年dou来播#系列直播，助传统文化春节进万家［EB/OL］.（2022-2-9）［2022-9-12］. https://yrd.huanqiu.com/article/46k9K8WjBDH.

第九章 公共数字文化服务供给中的技术应用

公共数字文化服务的数字化、网络化特征决定了其对信息技术的依赖性强。云计算、大数据、5G等技术在公共数字文化服务供给中的应用可以辅助建立公共数字文化服务供给协调新机制，统筹协调供给主体之间的合作关系，帮助供给主体洞察公众需求，促进供需对接，创新服务供给模式，推动服务向智慧化转型，从而有助于解决公共数字文化服务供给不平衡不充分问题。

第一节 基于云技术的公共数字文化服务供给协调机制

一、云技术在公共数字文化服务供给协调机制中的应用

公共文化服务协调机制，是指以一个部门为主体，多个公共文化部门参与，在一个组织框架下，公共文化服务部门之间相互作用、相互联系、相互制约的原则、方式和工作体系的总和。[1]而公共数字文化服务供给协调机制则是以信息技术、数字化技术等技术融合为驱动的更加有效的统筹协调新机制。该机制在于能够对部门合作中出现的问题进行协调，统筹安排资源和服务，实现资源和服务的合理布局，发布合作规章制度，使各机构明确自己的职责，共同完成合作任务。[2]本书从组织管理、资源整合、共建共享、合作帮扶四个方面

---

[1] 阮可，郭怡．公共文化服务协调机制研究：以浙江拱墅"三联模式"为样本［M］．杭州：浙江大学出版社，2016：38.

[2] 肖希明，李琪．公共数字文化服务合作机制研究［J］．图书与情报，2016（4）：31-37.

分析云技术在公共数字文化服务供给协调机制中的应用，如图 9-1 所示。

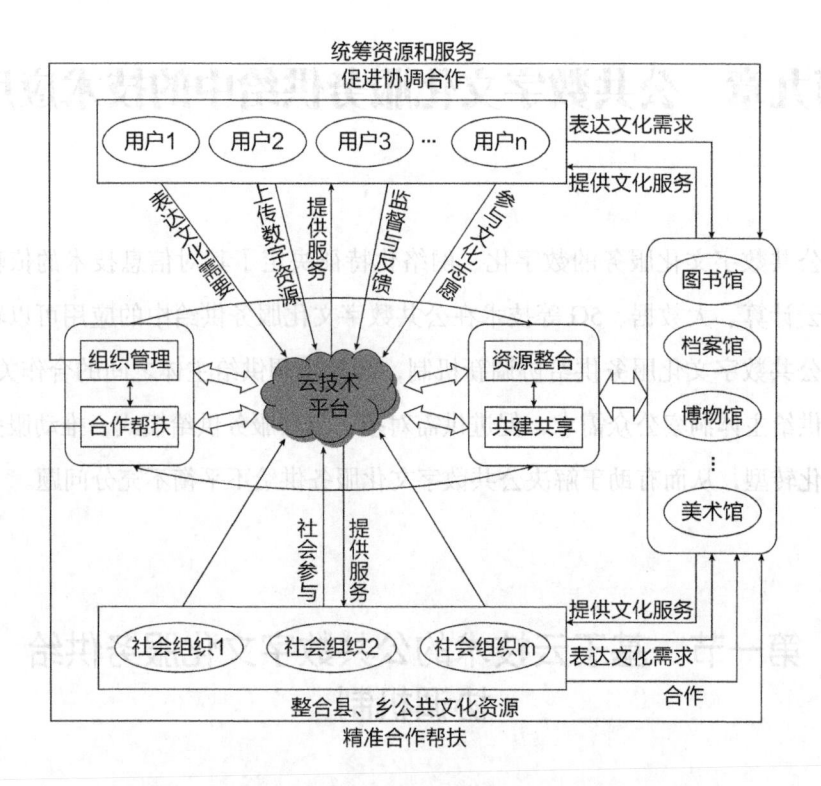

图 9-1　云技术在公共数字文化服务协调机制中的应用

（一）组织管理

公共数字文化服务供给是一个系统工程，涉及跨区域、跨部门、多主体、多要素的协同，需要各公共文化机构及其所属的行政主管部门相互协调配合。然而当前我国的公共文化机构在行政上隶属于不同的管理部门，图书馆、博物馆、美术馆、档案馆等分别隶属于文化行政部门、档案行政部门，而历史博物馆、自然博物馆、军事博物馆又分别隶属于文物行政部门、科技行政部门和解放军总政治部。❶因此，现阶段我国公共文化机构属于多头管理、条块分割的多元化行政管理体制，各文化机构各自为政，管理中错位、越位、缺位同时

---

❶ 戴艳清．公益性数字文化资源整合：现状、瓶颈与对策——以湖南为例 [J]．图书馆论坛，2015，35（6）：41-47．

共存。

云技术融合下建立公共数字文化服务供给协调新机制，一方面可有效统筹行政管理机构与公共文化机构的资源和服务，避免"鸽笼式"管理方式；另一方面可克服部门机构间的独立性，为部门机构协调合作奠定基础，从而更好地实现公共数字文化服务供给。此外，云技术为公共文化机构提供了最佳的技术支撑，其应用于公共数字文化服务供给协调机制可以促进公共文化机构及其所属的行政管理部门之间的协作，有利于提高政府文化管理部门的行政效率，协调文化系统及全社会资源和力量，更好地统筹公共数字文化设施网络和服务体系的建设。

（二）资源整合

文化资源整合的实质是通过组织和协调，把全社会彼此相关但却彼此分离的资源整合成一个推进社会建设步伐的大的文化系统。[1]目前来看，我国公共数字文化资源整合效率较低，主要表现：一是资源分散。目前，我国公共文化服务资源分散在文化、文物、文明办、教育、新闻出版广电、民委、民政、科技、扶贫办、总工会、共青团、妇联、科协等多个部门；[2]二是资源重复建设。由于公共数字文化资源为不同的公共文化机构所拥有，且不同机构之间缺乏联系与合作，因而造成资源重复建设，整合困难。

首先，云技术扩展了公共数字文化服务的提供方式，通过"软件即服务、平台即服务、基础设施即服务"的基本服务模式，附以虚拟化技术、服务化技术等关键技术，对云服务平台的资源和能力进行统一管理和优化配置，可有效解决公共数字文化资源跨区域跨部门的整合、集成等问题。其次，云技术实现了全面整合资源存储，从技术运行系统、硬件设施支撑，到平台结构设置和运行管理，对平台进升级改造，提高和完善整合平台的功能。云技术突破了资源的各种限制，实现了不同层级政府的整合、机关内部不同部门间的整合、不同

---

[1] 左艳荣.资源整合：推动公共文化建设的当务之急[N].中国文化报，2015-4-18（1）.
[2] 彭泽明.国内外公共文化服务协调机制模式探讨[J].上海文化，2014（8）：52-58.

文化机构的整合，甚至政府与社会的连接和整合，使人们可以一站式获取公共数字文化资源。

（三）共建共享

公共数字文化资源共建共享是指不同公共文化机构（如图书馆、档案馆、博物馆、文化馆、美术馆、非物质文化遗产管理机构等）合作开展数字资源共建，并将各自分散无序、独立异构的数字资源进行类聚、融合、重组，借助统一共享服务平台，实现一站式服务。❶我国公共数字文化资源共建共享的实现主要存在以下困难：一是在资源共建方面。由于数字资源建设标准不统一，图书馆、博物馆、文化馆、美术馆等机构的资源类型、数据格式、元数据标准存在差异，导致异构资源共建难度很大；二是在资源共享方面。公共图书馆、博物馆、档案馆、美术馆等公共文化机构资源共建共享力度不够，文化共享参与主体还是以公共图书馆为主，其他机构参与较少。❷

公共数字文化资源共建共享不仅需要利益协调，更需要技术协调。一方面，云技术统一了资源的格式差异化，将分散异构的公有或者私有公共数字文化资源和能力进行了有效聚合，有效解决了数据标准化问题，实现了不同公共文化机构、社会组织及个体数字资源的共建；另一方面，云技术将各种数字文化资源有机整合形成一个庞大的资源池，构建了一个通用的、集成的、分布式的资源共享平台，实现最大程度的服务范围覆盖，只要接入手机、电脑、智能终端等互联网的简单设备，就可以实现公共数字文化资源的共享。

（四）合作帮扶

由于经济社会发展水平的制约，城乡之间的公共数字文化服务发展水平仍存在较大差距，开展面向农村地区的合作帮扶尤为必要。《"十四五"公共文

---

❶ 韦楠华，吴高.公共数字文化资源共建共享现状、障碍及对策研究［J］.图书馆建设，2018（9）：18-26.

❷ 赵生辉，朱学芳.我国图书馆、档案馆、博物馆数字化协作框架D-LAM研究［J］.情报资料工作，2013（4）：57-61.

化服务体系建设规划》将推进城乡公共文化服务体系一体建设作为重点任务之一，要求"完善城乡公共文化服务协同发展机制""推进城乡'结对子、种文化'，加强城市对农村文化建设的对口帮扶，形成常态化工作机制。"合作帮扶机制的建立需要持续推进各项对口支援工作，为农村地区公共数字文化服务的发展提供资金、人才、业务指导等支持，促进各类资源向农村地区倾斜。

云技术通过技术支持，整合县、乡公共文化资源，统筹县图书馆、文化馆、乡镇（社区）综合文化站图书室（分馆）、村（居委）图书流通点和农家书屋及其他基层公共文化设施的资源配置，实现县域范围以基层为重点的一体运行。基于云技术的公共数字文化服务既可以促进农村地区特色文化资源的开发与利用，又可以加强对文化贫瘠地区的宣传，促进文化活动在这些地区举办，满足农村居民的精神需求，促进农村地区的文化发展。

二、基于云技术的公共数字文化服务供给协调机制实践分析

公共数字文化服务供给协调机制的构建是一项创新性的工作，不仅需要进行理论研究，还需要进行实践探索。本书结合新开通的公共数字文化服务总平台、主阵地——"国家公共文化云"，探讨建立以科技融合为驱动的更加有效的统筹协调新机制。

为解决当前公共数字文化平台重复建设、资源不能充分聚拢、服务不能共享、功能不够完善等突出问题，2017年年底文化部通过云技术针对基层人民群众的现状与公共文化需求，组织开展了"国家公共文化云"的建设工作。国家公共文化云以文化共享工程现有六级服务网络和国家公共文化数字支撑平台为基础，平台包括国家公共文化云网站、微信公众号和移动客户端，突出了手机端服务的功能定制，具有共享直播、资源点播、活动预约、场馆导航、服务点单、特色应用、大数据分析七项核心功能，可以通过电脑、手机、微信、公共文化一体机等终端获取一站式数字公共文化服务。换言之，基层人民群众可通过访问国家公共文化云网站、手机App、微信公众号，享受来自全国文化

馆、公共图书馆、博物馆、美术馆、基层文化中心等场所的线上服务。国家公共文化云的统筹协调机制主要体现以下几个方面。

（一）促进各公共文化机构及行政主管部门相互配合

网络作为云技术的环境基础，构成了政府部门间有效沟通的主要方式，有效地避免了由于公共文化机构与社会组织因不同运营与管理机制而产生的沟通不畅、协调不一致的问题，为公共文化机构及其所属的行政管理部门之间的协调合作奠定了基础。依托云技术建立的国家公共文化云打破了已有的政府传统部门的界限和功能分割局面，其协调了全国各区域各机构的资源和服务，使公共数字文化服务供给的所有问题都可以在"云"上解决，有效地避免了公众因职能分工不同而奔波于各部门、机构之间的问题。

（二）统筹推进全国公共数字文化资源整合

国家公共文化云运用云计算、云存储、大数据等高新信息技术设定运作模式，将原本分散在各处的资源汇集成庞大的公共数字文化资源池，集存储中心和处理中心于一体，为大众提供公共数字文化服务，真正通过云技术实现了公共数字文化资源的整合。依托自身的云服务平台，对海量资源进行保存与管理，将不同的资源按照类型、主题等进行具体分类，方便用户快速查找。目前，国家公共文化云不仅整合了全国文化馆、公共图书馆、博物馆、美术馆等公共文化机构的数字资源，还将乡镇文化站、文体活动中心、文化活动室等基层服务中心以及社会机构的资源纳入整合范畴。

（三）协调推进全国资源和服务的共建共享

国家公共文化云平台由原文化部（现文化和旅游部）公共文化司指导，全国公共文化发展中心具体建设，以六级服务网络和国家公共文化数字支撑平台为基础，整合了数字图书馆推广工程、全国文化信息资源共享工程和公共电子阅览室建设计划三大公共数字文化工程，和全国各级各类公共文化机构实现了互联互通和统筹发展。省级文化云平台为统一对接国家公共文化云，采用了标准接口模式开发相对完善及可扩展的数据交换中心系统。省级文化云平台接收和抓取国家公共服务云平台的相关资源与服务数据，并将本地的特色资源和服务数据上报至国家公共文化云的数据中心，形成良性互动。

（四）大力推进公共数字文化服务供需对接

国家公共文化云平台具有共享直播、资源点播、活动预约、场馆导航、服务点单、特色应用、大数据分析等核心功能。其中"资源点播"功能依托公共数字文化工程的丰富资源，开设专栏，进行专题资源推荐，提供资源菜单，方便群众按需点单；"服务点单"功能由文化行政部门联合公共文化机构及有关社会力量发布公共文化服务项目菜单，公众和有关机构可以点单，供给主体根据点单情况，按需提供；"活动预约"功能整合各级公共文化机构以及有关社会文化机构发布的公益性群众文化服务项目，实现线上预约、线下参与；"大数据分析"功能有助于探测公众的需求偏好，为各地改进服务提供决策参考。平台核心功能充分体现出"菜单式"和"订单式"的服务方式，从根本上促进了供需对接。

（五）积极推进公共数字文化服务社会化

国家公共文化云的启动拓展了社会参与公共数字文化服务供给的渠道。2017年中国文化馆年会期间，文化部全国公共文化发展中心相继组织了国家公共文化云平台专题展览、论坛和应用推广活动，且在国家公共文化云平台设置了直/录播申报入口，旨在广泛动员社会各方面力量积极参与进来，努力提供高品质的公共数字文化服务，满足人民群众对美好生活的新期待。国家公共文化云平台的"汇文采"模块汇总公示各公共文化机构的采购需求、展示社会主体供应的文化产品，增强了供需双方的交易便捷性和互动性，并举办"云上文采会"，让更多的社会主体参与其中，让更多的社会化资源得以整合积聚。

（六）重点推进贫困地区公共文化扶贫

在脱贫攻坚战完成前，国家公共文化云以贫困地区为重点，推进公共数字文化服务均等化。国家公共文化云重点在国家公共文化服务体系建设示范区和国家级贫困县进行分阶段推广。"十三五"期间，依托国家公共文化云，发展中心在基层设立不少于 1 万个"文化共享边疆超市"、不少于 8000 个"文化共享扶贫超市"、不少于 2000 个"文化共享藏区超市"，并部署一批"文化共享武警超市"，借力文化睦邻工程推动"文化共享睦邻超市"走向海外，促进基层公共数字文化服务提质增效。❶

三、基于云技术的公共数字文化服务协调机制的主要问题

虽然云技术在公共数字文化服务领域取得了良好的发展势头，但是结合近几年来全国各地公共数字文化服务总体情况来看，基于云技术的公共数字文化服务供给协调新机制还存在着一些不足，具体表现为以下几个方面。

（一）法律制度尚未健全

云技术在公共数字文化服务中组织管理的实现需要借助国家法律法规的约束。然而，我国在法治建设方面还有所欠缺，主要体现在两个方面：一是关于云技术的法律制度尚未健全。表现为，对于数据主权归属、云计算服务等级协议、云服务可靠性的保障、争议的裁决等问题尚缺乏法律的保障。二是关于行政系统内部部门协调的法律制度建设较为薄弱。目前，我国还缺少专门关于行政系统内部部门协调的法律法规，尚未以法律形式对机构之间的协助行为做出明确的规定，有必要将各部门相互支持配合的责任和义务法定化。

---

❶ 国家公共文化云平台：开启数字服务新时代［EB/OL］.（2017-12-5）［2023-4-28］. http://www.xinhuanet.com/culture/2017-12/05/c_1122059390.htm.

（二）资源整合范围有待拓展

随着公共数字文化工作的不断深入，基于云技术的公共数字文化资源整合的范围仍有待拓展。国家公共文化云现已整合 31 个省份的数字文化资源，仍有部分省份没有纳入整合范围。各省份已将 50% 的市县级以上的场馆、人员、设备、信息资讯、品牌活动、服务项目、艺术普及资源、培训课件、预约项目等在国家公共文化云平台上进行统一展示，其比例还有待提升。国家公共文化云主要提供文采会、非遗传承、广场舞展演、场馆活动等介绍及相关服务，现有资源还需要进一步开发才能实现数字文化资源的增值性利用。

（三）资源共享缺乏安全保障

基于云技术的公共数字文化服务协调机制的建立首先要保证信息的安全，共享的资源保管在云端需确保不被非法利用，这不仅需要法律的进一步完善，还涉及技术层面的保障，虽然云技术采用多种数据加密技术保证数据安全性，但仍存在加强的空间。此外，云端的数据唾手可得，随着网络犯罪的日益猖獗，云技术的普及也带来了新的犯罪问题：犯罪分子可以摆脱时间和地点的限制，通过异地作案来利用我国司法制度中的地域管辖原则逃避罪责。如何防范和规避云技术自身的犯罪问题也是保障公共数字文化资源安全的一大问题。

（四）合作帮扶的精准度有待提升

在实际的合作帮扶工作中，基于云技术的公共数字文化服务供给很少考虑不同农村地区、不同农户需求之间的差异性，其精准度有待提升。例如，缺乏帮扶需求调研及发布渠道，帮扶标准较为统一，并未根据被帮扶地区的实际情况配置各类帮扶资源。在制作、推送内容上并未根据地域、民族、生产方式、文化需求等的不同制作、推送个性化的数字文化资源，同时还存在资源更新不及时的问题。在举办活动上，农村地区所举办的文化活动内容和形式千篇一律，同质化现象严重。

四、完善基于云技术的公共数字文化服务供给协调机制的建议

基于以上分析，针对其存在的不足，本书对于完善基于云技术的公共数字文化服务协调机制提出以下建议。

（一）推进公共数字文化服务供给云技术协调的立法工作

基于云技术的公共数字文化服务供给协调机制的建立需要推进以下立法工作的展开：第一，完善云技术相关法律法规。目前，我国与之密切相关的法律法规主要有《网络安全法》及《刑法修正案（九）》等，二者明确规定了泄露个人信息行为的罚则，但云技术安全问题日益复杂，目前尚未有专门的法律对此进行规范。因此，政府在制定相关法律法规时，应重点关注这些问题，严厉打击公共数字文化资源被无权滥用和非法获利的行为。第二，制定行政系统内部协调的相关法律法规。一些西方国家早已形成了完善的行政协作制度，如美国于1946年颁布的《联邦行政程序法》、德国于1976年颁布的《行政程序法》等，这两部法律以法律形式对机构之间的协助行为做出明确的规定。相对而言，我国行政系统内部协调的相关法律法规的制定较为滞后，缺少专门针对行政系统内部部门协调的法律法规。今后要积极推进公共数字文化服务协调的法治化进程，加快公共数字文化立法，制定有关公共数字文化服务供给协调机制的法律，规定协调机构的设置条件、协调范围、协调方式和协调程序，明确规定各部门具有配合其他相关部门的权力和责任。❶

（二）加强公共数字文化资源整合

现阶段，云技术在我国公共数字文化服务领域的应用仍然处在起步期，所涉及的领域还不够全面，缺乏足够的延展性。为了实现公共数字文化资源的价值最大化，政府应当加大跨机构、跨地域的资源共享和功能互动。一方面，要加强跨机构资源整合。通过成立专门合作小组并签订共建共享协议，加强图书

---

❶ 高轩，朱满良.我国政府部门间协调问题探讨［J］.成都行政学院学报，2010（1）：4-7.

馆、档案馆、博物馆、艺术馆等公共文化机构数字资源的有效整合,从而提高不同机构间的资源共享程度,使各公共文化机构之间取长补短、互通有无。另一方面,要加强跨地域资源整合。政府主管部门或行业协会牵头成立跨系统、跨机构、专门性的组织或基于共同项目设立的跨地域组织联盟,❶ 推进地域间特色资源的共建共享。此外,还需要在现有资源的基础上,对其内容的深度进一步开发,例如对文化渊源和国家政策的深度解读,以便公众更好地吸收理解并予以运用,为公众带来更多的实际利益。

(三)协调建立资源共享安全保障机制

基于云技术的公共数字文化服务供给协调机制的建立需要一个安全的网络环境。为了保障公共数字文化数据的安全性,政府首先需要建立完善的保护体系。第一,要尽快制定关于云技术的法律法规和行业指导规范;第二,要为"云端"海量信息的存储提供优质的硬件设施,从物理源头上保障公共数字文化的安全可用;第三,加强对云技术提供商的监管和审查力度,确保公共数字文化服务供给所使用的云技术供给具有较高可靠性。任何防范措施都有失败的风险,一旦公共数字文化数据遭到破坏,那么数据被侵染、窃取和流失后的迅速恢复就显得尤为重要。因此,政府应该有效地利用云技术的优点,将公共数字文化资源保存在不同的服务器中,实现多地多点资源备份。当一台存储设备的数据服务意外中断或者停止运行时,能够让云系统自动开启备份在另一台存储设备上的数据文件,从而保障服务正常运行并实现后期的数据恢复。

(四)动态匹配合作帮扶资源

面向农村地区的合作帮扶是一项长期、持续性工作。为了提高合作帮扶的精准性,政府应做好以下两个方面的工作。一方面,要充分考虑农村地区的区域特色和不同需求,通过公共数字文化云平台,及时发布帮扶需求,为帮扶者

---

❶ 李金芮,肖希明.国外公共数字文化资源整合管理体制模式及其适用性研究[J].图书情报工作,2015(2):26-34.

和被帮扶者实现在线匹配,并根据农村居民的需求为其提供个性化数字文化资源。此外,合作帮扶所涉及的资源尽可能利用现代技术以视频、音频的形式在公共数字文化云平台上展示并提供下载途径,以便文化水平不高的农村居民线上线下学习,调动其学习的积极性和主动性。另一方面,要发挥农村地区资源优势,结合当地的实际,定制个性化合作帮扶项目,从而实现精准帮扶。在合作帮扶工作中,依托云平台优势,与社会组织充分合作开展数字文化活动,丰富数字文化活动的内容和形式,借助社会力量发展本地文化的同时吸收其他地区文化,在互动交流中使农村地区的公众参与进来。

第二节 基于大数据技术的公共数字文化服务供给模式创新

一、大数据技术对公共数字文化服务模式创新的驱动

在公众对数字文化需求日渐个性化、多样化的大趋势转变中,不同的群体、阶层或个体,对于数字资源供给规模、内容和质量存在多样化的需求,同时由于各地文化传统的区域差异性和文化发展的路径依赖性,导致不同地区社会公众具有大相径庭的数字文化需求和偏好。[1] 这些客观存在都是我国公共数字文化服务供给必须克服的困难,而大数据技术凭借其高效、智能、前瞻的特点,可以全方位地驱动我国公共数字文化服务供给模式的创新。

---

[1] 韦楠华,吴高.公共数字文化服务营销推广现状、问题及对策研究[J].图书馆学研究,2018(17):61-67.

（一）从刻板设计、空间受限，到精准供给、动态运营——为供给端带来的创新

我国公共数字文化服务供给端主要包括各级公共图书馆、博物馆、文化馆（站）、群众艺术馆、工人文化宫、青少年宫等各类公共文化服务实体部门、机构的官网、官方 App、微信公众号等数字服务平台，数字文化产品内容也多数由机构工作人员设计、提供，很难要求以上机构工作人员在处理日常具体工作的基础上掌握数字产品设计、推广技能。借助大数据技术则可以帮助工作人员及时掌握公众需求变化，利用公众在使用机构提供的公共数字文化服务时留下的被大数据平台收集、整理而得的相关信息，包括性别、年龄、学历、所在地区、常用访问时间段、访问偏好等，可快速分析出该个体或群体的数字文化需求，精准定位出该类型用户可能感兴趣的内容，提升产品内容设计效率。另一方面，以往的文化产品满意度调研需要机构员工发放调查问卷或访谈的方式收集整理，效率低下且样本基数偏少，但大数据技术通过收集公众对产品内容的点击率、评论、点赞、评分等信息，可以帮助供给端及时了解公众对产品的满意度、把握公众需求变化，节约调研成本的同时提高效率、降低运营成本，使产品设计动态化，不再是古板缓慢、仅仅依据少部分人的观点和感受把握市场动态。

此外，大数据分析依靠网络信息技术，不存在地理空间距离的限制。我国地域幅员辽阔，各级公共文化机构在提供数字文化服务时至少需要辐射本级行政区域，但不同地区的经济水平、民俗文化的差异都影响着地区公共数字文化需求。同时，公众对公共数字文化服务的获取也突破了地理限制，例如，北京的居民可以关注并获取上海的公共数字文化服务。若没有大数据技术的辅助，供给端很难兼顾如此之大的地区需求差异。大数据技术可以帮助供给端根据不同地区的特点，及时调整、改善服务内容以满足实际需求，从而助力公共数字文化服务更快地在全国范围内实现精准供给、动态运营。

（二）从统一计划、普遍推行，到个性定制、普遍适用——为需求端带来的创新

依据不同用户的不同需求为其定制个性化服务，按照其偏好与兴趣点推送广告的模式，在我国商业领域已经相当成熟。我国三大互联网公司——腾讯、阿里巴巴、百度，都早在2014年前就建成了大数据平台，进行大数据应用研究使其信息服务朝智能化、精准化方向发展❶，具体表现在：用户在购物平台、搜索软件上查询或浏览相关产品，再使用其他软件时就会针对性地推送刚才查询的产品广告。这意味着商家早已意识到，不同用户虽然使用同一软件，但所呈现的内容并不需要全然相同。整体而言，我国公共数字文化服务供给仍停留在选择推广较多数人感兴趣的内容，即"少数服从多数"的统一计划、普遍推行的供给模式。该模式在公共数字文化服务供给受到技术手段、内容总量、公众需求获取等方面限制的初期阶段，的确可以在短期内收获大量公众，为后续发展打下基础。但随着技术手段的突破、以公众需求为导向的供给机制不断完善，以往供给模式的弊端逐渐暴露：当前公共数字文化服务受众众多，如果还不能明确不同群体的不同需求，服务内容千篇一律、缺乏针对性，不仅造成资源浪费，而且很可能造成公众的数字文化需求得不到满足，不得不抑制需求或转向商业市场购买服务，阻碍我国公共数字文化服务整体发展。❷

利用大数据技术辅助，主动收集公众搜索浏览、评论点赞、购买记录，整合成为有效信息，建立数据收集与分析平台，系统掌握、预测不同群体的数字文化需求，有针对性的推荐服务内容，并建立反馈机制进行效果追踪，对于公众而言将是公共数字文化服务体验的一次质的飞跃。从以往类似计划经济的供给模式过渡到特定人群推送特定内容，既"我的地盘我做主"的个性定制供给模式。同时，借助大数据行为预测的关联内容推广技术，公众不但可以过滤掉自己不感兴趣的内容，还有机会在根据个人兴趣偏好推送的文化服务中发现更

---

❶ CHEN M, MAO S, LIU Y. Big Data：A survey［J］.Mobile Networks & Applications，2014，19（2）：171-209.

❷ 王珊珊."大数据"对公共文化服务建设的影响［N］.中国文化报，2014-2-17（7）.

多兴趣点，进一步提升对公共数字文化服务的满意度。

近年来，上海地区推行的大数据集赞点单配送公共文化服务可以看作针对需求端创新的先行实验。从2016年开始，上海推动公共文化内容配送机构改革，构建统一的市级内容配送平台，聚焦百姓需求，追求服务精准化。利用5063个居委会专属二维码安装在百姓家门口，落户在手机云端。经过项目展示"集赞"，最终产生各街镇共性需求排序，形成一张市民公共文化需求地图，这张地图不仅为基层"点单"提供依据，也成为今年上海公共文化内容配送菜单形成的重要参考❶，被社区"点单选中"的文化服务内容，将由公共文化机构精准投送至社区门口。以上海市为借鉴，借助大数据技术不但可以推动我国公共数字文化服务模式转变为个性定制、普遍适用，还可以全面、精准、快速地提升公共数字文化服务体验。

（三）从处理滞后、难以评估，到快速反应、打破成规——为管理层带来的创新

公共数字文化管理属于国家治理体系，具体而言是在文化治理范畴之内，其理论支撑、实践路径都根源于国家治理与文化治理之中❷，因此，公共数字文化服务管理层同样以政府为主。以往，我国整体公共文化事业存在治理理念薄弱、主体失衡的弊病，长期处于自上而下的行政管理和公共文化服务机构按部就班执行上级政策的状态。❸这使得作为管理层的政府与作为实际实施方的公共文化机构存在天然的信息差，一旦下级机构在汇报时"只报喜不报忧"，上级管理层很难切实掌握公众对服务的满意度、相关政策施行状态等关键信息，进而可能影响政策制定、忽略大问题却大力解决小问题，有偏差的政策一旦施

---

❶ 上海公共文化服务实现精准配送［EB/OL］.（2019-2-14）［2019-11-9］.https：//baijiahao.baidu.com/s?id=1625410495985544331&wfr=spider&for=pc.

❷ 王淼，郑建明.公共数字文化治理能力现代化基本构成及特征分析［J］.图书馆，2018（10）：19-23，28.

❸ 倪菁，郑建明，孙红蕾.公共数字文化治理能力的现代化［J］.图书馆论坛，2020，40（1）：1-5，12.

行会使公众对文化服务满意度更加恶化，问题无法解决从而形成恶性循环，往往只有当问题严重化时管理层才得以反应，只能出台补救性政策，存在处理滞后性的缺陷。

利用大数据技术可以搭建政策落实追踪平台、打通公众对公共数字文化服务供给的反响及监督渠道，帮助上级管理层跳出汇报文件、越过下级机构直接掌握供给状态，在问题处在个体阶段时就可以及时发现并预警，避免反应滞后导致本来是小的、个体的隐患却未及时重视，经蝴蝶效应演化为群体、成规模的问题。借助大数据技术使得需求端每个与公众满意度有关的信息，都可以作为数据被管理层收集，辅助决策的制定与调整。如此上下通畅的管理模式对拉近政府与公众的距离、扭转服务的被动局面具有重要意义，在公共数字文化服务供给的影响机理中，政府处在主体管理地位，公众处在服务中心地位，政府不应只是被动管理、提供服务，公众也不应只是被动地接受服务，二者通力合作才能提升公共数字文化服务效能。❶

目前，我国仍未出台公共数字文化服务水平评估标准，各地区实际发展状况难以评估，而管理层对评估标准的制定离不开对服务供给整体状况的掌握。大数据技术可以帮助公共文化机构跨越地理空间限制，也可以帮助管理层兼顾全局、不受特定地域局限，客观掌握不同区域发展差异，做出符合各地区实际情况的政策指示，为尽快制定评估标准做足前期功课。

二、基于大数据技术的公共数字文化服务供给模式构建

目前，国内学界鲜有大数据技术应用于公共数字文化服务供给的相关研究，具体运作模式尚无共识。因此，本书分析公共数字文化服务供给要素，结合大数据技术特点，初步构建基于大数据技术的公共数字文化服务供给模式。

---

❶ 王锰，陈雅，郑建明．公共数字文化服务效能的关键影响因素及其机理研究［J］．中国图书馆学报，2018，44（3）：35–51．

（一）服务供给主体及服务对象

基于大数据技术的公共数字文化服务供给主体要素增加、服务对象不变。主体要素有：大数据平台中心——各级大数据平台中心，负责收集、汇总、分类、分配、共享信息，是整个公共数字文化服务模式的中轴，收集混杂无序的数据、输送内涵丰富的信息；数据处理中心——支持利用大数据提供公共数字文化服务的基础保障，按照顺序将平台中心上传的无序数据转化为可用的有意义信息，供平台中心分配；顶层设计——中央政府，对公共数字文化服务供给整体进行监督、管理、指导，制定方针、政策、法律法规等；管理层——各级政府、公共文化事业单位，负责向中央反映公共数字文化服务供给现状，监督、扶持下属公共文化服务机构，也可以根据地区实际情况出台地方性法规以辅助落实中央法律政策；供给端——各级公共文化机构，是公共数字文化服务的主要提供者。服务对象为需求端——全体社会成员，是服务的目标群体和受众。

（二）服务供给流程

大数据环境下公共数字文化服务供给总体流程为：大数据平台搭建——数据采集——数据处理——数据应用。其中，国家级大数据平台由文化和旅游部主持搭建，地方级平台搭建一般由当地政府牵头，在公共文化机构与专业的、大数据公司合作下共建，最大程度地优化平台处理能力与使用效率。

数据采集则涉及面较广、内容较复杂，从来源类型划分，可分为供给端数据与用户端数据。供给端数据由提供数字文化服务的公共文化机构自行产生，具体可分为以下三大类：机构自产数据、机构收集数据、机构公示数据。其中机构自产数据包括机构自行上传至网络数据库的图片、音频、视频等数字文化资源，以及所提供数字文化服务产品的基本信息、实物所在地点、所含历史意义、专家点评等。机构收集数据是指公众在获取机构提供的服务时留下的被公共数字文化服务平台收集、整理而得的相关数据，包括性别、年龄、学历、所

在地区、常用访问时间段、访问偏好等公众个人信息和利用服务的相关信息。机构公示数据是指机构自行产生并存储、按照法律法规的要求对机构信息向公众公开的数据，包括机构概况、人员构成、财务公开、服务时间、各种培训或讲座信息、用户访问量等信息。需求端数据是指公众利用网络，自行搜索、浏览而产生的与公共数字文化服务有关的数据，包括搜索、浏览公共数字文化服务平台提供的内容、购买由公共数字文化服务所衍生的商品、对公共数字文化服务 App 的评论和打分、在微信公众号平台上点赞和留言等。从获取方式划分，可分为被动获取数据与主动搜集获取数据。前者是服务供给主体保持被动，由公众主动填写或留下相关痕迹的数据获取方式，如公众在数字文化服务平台注册时主动留下的相关数据，可以为预测公众行为提供基础信息；后者是指服务供给主体利用大数据技术主动收集公众浏览、评论点赞、购买记录，整合成为有效的公共数字文化服务信息以供参考。

数据处理则主要由数据处理中心负责，处理中心首先接收由平台中心上传的海量无序数据，由于数据量级巨大，并非所有数据都与公共数字文化需求相关且可以提取出有用信息，因此需要对数据进行筛选与清洗。数据筛选是指在巨大量级的杂乱数据中将与公共数字文化服务无关的信息排除；数据清洗是将同一行为人旧的、已经过时的信息替换、更新为最新可用的信息。最后经过科学分析，将本无意义的数据转化为有意义的信息，再传给平台中心解读后分配至各个终端。

平台搭建、数据搜集处理的最终目的是转化出有效信息，进而在公共数字文化服务供给中得以应用。对于管理层而言，大数据平台提供的信息可以汇总反映当前公共数字文化服务供给整体态势，为其出台相应政策，监督相关机构提供客观参考。在大数据环境下，服务供给主体可以高效获得更全面、更明确、更具体的公众需求，及时掌握现有服务的供需契合情况，从而适时调整，大幅度提高公共数字文化服务效率和公众满意度。大数据分析可以精细掌握公众的兴趣偏好，做出较准确的行为预测，为不同个体、群体推送不同内容的公共数字文化服务，在一定程度上满足了网络环境下公众面对文化内容体量大、

结构多样化、生产速度快、价值密度低的数字文化的个性化服务需求。❶

（三）服务供给方式

在大数据时代，依托不断升级的大数据挖掘技术与分析方法，精确挖掘公共数字文化服务的海量相关数据资源，基于公众使用"云平台"和线下终端的浏览痕迹元数据信息，精准预测公众的文化需求，动态掌握公共文化服务的多样化需求。❷因此，大数据环境下公共数字文化服务供给方式最重要的转变，是可以做到真正意义上的精确把握个体需求，做出行为预测。具体方式可分为四类：

1. 针对个人，精准推送服务

在对个人数字文化服务的需求偏好与使用行为预测的基础上，为不同的人智能推送不同的服务内容，提升用户使用黏度。还可以推送相关拓展内容，帮助个人发现更多兴趣点。

2. 针对群体，定制文化产品

不同个体按某种特征结合在一起，进行共同活动、相互交往，就形成了群体。❸由此可见，群体是某一特定行为个体的共同体，例如相同职业、爱好等。教师群体很可能留意教育改革、课堂授课技巧等内容；农民群体偏向关注农产品价格浮动、农业扶持政策等信息；政治爱好者群体更希望了解国家各类政策变动、国际政治局势等。这些共同特征在某种意义上驱使每个个体拥有某一方面的文化需求。利用大数据分析，将具有相同偏好的个体归纳为同一群体，有针对地提供相似服务内容，在节约服务设计成本的同时提升服务效率。

---

❶ 邓仲华，李立睿，陆颖隽. 大数据环境下嵌入科研过程的信息服务模式研究[J]. 图书与情报，2014（1）：30-34，40.

❷ 姜雯昱，曹俊文. 以数字化促进公共文化服务精准化供给：实践、困境与对策[J]. 求实，2018（6）：48-61，108-109.

❸ 科普中国："群体"的定义[EB/OL].[2019-11-15].https://baike.baidu.com/item/%E7%BE%A4%E4%BD%93/4094259.

3. 针对区域，提供服务选项

精准服务的对象不应局限于特定个体和群体，较长时间段内因特定原因生活在同一空间范围内的"区域"对象也应被重视，例如，住房原因形成的社区区域、上学或上班原因形成的宿舍区域、少数民族聚居区域等。区域内居民的生活习惯、教育水平的不同都影响着该区域文化需求的复杂程度，很难以传统服务方式满足。但借助大数据分析，公共文化机构可以在服务平台上传数字文化内容供区域用户投票选择，不同区域的大致选项可以供公共文化机构在投送数字文化产品、组织线上文化活动时参考。虽然很难保证同一区域居民的需求完全一致，但可以最大程度上满足不同区域公众的大体需求。

4. 针对整体，客观了解全局

大数据技术在服务公众的同时也在服务各级管理层与公共文化机构，使其在制定公共文化法律政策、生产数字文化服务内容时突破地域限制，可以客观、科学、全面地以整体发展状况为参考，有助于推动公共数字文化服务协同均衡发展。

（四）模式构建

目前，对于"模式"这一术语并无统一、公认定义。国内学者对"模式"的理解分为三种：第一种把模式归属为方法、策略范畴；第二种是从结构主义视角来理解模式，认为模式是由若干要素构成的"稳定的结构形式"；第三种认为模式是社会存在的简化。❶ 可见"模式"重要的特点为结构与运行方式相统一，可操作、可借鉴。构建大数据环境下公共数字文化服务供给模式的意义在于在大数据技术的辅助下整合公共数字文化服务供给诸要素，构成标准样式及运行方式，使其运行流程直观化、立体化，具有可操作性与可借鉴性。根据上述要素及运行机理，本文初步构建大数据环境下公共数字文化服务供给模式，为促进大数据在公共数字文化服务领域的应用、平衡供需结构、提升服务

---

❶ 唐义，肖希明，周力虹. 我国公共数字文化资源整合模式构建研究[J]. 图书馆杂志，2016，35（7）：12-25.

效能提供参考，如图 9-2 所示。

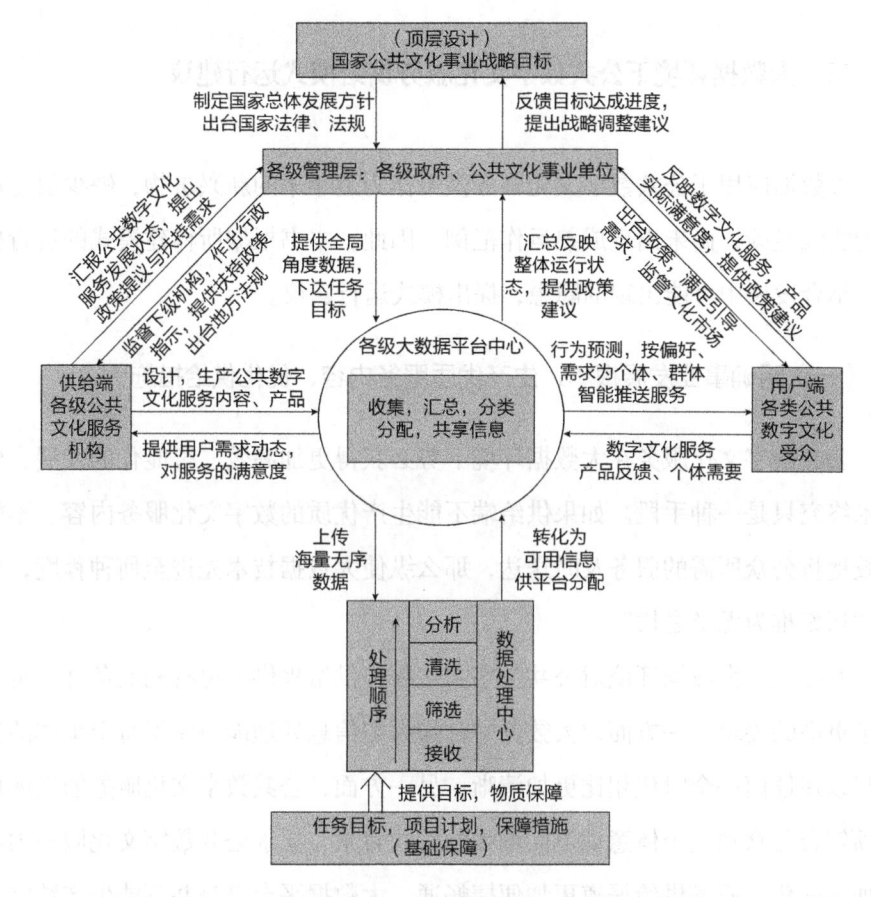

图 9-2　大数据环境下公共数字文化服务供给模式

如图 9-2 所示，在大数据环境下，各级大数据平台中心成为公共数字文化服务供给运作的"中枢神经"，各公共文化机构提供的数字文化服务先上传至大数据平台中心，再按需分配至个体公众。管理层也获得了新的监管渠道，而且由大数据平台提供的信息更加客观全面，有助于管理层从整体角度把握公共数字文化服务供给状态。中央政府可以通过国家级大数据平台，站在全局高度适时调整总体发展规划，完善顶层设计；大数据平台中心需要数据处理中心按处理顺序解读数据，才可以将原本无意义的数据转化为有意义的信息。而数据处理中心需要政府设定任务目标、做好项目计划、提供物质保障，才得以使大数据平台有信息可用、整个模式得以运转。

三、大数据环境下公共数字文化服务供给模式运行建议

大数据应用于公共数字文化服务供给作为近年来的新兴事物，缺少值得借鉴的实践经验，尚未出现成熟运作范例。因此，本书根据所构建模式的运行机理，结合发展中可能出现的隐患，提出模式运行建议。

（一）明确事业发展根本，生产优质服务内容、优化供给措施

公共数字文化服务在大数据环境下势必获得更加高效、智能化的发展，但技术终究只是一种手段。如果供给端不能生产优质的数字文化服务内容、不能高效地将公众所需的服务及时送达，那么纵使大数据技术先进至何种程度，也是"巧妇难为无米之炊"。

实际上，大数据环境对公共数字文化服务供给提供了更有利的条件，也提出了更高的要求。一方面，大数据平台强大的信息处理能力使得每个个体的需求与以往任何一个时代相比更加清晰；另一方面，公共数字文化服务的发展也必须符合公众独立个体意识不断增强的时代背景，要求公共数字文化服务内容更加多样化、服务供给渠道更加便捷畅通。大数据平台自身并不能生产数字文化服务内容或直接向公共供给服务内容，其本质是信息收集、分配的渠道，因此，推动公共数字文化服务发展的根本仍是根据时代发展要求和公众个体需求提供更高质量、更有针对性的公共数字文化服务，提高服务质量；同时，公共数字文化服务发展的最终目的也不是如何融入大数据环境，而是借助大数据技术，构建一个高效的服务供给通道，不断减少从公众提出需求到公共文化机构作出反应的时间差，全方位优化公共数字文化服务供给手段。

（二）克服资源储量限制，促进不同机构间大数据融合共享

我国公共文化机构众多，覆盖公众文化需求的各个方面，这些公共文化机

构拥有相同或相似的使命，服务于相同的社会群体，通过合作能够最大化地利用现有资源为公众提供服务，有效发挥其社会职能。❶尤其在大数据环境下，各机构提供文化服务的壁垒已被打破，因此不同机构间大数据的融合共享成为未来公共数字文化服务供给的必然要求。

公共数字文化服务的宗旨是服务于公众，在大数据环境下这一特性会更加明显。因此，传统的流水线式融合不再满足现有融合需求，面对新的融合需求，反馈迭代机制显得极为重要。❷为促进不同机构间大数据融合共享，首先应建立完善的共享步骤：对齐个体需求与服务内容，提升数据融合效率；识别相同需求数据，链接关联资源内容；甄别数据真伪、合并重复数据；追踪服务内容生产和数据融合过程，监控并及时反馈公众反应及需求变动。此外，数据开发和数据标准是大数据融合的基础和关键，不同公共文化机构还应通过统一的数据标准解决异构异地异质数据的开放存取问题❸，需要中央与各级公共文化机构建立起多中心多层级的数据资源储存平台，制定数据存取使用标准。

（三）严格保护用户隐私，做好应急预案与数据备份工作

由于基于大数据的公共数字文化服务供给模式会广泛收集公众信息，这使个人隐私保护成为必须解决的问题。大数据收集涉及众多隐性数据，这类数据具有积累性和关联性，单个地点的信息可能不会暴露公众的隐私，但是如果将某个人的行为从不同的独立时间、地点聚集在一起，足够的信息量很可能导致公众的隐私被挖掘，而且这种隐性数据泄露往往是个人无法控制和预知的。❹在隐私保护方面，首先要明确各数据类型、隐私级别和数据使用方许可证明，

---

❶ 肖希明，刘巧园.国外公共数字文化资源整合研究进展［J］.中国图书馆学报，2015，41（5）：63-75.

❷ 孟小峰，杜治娟.大数据融合研究：问题与挑战［J］.计算机研究与发展，2016，53（2）：231-246.

❸ 刘晓英，文庭孝.大数据时代的数字资源融合研究［J］.图书馆，2015（2）：58-61.

❹ 孟小峰，慈祥.大数据管理：概念、技术与挑战［J］.计算机研究与发展，2013，50（1）：146-169.

即采集信息时必须保证用户知情且授权。其次，在数据使用过程中，使用方要做好信息保护工作，建立用户隐私保障机制，严格依据保密规定对信息进行分析传送。❶这需要国家加强顶层设计，出台法律法规、完善监管体系，因为大数据环境下公共数字文化服务供给流程复杂、环节众多，任何一个环节出现管理缺失都可能泄漏数据。同时，地方政府也应出台相应法规政策对各级大数据平台的运作进行监管，避免本应服务于民的数据被不法分子掌握，用于商业或其他用途。

当大数据平台遭遇信息安全威胁、网络波动影响或自然灾害破坏硬件设施时，很可能导致整个服务供给模式瘫痪。这要求各级大数据平台中心在引进先进技术，加强网络安全保护的同时还要制定紧急事件预案，做好信息备份工作。在大数据平台因安全威胁暂停运行，或因自然灾害造成不可逆破坏而停止运行时，可以利用备份信息，按照紧急事件预案的指导，有条不紊地恢复运行。

（四）与社会力量合作共建，提升大数据平台运行效能

大数据环境下公共数字文化服务供给模式要求各级公共文化机构都要与大数据平台中心建立接口，接收平台提供的信息、向平台上传公共数字文化服务，一般情况下需要有专职人员负责，这对于公共文化机构而言无疑加重了其工作量、提高了机构运行成本。对于经济发展较为落后的中西部地区而言，大数据平台的建设、运行、维护、软件硬件更新等工作需要一定资金和技术方面的投入，当地政府和公共文化机构可能难以负担。各级政府在组织建设大数据平台时应从实际情况出发，扩大参与主体范围，与大数据公司、网络运营维护机构等社会力量合作共建。如将大数据平台的数据接收、清洗、筛选、推送等部分非核心业务，在公众隐私受到严密保护的前提下交由专业的数据处理公司负责。还可以将大数据平台中心的软件更新、硬件维护等平台运营保障工作外

---

❶ 刁羽.基于小数据的高校图书馆智库型信息咨询服务模式研究[J].图书馆工作与研究，2019（8）：82-86.

包至本地的互联网技术公司。一方面能够减轻公共文化机构的工作负担，弥补其在技术、人员上的不足；另一方面，将上述大数据平台业务交由技术公司处理所付出的成本，远远低于地方政府独立建设所投入的成本。对大数据平台而言，专业技术公司的参与可以将平台工作内容精细化，运行步骤有序化，避免出现因人员不足和经验缺乏、团队业务配合不默契、业务流程交叉杂乱等因素造成的数据处理混乱现象，提升平台运行效能，为公众提供更优质的公共数字文化服务。

第三节 5G 驱动的公共数字文化服务智慧化转型

5G 是指第五代移动通信技术，相较于前四代，5G 时代最大的特点在于高速率、低时延和大连接，且人与物、物与物间呈现出更具智能化的信息互动，它的应用将对人们的生产生活带来巨大影响。为进一步提升经济社会发展水平，推动 5G 通信技术深入赋能各行各业，工信部、文旅部等十部门印发的《5G 应用"扬帆"行动计划（2021—2023 年）》详细规划了若干 5G 重点应用领域转型升级的行动方向，明确了公共文化服务结合 5G 打造服务新场景是评估 5G 赋能成效的关键指标。同时《关于推进实施国家文化数字化战略的意见》强调要探索公共文化服务数字化转型升级的有效途径，依托 5G 网络夯实文化数字化基础设施。可见 5G 驱动公共数字文化服务转型升级不仅拓展了 5G 赋能领域，也使人民群众得以共享到优质数字化文化成果。"十三五"时期，我国公共文化服务数字化水平有了较大提升，公共文化服务由数字化向智慧化转型成为当前发展的主要方向。面向未来，公共数字文化服务正站在智慧化转型的关键路口，只有借助 5G 等高新技术才能驱动变革向好。

一、公共数字文化服务智慧化转型的内涵

在公共文化服务领域，智慧图书馆、智慧博物馆等的起步较早。2003年芬兰学者艾托拉（Aittola）等首次提出"智慧图书馆"的概念[1]，国外智慧图书馆的研究重点已经从技术层面发展至服务与管理层面。虽然我国智慧图书馆研究起步较晚，2010年才第一次对此进行概念阐述[2]，但近年来我国围绕智慧图书馆的技术实践、服务模式、空间建设、管理标准等方面开展了大量研究，发展趋势可喜。学界一般认为智慧博物馆的概念源于2008年"智慧地球"内容的提出，我国学者于2012年首次向内引入"智慧博物馆"的概念，并认为其是指以人为中心的移动智能应用系统[3]，而后引发了众多专家学者、科技人员对此的解读。直至现在，我国智慧博物馆研究在新技术应用、馆藏保护、服务与管理等方面仍创新不断。

公共数字文化服务是公共文化服务的数字化形态，对技术的依赖性强，需要将新技术作为驱动力。现阶段，5G、物联网、大数据、云计算、人工智能、VR/AR等新技术广泛赋能于各行各业，具有一定的实践基础，这些技术的应用经验可借鉴至智慧化转型的工作中来，因此新技术是公共数字文化服务智慧化转型的主要工具。同时，公共数字文化服务智慧化转型是一场复杂而持续的变革，需要人们明确转型要素，规划实施手段，从而实现转型目标。图书馆与博物馆在智慧化转型工作上积累了丰富的经验，例如，柯平将资源、服务、空间、管理四方面作为后知识服务时代图书馆转型的核心要素[4]；德尼什瓦尔（Dnyaneshwar）将技术、空间、服务、用户、管理5方面作为测量学术图书馆

---

[1] AITTOLA M, RYHANEN T, OJALA T. Smart library: Location-aware mobile library service [J]. International Symposium on Human Computer Interaction with Mobile Devices and Services, 2003(5): 411-415.

[2] 严栋. 基于物联网的智慧图书馆[J]. 图书馆学刊, 2010, 32(7): 8-10.

[3] 张遇, 王超. 智慧博物馆, 我的博物馆——基于移动应用的博物馆观众体验系统[J]. 中国博物馆, 2012(1): 46-51.

[4] 柯平, 邹金汇. 后知识服务时代的图书馆转型[J]. 中国图书馆学报, 2019, 45(1): 4-17.

智慧化程度的主要指标❶；宋新潮认为智慧博物馆的核心要素是服务、保护、管理三方面。❷ 不少公共文化机构推出的战略规划中也包含促进智慧化的内容，例如《广州图书馆 2021—2025 年发展规划》提出要运用新技术推动空间、资源、服务、管理的智慧化升级。❸ 本书认为公共数字文化服务智慧化转型的核心要素也可分为资源、服务、空间、管理四个方面，因为公共数字文化服务重点在于数字化平台的搭建，对平台资源进行统一整合将极大提升用户利用效率；量身定制个性化服务有助于提升以用户为中心的智慧化服务水平；打造智能场馆空间能使用户最直观地感受智慧化转型的成果；而提升智慧化管理水平的效益将体现在转型工作的所有环节，促使资源、服务、空间等方面得到更高效实施。综上所述，本书从工具、手段、目标三个方面定义公共数字文化服务智慧化转型的内涵，认为其是运用 5G、物联网、大数据、云计算、人工智能、VR/AR 等新技术，通过整合公共数字文化服务平台资源、提供精准个性化服务、搭建智能化场馆空间、提升智慧化管理水平等赋能手段，以实现公共数字文化服务高质量供给与增强人民群众文化获得感的重要过程。

二、5G 对公共数字文化服务智慧化转型的驱动作用

从 2019 年工业和信息化部发放 5G 商用牌照以来，5G 作为连接大数据、云计算、人工智能等技术的中间媒介，为工业、农业、教育、医疗等传统行业智慧化转型提供了重要引擎，大力推动了经济社会数字化、网络化、智能化发展。2022 年 8 月中共中央办公厅、国务院办公厅印发的《"十四五"文化发展规划》要求必须加强文化和科技深度融合，建设智慧图书馆体系和国家公共文化云，建设智慧博物馆，推进 5G 网络建设，再一次将 5G 与公共数字文化服

---

❶ DNYANESHWAR J, DINESH S. Measuring the smartness of a library [J]. Library and Information Science Research, 2020, 42 (3): 101036.

❷ 宋新潮. 关于智慧博物馆体系建设的思考 [J]. 中国博物馆, 2015, 32 (2): 12-15, 41.

❸ 广州图书馆 2021—2025 年发展规划 [EB/OL]. [2022-10-20]. https://www.gzlib.org.cn/devplan/index.jhtml.

务智慧化转型进行了结合，强调5G赋能文化服务。虽然公共文化服务体系中的智慧图书馆、智慧博物馆等已展开实践，主要体现在智能化设备的应用与公共文化云平台的搭建，[1]但公共数字文化服务智慧化转型暂无专门研究与技术指导，因此本书望通过搭建5G驱动的公共数字文化服务智慧化转型模型（图9-3），分析5G技术及其溢出效应对资源、服务、空间、管理四个核心要素的驱动作用，从而为后续研究与实践提供参考。

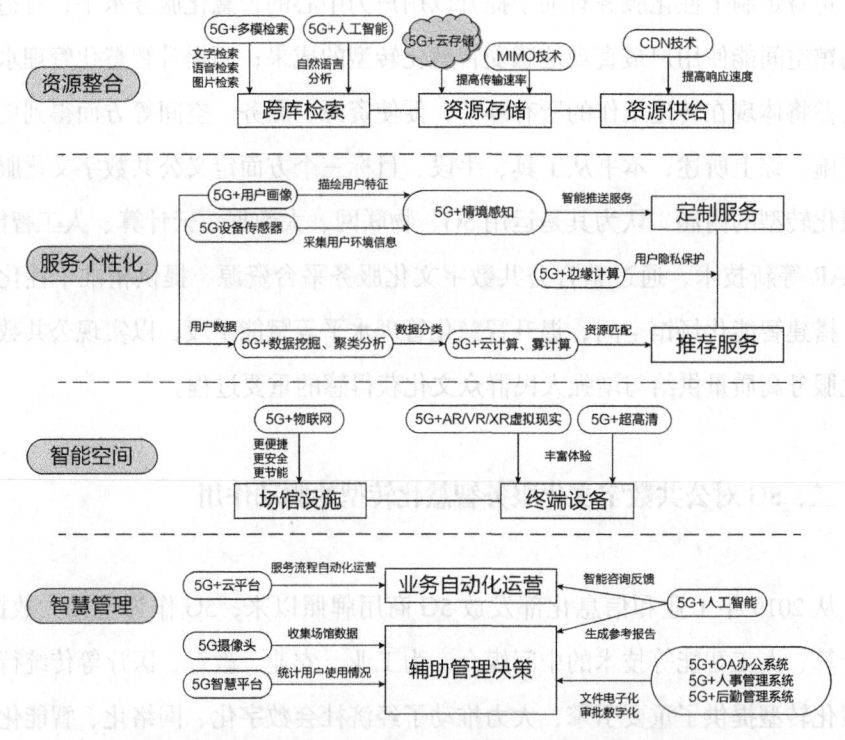

图9-3 5G驱动的公共数字文化服务智慧化转型模型

（一）加强平台数字资源整合

数字资源建设是公共数字文化服务的基础，近年来众多公共文化机构愈发重视馆内数字资源建设，并在服务平台上推出了馆内资源检索服务，便利了公

---

[1] 韦景竹，王政.智慧公共文化服务的概念表达与特征分析［J］.情报资料工作，2020，41（4）：12-21.

众的使用。但目前馆际资源共享程度还不高，服务平台在上下级、同级间存在线上资源与活动重复建设的情况，且图书馆、博物馆、文化馆等不同类型服务平台间的联系较少，不利于提升公共数字文化服务效能。因此，亟须加强平台数字资源整合，推动馆际间共建共享，从而降低资源建设成本，方便用户一站式检索，提升资源利用率。实现平台资源整合需要解决两个技术难题：一是跨库检索，二是海量资源储存与供给，而5G的发展则为难题解决创造了条件。

加强平台资源整合的重难点在于跨库检索。5G+跨库检索技术可将各平台多种异构资源并发检索，用户只需从统一服务界面输入检索词即可得到多个数据库的检索结果，从而享受一站式的公共数字文化服务。5G+多模搜索可让跨库检索更加智慧，不仅可以文字检索，多模检索使用户还能通过语音、图片识别找到相关资源，其中5G的高速率特点将确保检索结果快速准确。5G+人工智能则进一步提升了跨库检索的智能性，通过自然语言处理技术，对用户输入的检索材料进行多维度识别、信息抽取、自动关联、情感分析等，可使检索结果更加贴近用户实际所需。

加强平台资源整合需要完善资源储存与供给体系。随着公众文化需求的不断增长，公共文化机构的文化资源越来越丰富，因而各平台对资源存储容量的要求也越来越高。5G作为新型的移动通信网络，进一步改变了传统的资源存储与获取模式，5G+云存储可让公共文化机构将海量资源分布式存储在第三方云端，从而减少了对专属服务器的依赖，使资源摆脱了本地物理存储的限制。且唯有依托5G网络的极大数据传输宽带，数字资源才能被大容量传输至云端，用户才能通过移动多媒体等设备获取到各平台存储共享的数字资源。同时，5G的众多关键技术也有提升资源存储质量的作用，例如，大规模MIMO（多输入多输出）技术，可通过增加列阵天线显著提升频谱效率与可靠性[1]，在图书馆、博物馆、文化馆等超高流量密度、超高连接数密度公共文化场所可保

---

[1] 尤肖虎，潘志文，高西奇，等．5G移动通信发展趋势与若干关键技术[J]．中国科学：信息科学，2014，44（5）：551-563．

证极高的数据传输速率，使得存储的数字资源利用效率更高。❶在用户通过跨库检索调取各平台资源的过程中，需要确保各环节快速响应，让用户体验到高质量的资源整合效果。5G 的高速率、低时延特点便能很好地促进资源快速供给，例如，其关键核心技术 CDN 可通过缩短内容请求点与响应点的距离，使用户就近获取所需内容，从而提高平台响应速度和网络访问质量。❷可见 5G 技术能保证用户顺畅调取已整合的数字资源，享受高效率的智慧化服务。

（二）优化个性化服务质量

传统公共数字文化服务通常采取"一对多"服务模式，不少公共文化机构面向全体社会公众提供无差别的服务内容，导致用户获取资源与服务的效率难以提高，而服务面向"一对一"个性化转型，能够精准对接用户文化需求，提高服务智慧化水平。当前也有一些公共文化机构为推进服务个性化做出了尝试，例如上海图书馆推出的电子图书个性化推荐服务，基于大数据技术根据读者阅读偏好来主动推荐图书，优化了智慧化图书馆的个性化服务质量。❸对此，公共数字文化服务平台优化个性化服务质量也可借以 5G 等高新技术，从定制用户专属服务与主动推荐用户偏好信息等方面出发，推动服务智慧化转型。

开展个性化定制服务有利于提升服务智慧化水平。为用户提供"量身定制"的服务，首先要足够了解用户的基本情况与需求，5G+ 用户画像则通过给用户贴上各类标签，具体化用户特征，从而为其提供针对性的服务内容。用户在 5G 网络与 5G 设备的支持下，公共文化机构描绘用户画像一方面可以依据用户主动提交的个人基本信息。借助用户上传的年龄、性别、职业、爱好、身体情况等信息，平台可匹配出具体用户可能需要的服务，例如，在高校师生的

---

❶ 韩玉楠，李轶群，李福昌，等. Massive MIMO 关键技术和应用部署策略初探［J］. 邮电设计技术，2016（7）：23-27.

❷ 张忠杰，韩伟，乔海明. 内容分发网络 CDN 技术及市场应用［J］. 中国新通信，2017，19（9）：118.

❸ 中华人民共和国文化和旅游部. 上海图书馆推出电子图书个性化推荐服务［EB/OL］.（2021-1-6）［2022-9-12］. https：//www.mct.gov.cn/whzx/qgwhxxlb/sh/202101/t20210106_920497.htm.

平台首页优先推出文献检索服务，为老年人、残障人士等特殊群体主动提供无障碍服务等。另一方面，用户画像信息还可依据5G智能终端通过传感器采集的用户环境情况。用户无须输入具体需求，平台即可通过5G+情景感知技术自动判断其所需，从而智能推送服务。例如，当用户在户外锻炼时，平台可将检测到的运动频率、动作、幅度等信息进行分析，判断用户在做何种运动，并将此运动的正确操作、注意事项以文字或音视频的形式发送给用户。此时，公共数字文化服务平台的个性化服务不再局限于数字资源的单一展示，而是在5G等高新技术的驱动下融入公众的生活与工作，提供多维度用户专属的个性化服务。

优化服务质量离不开精准的个性化推荐功能。为实现推荐系统精准调取发送与用户偏好、习惯、专业等相适配的推荐内容，需要通过数据挖掘、聚类分析等技术将用户特征与服务资源特征进行分类，利用云计算、雾计算等技术运算两者间的相似度并加以匹配。❶❷ 在此过程中，5G的超高传播速率能力使得数据快速稳定传输，为系统不断高效计算万千用户实时产生的数据提供了技术保障。如此，平台即可在5G技术支持下，依据用户历史浏览情况、所在地讨论热点、同类型用户喜好等内容，智能推荐相关文化资源与活动，从而提升推荐服务的精准性与个性化。同时5G+边缘计算在提升服务便利性方面，支持用户的移动需求，保障智能移动终端设备接收个性化推荐服务低时延；在保护数据安全性方面，通过严格执行算法中的隐私策略，防止用户隐私泄露，有效避免了数据分析利用过程中出现信息危机。❸

（三）打造智慧化场馆空间

如今智能技术与智能产品逐渐融入了人们生活的方方面面，公众越来越习

---

❶ 高建煌.个性化推荐系统技术与应用[D].合肥：中国科学技术大学，2010：10-11.
❷ 张凯，赵国甫，陈沅.5G雾计算环境下图书馆"个性环绕贴身式"服务技术方案[J].中国图书馆学报，2020，46（6）：91-105.
❸ 高聪，陈煜喆，张擎，等.边缘计算：发展与挑战[J].西安邮电大学学报，2021，26（4）：7-19.

惯于商业智慧化场景带来的诸多方便，进而也对公共数字文化服务场所的智慧化建设提出了更多期待。打造智慧化场馆空间不仅能高质量满足公众日益增加的文化需求，使其直观感受高新技术带来的智慧化转型成果，还能促进人们认同与支持公共文化机构实施的智慧化转型策略，促进全民参与公共数字文化服务。舍普费尔（Schöpfel）认为图书馆空间智慧化可以分为两个方面，一方面是运用绿色技术促进建筑节能，减少资源浪费；另一方面是优化智慧体验，利用智能设备进行建筑监控、改善公众和服务人员的所在环境。❶ 在此基础上，本书认为公共数字文化服务的智慧化场馆空间打造可从智能设施与智能设备两方面着手，推动设施智慧互联，丰富设备智慧体验。

智慧化场馆空间应实现设施互通互联。不同于以往场馆的设施需要手动调节的阶段，公共数字文化服务面向智慧化转型应借助 5G 等高新技术，让设施"活"起来，使之能够自动感知环境变化并自行调整服务参数。运用 5G+ 物联网来打造智慧化场馆的好处有三个方面：第一，更便捷。5G+ 物联网可让馆内设施设备实现互联互通，通过感应器可实时监控馆内温度、湿度、亮度并在智能分析技术支持下联动空调、排气、灯光系统保持最适合用户利用服务的状态，而无须公众或服务人员手动操作；第二，更安全。各服务空间的人流量、设备情况可通过智能摄像头统计后实时上传到线上平台，若进馆人数超过一定承载量，系统将提醒服务人员限行并疏通馆内游客，以防发生踩踏事故。若系统监控到用户肢体行为异常或设施设备存在安全隐患，也将及时联系救护、维修等相关人员采取措施，从而避免造成严重后果。第三，更节能。物联网系统可对场馆内的设施设备进行耗能监测和动态控制，可在没有人员驻足的空间关闭或减少设备用电，在保证用户优质体验的基础上智能节电。而且 5G 技术极大提升了传输容量与速度，用户在家即可高效获取公共数字文化服务平台的资源，从而减少了驾车出行至线下场馆所产生的环境污染。

智慧化场馆空间应丰富终端设备体验。为丰富用户沉浸式服务体验，许多公共文化机构引入了 AR/VR/XR 虚拟现实、裸眼 3D、LED 显示等高新技

---

❶ Schöpfel J. Smart Libraries [J]. Infrastructures, 2018, 3（4）: 43.

术，例如，2021年国家图书馆以5G为基础，利用三面超清大屏为公众营造出了三维立体的全景空间，用户通过VR眼镜等智能终端设备，即可身临其境地观看国画、文物古籍等数字资源。❶虚拟现实技术将二维图像拓展到三维立体空间，极大丰富了用户的体验感受，但这些应用均离不开5G网络的支持。其中，5G+超高清可使场馆文化宣传大屏、数字阅览屏更清晰、实景显示各类资源，提升用户观看与使用的舒适感；5G+VR/AR等设备则借助5G网络大带宽、低时延的特征流畅运行设备，避免网络时延过长而导致用户在设备中看到的画面与实际操作偏差较大，产生晕眩等不适。目前，多种类型5G智慧终端设备已在众多公共文化机构投入使用，未来公共数字文化服务智慧化还将伴随持续发展的高新技术加速转型。

（四）提升智慧化管理水平

高效的管理作为连接与指导资源整合、服务推送、空间建设等环节的关键因素，可让公共数字文化服务智慧化转型事半功倍。公共数字文化服务的发展一直以来都面临专业人才不足的困境，这既不利于各项业务高质量地推动与完成，也不利于管理流程良性循环。而在5G网络的支持下，智慧管理系统应运而生，自动化的信息收集与发布、清晰简明的云端办公平台大大减少了对于专业人员数量上的需求，提升了智慧化管理效率与水平。5G等高新技术驱动智慧化管理水平提升不仅缓解了人才需求压力，其作用还体现在更多方面，例如，在管理上有利于实现业务自动化运营与辅助决策管理，为公共数字文化服务智慧化转型提供了科学保障。

5G技术将为公共数字文化服务业务自动化运营赋能。以5G等高新技术为依托，公共数字文化服务各项业务朝向智慧化发展，初步实现了服务流程自动化运作。5G+云平台将服务业务一体化呈现，使用户从资源检索到阅览下载，再到咨询反馈，只需在线简单操作即可全部实现，提升了服务业务的数字化水

---

❶ 国家图书馆开放新阅读空间 打造沉浸式阅读体验［EB/OL］.（2021-6-8）［2022-9-21］. http：//ex.cssn.cn/zx/zx_gjzh/zhnew/202106/t20210608_5339414.shtml.

平，减轻了服务人员的工作负担。在 5G 等技术基础上搭建的资源整合平台，可逐渐让用户摆脱必须联系管理人员进行文献传递才能获取资源的传统状态，既方便了公众随时随地阅览下载数字资源，也让检索业务中服务人员的重复操作减少，进而使其投入更多机器无法替代的工作中。目前，5G+ 人工智能可替代服务人员解决用户大部分常规性问题，通过预先设定的算法，用户将会在机器咨询中获得最及时准确的回答。并且，永远充满耐心、热情的智能机器人还可让用户无心理负担地持续对自己的疑问与不满进行咨询反馈，从而表达出真实所想，有助于培养用户使用服务平台的习惯，更有助于不断完善提升公共数字文化服务质量。

5G 技术还可以辅助公共数字文化服务管理决策。随着公共数字文化服务向智慧化转型，大量工作可由 5G 等高新技术完成，服务人员的任务也朝着决策层面转变。技术辅助最大的功效之一在于数据收集、统计、分析智能化，例如，5G 监控摄像头可精准收集实体场馆人流量数据，5G 智慧平台可实时统计资源借阅与设施设备使用情况，5G+ 大数据能可视化人民群众喜闻乐见的文化需求趋势，以上收集的数据经过 5G+ 人工智能等自动分析技术可以生成出系统客观的参考报告，从而辅助管理人员在资源采购、服务设计、空间建设等方面进行科学决策。此外，5G 网络凸显的高速、安全、低时延等优势助力公共文化机构内部办公系统高效运行，OA 办公系统、人事管理系统、后勤管理系统等平台一改以往繁琐复杂的决策审批过程，将文件电子化、审批数字化，畅通各层级工作人员的沟通渠道，减少信息不对称带来的消极影响，进而辅助管理决策高质量完成。

三、5G 驱动的公共数字文化服务智慧化转型实践路径

5G 驱动公共数字文化服务智慧化转型加速发展，为其资源一体化、服务个性化、空间智能化、管理现代化提供了重要的技术支撑。但在 5G 赋能公共数字文化服务的实践操作中，仍然面临着 5G 关键技术"卡脖子"、相关标准

规范体系不完善、5G产业链与服务应用链对接不到位、复合型人才匮乏、社会参与度低等问题，需要依据问题导向采取有效缓解现实困境的策略。

（一）加强5G关键技术攻关

就技术而言，我国部分5G关键技术和核心器件的国产化程度还比较低，对此亟须加强关键技术自主创新能力。例如，5G毫米波基站研发是5G关键技术攻关的重点，公共数字文化服务智慧化转型需要毫米波在大型场馆中支持高容量、高速率业务的功能，但其产业链与国外相比还不够成熟，在波束管理等功能上还有欠缺，因此《5G应用"扬帆"行动计划（2021—2023年）》重点强调要持续推进5G毫米波基站自主研发，增强面向应用创新的公共文化服务平台的网络供给能力。同时，应联合行业标杆企业、科研院所、高等院校、设备制造商、公共文化机构等组织共同参与技术攻关，推动5G技术专家与图情档工作者跨专业跨行业交流合作，让技术研发者更了解公共文化机构、服务使用者的具体需求，从而明确研发方向，使5G关键技术更贴合公共数字文化服务的应用要求，提高5G技术转换为现实生产力的效率。例如，在沉浸式终端设备应用中，为满足提升虚拟现实和增强现实体验感的具体需求，5G研发者则应就关键技术中感知交互、渲染处理、内容制作等方面进行重点突破。

（二）推动5G产业链与服务链有机融合

5G产业链大致分为移动通信基础设施和终端应用两部分，5G产业链上游包括无线基站与光纤光缆等传输设备，下游包括以国有产业为主的网络运营商和5G应用解决方案供应商，以及各类终端设备、应用场景等。公共数字文化服务链则主要包括服务场所、设备、平台、线上资源与活动、服务人员等。虽然工业物联网、车联网等5G融合重点行业在生产链上已与5G产业链有了较深对接，但在公共数字文化服务领域，由于5G技术成果转换为具体服务的效率还较低，因而5G产业链与公共数字文化服务链融合程度亟须提高。对此在产业链上游，5G基站建设应考虑图书馆、博物馆、文化馆等高密集服务场

所的网络流畅性、稳定性需求，在相关地区建设 5G 无线基站时，着重利用增强型移动带宽等传输技术，为众多用户同时使用 5G 网络提供保障。在产业链下游，5G 应用解决方案供应商需细分 5G 在公共数字文化服务中的应用场景，如数字化平台、阅读空间、大屏展示等，并明确各类场景所需配置的设施设备。同时 5G 网络运营商应加强与公共数字文化设施设备供应商合作，提升 5G 网络与设施设备的适配度，探讨将 5G 与物联网、人工智能、AR/VR 等高新技术结合应用到各类设施设备的方法。同时，公共文化机构在选择 5G 服务供应商时，应注意将其研发与应用能力、对资源内容的展示与生产能力作为考核重点。

（三）建立 5G 赋能标准规范体系

近年来，我国陆续开展了公共数字文化服务领域的各项标准搭建，较多公共文化机构将建设、资源、服务、管理与技术等划分成独立模块进行了标准制定。但 5G 的驱动作用融入于各个环节之中，若仅将其独立设置于技术标准中则难以对 5G 赋能实践做出指导，因此，需要建立专门的 5G 驱动的公共数字文化服务智慧化转型标准规范体系。首先 5G 技术应用于资源整合工作中，在跨库检索时需要清晰界定知识产权所属，明确各数据库开放权限；在资源存储与供给时需要制定数据长久保存规范，明确资源存储地址与容量，设定统一调取格式与 5G 网络访问标准。5G 应用于个性化服务中，要注重用户隐私保护标准制定，严格规定可被分析的数据网络地址，以用户意愿为依据分层设定个性化水平标准并差异化供给服务。5G 应用于智慧场馆空间建设中，应重视 5G 技术与其他技术相结合的项目，在智能消防、供水供电等基础设施上严格执行工程建设相关标准，确保建筑安全；应制定并执行 5G 终端设备操作规范，例如规定必备服务人员监管设备使用安全，特别是防止用户在沉浸式设备体验中发生危险事故。5G 应用于智慧管理，应制定业务自动化运营标准，规定自动化运营内容与范围，推动业务办理流程标准化。也应制定合理的评价标准，量化 5G 技术使用效益与服务人员绩效考核指标，避免工作人员高度依赖 5G 等技术而降低服务主动性。

（四）促进复合型人才培养

5G 驱动公共数字文化服务智慧化转型的重难点在于跨专业跨领域的知识融合，需要既懂技术又懂业务的复合型人才进行转型策略制定。5G 技术是人类科技发展前沿，专业人才本不多，其中的复合型人才则更少，因此亟须促进 5G 驱动的公共数字文化服务复合型人才培养。首先，对于在校学生等储备人才，应基于实际需求，推动科研院所、科技公司、高等院校、公共文化机构联合开展跨专业复合型人才培养，挑选乐于掌握 5G 技术与图情档知识的学生，为其提供针对性的必修与选修课程。在不同专业优势的高校进行联合教学，增加学生在企业、公共文化场馆调研实习的机会，提升学生理论联系实际能力。其次，对于在馆人员，应定期开展相关技术知识普及和业务操作培训的课程，使其不仅形成 5G 技术推动服务智慧化的观念，还能熟练掌握应用 5G 技术进行服务的技能。公共文化机构应注重引入复合型人才，打造具有 5G 等多元技术应用能力与业务知识技能的智慧服务团队，为智能场馆空间与智慧管理提供技术支持与专业保障，推动资源与服务持续创新。

（五）鼓励多方力量联合协作

我国公共数字文化服务智慧化转型起步较晚，需要学习国外理论与实践经验，而我国 5G 领跑世界，可为服务智慧化转型提供巨大动力，因而需要抓住 5G 驱动转型的关键期，鼓励多方力量联合协作，促进 5G 发展惠及公众文化生活。对此，政府除了为场馆设施设备等建设提供财政资金保障、出台相关政策，还应牵线 5G 通讯公司、5G 应用供应商与公共文化机构共商 5G 基站覆盖等应用方案，并搭桥国内外文化机构交流合作，为 5G 应用于公共数字文化服务提供经验借鉴。工商企业特别是 5G 研发与应用企业，应重视将生产成果运用到公共数字文化服务智慧化转型中来，主动谋求与公共文化机构合作，尝试将 5G 等设施设备投入场馆试用，推动产品与场馆业务相对接，从而丰富生

产成果应用场景，并为服务智慧化转型提供更多可能。同时在合作过程中，企业应坚持可持续发展理念，以用户为中心，及时根据公共文化机构及用户的反馈意见调整产品内容与形式，使用户得以持续接受高质智慧服务。高等院校、科研院所应与公共文化机构加强沟通联系，积极将国内外在公共数字文化服务智慧化转型上的理论与经验向机构管理人员与服务人员进行宣传，通过科学研究为智慧化转型提供理论指导。综上唯有多方联合协作，才能推动5G技术赋能公共数字文化服务智慧化转型成功，才能让人民群众享受更高质量的文化服务。

第十章　公共数字文化服务平衡性充分性供给的制度保障

为了实现我国公共数字文化服务的平衡性充分性供给，有效满足公众的数字文化需求，提升公共数字文化服务供给的整体水平，需要从完善供给制度入手，破除阻碍平衡性充分性供给的制度障碍，充分发挥制度的保障作用。本章将分析现有相关制度建设及其对公共数字文化服务平衡性充分性供给的保障作用，总结其特点并指出不足，进而提出完善制度的措施。

第一节　相关制度建设及其对公共数字文化服务平衡性充分性供给的保障作用

一、相关法律法规

一个完整的法律框架由不同级别的法律组成，对公共数字文化服务法律法规框架体系而言，主要包括基本法、专门法、相关法几个层次。

基本法是在一个国家或地区拥有最高法律效力的法律。在我国，宪法是基本法，是制定所有法律的总依据。《中华人民共和国宪法》（1982年施行，第五次修订）第二十二条规定："国家发展为人民服务、为社会主义服务的文学艺术事业、新闻广播电视事业、出版发行事业、图书馆博物馆文化馆和其他文化事业，开展群众性的文化活动。"第四十七条规定："中华人民共和国公民有进行科学研究、文学艺术创作和其他文化活动的自由。国家对于从事教育、科

学、技术、文学、艺术和其他文化事业的公民的有益于人民的创造性工作，给以鼓励和帮助。"这些规定为保护公民文化权益与发展文化事业提供了有力的制度保障，是制定公共数字文化服务平衡性充分性供给制度的基本依据，也是我国公共数字文化服务法律框架中的核心内容。

公共数字文化服务作为公共文化服务体系中的重要组成部分，属于文化范畴中的一个特定领域，需要根据基本法制定专门法。我国公共文化服务立法是从地方开始的。2011年9月29日，广东省第十一届人大常委会通过了《广东省公共文化服务促进条例》，这是全国第一部地方性公共文化服务法规。2012年11月，上海市第十三届人大常委会三十七次会议通过《上海市社区公共文化服务规定》。2015年12月，江苏省第十二届人大常委会第十九次会议通过了《江苏省公共文化服务促进条例》。这些省市的地方性法规对之后中央和其他地方的立法工作具有较强的推动或示范意义，积累了实践经验。2016年12月25日，第十二届全国人民代表大会常务委员会第二十五次会议通过《公共文化服务保障法》，于2017年3月1日起正式施行。《公共文化服务保障法》是我国公共文化领域的第一部国家层面的专门法，要求加强公共数字文化建设，增强数字化服务能力，明确规定国家扶助革命老区、民族地区、边疆地区、贫困地区的公共文化服务，促进公共文化服务均衡协调发展，要求各级人民政府应当根据未成年人、老年人、残疾人和流动人口等群体的特点与需求，提供相应的公共文化服务。随后，各地开始响应号召，积极开展本地区的立法工作。

除此之外，专门法还包括《公共图书馆法》《博物馆条例》及《公共文化体育设施条例》。《公共图书馆法》第八条规定国家鼓励和支持发挥科技在公共图书馆建设、管理和服务中的作用，推动运用现代信息技术和传播技术，提高公共图书馆的服务效能；第三十一条规定，县级人民政府应当因地制宜建立符合当地特点的以县级公共图书馆为总馆，乡镇（街道）综合文化站、村（社区）图书室等为分馆或者基层服务点的总分馆制，完善数字化、网络化服务体系和配送体系，实现通借通还，促进公共图书馆服务向城乡基层延伸；第三十四条规定，政府设立的公共图书馆应当考虑老年人、残疾人等群体的特点，积极创造条件，提供适合其需要的文献信息、无障碍设施设备和服务等；第四十条规定，国家构建标准统一、互联互通的公共图书馆数字服务网络，支持数字阅读产品开发和数字资源保存技术研究，推动公共图书馆利用数字化、网络化技术向社会公众提供便捷服务。政府设立的公共图书馆应当加强数字资源建设、配备相应的设施设备，建立线上线下相结合的文献信息共享平台，为社会公众提供优质服务。

《博物馆条例》第三十三条规定，博物馆未实行免费开放的，应当对未成年人、成年学生、教师、老年人、残疾人和军人等实行免费或者其他优惠；第三十四条规定，博物馆应当根据自身特点、条件，运用现代信息技术，开展形式多样、生动活泼的社会教育和服务活动，参与社区文化建设和对外文化交流与合作。

《公共文化体育设施条例》第四条规定，国家有计划地建设公共文化体育设施。对少数民族地区、边远贫困地区和农村地区的公共文化体育设施的建设予以扶持；第十二条规定，公共文化体育设施的设计，应当符合实用、安全、科学、美观等要求，并采取无障碍措施，方便残疾人使用；第二十一条规定，需要收取费用的公共文化体育设施管理单位，应当根据设施的功能、特点对学生、老年人、残疾人等免费或者优惠开放，具体办法由省、自治区、直辖市制定。

从整体上看，公共数字文化服务的专门法主要从三个方面对公共数字文化服务平衡性充分性供给提供了制度保障。其一，公共数字文化服务与传统公共文化服务相比，其最大的特征就是将数字技术应用到公共文化服务之中，以提高服务的总量与质量，同时打破传统公共文化服务的空间与时间限制。不难发现，这一鲜明特征同样反映在了专门法之中。除《公共文化体育设施条例》外，其余专门法对此均有涉及。例如，《公共文化服务保障法》规定国家鼓励和支持发挥科技在公共文化服务中的作用，推动运用现代信息技术和传播技术，提高公众的科学素养和公共文化服务水平；再如，《公共图书馆法》规定国家鼓励和支持发挥科技在公共图书馆建设、管理和服务中的作用，推动运用现代信息技术和传播技术，提高公共图书馆的服务效能，等等。这无疑对加快公共文化服务与信息技术的融合，实现无时无处不在的公共文化服务具有强大的助推作用。其二，由于我国城乡二元制结构，造成不同地域在资源配置上的不平衡，也由此导致了公共文化服务的不均等。为解决这一问题，专门法在乡村地区、贫困地区等的公共文化服务建设上予以了倾斜，对实现公共文化服务的均衡发展起到了促进作用。例如，《公共文化服务保障法》规定国家扶助革命老区、民族地区、边疆地区、贫困地区的公共文化服务，促进公共文化服务均衡协调发展，等等。其三，特殊群体在社会生活中的能力相对薄弱，其基本文化权益应得到法律保障，而这也是实现公共文化服务在不同人群间均等化的必要之举。为此，专门法同样对有关特殊群体的公共文化服务予以了关照。例如，《公共文化服务保障法》规定各级人民政府应当根据未成年人、老年人、残疾人和流动人口等群体的特点与需求，提供相应的公共文化服务。《公共图书馆法》也规定政府设立的公共图书馆应当考虑老年人、残疾人等群体的特点，积极创造条件，提供适合其需要的文献信息、无障碍设施设备和服务等。

除了基本法和专门法外，还有一系列与之相关的法律。现将相关法按发布时间先后排序列举，见表10-1。

表10-1　公共数字文化服务供给相关法

法律名称	发布时间	法律要点	通过机构
《中华人民共和国公益事业捐赠法》	1999年	鼓励捐赠，规范捐赠和受赠行为，保护捐赠人、受赠人和受益人的合法权益，促进公益事业的发展。	全国人民代表大会常务委员会
《中华人民共和国著作权法（2020修正）》	2020年	鼓励有益于社会主义精神文明、物质文明建设的作品的创作和传播，促进社会主义文化和科学事业的发展与繁荣。	全国人民代表大会常务委员会
《中华人民共和国非物质文化遗产法》	2011年	继承和弘扬中华民族优秀传统文化，促进非物质文化遗产的有效保护与合理利用。	全国人民代表大会常务委员会

续表

法律名称	发布时间	法律要点	通过机构
《中华人民共和国广告法（2021修正）》	2021年	鼓励、支持开展公益广告宣传活动，传播社会主义核心价值观，倡导文明风尚。	全国人民代表大会常务委员会
《中华人民共和国档案法（2020修订）》	2020年	鼓励档案馆开发利用馆藏档案，通过开展专题展览、公益讲座、媒体宣传等活动，进行爱国主义、集体主义、中国特色社会主义教育。	全国人民代表大会常务委员会
《中华人民共和国文物保护法（2017修正）》	2017年	文物收藏单位应当充分发挥馆藏文物的作用，通过举办展览、科学研究等活动，加强对中华民族优秀的历史文化和革命传统的宣传教育。	全国人民代表大会常务委员会
《中华人民共和国网络安全法》	2017年	鼓励开发网络数据安全保护和利用技术，促进公共数据资源开放，推动技术创新和经济社会发展。	全国人民代表大会常务委员会

与直接对公共数字文化服务平衡性充分性供给进行制度保障的基本法、专门法不同，各相关法主要从侧面对服务的平衡性充分性供给提供了制度依据与制度支撑，是对基本法、专门法的有效补充。不难发现，相关法在涉及公共文化服务的内容上各不相同，大体可归纳为六个方面：公共文化事业捐赠、文化产权保护、非物质文化遗产保护、历史文化遗产保护、公共文化传播、文化机构管理、公共文化数据安全开放与利用。由表10-2的法律要点可知，相关法的制定与出台，有利于保护公共文化事业中捐赠人、受赠人与受益人的合法权益；有利于保护公共文化网络传播权；有利于保护非物质文化遗产及历史文化遗产；有利于公共文化的传播；有利于文化机构的科学管理；有利于公共文化领域数据的安全开放与利用。可见，相关法对帮助解决公共数字文化服务平衡性充分性供给过程中可能遇到的问题，提供了法理依据。同时，也完善了公共数字文化服务平衡性充分性供给的制度体系。

二、相关政策

与法律法规相比,政策则更具有阶段性、灵活性以及及时性,与具有长期性、稳定性的法律法规相辅相成。因此,公共数字文化服务相关政策同样对公共数字文化服务的平衡性充分性供给起着保障作用。现将各政策文件中涉及公共数字文化服务平衡性充分性供给的内容按发布时间与级别排序列举,见表10-2。

表 10-2　公共数字文化服务供给相关政策

文件名	发布时间	政策要点	发布机关
《关于进一步加强基层文化建设指导意见的通知》	2002年	加快推进基层文化设施建设,积极开展丰富多彩的文化活动,切实加强领导并落实各项保障措施。	国务院办公厅转发,文化部、国家计委、财政部起草
《关于实施全国文化信息资源共享工程的通知》	2002年	实施"全国文化信息资源共享工程",建成互联网上的中华文化信息中心和网络中心,实现优秀文化信息在全国范围内的共建共享。	文化部、财政部
《关于进一步加强农村文化建设的意见》	2005年	充分认识加强农村文化建设的重要性和紧迫性,开展农村公共文化服务,丰富农民群众的精神文化生活。	中共中央办公厅、国务院办公厅
《国家"十一五"时期文化发展规划纲要》	2006年	完善公共文化服务网络,加强基层文化建设。	中共中央办公厅、国务院办公厅
《关于进一步做好新时期广播电视村村通工作的通知》	2006年	继续加大对"村村通"工程建设的资金投入和政策支持,建立健全长效机制,完善农村广播电视基础设施建设,提高农村广播电视无线覆盖水平。	国务院办公厅
《关于加强公共文化服务体系建设的若干意见》	2007年	实施重大公共文化服务工程,提出有关措施解决农村和欠发达地区文化设施落后,公共文化产品供给不足问题。	中共中央办公厅、国务院办公厅

续表

文件名	发布时间	政策要点	发布机关
《乡镇综合文化站管理办法》	2009年	加强对乡镇综合文化站的规划和建设，明确其职能和服务，充分发挥其作用。建成全国文化信息资源共享工程基层服务点，开展数字文化信息服务。	文化部
《关于实施"数字图书馆推广工程"的通知》	2011年	在全国实施"数字图书馆推广工程"，建设互联互通的数字图书馆系统平台和分布式资源库群，借助全媒体提供数字文化服务。	文化部、财政部
《关于进一步加强公共数字文化建设的指导意见》	2011年	提高对公共数字文化服务重要性的认识，增强公共数字文化供给能力，建设内容丰富、技术先进、覆盖城乡、传播快捷的公共数字文化服务体系。	文化部、财政部
《"公共电子阅览室建设计划"实施方案》	2012年	在城乡基层大力推进公共电子阅览室建设，为广大人民群众特别是未成年人、老年人、进城务工人员等特殊群体提供公益性上网场所。	文化部、财政部
《国家"十二五"时期文化改革发展规划纲要》	2012年	构建公共文化服务体系，加强公共文化产品和服务供给，加快城乡文化一体化发展，广泛开展群众性文化活动。	中共中央办公厅、国务院办公厅
《文化部"十二五"时期文化改革发展规划》	2012年	大力推动数字文化建设，努力形成覆盖城乡的数字文化服务体系。推进基本公共文化服务均等化。	文化部
《文化部信息化发展纲要（2013—2020年）》	2013年	统筹规划文化部信息化建设，开展文化资源数字化，推动文化信息资源的共建共享和开发利用。	文化部
《关于加快构建现代公共文化服务体系的意见》	2015年	统筹推进公共文化服务均衡发展，增强公共文化服务发展动力，加强公共文化产品和服务供给，推进公共文化服务数字化建设。	中共中央办公厅、国务院办公厅
《关于做好政府向社会力量购买公共文化服务工作的意见》	2015年	推进政府向社会力量购买公共文化服务工作，形成与经济社会发展水平相适应、与人民群众精神文化和体育健身需求相符合的公共文化资源配置机制和供给机制。	国务院办公厅转发，文化部、财政部、新闻出版广电总局、体育总局起草

续表

文件名	发布时间	政策要点	发布机关
《关于推进基层综合性文化服务中心建设的指导意见》	2015 年	推进基层综合性文化服务中心建设，明确功能定位，丰富服务内容和方式，创新基层公共文化运行管理机制。	国务院办公厅
《"十三五"时期贫困地区公共文化服务体系建设规划纲要》	2015 年	针对贫困地区公共文化建设亟须解决的突出问题，从设施建设、服务内容、服务效能、数字化、人才队伍建设、文化帮扶等方面策划了 29 个项目。	文化部、国家发展改革委、国家民委、财政部、新闻出版广电总局、体育总局、国务院扶贫办
《关于进一步做好为农民工文化服务工作的意见》	2016 年	促进农民工平等享受城镇基本公共文化服务，创新为农民工文化服务的方式，进一步丰富农民工精神文化生活，促进农民工社会融合。	文化部、国务院农民工工作领导小组办公室、全国总工会
《关于加快推进广播电视村村通向户户通升级工作的通知》	2016 年	在广播电视村村通基础上进一步提升水平、提质增效，实现由粗放式覆盖向精细化入户服务升级，由模拟信号覆盖向数字化清晰接收升级，由传统视听服务向多层次多方式多业态服务升级。	国务院办公厅
《关于推进县级文化馆图书馆总分馆制建设的指导意见》	2016 年	推进以县级文化馆、图书馆为中心的总分馆制建设，促进优质资源向基层倾斜和延伸，保障城乡群众普遍均等地享有基本公共文化服务。	文化部、新闻出版广电总局、体育总局、发展改革委、财政部
《"十三五"推进基本公共服务均等化规划》	2017 年	国家构建现代公共文化服务体系，促进基本公共文化服务标准化、均等化。服务项目包括：公共文化设施免费开放、送地方戏、收听广播、观看电视、观赏电影、读书看报、少数民族文化服务、参观文化遗产。	国务院

续表

文件名	发布时间	政策要点	发布机关
《"十三五"时期公共数字文化建设规划》	2017年	构建互联互通的公共数字文化服务网络。打造公共数字文化资源库群,加强资源保障。创新服务方式,提升服务效能。统筹推进重点公共数字文化工程建设。鼓励和支持社会力量参与公共数字文化建设。加强公共数字文化建设管理。	文化部
《"十三五"时期文化扶贫工作实施方案》	2017年	推动贫困地区公共文化服务体系建设,加强贫困地区的公共数字文化建设。	文化部
《关于深化农家书屋延伸服务的通知》	2017年	深化农家书屋延伸服务,优化网点布局,创新服务模式,加强农家书屋维护使用,推进农家书屋提质增效。	国家新闻出版广电总局
数字乡村发展战略纲要	2019年	建设互联网助推乡村文化振兴建设示范基地,推进数字广播电视户户通和智慧广电建设,推进乡村优秀文化资源数字化,推进文物数字资源进乡村。	中共中央办公厅、国务院办公厅
《公共数字文化工程融合创新发展实施方案》	2019年	致力于整合公共数字文化工程平台,促进工程在平台、资源、服务方面的互联互通和融合发展,完善供给体系,提升服务效能。	文化和旅游部
《公共文化服务领域基层政务公开标准指引》	2019年	推进公共文化服务领域基层政务公开标准化规范化,保障人民群众知情权、参与权、表达权、监督权。	文化和旅游部、国家文物局
《关于促进文化和科技深度融合的指导意见》	2019年	加强文化共性关键技术研发,加强文化大数据体系建设,促进内容生产和传播手段现代化,提升文化装备技术水平,强化文化技术标准研制与推广。	科技部、中央宣传部、中央网信办、财政部、文化和旅游部、广播电视总局
《关于切实解决老年人运用智能技术困难实施方案的通知》	2020年	提高文体场所服务适老化程度。丰富老年人参加文体活动的智能化渠道。	国务院办公厅

续表

文件名	发布时间	政策要点	发布机关
《关于推动公共文化服务高质量发展的意见》	2021 年	加快推进公共文化服务数字化。打造分级分布式数字文化资源库群，发展基于 5G 等新技术应用的数字服务类型，探索发展数字文化大众化实体体验空间，推广群众文化活动高清网络直播等。	文化和旅游部、国家发展改革委、财政部
《"十四五"文化和旅游发展规划》	2021 年	健全基层公共文化设施网络，促进公共文化服务提质增效，广泛开展群众性文化活动，加快公共数字文化建设，推动公共文化服务社会化发展。	文化和旅游部、国家发展改革委、财政部
《"十四五"公共文化服务体系建设规划》	2021 年	推进城乡公共文化服务体系一体建设，推动公共文化服务区域均衡发展、社会化发展与数字化、网络化、智能化建设。	文化和旅游部
《"十四五"公共服务规划》	2021 年	推进城乡公共文化服务体系一体建设，推进全国智慧图书馆体系建设、公共文化云建设，强化数字文化服务。	国家发展改革委、中央宣传部、教育部等
《关于推进实施国家文化数字化战略的意见》	2022 年	关联形成中华文化数据库，发展数字化文化消费新场景，促进文化机构数字化转型升级，提升公共文化服务数字化水平。	中共中央办公厅、国务院办公厅

从有关公共数字文化服务供给的政策内容来看，主要涉及公共数字文化工程实施与融合创新发展、公共文化设施建设与管理、政府购买公共文化服务、公共文化服务高质量发展、公共文化与旅游融合发展、公共文化领域政务信息公开等。可见，有关政策从不同角度、不同方面对公共数字文化服务平衡性充分性供给予以了支撑。

具体来看，很多政策均关注到了不同地区之间、城乡之间资源禀赋、设施建设的差异，公共文化服务区域、城乡发展不平衡问题的政策支持力度增大，对于促进城乡公共数字文化服务平衡供给具有重要意义。文化工程工程、数字图书馆推广工程、公共电子阅览室建设计划的目标是实现全国范围的资源共建共享，完善设施网络，促进公共数字文化服务均等化，这在三大工程实施方案的政策中均有体现。《关于加快构建现代公共文化服务体系的意见》《"十三五"时期公共数字文化建设规划》《"十三五"推进基本公共服务均等化规划》

《"十四五"公共文化服务体系建设规划》等政策对于中西部地区、老少边贫地区、边疆海疆、农村的公共文化建设多有涉及，政策导向向欠发达地区、农村倾斜。此外，针对基层、农村、贫困地区的公共文化建设，出台了多项专项政策，如《关于进一步加强基层文化建设的指导意见》《关于进一步加强农村文化建设的意见》《"十三五"时期贫困地区公共文化服务体系建设规划纲要》等。为了加强基层公共文化设施建设，提升基层公共文化设施的管理和服务水平，还分别针对基层综合性文化服务中心建设、县级文化馆图书馆总分馆制建设、广播电视村村通和户户通工作、农家书屋延伸服务下发了专项政策。

为平衡公共文化服务在不同人群间的分布，现有政策文件对面向特殊群体的服务供给作出了规定。例如，《"公共电子阅览室建设计划"实施方案》提出"公共电子阅览室建设计划"要以未成年人、老年人、进城务工人员等群体为重点服务对象。《关于加快构建现代公共文化服务体系的意见》规定"积极开展面向老年人、未成年人的公益性文化艺术培训服务、演展和科技普及活动""开展学龄前儿童基础阅读促进工作和向中小学生推荐优秀出版物、影片、戏曲工作"等。此外，还针对其中一部分群体出台了专项政策，如《关于进一步做好为农民工文化服务工作的意见》《关于切实解决老年人运用智能技术困难实施方案的通知》。这些政策对于实现公共数字文化服务在不同人群间的平衡性供给具有极大推动作用。

党的十九大以来，我国社会主要矛盾发生变化，社会各领域均转向高质量发展阶段。公共数字文化服务高质量发展、供给不平衡不充分问题的解决成为党和政府的一项重要工作。高质量发展、社会化发展、供需匹配、业态创新、文化与科技融合等热点问题在相关政策中的关注度不断提高，这些措施均能推动公共数字文化服务更充分地供给。例如，《关于推动公共文化服务高质量发展的意见》提出了"促进公共文化服务提质增效""加快推进公共文化服务数字化""进一步强化社会参与"等9项具体任务。《"十四五"公共文化服务体系建设规划》明确将"增强公共文化服务实效性""推动公共文化服务社会化发展""推动公共文化服务数字化、网络化、智能化建设"作为主要任务，要

求精准对接人民群众文化需求，创新社会力量参与公共文化服务方式，拓展公共文化服务智慧应用场景，加强云计算、大数据、人工智能、区块链等新一代信息技术的应用。《关于推进实施国家文化数字化战略的意见》对推进实施国家文化数字化战略作出部署，战略的实施将提升公共数字文化服务水平，使公共文化数字化建设跃上新台阶。

三、相关标准

"标准"是指衡量事物的一种准则，是判断事物是否符合规范、达到目标的依据。公共数字文化服务平衡性充分性供给目标的实现有赖于标准的保障。

国家层面，2007年发布了文化行业的第一个标准化规划《文化标准化中长期发展规划（2007—2020）》，规划中提出研究和制定文化资源数字化等涉及文化资源安全的技术和管理标准，促进现代科学技术在文化艺术领域的创新和广泛应用。2015年印发《国家基本公共文化服务指导标准（2015—2020年）》，从读书看报、收听广播、观看电视、观赏电影、送地方戏、设施开放、文体活动、文化设施、广电设施、体育设施、流动设施、辅助设施、人员编制、业务培训这十四个方面，对公共文化服务的基本服务项目、硬件设施以及人员配备设立了定量指标，为落实公共数字文化服务平衡性充分性供给提供了基本依据。

地方层面，为贯彻落实《国家基本公共文化服务指导标准（2015—2020年）》，各地也都积极印发了地方性标准，用以指导当地公共文化服务建设。内容上基本与《国家基本公共文化服务指导标准》一致，大体均从上述读书看报、收听广播、观看电视等十四个方面设立指标。但是，与《国家基本公共文化服务指导标准（2015—2020年）》相比，地方性的公共文化服务实施标准也存在不同之处。其一，虽然地方性标准与国家标准在涵盖内容上比较类似，但在定量指标的设计上，地方性标准则更为具体、明确，给出了定量指标。例如，在"送地方戏"上，《国家基本公共文化服务指导标准（2015—2020年）》

仅仅是笼统地规定"根据群众实际需求,采取政府采购等方式,为农村乡镇每年送戏曲等文艺演出",而《广东省基本公共文化服务实施标准(2015—2020年)》则进一步对送戏数量作了规定,提出"每年为农村乡镇居民提供不少于5场文艺演出,其中地方戏曲不少于1场";在"读书看报"上,《陕西省基本公共文化服务实施标准》提出阅报栏或电子阅报屏至少提供五类报纸,每天更新不少于两份报纸,而《国家基本公共文化服务实施标准(2015—2020年)》只要求设置阅报栏或电子阅报屏,没有对报纸提供及更新作出要求。在其他方面的规定上,地方性标准与国家标准之间的情况大抵也是如此。其二,地方性标准对特殊群体的关照力度更大。虽然地方性标准与国家标准都对未成年人、老年人、残疾人、低收入人群等参观文物建筑及遗址类博物馆给予了门票减免或免费等优待,但地方性标准则对特殊群体公共文化服务制定了更多指标。例如,《广东省基本公共文化服务实施标准(2015—2020年)》规定"县级以上公共图书馆为视障人士配置盲文书籍或有声读物,县级以下公共图书馆(室)采取其他方式为视障人士提供阅读服务",《河北省基本公共文化服务实施标准(2016—2020年)》规定"县级以上工人、青少年宫、妇女儿童活动中心和科技馆等设施免费提供基本公共文化服务项目",《陕西省基本公共文化服务实施标准(2015—2020年)》规定"各级文化馆(站)、体育馆(站)等定期组织开展针对残障人士、未成年人、老年人、农民工等特殊群体的文体活动",类似的例子不胜枚举。其三,地方性标准均对本地区基本公共文化服务的实施设定了目标。例如,《广东省基本公共文化服务实施标准(2015—2020年)》提出"珠江三角洲地区要在2017年前全面达到或超过省级标准,其他地区要在2018年前基本达到省级标准"。

公共文化机构方面,其有关标准体系主要涵盖资源建设标准(对象数据规范、元数据规范、知识组织分类标准规范、其他资源建设标准)、技术标准(互操作规范、接口集成规范、其他技术规范)、管理标准(长期保存规范、版权管理规范、用户管理规范、统计评估规范、其他管理标准)以及服务标准

（资源发布规范、检索服务规范、应用服务规范、其他服务标准）。[1] 标准数量与类型众多，具体来看，资源建设标准对公共数字文化资源建设进行了规范，如《图书馆馆藏资源数字化加工规范》对图书馆的文本资源、图像资源、音频资源、视频资源这四类资源的数字化加工进行了规范。再如，《图书馆数字资源长期保存元数据规范》则对图书馆数字资源的元数据进行了规范等。技术标准对公共数字文化服务中的技术问题进行了规范，如《公共图书馆通借通还技术规范》则从图书馆管理系统、书目数据、文献馆藏标识、读者证、借阅规则、物流作业等方面对图书通借通还技术予以了规范。管理标准对公共数字文化服务中的管理事项进行了规范，例如，《综合档案馆档案数字资源管理规范》从整理、建库、存储、利用、维护、传输、安全等方面对档案数字资源管理进行了规范。服务标准则对公共数字文化服务中的具体服务事项进行了规范，如《公共图书馆服务规范》从服务资源、服务效能、服务效率、服务宣传、服务告示、服务监督与反馈等方面对公共图书馆服务予以了规范。

由此可见，有关公共数字文化服务平衡性充分性供给的标准规范不仅包括国家级的标准规范，也有地方性的标准规范。在内容上，不仅有对公共文化服务整体进行规范的标准，也有对各类公共文化机构的标准，同时，标准内容涉及公共数字文化资源、管理、服务、技术等各个方面，同样为公共数字文化服务平衡性充分性供给提供了重要保障。

第二节　现行制度的特点

一、公共数字文化服务供给制度体系基本雏形逐渐形成

我国现行公共数字文化服务供给制度在内容、结构、层次上不断发展升级，形成了较为完整的公共数字文化服务供给制度体系雏形。这一制度体系涉

---

[1] 王之彤，张文亮. 我国公共数字文化标准体系的构建[J]. 图书馆论坛，2021，41（7）：59-67.

及各个种类和领域，多表现为法律法规、政策、标准等形式，主要包括公共文化服务领域的立法、重大公共文化服务工程及相关政策、公共数字文化服务的财政政策、对于农村贫困地区以及弱势群体的公共数字文化服务倾斜政策、公共文化基础设施建设与管理标准、公共文化机构的设施与服务标准等。这些制度从多角度对公共数字文化服务供给做出了规划、指导，并就目标、指标等提出了详细要求。公共数字文化服务供给制度框架体系中的各制度互相协调、互为补充，共同推动着公共数字文化服务供给水平的提升。

二、公共数字文化服务供给制度体系总体目标逐渐确立

尽管当前我国公共数字文化服务供给制度形式、层级不一，但在目标诉求上却大同小异。政府要以保障公民基本文化权益、满足公民数字文化需求为基本原则，围绕提高公共数字文化服务供给水平、完善公共数字文化服务体系、实现基本公共数字文化服务均等化为目标导向。例如，目前我国公共数字文化服务供给在区域、城乡、群体之间的差距显著，为了保证欠发达地区和农村地区的居民、特殊群体能享受到平等的公共数字文化服务，现阶段我国公共数字文化服务供给制度侧重于提高社会整体福利水平，注重均衡发展，帮扶落后地区的公共数字文化设施与服务建设、向特殊群体倾斜服务。这些清晰的目标要求为我国公共数字文化服务的发展指明了方向，也为实现公共数字文化服务平衡性充分性供给奠定了基础。在目标导向作用下，公共数字文化服务供给制度逐渐往系统化方向演变，主要包括指导思想、基本原则、主要目标与任务以及有关措施等方面，多角度、全方位地保障服务供给。

三、公共数字文化服务供给制度体系的执行机制逐渐完善

制度的生命在于执行。在过去很长一段时间，有关部门在公共文化服务提供上各自为政、缺乏统筹的问题十分突出。主要表现在：一是同一层级的不

同管理部门各搞一套，自成一体。例如，文化共享工程、数字农家书屋等就因隶属不同的管理部门而各自为政，条块分割，造成资源重复建设；二是不同层级的公共文化机构分级管理，封闭式运行。不同层级的公共文化机构只对本级政府负责，很少考虑整合公共文化服务资源，严重影响了公共数字文化服务建设。❶ 为有效解决这一问题，就必须完善公共数字文化服务供给制度的执行机制。近年来，我国对此出台了诸多制度规定。例如，《关于加快构建现代公共文化服务体系的意见》强调要创新公共文化管理体制和运行机制，提出"完善党委领导、政府管理、部门协同、权责明确、统筹推进的公共文化服务体系建设管理制度。""以国家公共文化服务体系建设协调组为平台，由文化部门牵头，充分发挥各部门职能作用和资源优势，在规划编制、政策衔接、标准制定和实施等方面加强统筹、整体设计、协调推进。"《公共文化服务保障法》也对公共文化服务建设中政府部门的有关职责予以了明确。可见，公共数字文化服务供给制度体系的执行机制正逐渐完善，对落实公共数字文化服务平衡性充分性供给具有积极意义。

第三节　公共数字文化服务平衡性充分性供给制度存在的主要问题

近年出台的一系列相关法律法规、政策、标准，为公共数字文化服务平衡性充分性供给提供了一定的法律保障和制度约束。由于制度建设是一个长期过程，现有制度难免在一些方面存在缺失与不完善，这些制度上的缺陷是阻碍公共数字文化服务平衡性充分性供给的根本原因。

---

❶ 创新公共文化管理体制和运行机制迫切需要建立公共文化服务体系协调机制［EB/OL］.（2015-1-16）［2021-6-14］.https://www.sohu.com/a/686807_100539.

一、财政投入制度水平与垂直失衡

财政投入在公共数字文化服务平衡性充分性供给中具有基础性作用。不过，实践中，公共数字文化服务财政投入存在明显的失衡问题，主要表现为水平失衡与垂直失衡。所谓水平失衡，即是指由于各地经济发展能力的不同，而造成各地公共数字文化服务在财政投入上的差距。例如，2021年，我国文化和旅游事业费中，县以上506.4亿元，占44.7%；县及县以下文化和旅游事业费626.5亿元，占55.3%。东部地区文化和旅游事业费526.4亿元，占46.5%；中部地区文化和旅游事业费283.4亿元，占25.0%；西部地区文化和旅游事业费292.6亿元，占25.8%。❶ 垂直失衡即是指地方政府的事权与财权不匹配，出现基层政府支出大于自有收入的现象，从而容易导致公共数字文化服务财政投入的缩水以及公共数字文化服务供给能力的不足。

然而，现有公共数字文化服务平衡性充分性供给的制度体系并没有针对上述问题进行妥善安排。又或者说，由于经济基础与上层建筑之间的矛盾运动，正是现有制度体系的在财政投入安排上存在水平与垂直失衡，而造成了上述问题。就财政投入水平失衡这一问题而言，《公共文化服务保障法》虽然规定"国务院和省、自治区、直辖市人民政府应当增加投入，通过转移支付等方式，重点扶助革命老区、民族地区、边疆地区、贫困地区开展公共文化服务"，但这一规定过于笼统，缺少与之配套的实施细则。另外，尽管我国各地均出台了有关公共文化服务的法律法规，但情况同样也是如此。例如，《天津市公共文化服务保障与促进条例》规定，市和区人民政府应当合理划分公共文化服务的事权和支出责任，逐步增加公共文化服务投入，重点支持经济薄弱地区开展基本公共文化服务，但对经济薄弱地区开展公共文化服务如何支持、支持什么、支持多少，并没有作进一步明确。近年来，相关政策也都对此进行了规定。例如，《关于构建现代公共文化服务体系的意见》指出，进一步完善转移

---

❶ 中华人民共和国文化和旅游部2019年文化和旅游发展统计公报［EB/OL］.（2020-6-20）[2021-5-30］.https://zwgk.mct.gov.cn/zfxxgkml/tjxx/202012/t20201204_906491.html.

支付体制，加大中央财政和省级财政转移支付力度，重点向革命老区、民族地区、边疆地区、贫困地区倾斜，着力支持农村和城市社区基层公共文化服务设施建设，保障基层城乡居民公平享有基本公共文化服务，但不难发现，仍然只是一些原则上的规定。《国家基本公共文化服务指导标准（2015—2020）》虽表示"县级以上各级政府按照标准科学测算所需经费，将基本公共文化服务保障资金纳入财政预算，落实保障当地常住人口享有基本公共文化服务所需资金"，但仍不够明确，实践中地方政府对于财政投入的随意性仍然过大。就财政投入垂直失衡这一问题而言，《公共文化服务保障法》规定国务院和地方各级人民政府应当根据公共文化服务的事权和支出责任，将公共文化服务经费纳入本级预算，安排公共文化服务所需资金。2020年，国务院办公厅印发的《公共文化领域中央与地方财政事权和支出责任划分改革方案》（以下简称《方案》）全面落实了《公共文化服务保障法》中有关经费保障的原则规定。不过，《方案》只是确定了共同事权和支出责任大的方面，以及中央财政根据工作任务量、职能分工、绩效情况、财力状况等统筹考虑的原则，推进落实中难免会有央地之间的讨价还价，量化细化、磨合完善需要一个过程。并且，《方案》提出了支出责任更多地向地方高一级政府上移的要求，但在实施过程中，可能会出现依靠行政权力而将支出责任更多地压向下一级政府的现象。❶综上所述，公共数字文化服务财政投入制度仍需解决水平失衡与垂直失衡的问题，从而切实为公共数字文化服务平衡性充分性供给提供财政支撑。

二、城乡一体化的法律制度及配套制度尚未建立

城乡差距及其成因的复杂性，决定了城乡公共数字文化服务一体化建设需要加强制度保障。然而，当前我国城乡公共文化服务体系一体建设刚刚起步，城乡公共数字文化服务一体化建设的法律制度及配套制度尚未建立。

---

❶ 李国新.制度改革创新促进公共文化服务高质量发展——析《公共文化领域中央与地方财政事权和支出责任划分改革方案》[J].图书馆建设，2020（4）：6-9.

自 2017 年 3 月 1 日起施行的《公共文化服务保障法》并没有城乡公共文化服务一体化的条款，仅在第三十五条规定，国家重点增加农村地区图书、报刊、戏曲、电影、广播电视节目、网络信息内容、节庆活动、体育健身活动等公共文化产品供给，促进城乡公共文化服务均等化。自 2018 年 1 月 1 日起施行《公共图书馆法》仅对"县级公共图书馆为总馆，乡镇（街道）综合文化站、村（社区）图书室等为分馆或者基层服务点的总分馆制"做出了规定，亦未有公共图书馆城乡一体服务的条款。由于现行的公共文化服务专门法及相关法均未对城乡公共文化服务一体化建设作出明确的规定，法律依据的缺乏，导致各级政府、公共文化机构对于自身责任的认识不清晰，城乡公共数字文化服务一体化建设的推进难以得到保障。

"推进城乡公共文化服务体系一体建设"仅在《"十四五"文化和旅游发展规划》《"十四五"公共文化服务体系建设规划》《关于推动公共文化服务高质量发展的意见》几个宏观政策中提出，规定较为笼统，尚未将中央关于推进城乡公共文化服务体系一体建设的方针细化为可操作的政策措施。尽管《"十四五"公共文化服务体系建设规划》提出了"深入推进城乡公共文化服务标准化建设""完善城乡公共文化服务协同发展机制""以文化繁荣助力乡村振兴"，目前还未见制定有关城乡公共文化服务一体化标准、城乡部门统筹协调与协作、城乡双向交流与帮扶等具体环节的政策。国家层面的专项政策、相关配套政策尚未出台，地方层面也没有相关专项政策与配套政策，缺乏细化的、可操作性的程序、标准，导致各级政府、公共文化机构理解各异、各行其是。

三、特殊群体服务供给制度在设计与安排上出现缺位

特殊群体在社会生活中的能力相对薄弱，其文化权益的保障有赖于政府重视并加强面向这类群体的服务供给。以制度手段为保障，为特殊群体提供平等的公共数字文化服务，促使服务在不同人群间的均等化，是实现公共数字文化服务平衡性充分性供给这一目标的必由之路。

从现有制度内容来看，无论是在设计还是安排上，都较少涉及特殊群体，制度保障出现缺位。具体来看，《公共文化服务保障法》规定"各级人民政府应当根据未成年人、老年人、残疾人和流动人口等群体的特点与需求，提供相应的公共文化服务"，仅一句话予以带过，并未就如何为特殊群体提供公共数字文化服务给出实施细则。地方性法规同样也如此，例如，《广东省公共文化服务促进条例》规定"文化等有关主管部门应当为外来务工人员、老年人、未成年人和残疾人等群体提供有针对性的公共文化服务"，《浙江省公共文化服务保障条例》规定"各级人民政府应当为未成年人、老年人、残疾人和流动人口等群体，提供便利可及的公共文化服务"。从相关政策来看，基于城乡公共文化服务发展不平衡这一大背景，相对其他弱势群体而言，对于农民群体的文化权益保障力度较大。例如，《关于进一步加强农村文化建设的意见》就提出要积极开展文化活动，丰富农民文化生活，并对此制定了诸如开展文化活动、文化下乡和扶贫、文艺创作等众多规定。另外，纵观诸多相关政策文件，仅有《关于加快构建现代公共文化服务体系的意见》为建设面向特殊群体的公共文化服务制定了较为详细的规定，例如"积极开展面向老年人、未成年人的公益性文化艺术培训服务、演展和科技普及活动""实施盲文出版项目，开发视听读物，建设有声图书馆，鼓励和支持有条件的电视台增加手语节目或加配字幕"等。但并未对服务建设主体、建设方式、建设内容等作进一步详细规定，将不免使政策规定流于形式。从相关标准来看，《国家基本公共文化服务指导标准（2015—2020）》仅从观赏电影、送地方戏、设施开放等几个方面，对面向特殊群体的公共文化服务供给作了粗略规定。

由此可见，现阶段我国并未围绕公共数字文化服务出台专门针对特殊群体的政策法规，现有相关制度在内容上针对特殊群体的设计或安排存在缺位，这必然对公共数字文化服务平衡性充分性供给的实现造成阻碍。

四、社会力量参与制度在扶持与激励上力度不足

单靠政府这一单一主体来提供公共数字文化服务，容易造成投入不足、分布不均等问题。因此，实现公共数字文化服务平衡性充分性供给这一目标，需要社会力量的广泛参与。早在2013年，我国文化体制改革政策中就提出了公益性文化事业可引入社会资本参与。随后，越来越多的政策文件进一步明确了社会力量参与的内容、方式、制度保障等。《公共文化服务保障法》中有关社会力量参与公共文化服务的条款则确定了社会力量参与公共文化服务的合法性，并在参与模式上给出了导向性的意见。❶不过，目前，我国社会力量参与公共数字文化服务的动力仍然不足。归根结底，这是由于现有制度对社会力量参与的扶持与激励力度不足所导致的。

如本书第八章所述，文化类社会组织是参与公共数字文化服务的重要主体，然而当前我国依法登记的文化类社会组织数量少、自我管理滞后，参与公共数字文化服务的能力不足。

目前《社会组织登记管理条例》尚未出台，也没有全国性的培育、扶持文化类社会组织发展的专项政策。《公共文化服务保障法》规定，国家鼓励和支持公民、法人和其他组织依法成立公共文化服务领域的社会组织，推动公共文化服务社会化、专业化发展。但是，从各地出台的地方性社会力量参与公共文化服务的政策文件来看，并未对文化类社会组织进行定位和解释。❷由此，将会导致地方政府对文化类社会组织的扶持力度不足的现象，从而抑制其参与公共数字文化服务，对公共数字文化服务平衡性充分性供给造成负面影响。

当前有关制度对社会力量参与的激励力度不足。现阶段的激励举措主要有两种：一是资金方面的税收优惠或财政补贴，二是荣誉方面的鼓励政策，如表

---

❶ 周余姣.保障与方向——对《公共文化服务保障法》社会力量参与公共文化服务条款的解读[J].图书馆论坛，2017，37（6）：27-31.

❷ 唐义，徐静.推动社会力量参与公共文化服务的政策法规体系研究[J].图书馆理论与实践，2020（2）：13-18.

彰、冠名等。不过，随着实践中社会参与的不断深入，这两种激励方式显得较为单一，激励效益也随之递减，并且，目前的激励举措多停留于政策文本的理论层面，而未落到"实惠"性的具体措施层面。如部分政策提出税收减免、用地优惠、财政补贴、荣誉奖励等鼓励社会力量参与公共文化服务激励主张，但由于涉及多部门、多地区、多层级的某些阻碍，并未转化为实质的、具体的、长效的政策激励行动。❶

五、服务质量监管制度在落实与执行上缺少规范

公共数字文化服务平衡性充分性供给是一项复杂的系统工程，涉及服务资源建设与配置、服务内容设计与规划、服务设施建设与布局等方方面面。因此，要实现服务平衡性充分性供给这一目标，需要对服务的每一个环节进行质量监管。我国当前公共数字文化服务质量监管制度在落实与执行上仍缺少规范，制度内容还有待完善。

如何对服务建设主体形成较强的监管力度，是提升公共数字文化服务质量所绕不开的问题。以《公共文化服务保障法》为例，其规定"各级人民政府应当建立有公众参与的公共文化设施使用效能考核评价制度，公共文化设施管理单位应当根据评价结果改进工作，提高服务质量"以及"各级人民政府及有关部门应当及时公开公共文化服务信息，主动接受社会监督"，这主要属于政府主导的考核评价制度。另外，《公共文化服务保障法》还规定，"县级以上地方人民政府应当将本行政区域内的公共文化设施目录及有关信息予以公布"，"县级以上人民政府应当建立健全公共文化服务资金使用的监督和统计公告制度，加强绩效考评，确保资金用于公共文化服务。任何单位和个人不得侵占、挪用公共文化服务资金"以及"各级人民政府及有关部门应当及时公开公共文化服务信息，主动接受社会监督"，这主要属于政府信息公开制度。不难发现，上

---

❶ 陈庚，崔宛.社会力量参与公共文化服务的实践、困境及因应策略[J].学习与实践，2017（11）：133-140.

述规定在落实上存在一定困难。《公共文化服务保障法》虽强调政府考核评价制度中的公众参与,但却对公众要如何参与政府考核评价缺少细则,从而造成制度在落实与执行过程中存在较大的随意性。此外,《公共文化服务保障法》虽规定政府应当将公共文化服务建设的相关信息予以公布,但没有对公布的方式、时间、周期等作进一步要求。除此之外,《公共文化服务保障法》还对公共文化机构的责任进行了规定,例如,"公共文化设施管理单位应当建立健全管理制度和服务规范,建立公共文化设施资产统计报告制度和公共文化服务开展情况的年报制度""公共文化设施管理单位应当建立健全安全管理制度,开展公共文化设施及公众活动的安全评价,依法配备安全保护设备和人员,保障公共文化设施和公众活动安全"等。但是,其同样存在缺少规范的问题。

第四节 建立与完善公共数字文化服务平衡性充分性供给制度的策略

经过多年建设,我国公共数字文化服务的整体发展水平得到了极大提高,但离平衡性充分性的供给目标还有一定距离。建立与完善公共数字文化服务平衡性充分性供给制度,有助于优化公共数字文化服务供给的制度环境,助推平衡性充分性供给目标的实现。未来的制度建设应注意以下几方面。

一、平衡财政投入制度,促进经费有效分配

公共数字文化服务平衡性充分性供给离不开强有力的财政支撑。如前所述,长期以来,我国在公共文化事业上投入不足,各地区之间在公共文化事业上的财政投入明显不均。并且,地方政府存在财权与事权不匹配的现象。由此,暴露出我国公共数字文化服务财政投入制度在水平与垂直上失衡的问题,将不可避免地影响公共数字文化服务供给能力,阻碍平衡性充分性供给目标的

实现。为有效解决这一问题，需要从以下两个方面着手。

第一，解决财政投入制度水平失衡问题。目前，我国诸多政策法规规定增加公共文化服务财政投入，并将其纳入本级财政预算，同时对革命老区、民族地区、边疆地区、贫困地区等的财政投入予以了倾斜。但是，相关规定过于笼统、模糊，缺少实施细则。为此，一方面，中央政府应增加公共数字文化服务财政投入，提高文化事业费在总财政支出中的比例。尽管《关于加强公共文化服务体系建设的若干意见》规定中央和省级财政每年对文化建设的投入增幅不低于同级财政经常性收入的增幅，《关于深化文化体制改革，推动社会主义文化大发展大繁荣若干重大问题的决定》进一步规定对文化事业建设的投入应高于同级财政经常性收入，但并未有效落实。中央政府应出台更具权威性的法律规定，确定各级文化事业费占同级财政支出比重、各级文化事业费投入增长率等刚性量化指标，有效增加公共数字文化服务总体财政投入。❶另一方面，同样应对革命老区、民族地区、边疆地区、贫困地区等的公共数字文化服务财政投入进行量化。在明确这些地区的经济发展水平、人口密度等基础上，确定财政补助与投入的具体指标。同时，设立基层公共数字文化服务建设专项资金，并出台相关管理办法，以保障财政投入的落实与到位。

第二，解决财政投入制度垂直失衡问题。《公共文化服务保障法》《公共文化领域中央与地方财政事权和支出责任划分改革方案》均对地方政府的事权责任与支出责任进行了制度安排，但如上文所述，相关规定仍有待落实与推进。为此，应按照谁的财政事权谁承担支出责任的原则，尽快明确公共数字文化服务中央与地方支出责任与承担方式，制定共同事权责任的国家基础标准，规范中央与地方支出责任分担方式，以标准化的手段让各级政府的事权和支出责任规范化、具体化、精细化，防止因事权责任和支出责任不清晰带来的不作为、责任错位等现象❷，促进服务经费的有效配置。

---

❶ 吴高，韦楠华.公共文化财政投入现状、问题及对策研究[J].图书与情报，2018（2）：54-66，108.

❷ 李斯，李秀敏.公共文化服务标准化法律规定的落实与深化[J].图书馆建设，2021（2）：19-26.

二、建立城乡一体化的法律制度与配套制度，实现城乡供给平衡

建立健全城乡公共数字文化服务一体化建设的法律制度与配套制度，为城乡一体化实践提供制度保障，是实现城乡公共数字文化服务平衡性供给的迫切需要。

第一，制定与城乡公共文化服务一体化有关的法律制度。目前，城乡公共文化服务一体化还存在法律真空，缺乏法律依据。建议适时启动《公共文化服务保障法》《公共图书馆法》的修订程序，增补城乡公共文化服务一体化的条款，明确各级政府、公共文化机构的主导地位和法律责任，增加农村公共文化服务供给的要素保障，并做好与各类相关法律规范的衔接，夯实城乡公共数字文化服务一体化建设的法律基础，确保有法可依。

第二，完善城乡公共文化服务一体化的配套制度。推进城乡公共文化服务体系一体建设是"十四五"时期公共文化建设的一项工作重点，亟须制定国家层面的专项政策以推进其实施，建议从国家层面出台《关于推进城乡公共文化服务体系一体建设的指导意见》，对城乡公共文化服务体系一体建设的目标、重点任务、保障措施等做出统一部署安排。同时，文化和旅游部应根据实施城乡一体化中的资金拨付与使用、建设与服务标准、统筹协调、城乡双向交流与帮扶、工作督查、信息公开等具体环节，制定专门的政策文件，如《城乡公共文化服务体系一体建设的资金管理办法》《城乡公共文化服务一体建设指导标准》《城乡基本公共文化服务指导标准》《城乡公共文化服务体系一体建设的统筹协调制度》《城乡公共文化服务体系一体建设中合作交流与帮扶制度》《城乡公共文化服务体系一体建设的的工作督查制度》《城乡公共文化服务体系一体建设的信息公开制度》等，把公共数字文化服务的城乡一体化作为一项重要内容，强调数字化对于城乡公共文化服务一体化的作用。各地方政府应在国家政策的指导下，根据本地情况，制定地方性的专项政策及配套制度，为顺利开展城乡公共数字文化服务一体化建设工作提供制度支撑。

三、完善特殊群体服务供给制度，实现群体供给平衡

面向特殊群体开展公共数字文化服务并帮助特殊群体使用公共数字文化服务，是实现公共数字文化服务平衡性充分性供给的重要方面。针对当前特殊群体服务供给制度在设计与安排上存在缺位的现状，应从以下几个方面对制度内容进行完善。

第一，出台专门的特殊群体服务供给制度。目前，有关面向特殊群体开展公共文化服务的规定较为零散。并且，较少涉及公共数字文化服务。特殊群体数量庞大，群体中又包含农民、农民工、残疾人、老年人等。加之，公共数字文化服务内涵广泛，较之于传统的公共文化服务有着很大不同，因此，为使公共数字文化服务真正惠及特殊群体，有必要为之出台专门的制度，提供切实的制度保障。为此，我国应以《公共文化服务保障法》为基础，从特殊群体公共数字文化服务供给、管理、保障措施、法律责任等方面，制定专门性的政策。同时，对标《国家基本公共文化服务指导标准》，围绕公共数字文化服务的内涵与特点，依据特殊群体的实际需求，制定《特殊群体公共数字文化服务指导标准》，以此构建完善的特殊群体公共数字文化服务供给制度。

第二，细化特殊群体服务供给制度，提高制度的可操作性。现阶段，我国有关面向特殊群体开展公共文化服务的规定较为笼统，大多以一两句话予以带过。为避免制度内容流于形式，我国应对相关制度内容予以细化、完善。首先，应对特殊群体予以清晰明确的界定，据现有研究，特殊群体分为农民/农民工、失业下岗人员、少年儿童、残疾人、老年人。[1]其次，要结合特殊群体中各类群体的特点及需求，明确公共数字文化服务供给的具体内容。例如，为农民群体提供农业技术讲座、农业知识竞赛、乡土文化交流等，为农民工群体开展职业技术培训、城市文化交流等，并对供给的主体、频率、方式、责任等作进一步要求。再次，要为特殊群体赋予表达权利，并明确权利行使的方式与

---

[1] 赵媛，文娟，王远均，等.不同类型弱势群体信息获取现状比较研究——以四川省为例[J].档案学研究，2014（1）：33–43.

途径。如此，通过制定专门而详尽的制度，将为面向特殊群体的公共数字文化服务供给提供坚实的制度保障，也将为公共数字文化服务平衡性充分性供给的实现增添不少助力。

四、优化社会力量参与制度，推动多元供给主体参与

由于仅靠政府这一单一主体难以达成公共数字文化服务平衡性充分性供给的目标，推动服务多元主体供给是必然趋势。针对当前制度对社会力量参与的扶持与激励力度不足的问题，应从以下几个方面对其加以优化。

第一，加大对文化类社会组织的扶持力度，提高文化类社会组织的服务能力。具体而言，各地应谨遵《公共文化服务保障法》中"国家鼓励和支持公民、法人和其他组织依法成立公共文化服务领域的社会组织，推动公共文化服务社会化、专业化发展"的规定，在地方性法规政策中对文化类社会组织的主体、成立流程、资金来源、服务范围等予以明确。并且，要简化文化类社会组织登记手续，通过多渠道筹集文化类社会组织的发展资金。同时，要鼓励并支持公共文化机构与文化类社会组织合作，从资源、专业、场地、设备等方面对文化类社会组织进行帮扶。

第二，加大社会力量参与的激励力度。我国应在增加税收优惠力度的基础上，研究制定科学合理的税收优惠比例、结合税前抵扣、减税、免税等多种优惠形式、出台具体领域的税收优惠政策。其次，进一步创新社会力量参与公共数字文化服务供给的激励方式，将直接与间接激励结合、传统与创新激励结合，多种方式共同引导社会力量积极参与，调动社会力量参与的积极性和提升其参与灵活性。同时，为提高基层公共数字文化服务供给水平，补齐供给短板，激励措施应对参与革命老区、民族地区、边疆地区等公共数字文化服务建设的社会力量予以倾斜。

值得一提的是，我国目前还未针对公共数字文化服务出台专门的社会力量参与服务供给的政策法规，制度上存在缺位。这将致使社会力量参与公共数

字文化服务建设缺乏集体行动的逻辑。因此，我国有必要依据公共数字文化服务的内涵与特点，在现有制度体系中，补充适用于公共数字文化服务的条款，或出台专门的政策法规。各地方政府则要结合当地实际，开展相关制度建设工作。通过对标现有制度，从公共数字文化服务购买主体、承接主体、购买内容、购买目录、购买机制、资金保障、监管机制、绩效评价等方面对条款内容进行细化，并制定社会力量参与公共数字文化服务供给的指导性目录。以此，为公共数字文化服务平衡性充分性供给中的社会力量参与提供切实的行动依据。

五、规范服务质量监管制度，保障服务供给目标实现

加大对公共数字文化服务平衡性充分性供给的质量监控力度，是落实相关制度规定，推进实现服务供给目标的必要之举。针对当前我国公共数字文化服务平衡性充分性供给的质量监管制度在落实与执行上缺少规范的问题，应从以下几个方面来弥补当前制度体系中的这一缺陷。

第一，明确公众参与服务绩效考评的具体细则。《公共文化服务保障法》虽然强调了政府绩效考评中的"公众参与"，但缺乏公众参与的具体细则。为此，应在制度中明确公众参与政府服务考评的具体途径，例如，听证会、公开征集意见、民意调查、座谈会、论证会、信函、电子信箱、网络留言等。同时，明确公众参与公共数字文化服务绩效考评的主体、范围、权利、程序等。在此方面，我国公共数字文化服务质量监管制度可借鉴政府绩效管理条例。例如，《杭州市绩效管理条例》就规定"绩效管理机构每年度组织社会公众对绩效责任单位的总体工作情况通过问卷调查等方式进行满意度评价并征求意见。对政府年度工作计划所确定的重点工作，绩效管理机构可以根据需要组织利害关系人进行专项社会评价"等。同时，还应制定约束和问责的条款，对公众参与绩效考评过程中政府不作为等现象予以扼制。

第二，明确公共数字文化服务建设信息公开的具体要求。《公共文化服务

保障法》仅笼统地规定政府应当将公共文化服务建设的相关信息予以公布。为有效落实这一规定，将来修订《公共文化服务保障法》时，应对信息公开的方式予以明确。例如，通过政府公报、政府网站、新闻发布会以及报刊、广播、电视等便于公众知晓的方式公开。同时，对公共数字文化服务建设信息公开的时间、周期等进行明确规定。

第三，细化公共数字文化服务年报制度。一是坚持行业协会主导，尽快编制出台行业年报编制指南，对年报的内容和形式作出基本规范，以保证年报的质量；二是完善年报公开的时间、方式、载体、途径等，提高年报公开的规范性；三是结合实际、因地制宜，探索年报多样化的呈现方式，除机构年报之外，还可以有区域性的总分馆体系年报、服务联盟年报、基层的跨机构年报等形式。❶

---

❶ 李国新.公共文化服务保障法律制度的完善与细化[J].中国图书馆报，2021，47（2）：29–39.

参考文献

一、专著

[1] 曹爱军，杨平.公共文化服务的理论与实践［M］.北京：科学出版社，2011.

[2] 高鸿业.西方经济学（微观部分）第四版［M］.北京：中国人民大学出版社，2007.

[3] 国家文物局.中国文化文物统计年鉴2017［M］.北京：国家图书馆出版社，2018.

[4] 胡培兆.有效供给论［M］.北京：经济科学出版社，2004.

[5] 金莹.基层政府购买公共文化服务的理论与实践——以重庆市为个案的研究［M］.武汉：武汉大学出版社，2017.

[6] 柯平.公共图书馆的文化功能——在社会公共文化服务体系中的作用［M］.上海交通大学出版社，2010.

[7] 马克思.资本论（第3卷）［M］.北京：人民出版社，1975.

[8] 马克思，恩格斯.马克思恩格斯全集（第46卷上）［M］.中共中央马克思列宁恩格斯斯大林作译局，编.北京：人民出版社，1997.

[9] 毛少莹.公共文化服务概论［M］.北京：北京师范大学出版社，2014.

[10] 让·巴蒂斯特·萨伊.政治经济学概论［M］.赵康英，符蕊，唐日松，译.北京：华夏出版社，2017.

[11] 阮可，郭怡.公共文化服务协调机制研究：以浙江拱墅"三联模式"为样本［M］.杭州：浙江大学出版社，2016.

[12] 沙琳.需要和权利资格：转型期中国社会政策研究的新视角［M］.北京：

中国劳动社会保障出版社，2007.

[13] 王芬林. 数字图书馆实践思考——文化共享工程的发展与创新之路[M]. 北京：国家图书馆出版社，2012.

[14] 王娇萍，董宽. 中国工会年鉴2017[M]. 北京：中国工会年鉴编辑部，2018.

[15] 徐善长. 生产要素市场化与经济体制改革[M]. 北京：人民出版社，2005.

[16] 杨玉麟，等. 文化信息源共享工程：中西部地区实施效果及问题研究[M]. 西安：西安交通大学出版社，2016.

[17] 尹伯成，华桂宏. 供给学派[M]. 武汉：武汉大学出版社，1996.

[18] 俞可平. 国家底线：公平正义与依法治国[M]. 北京：中央编译出版社，2014.

[19] 约翰·罗尔斯. 正义论[M]. 何怀宏，译. 北京：中国社会科学出版社，2006.

[20] 约翰·罗尔斯. 作为公平的正义[M]. 姚大志，译. 上海：上海三联书店，2002.

[21] 张彦博，刘惠平，刘刚，等. 文化共享工程建设与服务[M]. 北京：北京师范大学出版社，2013.

[22] 珍妮特·V.登哈特，罗伯特·B.登哈特. 新公共服务：服务而不是掌舵[M]. 丁煌，译. 北京：中国人民大学出版社，2004.

[23] 中国残疾人联合会. 中国残疾人事业统计年鉴2021[M]. 北京：中国统计出版社，2021.

[24] 中华人民共和国文化和旅游部. 中国文化文物和旅游统计年鉴2022[M]. 北京：国家图书馆出版社，2022.

二、期刊

[1] 白文倩，金娟琴，盛群力.研讨型教学中学生参与度评价研究——以浙江大学"唐诗经典研读"通识研讨课为例[J].现代大学教育，2013（4）.

[2] 曹海林，任贵州.乡村治理视域下的公共文化服务：功能定位与实践路向[J].南京农业大学学报（社会科学版），2022，22（3）.

[3] 畅榕，顾雪松，刘卫华."互联网+"时代的少数民族青年数字文化资源需求与使用研究[J].东南传播，2015（10）.

[4] 畅榕，孙万军，魏超.数字文化资源需求与使用——一项针对中国都市少数民族青年的调查[J].中国出版，2014（3）.

[5] 陈庚，崔宛.社会力量参与公共文化服务的实践、困境及因应策略[J].学习与实践，2017（11）.

[6] 陈胜利.公共数字文化资源建设的宏大实践——全国文化信息资源共享工程资源建设的现状与发展[J].图书馆杂志，2015，34（11）.

[7] 陈移兵."边疆万里数字文化长廊"建设模式探析[J].图书馆学研究，2017（17）.

[8] 陈移兵.农村地区公共数字文化发展现状与发展建议[J].文化月刊，2015（26）.

[9] 陈忆金，曹树金.用户中心视角下公共文化服务质量评价研究[J].图书情报工作，2019，63（17）.

[10] 陈则谦，佘晓彤，郑娜静，等.公共文化云服务的评价指标构建及应用[J].图书情报知识，2020（6）.

[11] 戴艳清.公益性数字文化资源整合：现状、瓶颈与对策——以湖南为例[J].图书馆论坛，2015，35（6）.

[12] 戴艳清.全国文化共享工程省级分中心网站建设现状的调查分析[J].图书馆理论与实践，2014（9）.

[13] 戴艳清，戴柏清.创新融合发展背景下公共数字文化工程供给要素配置优

化[J].图书馆学研究,2020(1).

[14] 戴艳清,戴柏清.中国公共数字文化服务平台用户体验评价:以国家数字文化网为例[J].图书情报知识,2019(5).

[15] 戴艳清,南胜林,完颜邓邓.PPP模式在公共数字文化服务中的应用——基于参与主体职能视角[J].图书馆论坛,2020,40(7).

[16] 戴艳清,彭雪梦,完颜邓邓.农村公共数字文化服务供需矛盾分析——基于湖南省花垣县的调查[J].国家图书馆学刊,2020,29(2).

[17] 戴艳清,陶则宇.英国公共数字文化服务营销及启示——以"文化在线"项目为例[J].图书与情报,2016(5).

[18] 邓仲华,李立睿,陆颖隽.大数据环境下嵌入科研过程的信息服务模式研究[J].图书与情报,2014(1).

[19] 刁羽.基于小数据的高校图书馆智库型信息咨询服务模式研究[J].图书馆工作与研究,2019(8).

[20] 范雪.边疆万里数字文化长廊的建设与发展研究[J].现代情报,2016,36(5).

[21] 方世南.文化权益与人的自由而全面发展——理解马克思人的自由而全面发展理论的一个新视角[J].马克思主义论苑,2012(3).

[22] 冯庆东.美国公共文化服务体系建设与管理的主要特点及启示[J].人文天下,2015(16).

[23] 冯庆东,付敏君,王茉瑶.威海市图书馆海疆公共文化服务探索[J].图书馆论坛,2016(1).

[24] 冯献,李瑾.数字化促进乡村公共文化服务可及性的影响与作用机制分析——以北京市650份村民样本为例[J].图书馆学研究,2021(5).

[25] 付勃达,孙海双."全评价"视角下图书馆阅读推广评价研究[J].图书馆建设,2020(3).

[26] 高聪,陈煜喆,张擎,等.边缘计算:发展与挑战[J].西安邮电大学学报,2021,26(4).

[27] 高恩泽,毛雅君,李健.携手共建信息无障碍平台共同推进图书馆文化助残——中国盲人数字图书馆服务情况及展望[J].新世纪图书馆,2016(6).

[28] 高轩,朱满良.我国政府部门间协调问题探讨[J].成都行政学院学报,2010(1).

[29] 顾燕新.苏州城乡文化一体化建设途径探析[J].北方经贸,2012(10).

[30] 郭英.中美公共图书馆志愿者服务现状之比较研究[J].图书馆理论与实践,2012(8).

[31] 郭志刚,管晓东,王宝敏,等.中国基本药物集中采购经济技术标评价指标构成分析[J].中国卫生政策研究,2015,8(6).

[32] 国佳.基于老年群体需要的公共数字文化服务研究[J].文化学刊,2015(10).

[33] 国家图书馆研究院.美国公共数字图书馆发布2015-2017年战略规划[J].国家图书馆学刊,2015,24(3).

[34] 韩玉楠,李轶群,李福昌,张香云.Massive MIMO关键技术和应用部署策略初探[J].邮电设计技术,2016(7).

[35] 郝春柳,杨宇龙.文化信息资源共享工程绩效评价研究[J].图书馆理论与实践,2011(6).

[36] 何建华.马克思与罗尔斯的公平正义观:比较及启示[J].伦理学研究,2011,55(5).

[37] 贺晨芝,张磊.图书馆数字人文众包项目实践[J].图书馆论坛,2020,40(5).

[38] 胡唐明,魏大威,郑建明.公共数字文化评价指标体系构建研究[J].图书馆论坛,2014,34(12).

[39] 华方园,陈思任,佘安琪.国内公共数字文化服务平台建设现状调查分析[J].图书馆研究,2018,48(1).

[40] 黄海霞,张治河.基于DEA模型的我国战略性新兴产业科技资源配置效

率研究［J］.中国软科学，2015（1）.

［41］黄浩.公共电子阅览室的建设问题及对策——以湖南省公共电子阅览室建设为例［J］.图书馆，2017（3）.

［42］贾玉革.从供求理论的发展脉络看现阶段我国宏观经济政策的战略选择［J］.当代财经，2002（10）.

［43］姜雯昱，曹俊文.以数字化促进公共文化服务精准化供给：实践、困境与对策［J］.求实，2018（6）.

［44］金武刚.大英图书馆的法人治理结构［J］.国家图书馆学刊，2014，23（3）.

［45］柯平，彭亮.欠发达地区民族乡镇公共文化服务探索——以贵阳市乌当区新堡布依族乡为例［J］.图书馆论坛，2018，38（5）.

［46］柯平，邹金汇.后知识服务时代的图书馆转型［J］.中国图书馆学报，2019，45（1）.

［47］李春明，陈力，张炜.中国残疾人数字图书馆建设展望［J］.图书馆建设，2010（11）.

［48］李国新.公共文化服务保障法律制度的完善与细化［J］.中国图书馆报，2021，47（2）.

［49］李国新.强化公共文化服务政府责任的思考［J］.图书馆杂志，2016（4）.

［50］李国新.文化类社会组织是政府购买公共文化服务的主要力量［J］.中国社会组织，2015（11）.

［51］李国新.制度改革创新促进公共文化服务高质量发展——析《公共文化领域中央与地方财政事权和支出责任划分改革方案》［J］.图书馆建设，2020（4）.

［52］李国新，张勇.推动公共图书馆事业"中部崛起"［J］.中国图书馆学报，2016，42（6）.

［53］李宏.公共数字文化体系建设与服务［J］.图书馆研究与工作，2017（1）.

［54］李婕.英国文化遗产保护对我国的借鉴与启示——基于财政的视角［J］.经济研究参考，2018（67）.

[55] 李金芮,肖希明.国外公共数字文化资源整合管理体制模式及其适用性研究[J].图书情报工作,2015(2).

[56] 李景平,王永香.马克思与罗尔斯公平正义观的比较研究[J].理论学刊,2012,224(10).

[57] 李静,马潇璨.资源与环境双重约束下的工业用水效率——基于SBM-Undesirable和Meta-frontier模型的实证研究[J].自然资源学报,2014,29(6).

[58] 李少慈.乡镇电子阅览室建设调查与思考[J].图书馆学刊,2015(2).

[59] 李斯,李秀敏.公共文化服务标准化法律规定的落实与深化[J].图书馆建设,2021(2).

[60] 梁亮.杭州市图书馆事业基金会的公益实践与理念[J].图书与情报,2013,2013(6).

[61] 林自新.马克思的供求理论与新古典供求理论之比较[J].生产力研究,2004(11).

[62] 刘红.乡村振兴背景下农村公共文化服务体系建设研究[J].社会科学战线,2022,(3).

[63] 刘金新.《资本论》中的供给理论与中国现实[J].经济视角,2016(3).

[64] 刘平,罗云川.让数字文化传播在农村落地生根[J].人民论坛,2016(32).

[65] 刘睿,韦景竹.国家公共文化云App公众持续使用意愿研究[J].情报资料工作,2020,41(4).

[66] 刘晓英,文庭孝.大数据时代的数字资源融合研究[J].图书馆,2015(2).

[67] 刘心,李淑敏.基于非期望产出SBM模型的中国各省份能源效率的实证分析[J].数学的实践与认识,2015,45(2).

[68] 卢章平,苏文成.公共图书馆文化服务质量与满意度实证研究[J].图书馆论坛,2015,35(9).

[69] 吕外.美国政府向非营利组织购买公共服务模式分析及启示[J].江南社

会学院学报，2013，15（4）.

[70] 孟小峰，慈祥.大数据管理：概念、技术与挑战[J].计算机研究与发展，2013，50（1）.

[71] 孟小峰，杜治娟.大数据融合研究：问题与挑战[J].计算机研究与发展，2016，53（2）.

[72] 倪菁，郑建明，孙红蕾.公共数字文化治理能力的现代化[J].图书馆论坛，2020，40（1）.

[73] 彭雷霆，李岚.公共文化服务领域供给侧改革路径探析[J].文化软实力研究，2019（1）.

[74] 彭泽明.国内外公共文化服务协调机制模式探讨[J].上海文化，2014（8）.

[75] 钱丹，陈雅.公共文化服务平台的可及性要素识别及优化[J].图书馆理论与实践，2017（10）.

[76] 汝萌，李岱.我国公共数字文化服务使用情况调查研究[J].图书馆建设，2017（2）.

[77] 施国洪，王凤.基于用户体验的高校移动图书馆服务质量评价体系研究[J].情报资料工作，2017（6）.

[78] 宋新潮.关于智慧博物馆体系建设的思考[J].中国博物馆，2015，32（2）：12-15，41.

[79] 苏超.文化共享工程网站与可访问文化信息资源质量的现状分析[J].图书馆学研究，2015（20）.

[80] 苏祥，周长城，张含雪."以公众为导向"的公共文化服务绩效评估：理论基础与指标体系[J].黑龙江社会科学，2016（5）.

[81] 唐义，肖希明，周力虹.我国公共数字文化资源整合模式构建研究[J].图书馆杂志，2016，35（7）.

[82] 唐义，徐静.推动社会力量参与公共文化服务的政策法规体系研究[J].图书馆理论与实践，2020（2）.

[83] 完颜邓邓.公共数字文化服务中的社会合作研究[J].图书与情报，2016

（3）．

[84] 完颜邓邓，张燕南．公共数字文化服务质量提升策略——服务质量差距模型视角［J］．图书馆学研究，2019（14）．

[85] 王芬林．全国文化信息资源共享工程服务农民工现状分析及加大服务力度的对策［J］．图书馆，2012（5）．

[86] 王晖．西方精英文化形态的艺术收藏及其对现代艺术博物馆之意义［J］．中国博物馆，1994（2）．

[87] 王丽娜．试论共享工程的田野作业——以乡村老年群体的文化信息需求为视点［J］．图书馆学研究，2010（1）．

[88] 王萌．我国省级公共档案网站信息无障碍建设调查研究［J］．兰台世界，2018（8）．

[89] 王锰，陈雅，郑建明．公共数字文化服务效能的关键影响因素及其机理研究［J］．中国图书馆学报，2018，44（3）．

[90] 王淼，孙红蕾，郑建明．公共数字文化：概念解析与研究进展［J］．现代情报，2017，37（7）．

[91] 王淼，郑建明．公共数字文化治理能力现代化基本构成及特征分析［J］．图书馆，2018（10）．

[92] 王茜，徐建华，陈嘉茜．国家海洋战略视角下的"海疆万里数字文化长廊"建设理论研究［J］．图书馆论坛，2016，36（1）．

[93] 王少剑，高爽，黄永源，等．基于超效率SBM模型的中国城市碳排放绩效时空演变格局及预测［J］．地理学报，2020，75（6）．

[94] 王毅，柯平，孙慧云，等．国家级贫困县基本公共文化服务均等化发展策略研究——基于图书馆和文化馆评估结果的分析［J］．国家图书馆学刊，2017，26（5）．

[95] 王颖洁，杨玉麟．中西部地区文化共享工程省级分中心网站建设现状调查研究［J］．图书馆学研究，2014（4）．

[96] 王之彤，张文亮．我国公共数字文化标准体系的构建［J］．图书馆论坛，

2021, 41（7）.

[97] 韦景竹, 陈虹吕, 唐川, 等. 公共数字文化服务需求调查[J]. 图书馆论坛, 2015（11）.

[98] 韦景竹, 陈虹吕, 唐川, 等. 公共数字文化服务需求调查[J]. 图书馆论坛, 2015, 35（11）.

[99] 韦景竹, 王元月. 国家公共文化云平台用户满意度实证研究[J]. 情报资料工作, 2020, 41（4）.

[100] 韦景竹, 王政. 智慧公共文化服务的概念表达与特征分析[J]. 情报资料工作, 2020, 41（4）.

[101] 韦楠华, 吴高. 公共数字文化服务营销推广现状、问题及对策研究[J]. 图书馆学研究, 2018（17）.

[102] 韦楠华, 吴高. 公共数字文化资源共建共享现状、障碍及对策研究[J]. 图书馆建设, 2018（9）.

[103] 魏大威, 刘金哲, 薛尧予. 以数字图书馆推广工程为抓手, 构建覆盖全国的数字图书馆服务体系[J]. 国家图书馆学刊, 2012, 21（5）.

[104] 温孝卿. 马克思供求理论研究[J]. 商业研究, 2002（6）.

[105] 吴高, 林芳, 韦楠华. 公共数字文化服务绩效评价现状、问题及对策分析[J]. 图书情报工作, 2019, 63（2）.

[106] 吴高, 韦楠华. 公共文化财政投入现状、问题及对策研究[J]. 图书与情报, 2018（2）.

[107] 吴理财, 洪明星, 刘建. 基本文化权益保障: 内涵、经验与建议[J]. 桂海论丛, 2015, 31（2）.

[108] 王淼, 孙红蕾, 郑建明. 公共数字文化: 概念解析与研究进展[J]. 现代情报, 2017, 37（7）.

[109] 武娇. 美国公共图书馆早期读写服务实践研究——基于对48家公共图书馆网站的调查[J]. 图书馆工作与研究, 2021（12）.

[110] 肖希明, 李琪. 公共数字文化服务合作机制研究[J]. 图书与情报,

2016（4）.

［111］肖希明，刘巧园.国外公共数字文化资源整合研究进展［J］.中国图书馆学报，2015，41（5）.

［112］肖希明，完颜邓邓.以数字化促进基本公共文化服务均等化的实践研究［J］.图书馆工作与研究，2016（8）.

［113］肖希明，郑燃.公共数字文化服务需求的调查分析——以图书馆博物馆为例［J］.图书馆，2013（6）.

［114］谢雨婷.可及性：公众感知视角下的博物馆公共文化服务评价体系［J］.东南文化，2021（2）.

［115］熊春林，赵阳.文化信息资源共享工程农民满意度调查研究——以湖南宁乡为例［J］.图书馆，2016（8）.

［116］徐大建.西方公平正义思想的演变及启示［J］.上海财经大学学报，2012，14（3）.

［117］徐益波，王淑红，宫昌俊."海疆万里数字文化长廊"的服务对象、内容与方式［J］.图书馆论坛，2016（1）.

［118］许治，师萍.基于DEA方法的我国科技投入相对效率评价［J］.科学学研究，2005（5）.

［119］严栋.基于物联网的智慧图书馆［J］.图书馆学刊，2010，32（7）.

［120］杨文进.论"有效需求"在马克思理论体系中的地位［J］.商业经济与管理，2004（4）.

［121］姚媛，许天才.移动图书馆用户体验评价结构模型研究［J］.国家图书馆学刊，2018，27（5）.

［122］银晶.国内公共电子阅览室建设与思考［J］.图书馆理论与实践，2017（5）.

［123］尤肖虎，潘志文，高西奇，等.5G移动通信发展趋势与若干关键技术［J］.中国科学：信息科学，2014，44（5）.

［124］余敏，完颜邓邓.公共数字文化服务需求影响因素研究［J］.图书馆，

2020（3）.

［125］俞可平.治理与善治引论［J］.马克思主义与现实，1995（5）.

［126］张传文.当代中国不平衡不充分发展的时代特点与演化趋势［J］.安徽农业大学学报（社会科学版），2018，27（3）.

［127］张国庆，赵亚翔.管理结构失衡与制度安排缺失——中国治理"假冒伪劣"问题的制度范式思考［J］.学术研究，2013（5）.

［128］张凯，赵国甫，陈沅.5G雾计算环境下图书馆"个性环绕贴身式"服务技术方案［J］.中国图书馆学报，2020，46（6）.

［129］张炜，李春明.积极推进信息无障碍建设人人共享公共文化服务——中国盲人数字图书馆网站介绍［J］.图书馆建设，2009（9）.

［130］张筱强，陈宇飞.人民的基本文化权益及其保障［J］.中国党政干部论坛，2008（3）.

［131］张遇，王超.智慧博物馆，我的博物馆——基于移动应用的博物馆观众体验系统［J］.中国博物馆，2012（1）.

［132］张照龙，方堃.趋于整体性治理的公共文化服务数字协同研究——以文化共享工程为考察对象［J］.电子政务，2012（7）.

［133］张忠杰，韩伟，乔海明.内容分发网络CDN技术及市场应用［J］.中国新通信，2017，19（9）.

［134］赵生辉，朱学芳.我国图书馆、档案馆、博物馆数字化协作框架D-LAM研究［J］.情报资料工作，2013（4）.

［135］赵益民，李雪莲，韩滢莹.公共文化服务可及性研究：美国经验［J］.图书馆建设，2021（1）.

［136］赵媛，文娟，王远均，等.不同类型弱势群体信息获取现状比较研究——以四川省为例［J］.档案学研究，2014（1）.

［137］周余姣.保障与方向——对《公共文化服务保障法》社会力量参与公共文化服务条款的解读［J］.图书馆论坛，2017，37（6）.

［138］ABBATTISTA F，BORDONI L，SEMERARO G. Artificial intelligence for cultural heritage and digital libraries [J]. Applied Artificial Intelligence, 2003, 17.

[139] AGOSTI M, FERRO N, ORIO N, et al. CULTURA outcomes for improving the user's engagement with cultural heritage collections [J]. Procedia Computer Science, 2014, 38.

[140] AGOSTI M, ORIO N, PONCHIA C. Promoting user engagement with digital cultural heritage collections [J]. International Journal on Digital Libraries, 2018, 19（4）.

[141] AITTOLA M, RYHANEN T, OJALA T. Smart library: Location-aware mobile library service [J]. International Symposium on Human Computer Interaction with Mobile Devices and Services, 2003（5）.

[142] ANDERSEN P, PETERSEN N C. A procedure for ranking efficient units in data envelopment analysis [J]. Management Science, 1993, 39（10）.

[143] BUSTILLO A, ALAGUERO M, MIGUEL I, et al. A flexible platform for the creation of 3D semi-immersive environments to teach cultural heritage [J]. Digital Applications in Archaeology and Cultural Heritage, 2015（2）.

[144] CASTIGLIONE A, COLACE F, MOSCATO V, et al. CHIS: A big data infrastructure to manage digital cultural items [J]. Future Generation Computer Systems, 2017, 86.

[145] CHARANES A, COOPER W, RHODES E. Measuring the efficiency of decision marking units [J]. European Journal of Operational Research, 1978, 2（6）.

[146] CHEN M, MAO S, LIU Y. Big Data: A survey [J]. Mobile Networks & Applications, 2014, 19（2）.

[147] CHING S H. Turning a service learning experience into a model of student engagement: The Lighthouse Heritage Research Connections (LHRC) project in Hong Kong [J]. The Journal of Academic Librarianship, 2018,

44(2).

[148] DHONJU H K, XIAO W, MILLS J P, SARHOSIS V. Share Our Cultural Heritage (SOCH): Worldwide 3D heritage reconstruction and visualization via web and mobile GIS [J]. Isprs International Journal of Geo Information, 2018, 7(9).

[149] DNYANESHWAR J, DINESH S. Measuring the smartness of a library [J]. Library and Information Science Research, 2020, 42(3).

[150] DORNER D G, LIEW C L, YEO Y P. A textured sculpture The information needs of users of digitised New Zealand cultural heritage resources [J]. Online Information Review, 2007, 31(2).

[151] DRIGAS A, KOUKIANAKIS L, GLENTZES J. An e-culture–e-museums environment for common citizens and disabled individuals [J]. Digital Culture and Electronic Tourism, 2009, 1(4).

[152] ERICKSON C A. Providing digital opportunities through public libraries: the Canadian example [J]. New Library World, 2002, 103(4/5).

[153] FELICE F D, RENNA F, ATTOLICO C, et al. Omero: a multimodal system that improves access to Cultural Heritage by visually impaired people [J]. Archeologia E Calcolatori, 2007, Supplemento 1.

[154] FØNSS-JØRGENSEN E. Network access to the audiovisual cultural heritage-possibilities and problems [J]. Interlending & Document Supply, 1998, 26(4).

[155] FRANCO P, WINTERBOTTOM M, GALEAZZI F, et al. Ksar said: Building tunisian young people's critical engagement with their heritage [J]. Sustainability, 2019, 11.

[156] GHOSH M. The public library system in India: challenges and opportunities [J]. Library Review, 2005, 54(3).

[157] GOWDY J M, MAYUMI K. Reformulating the foundation of consumer

choice theory and environmental valuation [J]. Ecological Economics, 2001, 39(2).

[158]HONG L, FANG K, WEI Y, et al. Regional environmental efficiency evaluation in China: Analysis based on the SuperSBM model with undesirable outputs [J]. Mathematical & Computer Modelling, 2013, 58(5/6).

[159]KOUKOPOULOS Z, KOUKOPOULOS D. Evaluating the usability and the personal and social acceptance of a participatory digital platform for cultural heritage [J]. Heritage, 2018, 2(1).

[160]MILLER S L. Innovating to meet the demand for streaming video [J]. 2013, 4(1).

[161]PAVLIDIS G, KOUTSOUDIS A, ARNAOUTOGLOU F, et al. Methods for 3D digitization of cultural heritage [J]. Journal of Cultural Heritage, 2007, 8(1).

[162]PIERACCINI M, GUIDI G, ATZENI C. 3D digitizing of cultural heritage [J]. Journal of cultural heritage, 2001(2).

[163]PSOMADAKI O I, DIMOULAS C A, KALLIRIS G M, et al. Digital storytelling and audience engagement in cultural heritage management: A collaborative model based on the Digital City of Thessaloniki [J]. Journal of Cultural Heritage, 2019, 36.

[164]RATHI D, SHIRI A, COCKNEY C. Environmental scan: A methodological frameworkto initiate digital library development for communities in Canada's North [J]. Aslib Journal of InformationManagement, 2017, 69(1).

[165]ROSSETTI V, FURFARI F, LEPORINI B, et al. Enabling access to cultural heritage for the visually impaired: an Interactive 3D model of a cultural site [J]. Procedia Computer Science, 2018, 130.

[166]SCHÖPFEL J. Smart Libraries [J]. Infrastructures, 2018, 3(4).

[167]SHARRONA, ABRAHAM J. The role of curiosity in making up digital content promoting cultural heritage[J]. Procedia - Social and Behavioral Sciences, 2015, 184.

[168]STEIN J C. Agency, information and corporate investment[J]. Handbook of Economics of Finance, 2003(1).

[169]SZABO V, LACEDELLI S Z, POMPANIN G. From landscape to cities: A participatory Approach to the creation of digital cultural heritage[J]. The International Information & Library Review, 2017, 49(2).

[170]TAIT E, LAING R, GRINNALL A, et al.(Re)presenting heritage: Laser scanning and 3D visualisations for cultural resilience and community engagement[J]. Journal of Information Science, 2016, 42(3).

[171]TONE K, TSUTSUI M. Dynamic DEA: A slack-based measure Approach[J]. Omega, 2010, 38(3).

[172]VALENTINA V, MARIUS-RĂZVAN S, IOANA-ALEXANDRA L, et al. Innovative valuing of the cultural heritage assets. Economic implication on local employability, small entrepreneurship development and social inclusion[J]. Procedia - Social and Behavioral Sciences, 2015, 188.

[173]WEISEN M. Digital access to culture[J]. Journal of Assistive Technologies, 2012, 6(2).

[174]ZHANG J, ZENG W, WANG J, et al. Regional low-carbon economy efficiency in China: Analysis based on the Super-SBM model with CO2 emissions[J]. Journal of Cleaner Production, 2017, 163.

三、学位论文及论文集

[1]高建煌.个性化推荐系统技术与应用[D].合肥：中国科学技术大学，2010.

［2］贺一博.陕西数字农家书屋建设、管理与经营研究［D］.西安：陕西师范大学，2013.

［3］李琰.媒体报道视角下审计质量与资源配置效率的关系研究［D］.北京：北京交通大学，2017.

［4］梁爱琴.陕西数字农家书屋的内容建设创新研究［D］.西安：陕西师范大学，2013.

［5］陶慧.农家书屋数字化模式转型研［D］.武汉：华中师范大学，2015.

［6］辛静.新公共服务理论评析［D］.长春：吉林大学，2008.

［7］于萍.区域文化联动的实践及研究——以苏州市吴江区"区域文化联动"为例：新时代文化馆：改革 融合 创新——2019中国文化馆年会征文获奖作品集［C］.北京：国家图书馆出版社，2019.

［8］章超怡.省级公共图书馆网站信息无障碍建设调查研究［D］.上海：上海师范大学，2021.

［9］AYDIN S. Decoding Kashgar: A digital design Approach to steer and diversify creative engagement in digital heritage［D］. Wellington: victoria university of wellington, 2018.

［10］GSTREIN S, MÜHLBERGER G. Producing eBooks on demand-A European Library Network［A］. Price K, Havergal V. E-books In Libraries: A Practical Guide［C/OL］. Luden: Facet Publishing, 2011.

［11］HAAPALAINEN R, MÄENPÄÄ M. Multimodal interfaces for museum audiences: A collaborative study project of finnish national gallery and UIAH media lab［C］. A presentation held in ICHIM03 Seventh International Cultural Heritage Informatics Meeting, 2003.

［12］JAKOBSEN C L, LARSEN J B, NØRLEM M L, et al. Improving user experience for lost heritage sites with a user-centered indirect augmented reality Application［C］. Interactivity, Game Creation, Design, Learning, and Innovation: 6th International Conference, ArtsIT 2017, and Second

International Conference, DLI 2017, Heraklion, Crete, Greece, October 30–31, 2017, Proceedings 6. Springer International Publishing, 2018.

四、网络文献

[1]"风度书房"点亮心灵的诗与远方[EB/OL].（2022-2-6）[2022-8-21].https://mp.weixin.qq.com/s?__biz=MjM5MjE3OTQ5Mw==&mid=2651442040&idx=3&sn=bb3cca5bf492e6a4ac1faaf4b9131533&chksm=bd575f328a20d624618e75903aac84385c962834c2e690cc0b5534cff5da26c9d56b7c3e0fdb&scene=27.

[2]"网吧"+公共服务：上网服务业转型升级的"汝阳经验"[EB/OL].（2017-2-15）[2021-12-4].http://gov.hawh.cn/content/201702/15/content_402381.html.

[3]《"宽带中国"苏州实施方案》[EB/OL].（2013-11-1）[2021-11-17].https://max.book118.com/html/2017/1218/144743186.shtm.

[4]【创建国家公共文化服务体系示范区（项目）工作简报】苏州公共文化服务体系制度设计研究走在全国前列[EB/OL].（2012-7-20）[2022-1-18].https://www.mct.gov.cn/whzx/bnsj/ggwhs/201903/t20190329_840972.htm.

[5]2020年度全省现代公共文化服务体系建设绩效考核工作报告[EB/OL]（2021-12-20）[2022-6-7].https://hct.henan.gov.cn/2021/12-20/2368276.html.

[6]2022年苏州市统计年鉴[EB/OL].（2022-12-27）[2023-4-28].http://tjj.suzhou.gov.cn/sztjj/tjnj/2022/zk/indexce.htm.

[7]2022数字图书馆项目建设现状与发展趋势[EB/OL].（2022-7-25）[2022-10-8].https://it.chinairn.com/news/20220725/091410892.html.

[8]Y市2018年国民经济和社会发展统计公报.[EB/OL].（2019-3-6）[2019-9-10].http://www.yuanjiang.gov.cn/bcms/front/s16/c1474/20190306/i156069.html.

[9]案例研究|嘉兴市图书馆：场馆型自助图书馆智慧化提升[EB/OL].（2022-8-29）[2022-8-20].https://mp.weixin.qq.com/s/eEgjTNzIO-XxULJFRyZX0A.

[10]常州建成30家秋白书苑实现全域覆盖 走出从"政府单方建设"向"多方

合作共赢"的可持续之路［EB/OL］.（2021-12-10）［2023-4-28］.http://www.changzhou.gov.cn/ns_news/863163909658571.

［11］常州相继建成37家新型公共文化空间"秋白书苑"［EB/OL］.（2023-1-1）［2023-4-28］.https://www.jstv.com/zcjd/a/20230101/1672628912215.shtml.

［12］创新公共文化管理体制和运行机制迫切需要建立公共文化服务体系协调机制［EB/OL］.（2015-1-16）［2021-6-14］.https://www.sohu.com/a/686807_100539.

［13］大英博物馆推出全新展览方式VR复活文物［EB/OL］.（2018-8-7）［2022-6-20］.http:// collection.sina.com.cn/hwdt/2018-08-07/doc-ihhkuskt1649865.shtml.

［14］邓纯东.我国发展不平衡不充分体现在哪些方面［EB/OL］.（2019-7-29）［2022-04-02］.http://www.rmlt. com.cn/2019/0729/553017.shtml.

［15］第51次中国互联网络发展状况统计报告［EB/OL］.（2023-3-2）［2023-4-28］.https://cnnic.cn/NMediaFile/2023/0322/MAIN16794576367190GBA2HA1KQ.pdf.

［16］抖音发起#非遗过年dou来播#系列直播，助传统文化春节进万家［EB/OL］.（2022-2-9）［2022-9-12］.https://yrd.huanqiu.com/article/46k9K8WjBDH.

［17］多家博物馆加入NFT热潮，「博物馆+NFT」或是又一新趋势！［EB/OL］.（2022-4-15）［2022-6-20］.https://www.sohu.com/a/538273744_121164833.

［18］共享工程苏州支中心［EB/OL］.［2022-10-26］.http://www.szlib.com/pdcn/Home/Content/36170.

［19］关于《苏州市公共文化服务办法》的制定说明［EB/OL］.（2015-5-21）.［2022-1-15］.https://www.suzhou. gov.cn/szsrmzf/gbzfgz/202207/554ac157f97a490d9bf2aeb9191ab294.shtml.

［20］广东政务微信报告［EB/OL］.（2013-12-27）［2021-12-5］. https://gd.qq.com/a/20131227/015410_all. htm#:~:text=.

［21］广州图书馆2021—2025年发展规划［EB/OL］.［2022-10-20］.https://www.gzlib.org.cn/ devplan/index.jhtml.

[22]国家公共文化云平台：开启数字服务新时代[EB/OL].（2017-12-5）[2023-4-28].http://www.xinhuanet.com/culture/2017-12/05/c_1122059390.htm.

[23]国家公共文化云送出新春大礼包——"公共文化云基层智能服务端"正式上线运行[EB/OL].（2021-2-8）[2022-10-09].https://baijiahao.baidu.com/s?id=1691124505775273638&wfr=spider &for=pc.

[24]国家统计局.国家数据：主要文化机构数[EB/OL].[2023-5-5].https：//data.stats.gov.cn/ easyquery.htm?cn=C01.

[25]国家统计局.国家数据.[EB/OL].[2019-9-10].http://data.stats.gov.cn/easyquery.htm?cn= C01&zb=A0207&sj=2018.

[26]国家统计局.国家数据:2017年中国人均消费支出数据[EB/OL][2019-1-9].http://www.stats. gov.cn/ztjc/ztfx/ggkf40n/201808/t20180831_1620079.html.

[27]国家统计局.国家数据：主要文化机构数[EB/OL].[2022-8-16].http://www.stats.gov.cn/tjsj/ndsj/2021/indexch. htm.

[28]国家图书馆开放新阅读空间 打造沉浸式阅读体验[EB/OL].（2021-6-8）[2022-9-21].http://ex.cssn. cn/zx/zx_gjzh/zhnew/202106/t20210608_5339414.shtml.

[29]国家图书馆文献捐赠办法[EB/OL].[2021-11-15].http://www.nlc.cn/dsb_footer/dsb_ zcwm/dsb_wxjz/.

[30]国家文物局关于公布2021年度全国博物馆名录的通知[EB/OL].（2023-3-1）[2023-5-5].http：//www.ncha.gov.cn/art/2023/3/1/art_2237_46047.html.

[31]河南省行政村综合性文化服务中心建成46017个，建成率已达到99.97%[EB/OL].（2020-12-14）[2022-9-4].https://www.hntv.tv/daxiangkuplpd/article/1/1338403201443041280.

[32]贺州市建成村级公共服务中心627个[EB/OL].（2021-1-7）[2022-9-4].https://baijiahao.baidu. com/s?id=1688230634607493075&wfr=spider&for=pc.

[33]湖南省统计局.湖南省情[EB/OL].[2021-12-22].https://tjj.hunan.gov.

cn/hntj/tjsj/hnsq/hnsq_1/index.html.

[34] 基层综合性文化服务中心基本实现全覆盖[EB/OL].(2022-2-9)[2022-9-19].https://m.gmw.cn/baijia/2022-02/09/35505313.html.

[35] 江苏省数字农家书屋[EB/OL].[2023-4-28].https://jsnjsw.cnki.net/Main_jiangsu..

[36] 经验丨浙江嘉兴：智慧书房遍布城乡[EB/OL].(2020-11-19)[2022-8-20].https://mp.weixin.qq.com/s/AM5kPPD93WBRyqiv5TPqoQ.

[37] 聚焦国务院机构改革与职能转变[EB/OL].(2013-3-15)[2022-9-12].http://theory.people.com.cn/GB/40557/358826/.

[38] 科普中国："群体"的定义[EB/OL].[2019-11-15].https://baike.baidu.com/item/%E7%BE%A4%E4%BD%93/4094259.

[39] 免费上网 社区网校 福田区网吧这项惠民福利人人点赞[EB/OL].(2021-1-14)[2021-12-4].https://www.citysz.net/shehui/2021/0114/20217619.html.

[40] 宁夏：优质公共文化服务给群众带来更多幸福感[EB/OL].(2022-4-20)[2022-8-17].https://baijiahao.baidu.com/s?id=1730671544200581965&wfr=spider&for=pc.

[41] 跑出发展新速度，水韵江苏更夺目[EB/OL].(2022-7-29)[2022-8-17].https://baijiahao.baidu.com/s?id=1739634761362497214&wfr=spider&for=pc.

[42] 强根培基，活态传承——昆山昆曲保护传承情况汇报[EB/OL].(2022-8-12)[2022-11-14].https://baijiahao.baidu.com/s?id=1740921773680016476&wfr=spider&for=pc.

[43] 全国文化信息资源共享工程[EB/OL].[2021-5-19].http://www.tedala.teda.gov.cn/gxgc/gcjs-1.html.

[44] 全国文化信息资源共享工程介绍[EB/OL].(2015-2-3)[2022-10-3].http://www.ynlib.cn/Item/76154.Aspx.

[45] 如何当好维护国家粮食安全的"压舱石"？黑龙江给出了答案[EB/OL].(2022-6-11)[2022-9-4].https://baijiahao.baidu.com/s?id=17352675018571

64231&wfr=spider&for=pc.

[46] 上海公共文化服务实现精准配送[EB/OL].（2019-2-14）[2019-11-9］. https://baijiahao.baidu.com/s?id=1625410495985544331&wfr=spider&for=pc.

[47] 上海图书馆推出电子图书个性化推荐服务[EB/OL].（2021-1-6）[2022-9-12].https://www.mct.gov.cn/whzx/qgwhxxlb/sh/202101/t20210106_920497.htm.

[48] 深入推进县级文化馆图书馆总分馆制改革：打通公共文化服务"最后一公里"[EB/OL].（2022-4-25）[2023-4-28].https://baijiahao.baidu.com/s?id=1764159503236868139&wfr=spider&for=pc..

[49] 省图"进城务工人员服务周"活动启动[EB/OL].（2012-9-29）[2022-2-28].https://jlstccs.chaoxing.com/ show/nformation/detail?id=23126&nodeId=.

[50] 数字化赋能基层公共文化设施建、管、用[EB/OL].（2021-4-29）[2022-9-12].https://mp.weixin.qq.com/s?__biz=MjM5OTk5MTgzNg==&mid=2650658362&idx=1&sn=84748f0d86d66df37e0656e3eec2962c&chksm=bf3a7949884df05fed64a636c11df1af45a3ded69b666ada40352a179dcf7219533081a4c53d&scene=27.

[51] 数字图书馆推广工程[EB/OL].[2021-5-19].http://www.ndlib.cn/szzyjs2012/201201/t201 20113_57990_2.htm.

[52] 数字图书馆推广工程介绍[EB/OL].[2022-10-3].http://tuiguang.jxlib.com/index_1.html.

[53] 四十年砥砺前行 奋力打造现代化新兴滨江城市[EB/OL].（2019-1-3）[2020-1-15].http://www.ww.gov.cn/zwzx/wwyw/11682599.html.

[54] 送欢乐下基层 中国文联、中国民协文艺志愿服务团走进四川宣汉[EB/OL].（2020-9-25）[2021-12-6].http://photo.china.com.cn/2020-09/25/content_76739625.htm.

[55] 苏州市"十四五"文化和旅游融合发展规划[EB/OL].（2021-12-13）.[2023-4-28].http://wglj.suzhou.gov.cn/szwhgdhlyj/szsswwhhlyfzgh/202112/2

0d661737a8e43d18a496cffeeaf3ac8.shtml.

[56] 苏州市推进国家公共文化服务体系示范区创新发展[EB/OL]. (2021-11-27). [2023-4-28]. https://www. suzhou.gov.cn/szsrmzf/szyw/202111/4bd3eb9c99aa484a82e2c66c7d77557a.shtml.

[57] 苏州市推进国家公共文化服务体系示范区创新发展[EB/OL]. (2021-11-27) [2022-1-20]. https://www. suzhou. gov. cn/szsrmzf/szyw/202111/4bd3eb9c99aa484a82e2c66c7d77557a.shtml.

[58] 苏州市文广旅局2020年度报告[EB/OL]. (2021-11-17). [2022-1-15]. http://wglj.suzhou.gov.cn/szwhgd hlyj/ndbg/202111/9444130370454e4bbd83fb1497c13cc4.shtml.

[59] 苏州市文广旅局2021年度报告[EB/OL]. (2023-2-14) [2023-4-28]. http://wglj.suzhou.gov.cn/szwhgdhlyj/ndbg/202302/59bdf7126f8148588d7db5ea5f01413e/files/a6598102c8874a1fb9fa9bcdf4130d46.pdf.

[60] 苏州市文化广电和旅游局2019年上半年工作总结和下半年工作计划[EB/OL]. (2019-8-20). [2022-1-18]. http://wglj.suzhou.gov.cn/szwhgdhlyj/jhzj/201908/RP999M4870EQ71J0VGG0EYOK4VECSH1M.shtml.

[61] 苏州市文化广电新闻出版局2016年上半年工作总结和下半年工作要点[EB/OL]. (2016-8-16). [2022-1-15]. http://wglj.suzhou.gov.cn/szwhgdhlyj/jhzj/201608/f4d3d39e316745f3aa86a34114a fa507.shtml.

[62] 苏州图书馆让阅读服务更延展、更多元、更智慧[EB/OL]. (2022-9-13) [2023-4-28]. http://www.zgjssw.gov.cn/shixianchuanzhen/suzhou/202208/t20220819_7664278.shtml.

[63] 推动"邻里图书馆"进千家到万户,佛山拟出台地方标准[EB/OL]. (2022-6-18) [2022-10-21]. https://www.sohu.com/a/558502898_100116740.

[64] 微博2020用户发展报告：用户群体继续呈现年轻化趋势[EB/OL]. (2021-3-12) [2021-12-5]. https://finance.sina.com.cn/tech/2021-03-12/doc-

ikkntiak9143019.shtml.

[65] 文化部、中央文明办关于开展"文化志愿者基层服务年"系列活动的通知［EB/OL］.（2013-5-2）［2021-12-23］.http://www.wenming.cn/whhm_pd/wjjh_whhm/201305/t20130517_1231153.shtml.

[66] 文化和旅游部：基层综合性文化服务中心基本实现全覆盖［EB/OL］.（2022-2-9）［2022-8-31］.https:// m.gmw.cn/baijia/2022-02/09/35505313.html.

[67] 文化火种寻找之旅.民间图书馆［EB/OL］.［2023-5-5］.http://www.mjtsg.org/listall.asp.

[68] 文旅系统代表委员的两会关注 | 吴文科委员：配齐补足基层文化馆站专业人员［EB/OL］（2022-5-25）.［2022-9-18］.https://baijiahao.baidu.com/s?id=1667658550218432698&wfr=sp ider&for=pc.

[69] 文明共建、文化共享，玉林市强化公共文化设施服务成效明显［EB/OL］.（2021-10-13）［2022-9-4］.https://www.sohu.com/a/494852972_121106875.

[70] 心阅书香——用爱打开视障朋友阅读的心灵之窗［EB/OL］.（2020-5-22）［2022-2-28］.http://bjgxgc.clcn. net.cn/web/defaulted/article/toDetailPage?siteId=1031&topChlId=7047&curChlId=7047&articleId=24531.

[71] 新疆昌吉庭州爱乐乐团：百姓自己的交响乐团［EB/OL］.（2014-10-22）［2021-12-21］.https://m.hexun. com/news/2014-10-22/169584537.html.

[72] 智能馆，你来管！"市民馆长"招募令［EB/OL］.（2018-8-30）［2021-12-23］. http://e.zslib. com.cn/culture/Detail?newId=92904.

[73] 中国初步建成覆盖城乡的公共文化设施网络［EB/OL］.（2020-12-23）［2022-8-16］.https://view.inews.qq. com/a/20201223A07TRJ00.

[74] 中国数字乡村发展报告（2019年）［EB/OL］.（2019-11-15）［2023-2-24］. http://www.scs.moa.gov.cn/gzdt/ 201911/P020191119505821675490.pdf.

[75] 中华人民共和国文化和旅游部2018年文化和旅游发展统计公报.［EB/OL］.（2019-5-30）［2019-9-10］. http://zwgk.mct.gov.cn/auto255/201905/

t20190530_844003.html.

［76］中华人民共和国文化和旅游部2021年文化和旅游发展统计公报［EB/OL］.（2020-6-20）［2023-4-28］.https://zwgk.mct.gov.cn/zfxxgkml/tjxx/202206/t20220629_934328.html.

［77］资阳市文化馆：推动公共文化数字化建设 提升公共文化服务水平［EB/OL］.（2021-7-20）［2021-12-2］. https://new.qq.com/omn/20210720/20210720A07NYC00.html.

［78］走进安徽百花齐放的非营利性民间文化团体［EB/OL］.（2017-9-15）［2021-12-6］.http://cul.anhuinews.com/system/2017/09/15/007711827.shtml.

［79］

［80］2021: Capturing our Collections Art Competition［EB/OL］.［2022-3-30］.https://www.nationalarchives.gov.uk/education/students/archive-experiences/2021-capturing-our-collections-art-competition/.

［81］A Timeline of women's rights in Europe（IT-LS-559）.［EB/OL］.［2021-10-17］.http://blogs.eun.org/teachwitheuropeana/learning-scenarios/a-timeline-of-womens-rights-in-europe-it-ls-559/.

［82］About the Club［EB/OL］.［2022-3-30］.https://www.tdsummerreadingclub.ca/about_the_club.

［83］Accessibility Policy［EB/OL］.（2021-1-13）［2021-12-11］.https://www.europeana.eu/en/rights/accessibility-policy.

［84］Accessibility statement［EB/OL］.（2020-8-17）［2022-4-12］. https://www.nationalarchives.gov.uk/help/web-accessibility/.

［85］Annual Report 2017–2018［EB/OL］.（2022-7-13）［2022-10-22］.https://library-archives.canada.ca/eng/corpo rate/transparency/reports-publications/annual-reports/pages/annual-report-2017-2018.aspx.

［86］Annual Report 2018-2019［EB/OL］.（2019-9-10）［2022-10-21］.https://library-archives.canada.ca/eng/corpo rate/transparency/reports-publications/

annual-reports/pages/annual-report-2018-2019.aspx#tab3.

［87］Archive experience［EB/OL］.（2021-7-15）［2021-10-23］.https://www. nationalarchives.gov.uk/education/ students/archive-experiences/.

［88］Archive experience［EB/OL］.［2021-10-23］.https://www.nationalarchives. gov.uk/education/stu dents/archive-experiences/.

［89］Corporate partnership［EB/OL］.［2022-10-22］.https://www.britishmuseum. org/support-us/cor porate-support/corporate-partnership.

［90］Craft Club［EB/OL］.［2022-3-30］.https://www.nationalarchives.gov.uk/ education/families/ craft-club/.

［91］Creating an Imaginary Archive［EB/OL］.［2022-4-8］.https://www. nationalarchives.gov.uk/ education/families/craft-club/creating-an-imaginary-archive/.

［92］Current Corporate supporters［EB/OL］.［2022-10-22］.https://www. britishmuseum.org/support-us/corporate-support/current-corporate-supporters.

［93］Digital Public Library of American: iLibrary app［EB/OL］.（2015-10-19）［2022-06-20］. https://dp.la/item/ f2bf88611e01ddb3b62e3af5fa4e4fcc?q=app.

［94］Digital Public Library of American: Strategic Roadmap, 2019-2022［EB/OL］.（2019-6-23）［2022-6-20］. https://pro.dp.la/about-dpla-pro/strategic-plan.

［95］Digital Public Library of American:Projects［EB/OL］.［2022-06-20］. https://pro.dp.la/projects.

［96］DPLA announces new partnerships with five libraries and archives to build national digital Black women's suffrage collection［EB/OL］.（2020-7-14）［2022-10-21］.https://dp.la/news/dpla-announces-new-partnerships-with-five-libraries-and-archives-to-build-national-digital-black-womens-suffrage-collection.

［97］EUROPEANA NETWORK ASSOCIATION［EB/OL］.（2022-2-5）［2022-

10-22].https://pro.europeana. eu/page/europeana-network-association.

[98]Europeana: Europeana strategy 2015-2020, Impact[EB/OL].（2014-6-24）[2022-6-20].https://pro. europeana.eu/post/europeana-strategy-2015-2020-impact.

[99]Inventory of municipally owned culture, recreation and sport facilities, by urban and rural, and population size, Infrastructure Canada[EB/OL].（2022-9-27）[2023-3-28].https://www150.statcan.gc.ca/ t1/tbl1/en/tv.action?pid=3410006701&pickMembers%5B0%5D=1.1&cubeTimeFrame.startYear=2020&cubeTimeFrame.endYear=2020&referencePeriods=20200101%2C20200101.

[100]L'éducation dans les ressources électroniques à la BnF[EB/OL].[2021-10-29].https://www. bnf.fr/fr/leducation-dans-les-ressources-electroniques-la-bnf.

[101]Library and Archives Canada: Collection d'annuaires canadiens[EB/OL].（2015-1-13）[2022-6-20]. https://www.bac-lac.gc.ca/fra/decouvrez/collection-annuaires/Pages/collection-annuaires. aspx.

[102]Library and Archives Canada: Plan triennal 2019-2022[EB/OL].[2022-6-20].https://www. bac-lac.gc.ca/fra/a-notre-sujet/publications/plan-triennal-2019-2022/Pages/default.aspx.

[103]Library and Archives Canada:Co-Lab[EB/OL].[2022-06-20].https://co-lab.bac-lac.gc.ca/eng.

[104]Library and Archives Canada:DigiLab[EB/OL].（2023-4-11）[2023-4-20]. https://www.bac-lac.gc.ca/ eng/services-public/Pages/digilab.aspx.

[105]Making the Europeana website accessible to all[EB/OL].（2020-11-3）[2021-12-12]. https://pro.europeana. eu/post/making-the-europeana-collections-website-accessible-to-all.

[106]MEMBERS[EB/OL].[2022-10-22].https://pro.europeana.eu/europeana-network-association/ members.

[107] Membership [EB/OL]. [2022-10-22].https://www.britishmuseum.org/membership.

[108] Our partners [EB/OL]. (2022-11-8) [2022-11-9].https://library-archives.canada.ca/eng/corporate/abo ut-us/our-partners/pages/our-partners.aspx.

[109] Percentage of publicly owned culture, recreation and sport facilities which allow accessibility, by urban and rural, and by population size, Infrastructure Canada [EB/OL]. (2022-9-27) [2023-3-28]. https://www150.statcan.gc.ca/t1/tbl1/en/tv.action?pid=3410019101.

[110] Programmes for Children [EB/OL]. [2022-4-8].https://www.nlb.gov.sg/WhatsOn/Progra mmes/ProgrammesforChildren.aspx.

[111] Programmes for Seniors [EB/OL]. [2022-4-8].https://www.nlb.gov.sg/WhatsOn/Programm es/ProgrammesforSeniors.aspx.

[112] Programmes for Teens [EB/OL]. [2022-4-8].https://www.nlb.gov.sg/WhatsOn/Programmes/ ProgrammesforTeens.aspx.

[113] Public Libraries Survey [EB/OL]. (2022-7-21) [2023-3-28]. https://www.imls.gov/research-evaluation/ data-collection/public-libraries-survey.

[114] Référentiel général d'amélioration de l'accessibilité-RGAA Version 4.1 [EB/OL]. (2019-9-20) [2022-4-12]. https://www.numerique.gouv.fr/publications/rgaa-accessibilite/obligations/.

[115] Resources for Parents of Blind and Low-Vision Children [EB/OL]. (2023-4-6) [2023-4-9]. https://www.loc.gov/nls/resources/resources-for-parents-of-blind-and-low-vision-children/# sources.

[116] Resources for staying at home [EB/OL]. (2023-3-3) [2023-3-28].https://www.bac-lac.gc.ca/eng/stay-connected/Pages/stay-home-resources.aspx.

[117] Schéma pluriannuel d'accessibilité numérique 2021-2023 [EB/OL]. (2021-7-12) [2022-4-12]. https://www. bnf.fr/fr/schema-pluriannuel-daccessibilite-numerique-2021-2023.

[118] Section 508 of the Rehabilitation Act of 1973 [EB/OL] (2021-11-10). [2021-12-12] .https://www.section508. gov/manage/laws-and-policies/.

[119] Senior Activity Centre [EB/OL] . [2023-03-28] . https://sacs.org.sg/senior-services/senior-activity-centres.html.

[120] Senior Activity Centres [EB/OL] . (2022-7-18) [2023-3-28] .https://tablebuilder.singstat.gov.sg/table/TS/ M890851.

[121] Services Consultation Committee [EB/OL] . (2023-5-26) [2023-5-29] . https://library-archives.canada.ca/ eng/corporate/about-us/our-partners/Pages/services-consultation-group.aspx.

[122] Stakeholders' forum [EB/OL] . (2022-10-18) [2022-10-23] .https://library-archives.canada.ca/eng/corporate/ about-us/our-partners/Pages/stakeholders-forum.aspx.

[123] The British Library Library: Approach to the International Purpose 2015-2023 [EB/OL] . (2015-1-16) [2022-6-10] .http://explore.bl.uk/primo_library/libweb/action/display.do;jsessi onid=22336EB54360060AEEAB348E49A15416?.

[124] The British Library Library:discovering literature [EB/OL] . (2021-11-7) [2022-06-20] .https://www. britishlibrary.cn/zh-cn/events/imaginary-cities-chongqing/.

[125] The Library of Congress: Search Photos, Prints, Drawings [EB/OL] . (2021-12-27) [2022-06-20] .https://www. loc.gov/photos/?q=covid.

[126] The Library of Congress：The FY2019-2023 Digital Strategic Plan of the Library of Congress [EB/OL] . (2018-10-1) [2022-6-20] .https://www. loc.gov/digital-strategy.

[127] The Public Sector Bodies (Websites and Mobile Applications)(No. 2) Accessibility Regulations 2018 [EB/OL] . (2018-9-23) [2022-4-12] . https://www.legislation.gov.uk/uksi/2018/952/intr oduction/made.

［128］Tilgang til digitaliserte bøker for synshemmede［EB/OL］.（2023-2-13）［2023-3-28］.https://www.nb.no/ hjelp-og-informasjon/tilgang-til-digitaliserte-boker-for-synshemmede/.

［129］Time Machine Organisation［EB/OL］.（2020-6-4）［2022-10-22］.https://pro.european

［130］Understanding the Social Wellbeing Impacts of the Nation's Libraries and Museums［EB/OL］.［2023-3-28］.https://www.imls.gov/publications/understanding-social-wellbeing-impacts-nations-libraries-and-museums.

［131］Web Content Accessibility Guidelines（WCAG）2.1［EB/OL］.（2018-6-5）［2021-12-11］.https://www.w3. org/TR/WCAG21/#background-on-wcag-2.

［132］Web Site Accessibility［EB/OL］（2023-4-19）.［2023-4-27］.https://www.loc.gov/accessibility/web-site-accessibility/.

［133］What's New in WCAG 2.1［EB/OL］.（2020-8-13）［2021-12-12］. https://www.w3.org/WAI/standards-guidelines/wcag/new-in-21/.

［134］第七十二回日本統計年鑑令和5年［EB/OL］.（2022-11-18）［2023-3-28］.https://www.stat.go.jp/data/nen kan/index1.html.

［135］国際児童図書館基本計画2021-2025［EB/OL］.（2021-3-30）［2023-3-28］. https://www.kodomo.go.jp/chinese/promote/basicplan2021-2025.html.

［136］国立国会図書館ウェブアクセシビリティ方針［EB/OL］.（2013-6-28）［2021-12-13］.https://www.ndl. go.jp/jp/accessibility/policy.html.

［137］上野の森をこえて図書館へ行こう！世紀をこえる煉瓦（レンガ）の棟［EB/OL］.［2022-4-8］.https://www.kodomo.go.jp/event/exhibition/tenji2022-01.html.

［138］障害者サービス実施計画2021-2024［EB/OL］.［2021-11-20］.https://www.ndl.go.jp/jp/ support/service_plan2021_2024.txt.

［139］a.eu/page/time-mac hine-organisation.

五、报纸

[1] 王珊珊."大数据"对公共文化服务建设的影响[N].中国文化报,2014-2-17(7).

[2] 左艳荣.资源整合:推动公共文化建设的当务之急[N].中国文化报,2015-4-18(1).

附 录

附录1　农村公共数字文化服务供给现状访谈提纲

尊敬的领导、老师：

您好！

为了解农村公共数字文化服务供给现状，我们设计了此访谈提纲。除了回答问题本身，您可以自由表达与问题相关的其他内容，我们保证您所提供的资料、数据只供学术研究之用。请您在百忙之中抽出一点时间给予我们支持，将不胜感激！

一、资金投入

1. 贵单位每年用于公共文化服务的资金投入是多少？其中用于公共数字文化服务的资金是多少？

2. 资金的来源渠道是什么？（包括中央财政投入、地方财政投入、自筹等来源）。每个来源每年的投入量是多少？

3. 总的资金投入是否足够购买设备、开展服务？

二、设施设备建设与利用

4. 贵单位公共电子阅览室的建设概况，包括公共电子阅览室覆盖率，面积，电脑、服务器等设备，网络接入情况与无线网服务覆盖率，公共电子阅览

室的利用率等。

5. 设施的可使用情况，包括有但无法使用或使用及其困难，有无工作人员协助使用，能否解决使用中存在的问题等。

三、数字文化资源建设与利用

6. 贵单位数字文化资源建设总体情况如何？包括数字文化资源建设方式、来源、种类、数量等。

7. 地方特色文化资源、特殊群体专题文化资源的建设情况分别如何？包括资源建设方式、来源、种类、数量等。

8. 公众对数字文化资源的利用情况如何？

四、服务活动的举办与公众参与

9. 贵单位是否有举办数字展览、数字阅读推广、数字讲座、数字电影放映、数字素养培训、网络竞赛等活动？

10. 对举办活动的频率否有规定？一般多久举办一次？

11. 农村居民对活动的参与情况、参与人数、参与的积极性？农村居民在接受与利用服务上是否存在问题？

五、服务人员

12. 贵单位服务人员数量有多少？专职、兼职服务人员情况怎么样？

13. 服务人员参与培训的情况如何？年培训次数与时间分别是多少？

访谈结束，再次感谢您的支持！

附录2　湖南省公共数字文化服务需求与评价调查问卷

尊敬的先生/女士：

您好！

为充分了解湖南省公众对公共数字文化服务的真实需求，进一步提升公共数字文化服务供给质量和水平。我们诚挚邀请您参与此次问卷调查。本问卷采用不记名方式，您的意见与看法仅用于学术研究，我们将对您的个人信息进行严格保密，请您放心填写。

为了帮助您更好理解本问卷所涉及的问题，建议您在填写问卷之间先阅读以下概念。

公共数字文化服务是利用信息技术、网络技术提供公共文化服务的一种新型服务方式。包括公共图书馆、博物馆、文化馆、文化共享工程湖南省分中心、天下湖南、湖南公共文旅云等网站提供的数字文化资源、数字文化惠民活动（如公益性数字电影放映）等。

公共数字文化资源是对公共图书馆、博物馆、文化馆、美术馆等公共文化机构的传统文化资源进行数字化处理后形成的资源，如电子书、音视频、在线讲座、展览等。

公共数字文化设施是向公众免费开放、利用和开展数字文化服务的地点和场所，如公共电子阅览室、公共文化场馆内的数字文化体验区、数字文化广场和农家书屋（配备电脑）等。

公共数字文化活动指公共文化机构等供给主体利用信息技术所开展的如文艺演出、陈列展览、科教讲座、技能培训、知识竞赛、互动体验等活动。

真挚地感谢您的支持与合作！

湘潭大学国家社科项目课题组

2021年12月

一、个人基本信息

1. 您的性别：

（1）男　　　　　（2）女

2. 您的年龄：

（1）18岁以下　　（2）18～25岁　　（3）26～30岁

（4）31～45岁　　（5）46～60岁　　（6）60岁以上

3. 您当前所在地，属于城市还是农村？

（1）城市　　　　（2）农村

4. 您的受教育程度：

（1）初中及以下　　　　　（2）高中/中专/技校

（3）大学本（专）科　　　（4）硕士研究生及以上

5. 您目前从事的职业：

（1）农民　（2）学生　（3）国家机关、事业单位员工　（4）企业员工

（5）医生、教师、律师等具有专业技术人员　　（6）个体户

（7）自由职业者　（8）离退休人员　（9）其他

二、公共数字文化服务需求

6. 您对身边的公共数字文化服务（包括资源、设施、活动等）了解吗？

（1）非常了解　　（2）一般了解　　（3）完全不了解

7. 您有访问过以下哪些平台来获取公共数字文化资源与服务？

（1）湖南省图书馆、文化馆、博物馆、文化共享工程湖南省分中心、天下湖南、湖南公共文旅云等网站

（2）湖南图书馆、湖南博物馆、湖南公共文旅云等机构或平台的公众号

（3）公共文化机构自建 App

（4）都未访问过

8. 您需要哪些类型的数字文化资源？（多选）（如选其他，请您在横线上进行补充）

（1）政策法规　（2）湖湘文化　（3）经济金融　（4）农业农村

（5）休闲娱乐　（6）保健养生　（7）教育培训　（8）其他_____

9. 您所需的资源能不能通过到访公共文化机构或访问在线平台便捷地获得？

（1）能　（2）不能　（3）未尝试过

10. 以下哪些公共数字文化活动是您需要并乐于参加的？（多选）（如选其他，请您在横线上进行补充）

（1）文艺演出　（2）陈列展览　（3）科教讲座　（4）技能培训

（5）互动体验　（6）比赛活动　（7）其他_____

11. 上题中您选择的活动，您的所在地经常举办吗？

（1）经常举办　（2）偶尔举办　（3）几乎不举办

（4）从不举办　（5）不了解

12. 以下哪些公共数字文化设施是您需要并乐于利用的？（多选）（如选其他，请您在横线上进行补充）

（1）公共电子阅览室　（2）公共文化场馆内的数字文化体验区

（3）数字文化广场　（4）农家书屋（配备电脑）

（5）其他_____

13. 上题中您选择的设施，您的所在地有没有提供？（多选）

（1）有　（2）没有　（3）不了解

14. 您对以下公共数字文化服务的需求程度：

需求内容	非常需要	一般需要	无所谓	不太需要	完全不需要
"一站式"资源服务平台					
订单式、菜单式服务方式					
丰富可用的公共数字文化资源					

续表

需求内容	非常需要	一般需要	无所谓	不太需要	完全不需要
多元化的资源获取渠道（如公众号、服务号、App）					
便利、完善的公共数字文化设施					
形式与内容创新的公共数字文化活动					
专业与政治素养高的服务人员					

三、公共数字文化服务评价与反馈

15. 您对湖南省的公共数字文化服务网站是否满意？

（1）很满意　（2）基本满意　（3）不满意　（4）很不满意

16. 如果您对网站不满意，原因是什么？（若选择满意可跳过此题）（多选）（如选其他，请您在横线上进行补充）

（1）网站资源检索系统不够便利　（2）网站中无效链接多

（3）网站的栏目板块设计不便于浏览查询资源

（4）网站无法打开或响应时间长　（5）其他_____

17. 您对湖南省的公共数字文化资源是否满意？

（1）很满意　（2）基本满意　（3）不满意　（4）很不满意

18. 如果您对资源不满意，原因是什么？（若选择满意可跳过此题）（多选）（如选其他，请您在横线上进行补充）

（1）资源总量不足　　（2）资源类型单一　　（3）资源新颖度低

（4）感兴趣的资源少　（5）资源分类不够明确

（6）其他_____

19. 您对湖南省的公共数字文化设施是否满意？

（1）很满意　（2）基本满意　（3）不满意　（4）很不满意

20. 如果您对设施建设不满意，原因是什么？（若选择满意可跳过此题）（多选）（如选其他，请您在横线上进行补充）

（1）设施老旧　　（2）设施数量少

（3）设施损坏　　（4）设施距离居住地较远

（5）设施未完全开放　　（6）设施开放时间不合理

（7）其他_____

21. 您对湖南省的公共数字文化活动是否满意？

（1）很满意　（2）基本满意　（3）不满意　（4）很不满意

22. 如果您对活动不满意，原因是什么？（若选择满意可跳过此题）（多选）（如选其他，请您在横线上进行补充）

（1）活动种类太少　（2）不知道活动信息　（3）活动场地安排不合理

（4）活动内容枯燥，没有吸引力　　（5）活动举办次数少

（6）活动设施设备差　　　　　　（7）其他_____

23. 您对湖南省的公共数字文化服务人员是否满意？

（1）很满意　（2）基本满意　（3）不满意　（4）很不满意

24. 如果您对服务人员不满意，原因是什么？（若选择满意可跳过此题）（多选）（如选其他，请您在横线上进行补充）

（1）专业性不足　（2）服务态度差　　（3）服务意识淡薄

（4）答复不及时　（5）其他_____

25. 您所在地公共数字文化服务供给主体有没有开放公众需求与意见反馈通道？

（1）有　　（2）没有　　（3）不清楚

26. 您是否有利用相关通道反馈过自己的需求？

（1）有　　（2）没有

27. 如果反馈过，您的需求有没有得到及时回复？（如选择没反馈过，请跳过此题）

（1）有　　（2）没有

28. 您认为当前湖南省的公共数字文化服务应从哪些方面完善?（多选）（如选其他，请您在横线上进行补充）

（1）加大政府财政支持　　　　（2）完善公共数字文化设施建设
（3）提升服务人员专业水平　　（4）吸引社会力量参与
（5）加大宣传力度　　　　　　（6）创新服务内容与形式
（7）其他 _____

本问卷到此结束，衷心感谢您的认真填写！

附录3　数字文化消费与需求调查问卷

尊敬的先生/女士：

您好！

为了了解我国公众数字文化消费与需求现状，更好地促进数字文化服务供需对接，我们诚挚邀请您参与此次调查。问卷采用不记名方式，所有数据仅用于学术研究，同时我们将对您填写的问卷信息进行保密，请您放心填答。在填写问卷之前建议您阅读以下概念，这将帮助您更好地理解本次问卷涉及的问题。

数字文化消费是指对数字文化产品、数字文化服务的获取与利用，是对数字文化需求的满足。包括阅读电子书刊报、网上观看影视作品、网上听音乐、网上参观游览、玩电子游戏等。

公共数字文化是在数字环境下产生的文化类型，是公共文化和数字文化的结合体，由政府财政所支持。包括公共图书馆、博物馆、文化馆、艺术馆、国家数字文化网和天下湖南等网站提供的数字资源、数字文化惠民活动（如公益性数字电影放映）等。

真挚地感谢您的支持与合作！

一、个人基本信息

1. 您的性别

   A. 男　　B. 女

2. 您的年龄

   A. 18 岁及以下　　　　B. 19～30 岁　　　　C. 31～45 岁

   D. 46～60 岁　　　　　E. 61 岁及以上

3. 您的学历

   A. 小学及以下　B. 初中　C. 高中、中专或职高　D. 大专　E. 本科

   F. 硕士研究生　G. 博士研究生

4. 您当前常住省（自治区、直辖市）是 _____（填空题）

5. 您的常住地是

   A. 城镇　　　　　B. 农村

6. 您的职业是

   A. 学生　B. 教师　C. 公务员/事业单位员工（非教师岗位）　D. 个体户/私企业主　E. 务农人员　F. 企业工作人员　G. 军人　H. 离退休人员　I. 自由职业者　J. 无业/失业/下岗者　K. 其他_____（请填写）

7. 您的月收入位于什么区间

   A. 在校学生　B. 3000 元及以下　C. 3001～6000 元

   D. 6001～10000 元　E. 10001 元及以上

二、数字文化消费与需求

1. 您每个月用于数字文化消费的支出为多少？（单选题）

   A. 0 元　B. 1～200 元　C. 201～500 元　D. 501～1000 元　E. 1001 元及以上

2. 您主要通过以下哪些工具消费数字文化？（多选题）

A. 台式电脑或笔记本电脑　B. 平板电脑　C. 智能手机　D. 数字电视　E. 数字收音机及广播　F. 触控一体机（如文化一体机等）　G. 数字放映机（如电影院或家庭播放电影时使用的数字电影放映机等）　H. 便携式游戏机（如 P.S.P. 等）　I. 其他（请填写）_____

3. 下列数字文化消费项目，您经常使用哪些？（多选题）

A. 阅读电子书刊报　B. 在线观看影视作品　C. 在线观看文化娱乐活动　D. 在线收听音乐或数字广播节目　E. 在线观看教育讲座或培训课程　F. 收看数字电视节目 G. 网上参观游览　H. 玩电子游戏 I. 其他（请填写）_____

4. 您消费数字文化时使用的渠道主要有哪些？（多选题）

A. 访问文娱企业网站（如腾讯、优酷、爱奇艺网站等）

B. 访问教育培训机构网站（新东方、安博教育、正保远程教育、北大青鸟、弘成教育等）

C. 访问公共文化机构网站（公共图书馆、博物馆、文化馆、美术馆等）

D. 到公共图书馆等公共文化机构借阅电子书刊报

E. 收听数字广播节目

F. 观看数字电视节目

G. 使用手机 App（如优酷、网易云、刺激战场等手机软件）

H. 使用电脑应用软件（如优酷、网易云、绝地求生、英雄联盟等电脑软件）

I. 其他（请填写）_____

5. 影响您消费数字文化的原因主要是什么？（多选题）

A. 不感兴趣　B. 没有空闲时间　C. 没有宽带网络接入　D. 没有电脑、智能手机等电子设备　E. 不具备上网技能　F. 费用高　G. 内容不精彩，没有吸引力　H. 宣传推广不足　I. 传统形式的文化服务已经能够满足需求　J. 缺少版权许可导致资源无法找到或使用　K. 其他（请填写）_____

6. 您希望通过网络或者数字广播电视节目获得以下哪些主题的数字文化资源？（多选题）

A. 娱乐类　B. 教育类　C. 新闻时政类　D. 科普类　E. 健康养生类　F. 法制类　G. 农技致富类　H. 戏曲类　I. 体育类　J. 其他（请填写）_____

7. 您认为以下哪些数字文化设施需要加强建设？（多选题）

A. 影剧院　B. 网吧　C. 公共电子阅览室　D. 电子阅报屏　E. 数字文化广场　F. 数字广播电视设施　G. 数字农家书屋　H. 网络接入、宽带网速　I. 其他（请填写）_____

8. 您希望参与以下哪些数字文化活动？（多选题）

A. 数字电影放映　B. 数字培训讲座　C. 数字展览　D. 网络竞赛（如电子游戏竞技、数字阅读知识竞赛、网络歌手竞选、网络艺术作品设计大赛等）E. 电脑知识培训　F. 数字阅读推广　G. 其他（请填写）_____

9. 根据您在数字文化消费过程中的体验及需求，对下列数字文化服务方式与功能的需求程度作出评价？（矩阵量表题）

需求内容	非常需要	需要	无所谓	不需要	完全不需要
进入一个门户网站就能够"一站式"获取所需的大部分数字文化资源					
加强互动交流，提供定制服务、在线信息咨询、分享作品、人机互动等功能					
在文化服务网站运营的前提下，开通微信、QQ等社交平台公众号或服务号，提供信息推送、快捷查询、预约等功能					
研发不同客户端的应用软件，以满足公众在不同终端上的使用需求					
鼓励公众参与到数字文化资源的建设过程，如采用公众有酬投稿、文化创意活动、视频音频录制或者直播公众口述当地特色等方式					
应用VR（虚拟现实）、AR（增强现实）和人工智能等新技术提升用户体验，如VR文化旅游、VR观看影视作品等					
整合公共图书馆、博物馆、文化馆、美术馆等资源，同时拓展资源来源渠道，如购进部分收费的优秀文化产品（影视作品等）					

续表

需求内容	非常需要	需要	无所谓	不需要	完全不需要
在网站、App、公众号、服务号等平台上提供当前所在地附近公共文化设施及服务的基本概况（如位置信息、活动信息等）					
提供"订单式"、"菜单式"、"预约式"服务，即公众点单，政府负责管理、挑选资源及服务生产方并将建设好的资源及服务提供给公众					

10. 您是否访问过国家数字文化网或公共图书馆、博物馆、文化馆等公共文化机构的网站，或参与过其举办的数字文化活动？（如未访问或使用过，请选择否）[单选题]

A. 是　　B. 否（请跳至第 13 题）

11. 您对国家数字文化网、公共图书馆、博物馆、文化馆等提供的数字文化服务是否满意？[单选题]

A. 非常不满意　B. 不太满意　C. 一般　D. 比较满意（请跳至第 13 题）

E. 非常满意（请跳至第 13 题）

12. 如果您对上一题中所述的服务不够满意（即没有达到比较满意及以上），原因是什么[多选题]

A. 资源不丰富、更新不及时　B. 服务方式单一　C. 网站界面不友好、浏览检索不方便　D. 网站功能少　E. 网站链接不稳定，响应迟钝　F. 举办活动的频率低　G. 宣传力度不够　H. 馆内网络、电脑等设备不能满足需求　I. 其他（请填写）_____

13. 您是否需要在网站、社交平台、App 上参与到公共数字文化的分享和传播、管理、评价及志愿服务？[单选题]

A. 非常需要　B. 比较需要　C. 无所谓　D. 不太需要　E. 非常不需要

14. 对于数字文化服务（包括公共数字文化服务）的提供，您有何期望或建议？[填空题]

_____

_____

本问卷到此结束，衷心感谢您的认真填写！

附录 4 公共数字文化服务供需适配性调查问卷

尊敬的朋友：

您好！

为了解社会公众对公共数字文化服务供需适配情况的态度，向政府等有关各方提供建议，我们设计了此问卷。非常高兴地邀请您参与本次调查。本次问卷为匿名调查，收集数据仅作为课题研究使用，您的任何观点与资料都将予以保密，请您放心并客观地填写。在填写问卷之前，请您了解以下概念，以便您能够更好地理解问卷所涉及的问题。

公共数字文化服务是借助数字化的传播手段，由政府主导，社会力量参与，以满足公民基本文化需求为主要目的而提供的公共文化设施、文化产品、文化活动以及其他相关服务。服务内容具体包括公共文化服务机构（图书馆、博物馆、美术馆、文化馆等）的馆藏资源（经数字化处理的图书、期刊、报纸、照片、文物、文化艺术节目）及其中的网络铺设、平台建设、阅读终端等数字文化设备与线上开展的展览、阅读、讲座与培训等文化活动，公众利用电脑、手机、电视等设备就能对其获取与利用。

真挚地感谢您的支持与合作！

湘潭大学国家社科项目课题组

2020 年 11 月

一、个人基本信息

1.您的性别

A.男　B.女

2.您的年龄

A.18岁以下　　B.18～44岁　　C.45～59岁　　D.60岁及以上

3.您的常住地

A.城市　B.乡村

4.您的职业

A.企业工作人员　B.学生　C.教师　D.公务员/事业单位员工（不含教师）　E.个体户/私企业主　F.务农人员　G.自由职业者　H.无业/失业/下岗人员　I.离退休人员

5.您的学历

A.小学及以下　B.初中　C.高中/中专/职高　D.大专　E.本科　F.硕士研究生　G.博士研究生

6.您每月使用公共数字文化服务的次数

A.从不使用　B.1～5次　C.6～12次　D.13～21次　E.22次及以上

二、公共数字文化服务供需适配性

相关性：

7.当前的公共数字文化资源能够满足我的需求（资源指公共图书馆、博物馆、美术馆等公共文化服务机构利用互联网向公众提供的馆藏资源）

A.非常不同意　B.不同意　C.不确定　D.同意　E.非常同意

8.当前的公共数字文化服务设施能够满足我的需求（设施指公共图书馆、博物馆、美术馆等公共文化服务场馆）

A.非常不同意　B.不同意　C.不确定　D.同意　E.非常同意

9. 当前的公共数字文化服务设备能够满足我的需求（设备指公共图书馆、博物馆、美术馆等公共文化服务机构内的电脑等设备）

  A. 非常不同意　　B. 不同意　　C. 不确定　　D. 同意　　E. 非常同意

10. 当前的公共数字文化活动能够满足我的需求（活动指线上举办的展览、讲座、阅读、培训等）

  A. 非常不同意　　B. 不同意　　C. 不确定　　D. 同意　　E. 非常同意

可及性：

11. 公共数字文化服务平台操作简单、检索便利，没有无效链接（平台指公共图书馆、博物馆、美术馆等公共文化服务机构开设的网站、微信公众号、微博等及公共数字文化资源整合平台，如公共文化云平台等）

  A. 非常不同意　　B. 不同意　　C. 不确定　　D. 同意　　E. 非常同意

12. 公共数字文化服务设施距我较近，方便到达（设施指公共图书馆、博物馆、美术馆等公共文化服务场馆）

  A. 非常不同意　　B. 不同意　　C. 不确定　　D. 同意　　E. 非常同意

13. 公共数字文化服务设施开放时间合理（设施指公共图书馆、博物馆、美术馆等公共文化服务场馆）

  A. 非常不同意　　B. 不同意　　C. 不确定　　D. 同意　　E. 非常同意

14. 我所接触的公共数字文化服务基本免费

  A. 非常不同意　　B. 不同意　　C. 不确定　　D. 同意　　E. 非常同意

15. 经常看到或收到有关公共数字文化服务的信息，这些信息对于我了解并使用公共数字文化服务具有较大帮助

  A. 非常不同意　　B. 不同意　　C. 不确定　　D. 同意　　E. 非常同意

质量性：

16. 公共数字文化服务人员的服务能力较强（人员指公共图书馆、博物馆、美术馆等公共文化服务机构内的工作人员或开展公共数字文化服务的相关人员）

  A. 非常不同意　　B. 不同意　　C. 不确定　　D. 同意　　E. 非常同意

17. 公共数字文化服务设施质量较高（设施指公共图书馆、博物馆、美术馆等公共文化服务场馆）

  A. 非常不同意 B. 不同意 C. 不确定 D. 同意 E. 非常同意

18. 公共数字文化服务设备先进，使用流畅（设备指公共图书馆、博物馆、美术馆等公共文化服务机构内的电脑等）

  A. 非常不同意 B. 不同意 C. 不确定 D. 同意 E. 非常同意

19. 公共数字文化服务平台功能健全（平台指公共图书馆、博物馆、美术馆等公共文化服务机构开设的网站、微信公众号、微博等或公共数字文化资源整合平台，如公共文化云）

  A. 非常不同意 B. 不同意 C. 不确定 D. 同意 E. 非常同意

20. 公共数字文化资源优质（资源指公共图书馆、博物馆、美术馆等公共文化机构通过互联网向公众提供的馆藏资源）

  A. 非常不同意 B. 不同意 C. 不确定 D. 同意 E. 非常同意

21. 公共数字文化活动精彩，有吸引力（活动指线上开展的展览、阅读、讲座、培训等）

  A. 非常不同意 B. 不同意 C. 不确定 D. 同意 E. 非常同意

相适性：

22. 公共数字文化服务平台能够根据个人喜好提供个性化页面和推送服务（平台指公共文化服务机构开设的网站、微信公众号、微博等或公共数字文化资源整合平台，如公共文化云）

  A. 非常不同意 B. 不同意 C. 不确定 D. 同意 E. 非常同意

23. 当地开展的公共数字文化服务能够根据居民的年龄、学历、职业、偏好等方面的特点进行有针对性地内容设计

  A. 非常不同意 B. 不同意 C. 不确定 D. 同意 E. 非常同意

24. 当地能够根据居民的生活方式与日常习惯开展形式多样的公共数字文化服务

  A. 非常不同意 B. 不同意 C. 不确定 D. 同意 E. 非常同意

25. 当地开展的公共数字文化服务能够照顾到弱势群体，如将服务送到家，或组织技能培训以提高这些人群的生活能力或使用公共数字文化服务的能力

A. 非常不同意　　B. 不同意　　C. 不确定　　D. 同意　　E. 非常同意

用户满意度：

26. 我对公共数字文化服务各方面能够满足我的需求而感到满意（包括公共数字文化资源、设施、设备、活动等）

A. 非常不同意　　B. 不同意　　C. 不确定　　D. 同意　　E. 非常同意

27. 我对能够轻易获取公共数字文化服务感到满意（包括快捷到达服务机构、公共数字文化服务平台操作便利、公共文化服务机构开放时间合理、经常看到有关公共数字文化服务的信息、公共数字文化服务基本免费等）

A. 非常不同意　　B. 不同意　　C. 不确定　　D. 同意　　E. 非常同意

28. 我对公共数字文化服务的质量感到满意（包括服务人员能力强、服务场馆质量高、机构内设备先进且使用流畅、公共数字文化服务平台功能健全、公共数字文化资源优质、公共数字文化活动精彩等）

A. 非常不同意　　B. 不同意　　C. 不确定　　D. 同意　　E. 非常同意

29. 我对公共数字文化服务能够契合公众的生活环境、生活方式与生活能力感到满意（包括平台提供个性化页面和推送服务，当地能够根据居民的不同特点进行服务内容设计、能够照顾到弱势群体、开展的服务能够体现当地的文化传统与风俗民情）

A. 非常不同意　　B. 不同意　　C. 不确定　　D. 同意　　E. 非常同意

问卷到此结束，感谢您的参与！

附录5　公共数字文化服务供给质量影响因素访谈提纲

尊敬的用户：

您好！

为了解公共数字文化服务供给质量影响因素，我们设计了此访谈提纲。除了回答问题本身，您可以自由表达与问题相关的其他内容，我们保证您所提供的资料、数据只供论文写作之用。请您在百忙之中抽出一点时间给予我们支持，将不胜感激！

一、环境

1. 您觉得服务场所的环境是否舒适呢？（是否整洁、明亮、安静）

2. 您觉得服务场所的电脑、电子阅报屏、公共数字文化一体机等电子设备的数量是否充足？是否可用、好用呢？

3. 您觉得服务场所的网络速度是否比较快？是否稳定呢？

二、平台

4. 您觉得公共数字文化服务平台的界面是否清晰美观、易于操作？

5. 您是否能快速检索到所需的数字文化资源？

6. 您觉得公共数字文化服务平台的功能是否齐全？如果不全，您认为应该加入什么功能呢？

7. 您觉得服务平台是否关注了您的个性化需求？平台是否会为您主动推送个性化信息呢？

8. 服务平台对您的生活、工作、学习有帮助吗？如果有，具体是哪些帮助呢？

三、资源

9. 您觉得公共数字文化服务资源的数量充足吗？

10. 您觉得公共数字文化服务资源的种类多样吗？文字、表格、音频、视频等多种类型的信息资源都能检索到吗？

11. 您觉得公共数字文化服务资源是否新颖呢？这些资源有没有及时更新呢？

12. 您觉得公共数字文化服务资源能不能契合您的需求？

13. 您能容易地找到需要的数字文化资源吗？

四、活动

14. 您觉得公共数字文化服务活动的种类、形式多样吗？

15. 您觉得公共数字文化服务活动的数量充足吗？这些活动举办的频率合适吗？

16. 您对举办的公共数字文化服务活动是否感兴趣？为什么呢？

17. 公共数字文化服务活动的内容契合了您的需求吗？

五、服务人员

18. 您觉得公共数字文化服务人员的数量充足吗？

19. 您觉得公共数字文化服务人员的服务态度友好吗？（是否耐心热情、认真负责、积极主动）

20. 您觉得公共数字文化服务人员是否具备了应有的专业素养呢？（是否能迅速理解用户数字文化需求、具备解决问题的专业技能）

六、反馈

21. 您在使用公共数字文化服务时遇到过什么困难吗？您对此有进行反馈吗？

22. 您觉得反馈的渠道是否畅通呢？您的反馈有及时得到回应吗？

七、其他

23. 总体上，您认为公共数字文化服务怎么样？您是否感到满意？
24. 如果满意，您认为哪些方面做得好？如果不满意，您认为哪些方面做得不好？原因是什么？
25. 您对当前公共数字文化服务还有什么期望或建议吗？

访谈结束，再次感谢您的参与和支持！

附录6　公共数字文化服务供给质量影响因素调查问卷

尊敬的先生/女士：

您好！

非常高兴地邀请您参与本次调查。本次调查旨在检验公共数字文化服务供给质量影响因素，为改进公共数字文化服务提供决策参考。问卷采用不记名方式，所有数据仅用于学术研究，同时我们将对您填写的问卷信息进行保密，请您根据自身实际情况选择相应选项。在填写问卷之前麻烦您花一点时间先看看下面的概念，这将帮助您更好地理解本问卷涉及的问题。

公共数字文化服务，是指由政府管理的公共图书馆、博物馆、文化馆、社区文化服务中心等公共文化机构，为老百姓提供的数字形态的文化服务。主要包括各类电子图书、电子期刊、电子报纸、视频、音频等数字文化资源,在线讲座、在线展览、在线演出、数字素养培训、数字电影放映等数字文化活动,公共电子阅览室、电脑、无线网络、电子阅览屏等文化设施设备,以及其他相关服务,同时还借助B站、微信等平台为公众提供服务。

衷心感谢您的参与!

一、个人基本信息

1. 您的性别

A. 男　B. 女

2. 您的年龄

A.18岁及以下　B.19~30岁　C.31~45岁　D.46~59岁　E.60岁及以上

3. 您的文化程度

A. 初中及以下　B. 高中或中专　C. 大专　D. 本科　E. 研究生

4. 您的职业

A. 学生　B. 教师　C. 企业工作人员　D. 公务员、事业单位员工(非教师岗位)E. 个体户、私企业主　F. 务农人员　G. 军人　H. 离退休人员　I. 自由职业者　J. 其他

5. 您的户籍性质

A. 城镇户口　B. 农业户口

二、公共数字文化服务供给质量影响因素检验

环境

影响因素	非常不同意	不太同意	一般	比较同意	非常同意
公共图书馆、博物馆、文化馆等公共文化场所整洁干净					
公共文化场所光线充足，很明亮					
公共文化场所噪声很少，很安静					
公共文化场所设施完善，很方便					
我可以随时使用公共文化场所的公用电子设备					
公共文化场所的电子设备运行流畅					
我可以免费使用公共文化场所的网络					
公共文化场所的网络快速稳定					

平台

影响因素	非常不同意	不太同意	一般	比较同意	非常同意
公共图书馆、博物馆、文化馆等的官方平台，界面设计美观					
公共图书馆、博物馆、文化馆等的官方平台，界面易于操作					
公共图书馆、博物馆、文化馆等的官方平台，功能完备					
公共图书馆、博物馆、文化馆等的官方平台，会为我推送个性化信息					

资源

影响因素	非常不同意	不太同意	一般	比较同意	非常同意
公共图书馆、博物馆、文化馆等公共文化机构提供的电子资源数量充足					
公共文化机构提供的电子资源类型丰富					

续表

影响因素	非常不同意	不太同意	一般	比较同意	非常同意
公共文化机构提供的电子资源很新颖					
公共文化机构提供的电子资源更新很快					
我愿意使用上述机构提供的电子资源					
我可以很容易地阅览和下载上述机构提供的电子资源					

活动

影响因素	非常不同意	不太同意	一般	比较同意	非常同意
公共文化机构举办的线上活动数量充足					
公共文化机构举办的线上活动类型丰富					
我愿意参加上述机构举办的线上活动					
我可以免费报名参加上述机构举办的线上活动					

服务人员

影响因素	非常不同意	不太同意	一般	比较同意	非常同意
公共文化机构的服务人员数量充足					
公共文化机构的参考咨询、技术维护等专业人员配备充足					
公共文化机构服务人员的言语表达很耐心					
公共文化机构服务人员的行为表现很热情					
公共文化机构服务人员能很快地理解我的问题					
公共文化机构服务人员能很快地帮我解决问题					

反馈

影响因素	非常不同意	不太同意	一般	比较同意	非常同意
我愿意反馈公共数字文化服务的使用感受					
我能很快地找到公共数字文化服务的反馈渠道					

续表

影响因素	非常不同意	不太同意	一般	比较同意	非常同意
我觉得公共数字文化服务的反馈渠道很畅通					
公共数字文化服务机构会及时回应我的反馈					

用户

影响因素	非常不同意	不太同意	一般	比较同意	非常同意
在生活中，我能很快地使用电子设备搜索到需要的信息					
我希望公共文化机构增加更多服务来满足我的需求					
在体验公共数字文化服务的过程中，我感到满意					

供给质量

影响因素	非常不同意	不太同意	一般	比较同意	非常同意
我使用公共数字文化服务的目的通常能达成					
公共数字文化服务达到了我的预期					
我会推荐家人朋友使用公共数字文化服务					

问卷到此结束，感谢您的参与！